危機と再建の比較財政史

井手英策［編著］

ミネルヴァ書房

はしがき

本書は、財政学を学ぶ若手研究者による、財政学の批判的継承の書である。

二〇〇六年から七年にかけての一年間、私はコロラド大学のボルダー校に在職する機会を得た。目的はスヴェン・スタインモ教授とともに共同研究を行うことであった。そこには各国から比較政治学を学ぶ多くの研究者が集っており、わたしは財政学者として、彼らの視点に新鮮さを覚えながら、刺激的な日々を過ごすことができた。

議論のなかで特に印象的だったのは、日本の事情や財政学の問題意識をこちらからひとしきり論じ終えると、必ず"Why ?"と切り返されたことである。その理由を聞かれれば、むろんこちらの説明の拙さによるところが大きいわけだが、それでも、その背景にはふたつの根源的な問題があるように感じられた。

ひとつは、比較という視点を拠りどころとしている研究者には、日本の経験や事例では説明できない多くの反例が瞬時に想起され、私の主張が必ずしも十分な説得力をもち得なかったことである。いまひとつは、日本では当たり前に語られる財政学という学問領域が、海外の社会科学者にとってはけっして自明のものではなく、こちらの問題を切り取る時の視点が相手には簡単に共有されなかったことである。

このふたつの問題は、日本の財政学者が検討すべき喫緊の課題そのものと思われた。

まず、伝統的な財政学においては、比較分析という発想が極めて希薄である。正しく言えば、国際比較という名を冠する著作がないわけではない。だが、それらはほとんどが各国の状況を説明し、並列的に叙述したものである。こうした「比較の欠如」は財政学の方法的限界を示唆している可能性がある。比較、とりわけ各国の政策を規定する文脈の比較を通じて、財政学をどのように豊富化できるのか、真剣に考えなければならない時期が来ていると感じた。

一方、比較政治学にはいくつかの系統があり、叙述的な手法をとる「歴史的新制度論」などは、われわれに近い問題意識をもっている。だが、制度論はあくまでも比較研究における制度分析の有効性を問うものであり、財政現象を通じて国家の本質に迫り、社会の変容を解き明かそうとするわたしたちの問題意識とは大きなズレがある。財政学者が自らの問題意識のもとで比較分析に切り込むことで、どのような視点を提示できるか考えてみたかった。

突きつけられた課題は重たい。だが、財政学が固有の問題領域を有しており、比較政治学とは異なる視点から比較分析を追求していけるとすれば、われわれの学問的自律性は、比較研究の発展に資することができる。

財政学の自律性――財政現象が政治、経済、社会からなる「広義の社会」の媒介環であり、したがって財政学が社会科学の総合性を志向するものであることはしばしば指摘されてきた。しかし、それは「一方通行」の総合化でもあった。F・K・マンも論じたように、財政現象が社会に与える影響が重要な要因であることは認識されていた。だが、社会現象と財政現象の循環的、動態的な過程を分析の射程に収めた研究は皆無に等しい。マンが「挽歌」の烙印を押した財政社会学の存在意義を再度問いなおしたいゆえんである。

ただし、財政社会学という表現を用いると、それは財政現象の社会学的分析だと思われてしまう。ここで、E・R・A・セリグマンが Fiscal Sociology を批判するコンテクストで、Social Theory of Fiscal Science の重要性を解き明かしたことを思いだすべきだと思う。財政学を経済学の一部に封じ込めるのではなく Fiscal Science としての明確性をとり戻すためにも、財政の社会理論として財政社会学を位置づけなおし、財政学の総合性と固有の問題領域をともに再確認する作業が不可欠なのである。

財政社会学が財政現象と社会現象の相互作用に焦点を当てる以上、これらの循環は国民国家の内部の動的過程を示すこととなる。これらは、グローバリゼーションや国際機関の影響を無視することを意味しない。そうした影響が、国民国家の内部の動的過程においていかなる機能を果たしたかは丁寧に観察されるべきである。だが、あくまでも財政社会学の分析対象は国民国家の枠内なのである。

以上のように整理すると、われわれは一国財政の財政社会学的分析から出発し、それぞれの国の財政－社会循環の相違、共通点を比較するなかで政策的なパターンの析出や類型化を行い、さらにそれをもとに各国の財政や社会を逆照射することが可能になる。制度という抽象度の高い概念から出発し、各国の相違や共通点をその制度の関係から説明する演繹的な制度論とは逆のベクトルである。この点に財政社会学が比較を論ずることの積極的な意味がある。

追求すべき理論的な課題が少しずつ鮮明になるにしたがって、日増しに知的興奮が私を襲うようになった。そして、帰国早々に、比較財政史という新しい地平を切り拓こうと、若手研究者に声をかけ、共同研究のプロジェクトを立ち上げることができた。以上が「比較財政史研究会（比較研）」設立のなれそめである。

本書はこの「比較研」における五年間の共同作業の成果である。それぞれの国の専門家が、それぞれの国の言語で書かれた資料を用いながら、かつ日本の財政赤字を被説明変数としながら、財政史の比較をおこなった。わたしは編者という立場上、それぞれの論文を何度も読むという幸福な時間を味わうことができた。もちろん、「どうして?」「なぜ?」と執筆者と対話し続けたことは言うまでもない

これだけ多彩なメンバーがひとつの方法的課題のもとに結集したことは、財政学の未来を展望するうえでとても明るい兆しである。だが、普段お世話になりながら、本プロジェクトでご一緒できなかったたくさんの研究者がいる。赤石孝次さん、池上岳彦さん、永廣顕さん、岡田徹太郎さん、門野圭司さん、佐々木伯朗さん、関口智さん、沼尾波子さん、松本淳さん、これらの方々とは、今後異なる見かたで財政学の発展を追求していきたい。楽しみはとっておくのがよい。

このような大規模な企画を、丸ごと一冊の本として抱きしめてくださったのが、ミネルヴァ書房の堀川健太郎さんである。厳しい予算制約のなか、削減の政治もやむなしとする出版状況にあって、私たちの成果を余すところなく表現することを許してくださった。心からお礼を申し上げたい。

二〇一三年二月

二度目のアメリカ生活を目前に　井手英策

危機と再建の比較財政史

目　次

第Ⅱ部　統制と協調の政府間財政関係

序章　財政学批判としての比較財政史

――財政社会学の方法的豊富化のために――

井手英策

財政赤字をめぐる問題の所在――M・ウェーバーを素材に

財政赤字は優れて政治的であり、また、学問的に関心を惹く問題である。本書は、その素材の魅力的な性格を活かしながら財政学上の問いに接近し、新たな事実の発見と、方法的な発展の双方を追求する。いま一歩踏み込んで述べるならば、日本において巨額の財政赤字が累積した理由を明らかにしつつ、比較財政史という領域の開拓をつうじて財政社会学の方法的な豊富化を試みることが本書の課題である。

政府債務残高の対GDP比がイタリアのそれを超えたという意味でいえば、財政赤字が社会経済上の問題として明示的に認識されるようになったのは一九九九年のことである。しかし、政府の作成する行政文書を見てみると、そのトーンが変わったのは「財政危機宣言」が出された九六年度予算編成過程である(1)。以後、小渕政権という屈折を間に挟みつつ、橋本財政構造改革、小泉構造改革、民主党政権期の事業仕分けと財政制約に対して配慮をしながら政策を行う局面へと時代は大きく舵を切っていった。

こうした状況を反映するかのように、公共経済学の分野では、財政赤字の増大要因を分析し、財政の持続可能性を問う傾向が強まっていった(2)。これらの分析の底流にあるのは財政赤字への危機感である。その危機感が経済学的な手法・関心と絡み合いながら、財政の持続可能性、その条件の検討へと問題関心を収斂させていったのである。

本書はこうした知的状況そのものに対する懐疑（skepticism）から出発する。

わが国の財政が危機的な状態にあることは衆目の一致するところであろう。しかし、客観的に考えると疑問も多い。

まず、デフォルトを論じる場合に、その前提となる条件がわが国にはそろっていない（井手・水上二〇〇六、井手二〇一二）。例えば、外資に依存する国が国際収支制約によって債務不履行に陥るというのが、デフォルトの典型事例である。しかし、日本は、国際収支が黒字であり、(3) 外債の割合や外資の内国債の保有比率は極めて低く、反対に先進国最大の債権国である。また、ゼロ金利政策、量的緩和政策等の超低金利政策によって、日本銀行が国債の大量購入を継続的に実施するスキームが確立し、国債価格の暴落もなかなか顕在化しない。さらには、リーマンショック、欧州財政危機、アメリカのデフォルト危機等によって、円や日本国債への投資環境が改善されるという変化も加わった。すなわち、「危険水域」にあることは認め得ても、現在が「財政危機」であるかどうかはひとつの価値判断という側面をもつのである。

では、なぜ一五年にもわたって財政危機が叫ばれ続け、明らかな事実のように認識されるのか。そのことの問題はどこにあるのか。これらの点を考えるために、M・ウェーバーが指摘した「理念型」と「実践的理想」との関係について考えておきたい。

ウェーバーは理念型を「純然たる理想上の極限概念」とし、これを基準として、「実在を測定し、比較し、よっても って、実在の経験的内容のうち、特定の意義ある構成部分を、明瞭に浮き彫りにする」ことの必要を説いた（ウェーバー一九九八、一一九頁）。一方、特定の社会状態の理念型は、「当の時代に生きている人びと自身にとっては、実践的に追求されるべき理想として、あるいは、そこまでいかないとしても、一定の社会的諸関係を規制する格率として、念頭に浮かべられている」ということがありうる（同、一二三頁）。すなわち、「理念型」が比較分析のための客観的基準であるとするならば、「実践的理想」は価値判断が加えられた実践的基準ということができ、双方は混同されることがありうるというのである。

これは観念と実在の複雑な関係を示唆するものでもある。B・クローチェは「われわれは歴史はわれわれすべての内にあり、そしてその史料はわれわれ自からの胸の中にあることを知っている」と看破した（クロォチェ一九五二、三六頁）。すなわち、事実を切り取る観念の問題を重視するならば、社会科学における問題、すなわち実在の発見そのものが「時代精神」の制約を受けざるを得ないこととなる。しかしながら、反対に「価値判断を外に向かって主張する企ては、当の価値への信仰を前提とするばあいにのみ、意味をもつ」という問題がある（ウェーバー 一九九八、三七頁）[(4)]。観念というのはそれへの信仰を前提とする限りにおいて意味をもつのである。

これまで財政再建のモデルはほぼ語り尽くされてきた。例えば、財政危機を語る際の一つの基準として「財政健全性（Fiscal Soundness）」という概念がある。すなわち、金融面では内外金融市場の制約や中央銀行の独立性強化によって国債の大量発行に歯止めをかけ、社会保障面では、不断に進行する高齢化社会に対応して社会保障支出を抑制し、政府間財政関係面では、地方分権や予算制度改革による行財政の効率化を推し進め、これらを条件として租税面では増税を行う、ということである。これらの議論は標準的なものであり、また、成熟した福祉国家にあっておおむね以上の処方箋が認められているという意味で、これらの諸要因を体系立てた概念として「財政健全化」という理念型を定位することができる[(5)]。

ところが、小泉改革期のスローガン――官から民へ、国債発行三〇兆円枠――や民主党政権のマニフェスト――税金のムダ遣いを一掃――を想起すれば分かるように、わが国ではこの理念型は実践的に追求されるべき「理想」ともみなされてきた。他国と比較して、厳しい財政事情のゆえにその傾向は特に著しく、また、そうした考え方のもとで財政の持続可能性の議論も積極的に展開されてきた。公共経済学が財政の持続可能性を問うたのも、こうした理想を実現するための条件の模索に他ならなかった。

しかしながら、現実には、「危機的」な財政状態は長期化し、かつそれが顕在化しないまま一五年が経過した。しかも、その背後では、財政構造改革法の凍結、戦後最長の好況期における基幹税の増税回避、政権交代に伴う財政支出の増大など、政治経済状況の変化によって財政制約が緩和されたり、抜本的な解消策が先送りされたりしてきた。つまり、あるべき姿は自明であり、それが実践的課題として認識されてもいた。にもかかわらず、その解決がなされるどころか、財政状況は悪化の一途をたどり、危機は顕在化することなく、静かに政府債務が積み上げられていったのである。

事態がこのようだとすれば、理念型と実践的理想との同一視が進むなか、実践的理想は一向に実践されないという現実、これ自体が説明を要するパズルだということになる。なぜ実践的理想が実現されず、財政赤字が徒に積みあがっていったのか。そこで問題となるのは、理念型と現実との間にある「距離」である。

再びウェーバーの視点に立ち返ってみよう。

ウェーバーはかの「資本主義の精神」という歴史的概念を析出した際、歴史的現実のなかから得られる個々の構成要素を用いて、組み立てることでこの概念を導き出そうと試みた（ヴェーバー 一九八九、三八～三九頁）。私たちは、先進各国が財政健全化への取り組みを行う過程と、わが国のそれとを比較する。少なくともわが国よりも明らかに良好な財政状況を維持している他国において、どのように理念型への接近がなされたのか、わが国では理念型からの距離が、なぜ、どのように生じたのかを明らかにし、そのうえで、財政健全化に成功する国ぐにに共通して観察される歴史的傾向を析出する。

こうした課題設定を採用するのには理由がある。

理念型と実践的理想を同一視する研究には、次のような問題がつきまとう。まず、理念型と現実の距離は、あるべき姿からの「逸脱」として認識され、これが政治規範的な観点から批判される。だが、なぜ逸脱が起きるのかという問い、つまり、理念型から距離を取ることの社会経済的合理性、歴史的意義は看過されてしまう。このことは、いかなる日本社会の特徴が財政再建を困難にするのかという根本的な問題から私たちを遠ざけるだろう。逸脱として規範的に批判するのではなく、理念系からの距離が日本ではどのように起きたのか、反対に言えば、他国ではなぜそれが起きなかったのか、その理由を知ることは社会科学における重要なパズルのひとつである。

例えば、公共事業や公的扶助、政府の増税の回避といった現象はしばしば厳しく批判される。そしてこれらを批判するために、費用便益分析、モラルハザード、増税を回避する政治的インセンティブといった手法や概念を引証することができる。しかし、これらの要因はいかなる先進国にも存在する。だとすれば、それが原因となりながら、いかなる因果連関のもとで空前の財政赤字が形成されたのかを証明しなければ意味がない。財政赤字を形成した要因は多様である。日本の財政制度のなかでいかなる要因が財政赤字を方向づけたのか。そして、財政赤字が急増する過程にあって、事態がなかなか改善されず、問題が解決可能な時期にもそれが見送られた結果、財政状況が悪化するという連鎖それじたいはいかなるものであったか。そうした連鎖が生まれなかった国々との対比において、わが国の問題の所在はどこにあるのか、解くべき課題は多い。

私たちが問いたいのは、「いつ財政が破たんするか」ではない。わが国では、空前の財政赤字を抱えながらも危機が顕在化しなかった。そして、それが財政再建への契機を不明瞭にし、増税への合意形成を難しくする要因となった。こうした「持続する財政悪化」がなぜもたらされたのか。これが私たちの問いである。そして、分析が「時代精神」に制約されることを自覚しながらも、価値への信仰に陥ることなく、歴史分析を通じて比較のための客観的な基準を析出すること、そして、その作業をもとに、なぜわが国ではかくも巨額の財政赤字が形成されたのかを解き明かすことが課題である。

こうした理念型と実践的理想を区別するアプローチを採用する際、経験的事実を重視しながら財政問題を論じる研究、あるいは現代資本主義の構造的な危機を論じる研究をどのように評価すべきであろうか。たとえば、諸外国の財政再建の事例を紹介する研究は分析上の基礎的な事実をわれわれに提供してくれるし（小池 二〇一一、田中 二〇一二）、現代資本主義論の観点から財政危機を位置づける研究は、資本主義経済における財政危機に共通する要因の存在を教えてくれる（O'Connor 1973, オッフェ 一九八八）。

ただ、注意しておきたいのは、こうした分析も国際比較の「基準」を明確に設けられない結果、「財政再建すべき」という視点が暗黙の裡に設定されていたり、現代資本主義批判や福祉国家の構造的危機という視角から歴史的事実が切り取られたりするため、いずれも強い価値判断を伴うということである。

外国の財政再建を紹介する研究は、財政再建という結果と、現実の財政制度改革の間に存在する政治的、社会的、経済的要因との関係を明らかにする必要がある。なぜなら、こうした文脈を捨象し、解決方法を学ぶための手段として他国の事例を参照しても、なぜそれが日本に適用可能なのか説明したことにはならないからである。成功国の模倣が解決策とはならないことは、一時期日本システムを礼賛した途上国の現状を見れば明らかである。むしろ、途上国分析の焦点は、なぜその望ましい姿が各国において実現できないのかという点にあるといってよい(6)。もし、多数の諸外国の成功事例に関して、アドホックにその日本への適用を試みるとすれば、それこそ単なる価値判断の当てはめに過ぎないこととなってしまう。

他方で、現代資本主義の構造問題、世界史的傾向として財政危機をとらまえる見かたは、歴史分析の結果を、衰退傾向を跡づけるための傍証という地位に押しこめてしまう。

確かに、現代国家は低所得層の救済を中間層の負担によって実現するという困難を抱えており、経済の低成長化、官僚制度の肥大化、社会的ニーズの多様化等によって、構造的に中間層の租税抵抗を強める側面を有している（井手 二〇一二）。しかしながら、そうした共通点がどのように現象化するかは極めて多様であるし、反対に、この共同の困難の克服の成否を見届けるための基準として理念型は位置づけられる。ウェーバーが理念型を設定したのは、歴史認識の課題が、歴史学派や史的唯物論のように発展傾向を跡づけることにあるのではなく、問題に対応した基準の設定にあると考えたからにほかならない（金子 一九五七、三三頁）。

つまるところ、制度の比較は、各国の相違を明らかにするだけである。必要なのは同様な制度が異なる結果を導いたり、異なる制度が同様の結果をもたらしたりするという複雑な現実の説明であり、この現実を規定するのは文脈である（Mahoney & Rueschemeyer 2003）。私たちは文脈比較によって理念型と現実の距離がなぜ生じたのかについて考察する。いわば、水平的な比較のみではなく、理念型との距離を問う垂直的な比較を行い、これをつうじてわが国における財政赤字の形成の論理を明らかにしていく。

このように、比較財政史という試みをつうじて、なぜわが国では空前の財政赤字が形成されたのかという問いに挑むということじたいが、これまでの財政分析の立論への批判につながっている。さらにこのことは、財政健全化を実践的理念として位置づけ、わが国の財政現象の独自性、歴史性を看過してきた発想への批判を意味している。何より、誰もが認識しているあるべき財政改革の方向性からなぜわが国は逸脱するのかを考察することは、そうした財政運営を選択した日本社会の特質を解明することにつながるであろう。

戦後財政学における比較の位置づけ――財政社会学との関連から

次に比較財政史という領域の開拓が既存の財政学をどのように豊富化するのかについて考えてみよう。

財政学を固有の学問領域として確立しようとした最初の試みはドイツ財政学に求められる（神野 二〇〇七、四一～四四頁）[7]。しかし、第一次世界大戦の敗北とドイツアカデミーの凋落とともに、ドイツ財政学の支配的影響力は決定的に後退した。

こうした状況は当時のわが国の財政学会にも少なからぬ影響を与えた。大内兵衛が「財政的知識は、或る程度において真に理論の名に値するシステムとさえなった」にもかかわらず、「今や財政学の退歩又は無能力が問題となっている」と歎じたのはそういう事態を指していた（大内 一九三〇＝一九七四、二二三頁）。

急いで付け加えると、ドイツ財政学の衰退を、ひとりドイツの政治的影響力の後退に求めるとすればそれは誤りである。わが国の財政学説史において、ドイツ財政学に対する批判を見出すことはたやすく、それはドイツ財政学の方法的難点を示唆してもいた。なかでも特に鋭い批判を投げかけたのが島恭彦の『近世租税思想史』である[8]。

島はドイツ財政学を「税務行政や租税制度に直接関係のある実際的な知識の集成」であるとし、「国家の官僚に役立ち得る租税技術論」と位置づけた。その結果、シュタインのような「官吏の租税論から市民的性格を抹殺しようとする」誤謬が生じることとなったと批判し、「かようなせまい見地からイギリスやフランスの租税思想が理解出来るものではない」として、イギリスやフランスに真の財政学がないとするシュタインの見解を厳しく批判した（島 一九三八＝一九八二、序説第二章）。自由主義期の租税思想史である近世租税思想史を著わすにあたって、島がその副旋律としたのは紛れもなくドイツ財政学批判であった。

ただし、こうしたドイツ財政学の限界は、島のいう官房学という出自に、あるいは「新しい社会の建設に向う租税思想の流れを政治学的、経済学的、行政学的という様なアカデミックな範疇を持って切断しようとする」、「愚かしい試み」[9]（同、二三頁）によって、明らかになっただけではなかった。それはドイツ財政学に内在する体系としても論理的な問題をはらんでいた。

ドイツ財政学の示す財政原理を端的に述べれば「共同欲望の満足」と「手段獲得の強制性」に区別することができる。前者に関しては共同経済の基礎に公共心を前提としている。しかし、その場合、なぜ、公共心をもつ人びとからなる社会で租税の「強制」が必要となるのかが説明できない。普遍的原理として公共性が認められるのであれば、納税は主体的、自発的に行われるはずだからである。後者については、課税の強制性に財政の根本的標識をもとめる結果、公権力をめぐる闘争の過程、公債論の重要性が見落とされ、公共性を支える経費との関連において税の問題を論じる視点が薄れていく。要するに、ドイツ財政学の論理体系では、共同欲望論では課税の「強制性」が説明できず、課税の強制性からは、税の意思決定や経費論の役割、すなわちどのように共同欲望を充足するかという問題が看過されるという矛盾に陥るわけである（木村 一九五八、四〇～四四頁）[10]。

ドイツアカデミーの政治的な権威の失墜、ドイツ財政学を支える社会的、経済的基盤の変化、そして学問上の方法的な限界が複雑に交錯するなか、財政学説史は新たな時代を迎えた。一方にG・コルムやR・マスグレイブ、あるいはJ・ブキャナンへと連なる新経済学派の潮流が勃興し[11]、他方にR・ゴルドシャイト、J・シュンペーターによる財政社会学の潮流があらわれたのである。そして、この財政需要の充足と課税の合意の相互関係という、ドイツ財政学が十分に堪えられなかった問題を取り上げたのがシュンペーターの『租税国家の危機』に他ならない。

租税国家の危機では、財政需要が近代国家創成の直接誘因となったことが強調される。そして、この財政需要を充足するために租税徴収と言う方法が選ばれたことは、中世的な生活形態の崩壊から説明されること、また、その過程は、さまざまな中間的な原因を通じて、経済の基礎の変化へとたどりつくことを指摘した。そのうえで、国家現象の把握のために、国家が社会的に現象化した存在である人びとの集団や、国家への支配力を獲得するための要因、これらを認識することの重要性を説いた（Schumpeter 1954, 16-19）。すなわち、共同需要の充足と租税徴収の相互作用を起点として、国家を現実的に把握し、社会の変動を透視する枠組みの必要性を説いたのである。

しかしながら、その後の展開を見ると、シュンペーターの理論は『資本主義・社会主義・民主主義』において示された政治理論をA・ダウンズらが積極的に摂取するかたちで公共選択論が継承し、シュンペーターが財政社会学の始祖と位置づけたゴルドシャイトの問題意識も、『租税国家の危機』における周知の表現、「あらゆる粉飾的イデオロギーを脱ぎ捨てた骨格」というレトリカルな表現が独り歩きするにとどまることとなった。

シュンペーターの問題意識には、租税を社会契約の現存形態として描写することがあった。しかしながら、社会科学の多様化がこの問題意識の発展を妨げることになった。歴史家、社会学者、法学者、政治学者は租税の問題を財政学ないし経済学の範疇としてとらえ、財政学者や経済学者は租税の社会的、制度的な基礎や成り行きについての問いを看過し、他の社会科学の分析対象として認識したからである。その結果、税制の社会的、制度的な側面は、学問的な体系化の一環として議論されるのではなく、近代化理論やエリート理論、さらには税制の発展と軍事競争の関係を重視するミリタリスト理論などで断片的に論じられるに過ぎなかったのである（Martin et al. 2009, 6–11）。

一方、わが国においても、財政社会学の問題意識はほぼ等閑に付されてきた(12)。

大内兵衛は、ゴルドシャイトの財政社会学を取り上げ、マルクス的思惟の不徹底を問題としつつ、「彼の学説は、従来学説を批評する点において社会主義と伍し、その積極的提案を為す点において社会主義をすて理想主義的穏和的労使協調主義のイデオロギーとなる」と批判した（大内 一九二七＝一九七四、五〇〇～五〇一頁）。島恭彦もゴルドシャイトを対象に「国家理念の仮面と法律制度の犠牲の下に生ける社会的対立をおおいかくそうとした伝統的ドイツ財政学に対する一つの抗議であった」としつつ、「しかしこの財政社会学的方法そのものが元来財政問題の社会的基礎を十分に衝き得るものではなかったし、また官僚主義的財政学を克服しえたともいえない」と断じた（島 一九四九＝一九八二、三三二頁）。

戦後財政学会の二人の巨人が財政社会学に死刑判決を下したことの意味は極めて大きかった。だが、それ以上に、ドイツ財政学の影響力が薄れていくなか、日本の財政学がマルクス経済学を拠りどころとする財政分析へと焦点を移したことが財政社会学の「沈黙」の本質的な原因であったと思われる。

マルクス経済学に依拠した財政学の系譜は、国家の経済活動の拡大に着目し、それを国家と独占資本との密着・癒合の関係から解き明かそうとした。他方で、財政が政治と経済の複合現象であることを認めつつも、政治・行政的な制約のなかで政府の財政活動を貫くのは経済の論理であると考えてきた（林 一九六八、五〜六頁）。こうした経済の論理を規定要因とする見かたを取るとすれば、「国家機構を動かし、それに代弁させているのは誰なのか、誰の利益なのか」（Schumpeter 1954, n. 19）をそもその分析の出発点とする財政社会学とは出発点から相いれないものとなる。(13)

マルクス史観の原理的な問題点を鋭く批判した歴史家にI・バーリンがいる。バーリンは、資本家という階級が経済的に相互作用する諸個人によって作られているにも関わらず、マルクス主義の見かたでは、その諸個人の一人一人を検討することによって個人の行動を説明し、またその行動を評価することが妨げられるという。なぜならば「ひとが現にそのように行い、考えるのは、多くは一全体としての「階級」の不可避的〔必然的〕進展の『関数』として」に過ぎないからである（バーリン 一九六六、一六八〜一六九頁）。

ヨーロッパの奇跡的な経済成長を論じたE・L・ジョーンズは、「かぎられた変数のなかだけにその原因を探索する」ことの問題を指摘し（ジョーンズ 二〇〇〇、二三七頁）、自然環境、疾病、政治体制、技術というさまざまな角度からヨーロッパと非ヨーロッパの比較史分析を行った。こうした見かたは、ヨーロッパの歴史発展の道筋を法則的基準とし、アジアをそれとの対照において比較するというマルクス主義的な歴史観への批判が根底にある。(14) こうした見かたを比較と呼ぶことはできないし、ウェーバーが理念型を歴史的事実から引き出しながら提示したのもこうした文脈での批判に他ならなかった。

結局、マルクス主義的な見かたのもとでは、財政現象の各国の政策的な差違は、経済主体ないし法則の影響の偏差として認識されるしかない。その結果、歴史の叙述そのものが史的事実から遠ざかる危険性を常にはらんでいる。これは財政「史」研究として重大な欠陥であるし、財政学者が国際比較への関心を十分にもてなかった原因のひとつでもあったように思われる。その意味で、社会科学において比較史研究が次々と積み上げられていったにもかかわらず、戦後財政学ではほとんど見るべき比較財政の成果を打ち出せずにきたのである。

ただし、近年、マルクス経済学に依拠した財政分析が、福祉国家論、特に一九九〇年代以降の福祉の縮減過程に着目しながら、福祉国家の転換・再編をめぐって、新たな議論を始めている点は正当に評価すべきであろう（金澤 二〇一〇、

岡本 二〇〇七、加藤 二〇〇六、二〇〇七、林 一九九二)。

代表的論者のひとりである岡本英男は、福祉国家システムアプローチを提示し、国家や政府に代わって福祉機能を果たしている組織や制度も含めてひとつの社会システムとして理解する見かたを示した。そのうえで福祉国家を支える経済、政治、道徳的なロジックを明らかにし、福祉国家の制度的な粘着性を明らかにしたのである。

岡本の研究では林健久や加藤榮一の福祉国家論を方法的に受け継ぎつつ、アメリカとスウェーデンの事実比較をもとに、福祉国家の継続性を強調している。国家と社会の相互作用や国際比較の視点も意識的に取り入れられており、その意味では既存の財政分析、福祉国家研究を飛躍的に推し進めたものということができる。

しかしながら、結局のところ、これらの分析でも「段階論」的な視点は手放されていない。岡本らは「福祉国家が、経済過程や世界システムから独立して運動しているのではなく、他の諸要素と密接に連関しながら運動して、全体として一つの資本主義の発展段階を形成している」と見る点で共通する(岡本 二〇〇七、二二頁)。しかし、その「発展」段階が各国の福祉国家の性格を規定せざるを得ないとするならば[15]、先のバーリンやジョーンズの批判がそのまま妥当してしまう。

あるいは発展段階が各国の政策を規定しないと考えても問題は依然として残される。いわゆる従属変数問題である。比較政治学でも福祉国家の再編・転換を一つの論点として議論が展開されてきた。しかし、P・ピアソンとR・クレイトンの論争に端的に示されたように、マクロの支出水準で見れば「福祉国家は崩壊していない」こととなり、個人の福祉受給権レベルでとらまえると「福祉国家は大きく削減されつつある」ということになる(稗田 二〇一一)。すなわち、福祉国家の見え方がそれぞれの研究者の問題意識や理論的な枠組みに規定され、従属変数の選択によって、歴史の発展段階を規定する福祉国家の性格それ自体が決定的に変化してしまうのである。

マルクス経済学にもとづく現代資本主義論ではこれまで多くの論争がなされてきたが、その事実自体、歴史段階が従属変数次第でさまざまに描けることを示唆している。分析者の課題設定によって修正されうるものによって各国の財政が方向づけられるとすれば、歴史実証という観点からは限界があるものと言わざるを得ない。端的に言えば、ある事実によって定義された歴史段階は、別の歴史的な事実の発見によって否定されうる。また、その歴史的な事実の発見じたいが、一次史料の考証や各国の政治的、社会的、経済的脈絡のなかでとらえるのではなく、歴史段階によって方向づけられた構造によって行われるとすれば、二重の意味で問題を抱え込むこととなる。

「国家」に切り込むための財政社会学と比較財政史

私たちは、実証的な財政史分析の延長線上に立ち、理念型からの各国の政策の距離感が生まれる理由を解明しながら、それらの歴史的事実にもとづいて、財政赤字という現象を切り取るための有効な概念を析出していく。そして、その概念が現象化する過程で生じる各国の相違に着目しながら日本が財政赤字を累積させた理由について考えていく。ただし、以上の説明では比較財政史が既存の財政学を豊富化するものであることは説明し得ても、それがどのように財政社会学を豊富化するのかについては必ずしもはっきりしない。次に、この点について考えておこう。

まず強調しておきたいのは、財政社会学の提唱者のひとりであるシュンペーター自身が国際比較の視点をあえて排していた点である。

シュンペーターは第一次世界大戦の敗北と危機的なインフレーションのさなかにあって、「租税国家は崩壊しえないか」という問いを立てた。そして、イギリス、ドイツ、フランス、イタリアの各国において、租税国家の絶望的な機能停止はありえないとの予想を示した。そのうえでオーストリアの租税国家が続く場合は、他国のそれはなおさらのこと持ちこたえうるという理由から、議論をオーストリアに限定するというアプローチを採用したのである（Schumpeter 1954, 25-26）。

こうしたアプローチが取られた理由としては、シュンペーターの問題意識が財政社会学そのものの方法的な発展にあったと言うよりも、よりプラグマティックな理由、すなわち当時の危機的な社会経済状況の将来を見通す道具としてゴルドシャイトの主張を利用したという即物的な動機に拠るのかもしれない。

しかしながら、近代史観への懐疑、ポスト・モダン的な言説の流布という知的状況のもと、社会科学の諸領域では自律的な政策主体としての国家アクター、あるいは各国の制度的多様性から理論的インプリケーションを引き出すことへの関心が強められていった。以上の脈絡のもとでシュンペーターの財政社会学的視点を比較分析に取り入れようとする動きが強まっていったのである。

"Bringing the State Back in" の公刊された一九八五年はこうした動きの画期となる年であり、以後、多くの政治学者や社会学者、歴史家がシュンペーターや財政社会学に言及するようになる（Daunton 2002, 2001; Hobson 1997; Brownlee 1996; Steinmo 1993; Campbell 1993）。こうした社会科学の諸領域の問題意識は、マルクス経済学やネオマルクス経済学において相対的な自律性しか与えられてこなかった「国家構造（State Structure）」に対して、これに独立変数としての地位を与え、福祉国家の多様性を明らかにしようとすることにある。特に、国家構造を規定する要因として歴史的に形成された制度に着目する歴史的新制度論は、国際比較と歴史分析を結びつけるうえで重要な役割を果たすこととなる(16)。

しかし、比較という手段が、近代史観に対する批判という文脈を超えていかなる積極的な意味をもつのかを説明することは容易ではない。なぜなら多様なものを多様だというだけでは理論的な有効性を主張できないからである。そこで以上の議論が着目したのは制度の役割や変化のメカニズムである。ある現象の因果メカニズムの過程追跡（process-tracing）によって、各国の制度の類似性や相違を浮き彫りにすることにねらいが定められたのである（Steinmo 2010; Streek & Thelen 2005; Mahoney & Rueschemeyer 2003; Pierson=Skocpol 2002）。

確かに因果メカニズムの過程追跡と制度理論の豊富化、精緻化という課題は魅力的である。しかしながら、財政社会学が財政学の豊かな伝統のうえに立つとすれば、制度がアクターの行動に与える影響力そのものを分析課題としても仕方がないし、制度変化の理論化が重大な関心事なのでもない。財政現象を基点として「国民国家の構造」そのものに切り込むこと、特に財政をめぐる意思決定過程に注目し、社会的要因が一国の国家構造にどのように影響し、その構造がどのように社会の歴史的な変容に影響を与えるのかを描くことが財政社会学の課題である。

財政学の知的伝統を活かしながら「国家構造」をつかまえる際に論点となるものとして以下の点があげられる（井手二〇一二）。まず、各国の予算統制のメカニズムが問われる。すなわち、大蔵省統制（Treasury Control）と議会統制（Parliamentary Control）の緊張関係が国家構造の重要なファクターとなる。次に、社会では何らかの価値が共有され、それが財政ニーズへと反映されていく。以上の予算統制上の特色が財政ニーズの充足を容易にするのか、あるいはそれを困難にするのかが問題となる。第三に、以上の過程でいかなる財政制度が形成され、社会的な価値と現実の財政制度の整合性／非整合性はどうなっているのか、そして、ニーズの充足／非充足が政府への信認や徴税能力をどのように規定するのか。これらの問題を総合的に明らかにすることが財政社会学の課題である。(17)

比較財政史の基礎にはこうした財政社会学の分析がある。社会的価値や財政ニーズを財政分析に取り入れ、歳出と歳入の相互規定性というシュンペーターの問題提起受け入れることで、それぞれの国における国家と社会の関係、財政健全化の成否を知る手がかりを得る。そのうえで、財政再建に成功した国々に共通する特色を比較によって析出し、概念化することで、日本的特質をあぶり出す。将来的には、各国財政の財政社会学的な分析を行う際、以上から得られた概念をひとつの分析の切り口とできるし、そこからさらに比較を行ううえでの新しい視点を得ることも期待できよう。要するに、財政社会学的な分析を基礎とした史的な比較をつうじて概念を析出し、それがさらに一国財政の特質を明らかにするという相互作用を追求するのである。

じつはこうした取り組みはウェーバーの議論を豊富化することにも貢献する。ウェーバーは現代国家の機能よりも組織的な側面に着目することで、現代国家とその前身との区別を試みた。

だがその一方で、ウェーバーは税についてほとんど分析の射程に含めなかった（Pierson 2011, 24）。C・ティリーが強調したように、戦争が国家を作り、国家が戦争を作るという相互作用のなかで、戦争は税の重要性を著しく高めた（Tilly 1975, 42）。そうした過程が、どのように継続的で、法的に合理的で、包括的で、官僚的であるところの現代国家を生成したのか、さらには、財政上の問題が現代国家の性格をどのように変化させているのかを見ていくことはウェーバーの問題意識をさらに発展させることとなる。(18)

財政はさまざまな要素から構成されている。さらにはそれぞれの国の財政が置かれている状況、すなわち歴史的文脈も当然異なっている。したがって、税や社会保障、財政金融、政府間財政関係、予算制度といった財政の諸要因に関して、各国の歴史過程を追跡することによって、財政再建を可能とする枠組み――それは「財政健全化」という理念型に近づくための政策のパッケージでもありうるし、特定の政治経済的文脈に対する対応の仕方でもありうるだろう――を発見することができるのである。

本書の構成

財政赤字を形成するうえで重要と思われる要素は何なのかを解き明かすには、極めて広範な学問的分業が必要となる。本書は以上の枠組みのもとで全五部、一五章から構成される(19)。

全体は、財政金融システム、政府間財政関係、予算、社会保障、租税という五つの分野に区分される。そして、各分野では日本の財政制度のいかなる側面が財政赤字の増大を可能としたのかについての示唆が与えられる。そこでわが国における財政運営の困難を各国はどのように克服したのか、しなかったのか、そしてその相違が財政にどのような影響を与えたのかが考察される。

第Ⅰ部では、財政金融システムに焦点をあわせ、財政赤字累増のメカニズムに分析のメスを入れる。特に政府と中央銀行の関係に着目しながら日本、ブラジル、ドイツの三カ国を取りあげる。中央銀行の独立性について対極的な地位にあるブラジルとドイツの政策運営の特徴を明らかにし、中央銀行政策と財政政策のいかなる関係が赤字の増大を可能としたのかについて考察する。

第Ⅱ部と第Ⅲ部では、財政ニーズの充足を可能とするような財政改革の諸潮流について検討する。

第Ⅱ部では政府間財政関係について日本、オーストラリア、スウェーデンの三カ国を取りあげる。日本と類似する政府間財政関係を有するオーストラリア、反対に、分厚い対人社会サービスを豊富な財源をもとに提供するスウェーデン、両国がどのように財政ニーズの充足に努めたのかを検討する。

第Ⅲ部では、予算編成の特徴と予算制度改革に関して、日本とアメリカ、スウェーデンの三カ国を比較する。財政構造改革法が凍結された一九九八年、アメリカとスウェーデンは財政収支の黒字化に成功した。マクロ・バジェッティングの典型であるシーリング予算の特徴を明らかにし、人びとの財政ニーズを把握するためのアメリカとスウェーデンの取り組みについて検討する。

第Ⅳ部と第Ⅴ部では歳出と歳入の連動性に着目している。

第Ⅳ部では、社会保障における普遍主義に着目しつつ、日本、イギリス、ドイツの三カ国を取りあげる。一九九〇年代にヨーロッパでは社会保障の見直しが進んだ。ベヴァレッジ型、ビスマルク型として知られる両国の社会保障政策がどのように変容を遂げつつあるのか、日本の社会保障政策のいかなる特質が租税抵抗を生んだのかについて考える。

第Ⅴ部では、租税政策の特色について、日本、フランス、アメリカの三カ国を比較する。フランスでは付加価値税のウエイトが高い一方、所得課税ベースの一般社会拠出金が導入された。アメリカでは付加価値税の導入が進まない一方で、所得税を中心とした改革が進んだ。以上の大胆な税制改革を可能とした要因、特に租税体系と公平性の関係について検討が加えられる。

以上の知見を踏まえながら、終章では財政健全化という理念型からの距離を生み出したものは何かを見定め、それを可能とした概念を析出することとする。

注

（1）一九九五年一一月、政府は「八年度の財政事情」を作成し、いわゆる財政危機宣言を行った。当時の事務次官小村武は、「五月に前任者から引き継いだ時、驚きました。米びつが空っぽで、その上『やりくり算段』をして、先送りすることでやっと特例公債ゼロという予算を組んでいました。しかし、そのやりくりももはや限界に来ていました……補正予算が成立した際、財政状況は非常に悪いこと、『やりくり』に限界があるということを武村大臣に説明しました。大臣は直ちに財政非常事態宣言を出そうとおっしゃいました」と回顧している（財務総合研究所保有「小村武氏口述資料」）。

（2）Domar の先駆的な研究や Bohn 検定等を踏まえながら、加藤（二〇一〇）、藤井（二〇一〇）、畑農（二〇〇九）等、多くの研究がなされている。

（3）東日本大震災以降鉱物性燃料の高騰のあおりを受けるようになったことから輸出が増え、また、欧州経済の不安定化により輸出が停滞した結果、経常収支が一時赤字に転落した。しかしながら、所得収支が順調に増大していることから、経常収支は年次ベースで黒字を維持している。

(4) ウェーバーもまた、主観が積極的に課題を設定することを自覚していたことは銘記しておく必要がある（ウェーバー 一九九八、四二〜四三頁）。

(5) 厳密には、国債の大量発行への歯止め、社会保障の抑制、行財政の効率化という単純な財政再建の諸手段は類概念と位置づけられるべきであり、国際金融市場制約や中央銀行の独立性強化がもたらす通貨価値への影響、現金給付から現物給付へといった高齢化社会に対応した社会保障の再構築の趨勢、大衆民主主義の成熟と対応した熟議民主主義、参加型予算への要請の強まりといった一九九〇年代以降の政治経済的かつ知的潮流と類概念が一体となったときに、「財政再建」が類的理念型として再構成されることとなる。ウェーバーはこうした類的理念型を「理念型概念の適用例のうち、じっさい上とくに頻繁で重要な場合でさえある。そして、個性的な理念型はいずれも、類的で、理念型として構成された概念要素から合成される」（ウェーバー 一九九八、一三五頁）と指摘した。理念型における類的理念型の重要性については（折原 二〇〇七、一三五頁）にも同様の指摘がある。

(6) シュンペーターが示唆した歳入に占める租税の割合、代議政治の出現、国家間競争における国家の強さ、弾性という基準から、なぜ、どのようにこうした要因が途上国において十分に観察されないのかを問い、各国の国家形成の比較を行うことが可能になるとM・ムーアは指摘している（Moore 2003）。

(7) Hodgson（2001）は第一次世界大戦前のアカデミーにおけるドイツの地位を指摘し、アメリカでも一線級の研究者の多くがドイツにおいて研究のキャリアを積んだ事実を指摘している。

(8) 島が「近代の市民社会に於いては租税論の基礎概念たる共同社会や公益」を「そのままの形で実在しているのではなく、私益と私益の闘争から昇華する何かはかないイリュージョンの様なもの」としてとらまえた点は、現代の財政分析において省みるに値する指摘である（島 一九三八＝一九八二、二九頁）。ただし、同書にあらわれる「歴史的・社会的発展過程」あるいは「歴史的・社会的必然性」といった文言に象徴されるように、いわゆる近代史観、唯物史観を前提として、社会の利害対立を把握する以上、本書が志向する比較研究は現実には困難になる。これは島の方法の時代被制約性として踏まえておかれるべき点である。

(9) 近年の言葉で言えば、経済的、政治的、社会的な現象が交錯する場として財政をつかまえようとする視点と近く、この島の言葉は含蓄に富むものと言うべきである。ただし、租税思想を「新しい社会の建設に向かう」過程でとらまえることじたい、先の現代資本主義論に見られた、あるいは後述のバーリンが批判した問題が典型的にあらわれてもいる。

(10) 以上の問題点は、戦後の日本の財政学を振り返ったとき、経費論がほとんど重要な議論の争点となってこなかったこと、意思決定過程の本格的な分析が極めて限られた論者によってしか行われなかったことに象徴的にあらわれている。

(11) 当初はこのふたつの流れの間に大きな懸隔があったとは言い切れない。例えば、マスグレイブの『財政理論』では、最もはじめの部分で、公共経済の諸理論を「公共経済の効率的な指導に役立つ準則と原理との説明」と「財政をめぐる政治の社会学」とに区別し、同書の最初の脚注において「財政を巡る政治の社会学」の例としてシュンペーターの『租税国家の危機』を位置づけていた。同書では前者に力点を置くことが言明されたが、マスグレイブは晩年に財政社会学の研究に取り組んでいくこととなる(Musgrave 1992; 1980)。

(12) その数少ない例外が加藤芳太郎、池田浩太郎、大島通義である(加藤 一九六〇、池田 一九六〇、大島・井手 二〇〇六)。特に大島(一九七二)はマルクス主義が盛んであった当時にあって政治過程分析を基点とする国際比較に言及した興味深い論稿である。

(13) ただし、シュンペーターは経済主体が国家機構を動かす可能性を否定しているわけではない。

(14) こうした限界については小谷(一九七九)の問題提起を参照すべきである。小谷はマルクスの諸概念を受け入れつつも、近代ヨーロッパの内側にしか存在しない「アジア的なるもの」を前提とするマルクスの歴史観を批判した。

(15) たとえば、「世界史的に見て福祉国家段階において現れた日本における社会システム」(岡本 二〇〇七、四六頁)という表現はこうした見かたを示している。

(16) 歴史的新制度論についての要約は、赤石(二〇〇八)、井手(二〇〇八)を参照せよ。

(17) たとえば、歳出入の因果関係のなかで財政現象を論じると、途端に支出の拡大を赤字の決定的な要因と断定することが難しくなる。わが国における財政赤字の主要因のひとつは税収の不足である。増税を実現するうえで、中間層の必要とするサービスを提供する必要があること、あるいは支出の拡大が雇用の増大による税収増、公的扶助の削減を通じた支出減を生み出すことなどを考えると、支出の減少は「租税への同意(tax consent)」を切り崩すという問題を抱えることとなる。また、税制における公平性の問題や財政ニーズの充足の成否は政府の施策への「信頼感」に大きな影響を与え、その信頼の程度が租税抵抗の強弱を規定することとなる(井手 二〇一二、Ide=Steinmo 2009)。

(18) さらにいえば、ウェーバーが比較を重視したときの論理の問題もある(佐藤 二〇一一、一六〇〜一六三頁)。ウェーバーは差違法による因果特定を試みたことで知られている。すなわち、ある国・地域と他の国・地域を比較する際に、ある特定の条件が異なり、他の条件がすべて等しかった時、両国、両地域の相違を規定する原因を発見できるということである。しかし、ウェーバーは、資本主義を生んだ決定要因がプロテスタンティズムのみであったと特定することはできなかった。他方、私たちは財政赤字という統計的に観察可能な事実から接近できるという時代被制約的なメリットを有している。したがって、日本の財政赤字がなぜ他国と比較して顕著であったのかという問いから出発し、わが国の財政において先進国と決定的に異なる条件を見出すことが視野に入ってくる。

(19)　ちなみに、本書では、財政再建に成功し、かつ日本と明らかに異なる政策運営をやっている国々を意図的に採り上げたわけではない。むしろそういう恣意性を排するために、それぞれの国の財政の専門家がそれぞれの専門領域に取り組むなかで各国の特質を明らかにし、淡々と日本との相違を解き明かしていく。将来的には対象となる国をより拡張することで、異なる結論が出てくることも当然考えられ、そういう限定性を自覚しながら分析は進められる。

参考文献

赤石孝次（二〇〇八）「財政社会学の課題と発展可能性」横浜国立大学『エコノミア』五九巻二号。

池田浩太郎（一九六〇）「財政社会学の一形態――マン『財政理論と財政社会学』一九五九年について」成城大学『経済研究』一一号。

井手英策（二〇〇八）「財政社会学は危機の学問か？」横浜国立大学『エコノミア』五九巻二号。

井手英策（二〇一二）『財政赤字の淵源――寛容な社会の条件を考える』有斐閣。

井手英策・水上啓吾（二〇〇六）「資産・負債管理型国家の提唱――財政再建至上主義を超えて」神野直彦・井手英策編『希望の構想――分権・社会保障・財政改革のトータルプラン』岩波書店。

井藤半彌（一九三一）『財政学原理――財政政策論』巌松堂書店。

ウェーバー・M（一九九八）『社会科学と社会政策にかかわる認識の「客観性」』（富永祐治・立野保男訳、折原浩補訳）岩波書店。

ヴェーバー・M（一九八九）『プロテスタンティズムの倫理と資本主義の精神』（大塚久雄訳）岩波書店。

大内兵衛（一九二七＝一九三〇）「財政社会学　ゴルドシャイトの財政学批判」『大内兵衛著作集　第二巻』岩波書店。

大内兵衛（一九三〇＝一九七四）「財政学大綱」『大内兵衛著作集　第一巻』岩波書店。

大島通義（一九七二）「日本財政の国際比較」林栄夫編『現代財政学体系二　現代日本の財政』有斐閣。

大島通義・井手英策（二〇〇六）『中央銀行の財政社会学――現代国家の財政赤字と中央銀行』知泉書館。

岡本英男（二〇〇七）『福祉国家の可能性』東京大学出版会。

オッフェ・C（一九八八）『期資本制社会システム――資本制的民主制の諸制度後期資本制システム』（寿福真美訳）法政大学出版局。

折原浩（二〇〇七）『マックス・ヴェーバーにとって社会学とは何か――歴史研究への基礎的予備学』勁草書房。

加藤榮一（二〇〇六）『現代資本主義と福祉国家』ミネルヴァ書房。

加藤榮一（二〇〇七）『福祉国家システム』ミネルヴァ書房。

加藤久和（二〇一〇）「財政の持続可能性と財政運営の評価」『シリーズ　バブル/デフレ期の日本経済と経済政策　第五巻　財政政策と社会保障』慶應義塾大学出版会。

加藤芳太郎（一九六〇）「財政社会学ということ」『財政學の基本問題』千倉書房。

金澤史男（二〇一〇）『福祉国家と政府間関係』日本経済評論社。

金子栄一（一九五七）『マックス・ウェーバー研究――比較研究としての社会学』創文社。

木村元一（一九五八）『近代財政学総論』春秋社。

クロォチェ・B（一九五二）『歴史の理論と歴史』（羽仁五郎訳）岩波書店。

小池拓自（二〇一一）「財政再建のアプローチを巡って――歳出削減・歳入拡大・経済成長」『レファレンス』三月号。

小谷汪之（一九七九）『マルクスとアジア』青木書店。

佐藤俊樹（二〇一一）『叢書・現代社会学⑤　社会学の方法』ミネルヴァ書房。

島恭彦（一九三八＝一九八二）「近世租税思想史」『島恭彦著作集　第一巻　財政思想史』有斐閣。

島恭彦（一九四九＝一九八二）「財政思想の発展―官僚主義財政学批判」『島恭彦著作集　第一巻　財政思想史』有斐閣。

ジョーンズ、E・L（二〇〇〇）『ヨーロッパの軌跡――環境・経済・地政の比較史』（安元稔・脇村孝平訳）名古屋大学出版会。

神野直彦（二〇〇七）『財政学　改訂版』有斐閣。

田中秀明（二〇一一）『財政規律と予算制度改革――なぜ日本は財政再建に失敗しているか』日本評論社。

バーリン・I（一九六六）『歴史の必然性』（生松敬三訳）みすず書房。

畑農鋭矢（二〇〇九）『財政赤字と財政運営の経済分析――持続可能性と国民負担の視点』有斐閣。

林栄夫（一九六八）『財政論』筑摩書房。

林健久（一九九二）『福祉国家の財政学』有斐閣。

稗田健志（二〇一一）「福祉国家の危機と持続性――『福祉国家の従属変数問題』を通して考える」井手英策・菊地登志子・半田正樹編『交響する社会――「自律と調和」の政治経済学』ナカニシヤ出版。

藤井隆雄（二〇一〇）「日本の財政の持続可能性について―― Bohn（1998）の手法による再検証」『財政研究　第六巻』有斐閣。

Brownlee, W. E. ed. (1996) *Funding the Modern American State, 1941-1995 : The rise and fall of the era of easy finance,* Cambridge University Press.

Campbell, J. L. (1993) "The State and Fiscal Sociology," *Annual Review of Sociology,* Vol. 19.

Daunton, M. (2002) *Just taxes : the politics of taxation in Britain,* 1914-1979, Cambridge, U. K.: Cambridge University Press.

Daunton, M. (2001) *Trusting Leviathan :. The Politics of Taxation in Britain, 1799-1914,* Cambridge U. K.: Cambridge University Press.

Hobson, J. M. (1997) *The Wealth of States : A Comparative Sociology of International Economic and Political Change,* Cambridge University Press.

Hodgson, G. M. (2001) *How Economics Forgot History : The Problem of Historical Specificity in Social Science,* London: Routledge.

Ide, E. & S. Steinmo (2009) "The End of the Strong State, On the Evolution of Japanese Tax Policy," *The New Fiscal Sociology : Comparative and Historical Perspective,* edited by Isaac Martin, Ajay K. Mehrotra and Monica Prasad, Cambridge University Press.

Mahoney, J. & D. Rueschemeyer (2003) "Comparative Historical Analsys; Achievement and Agendas," Mahoney, J. & Rueschemeyer, D. eds., Comparative Historical Analysis in the Social Science, Cambridge: Cambridge University Press.

Martin, I. W., A. K. Mehrotra & M. Prasad (2009) "The Thunder of History: The Origins and Development of the New Fiscal Sociology," *The New Fiscal Sociology : Comparative and Historical Perspective,* edited by Martin, I. W., A. K. Mehrotra and Prasad, M., Cambridge University Press.

Moore, M. (2003) "The New Fiscal Sociology in Developing Countries," *paper prepared for delivery at the 2003 Annual Meeting of the American Political Science Association,* August.

Musgrave, R. A. (1980) "Theories of Fiscal Crisis: An Essay in Fiscal Sociology." in H. A. Aaron, M. J. Boskin eds., *The Economics of Taxation,* The Brookings Institution.

Musgrave, R. A. (1992) "Schumpeter's Crisis of the Tax State: An Essay in Fiscal Sociology," *Journal of Evolutionary Economics,* Vol. 2, No. 2.

O'Connor, J. (1973) *The Fiscal Crisis of the State,* New York: St. Martin's Press.

Pierson, C. (2011) The Modern State Third Edition, London; New York, Routledge.

Pierson, P. & T. Skocpol (2002) "Historical Institutionalism in Contemporary Political Science," in Katznelson, I. and H. V. Milner, *Political Science : State of the Discipline,* W. W. Norton.

Schumpeter, J. A. (1954) "The Crisis of the Tax State," *International Economic Papers,* No. 4.

Steinmo, S. (2010) *The evolution of modern states : Sweden, Japan, and the United States,* Cambridge; New York: Cambridge University Press.

Steinmo, S. (1993) *Taxation and Democracy : Swedish, British and American Approaches to Financing Modern State,* New Haven, Yale University Press.

Streeck, W. & K. Thelen (2005) *Beyond Continuity,* Oxford University Press.

Tilly, C. (1975) "Reflections on the history of European state-making," in Tilly. C. ed., *The Formation of National States in Western Europe, Princeton,* NJ: Princeton University Press.

第Ⅰ部　危機を不可視化する財政金融システム

第1章　現代日本における政府債務の受容構造
——中央銀行の法的独立性と財政赤字の「相関」検証——

木村佳弘

1　課題の設定

想像を絶する政府債務がわれわれを取り囲んでいる。

財務省「日本の財政関係資料——平成二三年度予算補足資料」によれば、一般会計歳入総額九二兆四一一六億円のうち、公債金収入は四四兆二九八〇億円を占め、公債依存度は四七・九％に達し、同年度予算における租税及び印紙収入四〇兆九二七〇〇億円を上回っている。同じく財務省「最近二〇年間の各年度末の国債残高の推移」によれば、二〇一一年度末の普通国債残高は六六七兆六二七八億円、財政投融資特別会計国債一一八兆九一六三億円を含めれば七八六兆五四四一億円に達する。二〇一〇年時点（国債・財政投融資特別会計国債を合わせて七六七兆六三八八億円）で、既に一六一・三％に達していた対ＧＤＰ比率記録の更新は確実視されている[1]。

OECD Economic Outlook 88 Databaseによれば、中央政府・地方政府・社会保障基金を合わせた一般政府総債務残高の対ＧＤＰ比率（二〇一〇年）において、日本は実に一九八・四％に達し、二位イタリアの一三一・四％を遥かに引き離している。ちなみに、日本銀行調査局『明治以降本邦主要経済統計』からＧＮＰ対政府債務を算出すると、一九四三年は一三三・四％、一九四四年は二〇四・〇％である。端的に言えば、「敗戦前夜」の債務残高に達しようとしている。わが国は、歴史的にも、国際比較のうえでも、史上稀に見る債務残高——その中核は中央政府債務残高——を抱え込んでいるのである。

と同時に、OECD Economic Outlook 88 Database は、興味深いことも教えてくれる。一般政府純利払費（General Government net debt interest payments）対GDP比は、僅か一・二%に過ぎない。債務危機に襲われているアイルランド五・五%、ギリシャ五・三%、債務残高二位のイタリア四・三%は言うに及ばない。それどころか、一般政府債務残高五〇・五%と、債務残高のコントロールに成功しているドイツの二・二%よりも低いのである。

史上稀に見る政府債務残高を抱えるわが国が、財政赤字国としては稀有なほど低い利払費を享受している――このパラドックスをどのように考えるべきなのか。実は、二つの事象は、ボロメオの環のごとく分かちがたく結ばれている。まず、第一の事象、「これほどの財政赤字を抱え込んだ」ゆえんを問うことから始めよう。

2　財政赤字と「中央銀行の独立性」の関係

この問いの検討には、有力な接近方法が存在する。財政赤字の多寡は、政府財政当局と中央銀行の制度配置によって規定される、とする説である。真渕勝（真渕 一九九四）の整理によれば、政府財政当局と中央銀行の関係をどのように考えるかについて、制度的アプローチと行動的アプローチが存在する。真渕自身は制度的アプローチを採用し、一九四二年に成立した日本銀行（以下、日銀）法の性格を分析する。一九三九年ライヒスバンク法をお手本とした日銀法は、まず、その使命を「国家目的ノ達成」としている。大蔵大臣は日銀に対し、必要な業務の施行、定款の変更、その他に必要な事項を命ずることができるだけでなく、一般的な監督権限及び個別的な許認可権をもっている。さらに、財政法第五条ただし書き、日銀法第二二条により、発行後一定期間を経過した国債を日銀が購入することができる。つまり、日銀は選択肢において国債の購入が可能であるとともに、他の先進国と比較して大蔵省への従属の度合いが強く、これが財政赤字の形成に影響したと論じている。これが、「金融従属仮説」である。

この対極に描かれるのがドイツである。ドイツ連邦銀行（以下、ドイツ連銀）は法的独立性を憲法上保障（ボン基本法第六条）されるとともに、ドイツ連銀法においても、ドイツ連銀の目的は通貨価値の安定に明確に規定されている。そして、連邦政府の全般的な経済政策を支持する義務は通貨価値の安定の下位に置かれ、付与された権限を行使するに際して、連邦政府の命令を受けない、と規定されている。あまりに日本と対照的である。

真渕の研究は、一九八〇年代以降、中央銀行の独立性と金融政策のパフォーマンスの関係を探った研究潮流の一つに位置づけられる。例えば、Cukierman, Webb and Neyapi（1992）は、中央銀行総裁の任期・任命、中央銀行の金融政策決定における主体性、政策目標、中央銀行への信用供与から中央銀行の法的独立性を定量化したうえで、インフレ率との相関関係を導いている。しかし、Cukierman, Webb and Neyapi（1992）をはじめとする海外の定量分析を用いた研究における、中央銀行のパフォーマンス指標はインフレ率であり、財政収支（財政赤字）は直接の対象となっていない。となると、真渕の立てた問題――中央銀行の独立性の有無と財政収支の経路はどのように接続しているのだろうか。

一九九七年の日銀法改正案の国会審議過程時において、この問いは、愚問とも言うべきものだったかもしれない。日銀理事の経歴をもち、当時、新進党衆議院議員として、最も体系的に政府案を批判し、日銀の法的独立性をより高めようとした鈴木淑夫の議論を、第一四〇国会衆議院大蔵委員会（平成九年四月二五日）における鈴木の質問から確認してみよう。まず、自著『日本の金融政策』を引用しながら、一九四二年日銀法下にあったことが、政策運営上、二度の大失敗を導いたと論じる。一度は、一九七〇年代における列島改造予算による過剰流動性処理の失敗、もう一つはバブル期である。いずれも、公定歩合の引き上げが遅れたことが、大インフレを招き、バブルの発生と崩壊を招いたと論じる。そして、なぜインフレ抑制に失敗したかといえば、日銀総裁に対する政府の罷免権、金融政策への指示権が存在したためであり、橋本蔵相、金丸副総裁と実名をあげながら批判を行っている。

つまり、日本銀行の法的独立性の無さが、物価安定のための金融政策（公定歩合変更）を遅らせ、バブルの発生、崩壊を招き、実体経済を悪化させた大きな要因である。少し敷衍して言えば、実態経済の悪化が課税標準の減少をつうじて財政収入の悪化、財政赤字へと接続されていると解釈できないことはない。このような経路を想定するとすれば、日銀の法的独立性の強化は、中長期的な物価安定につながるとともに、経済的パフォーマンスの安定化にも資することとなるだろう。

他方、こうした考え方に懐疑的な意見も存在する。改正日銀法制定過程時の一九九七年六月六日、参議院に金融制度調査会会長として参考人招致された館龍一郎東京大学名誉教授は、以下のように述べている。すなわち、現行（改正前）の日銀法の運用面では、新法に近い形で行われており、実際には日銀の独立性は相当程度尊重されている、と。

館の論述は、藤木裕の一連の研究によっても補強される。すなわち、中央銀行独立性指標は、指標の選定、指標作成者の主観によって影響を受ける。例えば、Cukierman, Webb and Neyapi（1992）では、日銀の独立性は六八カ国中六三位となるが、旧日銀法第一条の後段部分、すなわち「通貨ノ調節金融ノ調整及信用制度ノ保持育成ニ任ズル」を通貨価値の安定と信用秩序の維持と読み替え、財政法第五条本文を日銀が政府の財政赤字をファイナンスする立場にはないと読み替えれば、日銀の中央銀行独立性指数はドイツ・スイス・米国並みとなる。藤木の解釈が真渕の解釈と好対照を為していることからも分かるように、「分析者の主観による中央銀行独立性指数はいかなる値も取りうることになりかねない」（藤木 一九九六、八九頁）のである。

藤木の旧日銀法の読み替えは、館の運用面での独立性の尊重と共鳴している。しかし、この解釈は、鈴木が嘆いた外部からの圧力に直面している日銀像とは当然ながら異なる。この間隙は上川龍之進（二〇〇五）によってひとまず埋められる。上川は、日銀が一九七〇年代後半の第二次オイル・ショック期以降、法的な従属状態とは別個に、日銀が独自のリソース（マネーサプライ指標、「狂乱物価」への反省）を獲得、利用して世論を説得し、政府・与党に法制度上のパニッシュメント発動を手控えさせたと論じる。真渕が分析枠組みからいったん捨象した行動的アプローチを導入し、金融政策へのパフォーマンスに「大差」があることを論証しようと試みたといえる。

しかし、上川の分析枠組みは、真渕の「制度配置」論を補強している。つまり、日銀が実質的に独立していたからこそ、金融政策のパフォーマンス——上川が掲げる指標はインフレ率の抑制——が優れていたとし、日銀の独立性と金融政策のパフォーマンス関係には疑いを抱いていないとも言える。その是非は後で検討しよう。問題は、上川が論拠とする「リソース」概念が、政治学的にはともかく、現実の財政構造——真渕が問題とした「財政赤字」——を説明するには、いささか狭隘に過ぎる点である。あらかじめ結論を述べれば、上川が称賛する一九七〇年代末以降にこそ、戦後におけるわが国の財政赤字――政府債務を支える構造が形成され、それに依拠できたからこそ、大蔵省は、日銀の「金融政策上の独立性」を容認したと考えられるのである。では、道具箱を開いていこう。

3　現代国債引受構造の形成――七〇年代末における「政府の財布」

まず、前提条件とも言える表1－1を確認しておこう。

この表から、日本国債における外貨債残高比率について、驚異的とも言える変容を看取できる。一九一三年時点では、国債残高に占める外貨債比率は五九・二％に上っていた。しかし、戦時下における外貨債の円貨債への一方的振り替えにより、第二次世界大戦末期には〇・六％まで減少する。他方、戦後においては、世界銀行借款、国際通貨基金借款などを受け入れた結果、外貨債比率は二九・五％まで高まるが、その後は逓減を続け、一九八六年には、遂に日本国政府の発行する国債は、内国債（自国建て通貨債）のみに限定されたのである。

もちろん、財政投融資（以下、財投）計画における政府保証外国債に振り替えられた債券もあり、簿外債務を含めた中央政府負債から外貨債が完全に消滅したわけではない。しかし、国債残高に占める外貨債の消滅は、戦前との比較や、後に行われるドイツ、ブラジルとの比較において決定的に重要である。端的に述べれば、国際通貨基金に代表される国外のアクターが、日本の国債管理政策に対して関与する契機を喪わしめる効果をもつのである。

では、内国債（円貨建て国債）の引受先を確認していこう。大蔵省理財局『国債統計年報』（以下、『国債統計年報』）では、新発債と既発債別に債券の引受先が確認できる。一九六六年から一九七七年まで、新発債の主要な引受手となったのは市中金融機関（主にシンジケート団引受）である。新発債引受は、交付公債が四四・九％を占めた一九七〇年を除けば、一貫して六〇％を超えている。他方、同時期の借換債は、ほぼ日銀引受が独占している。これは、発行後一年後に、日銀が金融機関手持ち国債のほぼ一〇〇％を買入れた結果である。まさに、「金融従属仮説」が妥当するような国債引受構造である。

表1-1　国債残高（内国債，外国債）と外国債比率（1913～1990）

（単位：百万円，％）

	国　債	内国債	外国債(外貨債)	外国債比率
1913	2,584	1,055	1,529	59.2
1930	5,956	4,477	1,479	24.8
1940	29,848	28,611	1,237	4.1
1945	140,812	139,924	887	0.6
1950	341,423	240,767	100,657	29.5
1955	514,665	425,833	88,832	17.3
1960	520,896	446,820	74,076	14.2
1965	745,663	688,331	57,331	7.7
1970	3,651,618	3,597,457	54,160	1.5
1975	15,809,534	15,776,484	33,049	0.2
1980	71,921,098	71,905,962	15,136	0.0
1985	136,611,399	136,610,623	776	0.0
1990	168,547,248	168,547,248		

（出所）　大蔵省理財局『国債統計年報』，各年度版より作成。

この構造を再編していく要因の一つが、表1-1でも確認できる国債発行総額の増大であることは疑いない。一九六六年には市中金融機関の新発債引受額が五九一四億円、日銀の借換債引受は八六億円に過ぎなかったが、一九七八年には、市中金融機関の新発債引受は七兆四一四〇億円、日銀の借換債引受は六兆四三六億円に達している。

この背景には、一九七七年九月の日米ハイレベル事務協議において顕在化した内需拡大要求への対応として、ボン・サミットにおいて福田首相が表明した「実質七％成長」の達成を謳う国際公約が存在した（井手 二〇一二）。大蔵官僚にとって「想定外」であった国債の大量発行は、市場にとっても同様であった。市場の動揺は、一九七九年の金利低下局面に発行されたロクイチ国債の暴落によって顕在化する。これに対応するために国債大口売買制度の導入や売却制限の緩和など、流通を促す市場整備が進められていく（山田 一九八五、二一六頁）。そして、この時期、新発債引受主体は大きく変化する。これを示したのが図1-1である。

ここから、一九七八年を境として、国債保有に占める市中金融機関の割合が急減する一方、政府の保有比率が著しく上昇し、一九八五年には、市中金融機関と逆転する様子が確認できる。ここで言う政府とは何か。借換債を含むが、『国債統計年報』は、内国債発行残高について政府保有の内訳を示してくれている。試みに一九八〇年で確認すると、政府保有国債一九・五％のうち、大蔵省資金運用部資金一六・五％、国債整理基金三・〇％である。つまり、政府（大蔵省）理財局による一元的運用下にあった任意性貯蓄（郵便貯金）、半強制的貯蓄（厚生年金）に加え、租税による強制貯蓄（国債整理基

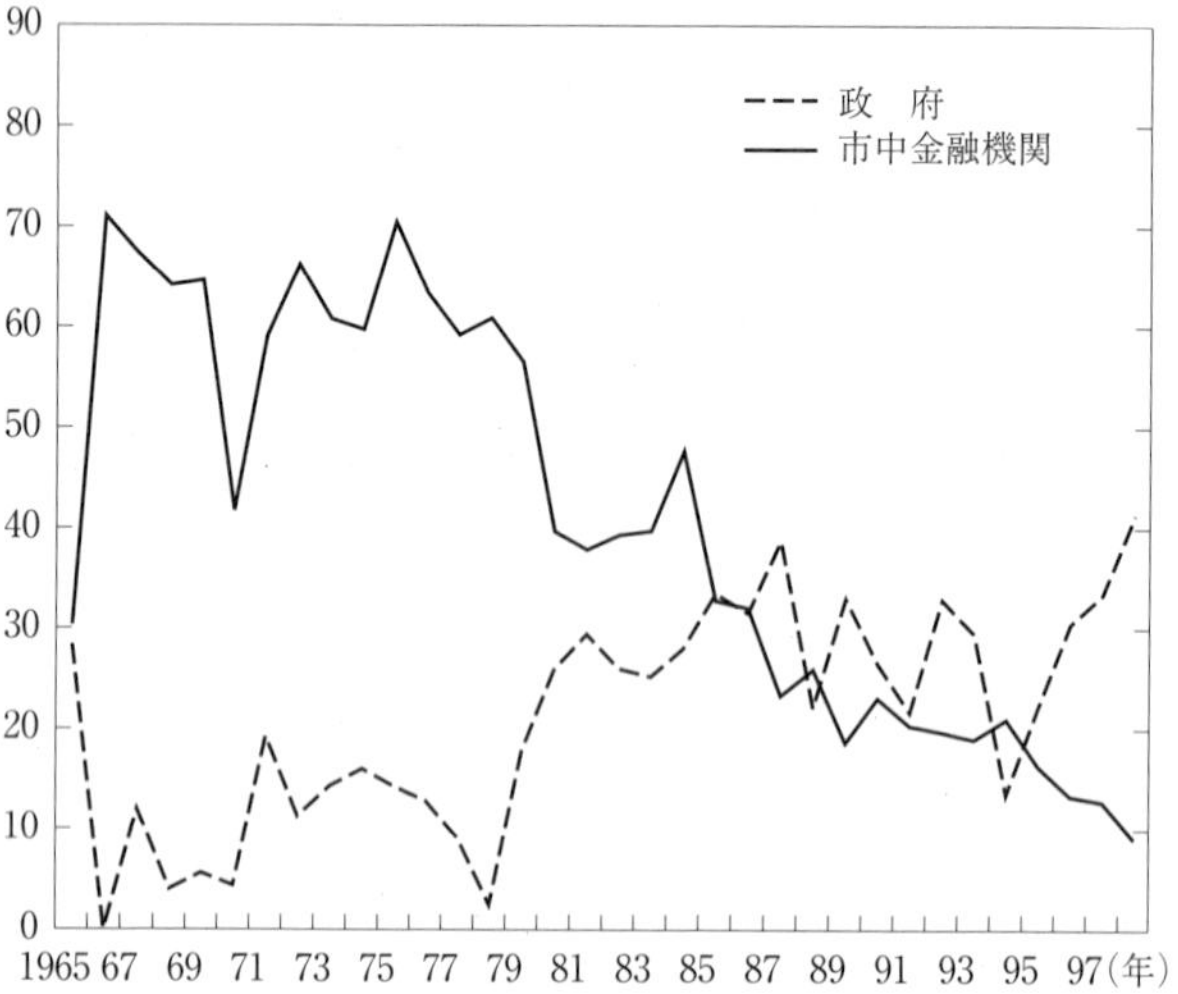

（出所）　大蔵省理財局『国債統計年報』各年度版

図1-1　新発債引受主体（市中金融機関，政府）（単位：百万円）

金）が国債の引受主体となったのである。ただし、国債整理基金は、一般会計への協力（定率繰入の一時停止）により、国債を引き受ける能力を一時減殺される（山田 一九八四、四七～四八頁）うえに、国債引受額に及ぼせる影響は最大で三％程度と限定的であることを鑑みれば、国債引受の中核は資金運用部資金となる。

では、資金運用部資金がなぜ国債を保有し得たのか。ひとつは、資金運用部資金の原資――なかんずく郵便貯金の増大である。郵貯の定額貯金には、一〇年複利、非課税、マル替え制度（金利の遡及適用）などの有利性があった。この結果、特に金利低下局面に定額貯金の預入額が激増する。いわゆる「郵貯シフト」である。これが鮮明に確認できるのは一九七〇年代以降（一九七四年、一九八〇年）であった。試みに、全国銀行預金対郵便貯金の比率を算出すると、一九七〇年の一八・七％から、一九八〇年には四〇・五％までに拡大している（伊藤 二〇〇五、三五頁）[2]。

もう一つは、資金運用部資金の本来の役割である財投計画の伸び率低下である。資金運用部資金運用残高にみる長期国債の割合は、一九八〇年に一一・七％（一一兆七一一一億円）に留まっていたが、一九八五年には二三・六％（三七兆九〇三一億円）にまで増加している。一九八六年三月の資金運用部資金運用状

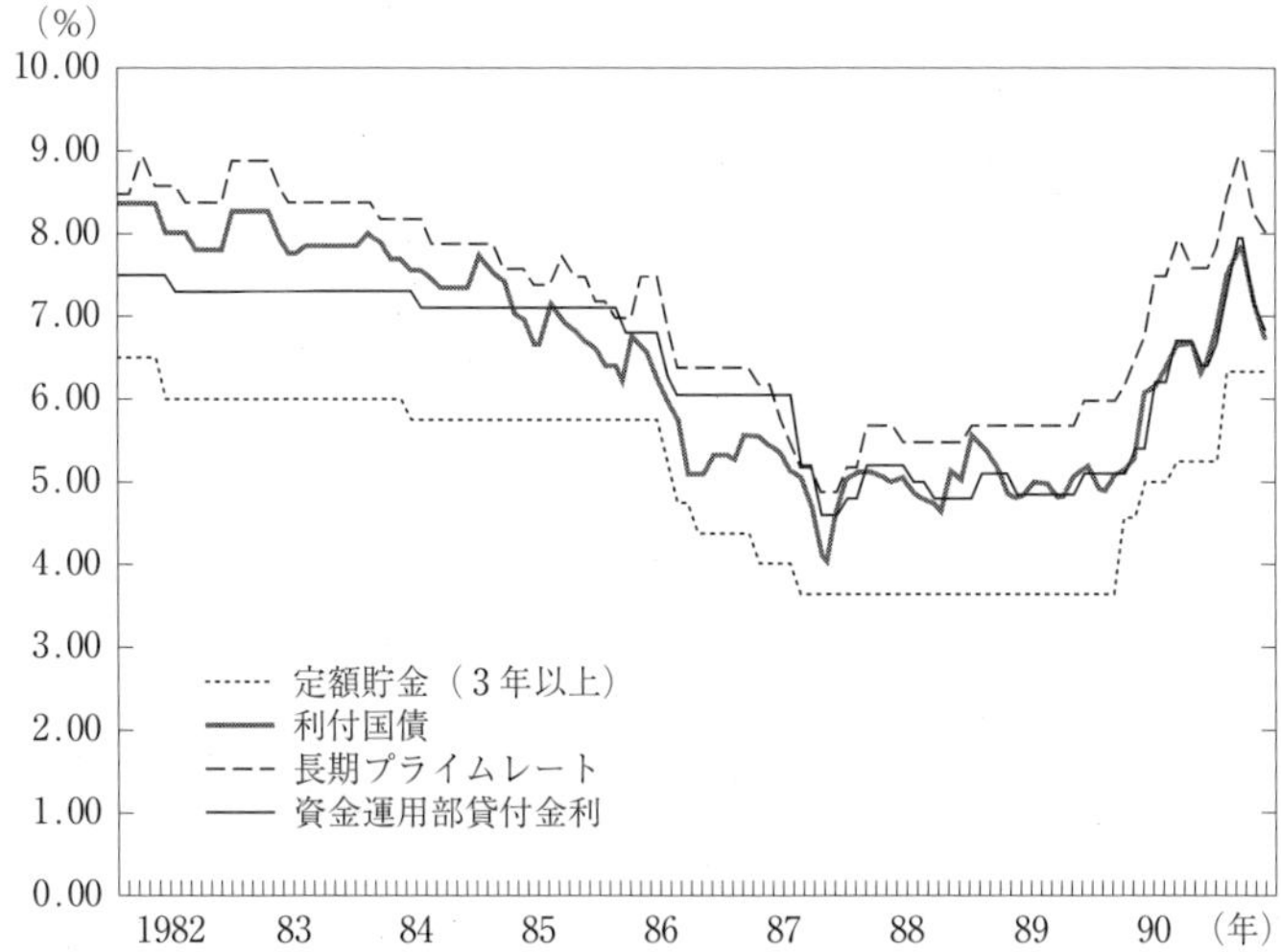

（出所） 大蔵省『財政金融統計月報（財政投融資特集）』各年度版

図1－2 財投関連各種金利の推移（1981～1990年）

況に限って言えば、預託金増加分一五兆一一七一億円に対し、長期国債保有額の増加が九兆九一九一億円と、実に六五・六％に達している（山田 一九八六、一二八頁）。

ここで、財投計画を圧縮し、国債引受を可能にした基盤の一つに触れておこう。それは、財投金利体系に生まれた亀裂である。

図1－2から抽出できる論点を二つに絞ろう。まず、一九八五年までは、一〇年物国債利回りは資金運用部基準貸出金利（＝資金運用部預託金利）よりも高く、有利運用であった。ところが、一九八五年以降、国債運用利回りは資金運用部基準貸出金利を下回る。この状況下では資金運用部の国債への投資は有利運用とは言えなくなる。

しかし、基準貸出金利の高止まりにより、民間金融機関のプライムレートと財投金利の関係が一時逆転するに至った。この結果、一九八七年以降、資金運用部基準貸出金利は、一〇年物国債流通利回りと連動するように定められていく。つまり、資金運用部にとって、国債への投資と、財政機関への貸出は、金利上ほぼ無差別となり、経営的観点からは国債引受を抑制する理由を失ったのである。

留意すべきは、国債流通利回りの低下をもたらした、国債市場の好況である。この理由は、政府、日銀及び市中金融機関以外による内国債の引受、なかでも公募引受の拡大である。『国債統計年報』によれば、公募引受は、新発債市場においては一九七八年に八・九％に留まっていたのが、一九八九年には三〇・八％にまで拡大している。既発債市場においては、一九八一年に四九・二％を記録し、一九八〇年代中頃には減少するものの、一九八九年には五七・五％へと再拡大していく。これは、金融機関以外の保有主体——機関投資家の存在が大きい。機関投資家の国債保有動向については次節で改めて述べる。

一九八九年、日銀の既発債引受額はゼロとなった。日銀は対政府信用供与から「独立」したのである。その背景には、内国債残高の三九・六％を引受けた政府部門——資金運用部資金の存在があった。

4　新日銀法下での日銀引受と国債保有構造の変容

一九九七年六月一八日に成立した改正日銀法は、一九九八年四月一日、施行された(3)。制度的アプローチに従えば、改正日銀法によって高められた法的独立性により、日銀は、自らの政策理念に従って金融政策の立案・遂行を行うことになる。真渕の問題意識になぞらえれば、日銀の対政府信用供与に影響を与えるはずである。そこで、日本銀行『資金循環統計』から、内国債主体別保有者内訳を確認してみよう。

表1－2から、日銀が法的独立性を獲得した一九九八年から、二〇〇四年までの僅か六年間において、国債保有残高(4)は、四〇兆一三五六億円から九二兆八七九億円に激増していることが分かる。『資金循環統計』によれば、一九九八年から二〇〇四年まで日銀のバランス・シートは九三兆六九四一億円から、一五六兆八七七一億円と、六七・四％の増加を示している。この増加分六三兆一八三〇億円のうち、五一兆九五二三億円（八二・二％）が国債の増加に充当されたことが分かる。ポスト・バブル以降に再開された日銀による政府信用供与は、日銀の法的独立下で留まるどころか、むしろ劇的に拡大したのである。

このパラドックスは、少なくとも中央銀行の独立性と対政府信用供与の増減が、無条件に結ばれるものではないこと

表1－2　国債・財融債引受主体（1990～2006）

（単位：億円）

系列名称	1990	1995	1998	1999	2000	2001	2002	2003	2004	2005	2006年
引受主体											
財政投融資＋原資供給機関	588,877	878,801	1,409,597	1,461,615	1,445,701	1,924,013	2,273,561	2,380,726	2,712,029	2,841,356	2,931,861
資金運用部資金（財政融資資金）	489,547	527,341	827,129	798,979	772,659	709,136	657,276	535,046	487,909	393,589	239,338
郵便貯金	55,185	170,225	282,723	286,161	265,366	543,552	762,891	875,855	1,096,993	1,262,417	1,400,238
社会保障基金（公的年金）	36,311	89,097	105,532	109,571	107,399	269,038	362,634	468,450	576,345	615,137	682,728
※簡易生命保険事業	7,834	92,138	194,213	266,904	300,277	402,287	490,760	501,375	550,782	570,213	609,557
財投原資供給機関以外の国内主要資金	814,991	1,315,273	1,571,769	1,879,810	2,256,648	2,455,966	2,717,427	2,896,266	3,204,752	3,252,468	3,161,969
中央銀行	110,911	273,400	401,356	435,790	476,995	698,767	811,170	839,237	920,879	866,971	710,240
国内銀行	320,367	319,584	416,968	498,507	636,273	512,298	546,851	652,682	641,284	622,407	533,544
在日外銀	8,594	17,125	51,239	42,747	88,562	55,529	51,879	49,732	52,764	63,139	66,671
農林水産金融機関	91,471	143,478	118,762	107,894	131,688	155,453	169,117	228,595	221,969	233,152	218,112
中小企業金融機関等	48,907	57,078	68,731	85,247	102,403	133,936	163,390	181,151	199,530	226,570	197,173
民間生命保険会社	22,489	158,974	188,907	204,146	215,252	234,509	274,310	275,346	349,765	376,358	410,150
共済保険	2,283	47,791	81,175	99,820	116,541	133,769	152,199	159,875	165,166	163,955	166,440
企業年金	42,231	151,538	158,263	156,463	159,356	180,150	167,589	168,030	165,741	190,023	207,947
証券投資信託	35,659	30,942	40,127	96,431	119,960	85,804	86,226	85,622	74,987	73,939	93,177
証券会社	34,983	3,775	－84,903	14,958	71,665	85,949	116,599	48,956	118,509	56,712	109,341
家　計	76,155	73,095	72,831	66,294	101,398	123,808	126,897	146,406	218,479	279,550	333,795
対家計民間非営利団体	20,941	38,493	58,313	71,513	36,555	55,994	51,200	60,634	75,679	99,692	115,379
海　外	45,343	93,501	273,880	185,187	242,874	165,393	174,072	196,489	263,865	302,319	402,082
その他	112,214	126,314	134,727	139,052	143,391	145,582	214,392	221,102	237,451	277,137	231,118
発行主体											
財政融資資金						465,826	817,002	951,265	1,261,267	1,401,557	1,407,191
中央政府	1,561,425	2,413,889	3,389,973	3,665,664	4,088,614	4,225,128	4,562,450	4,743,318	5,156,830	5,271,723	5,319,839
合　計	1,561,425	2,413,889	3,389,973	3,665,664	4,088,614	4,690,954	5,379,452	5,694,583	6,418,097	6,673,280	6,727,030
財政投融資＋原資供給機関	37.7	36.4	41.6	39.9	35.4	41.0	42.3	41.8	42.3	42.6	43.6
財政投融資以外の国内主要資金	52.2	54.5	46.4	51.3	55.2	52.4	50.5	50.9	49.9	48.7	47.0

（注）　簡易生命保険事業は，定義に従い「生命保険」――「うち民間生命保険会社」で作成。
（出所）　日本銀行『資金循環統計』より筆者作成。

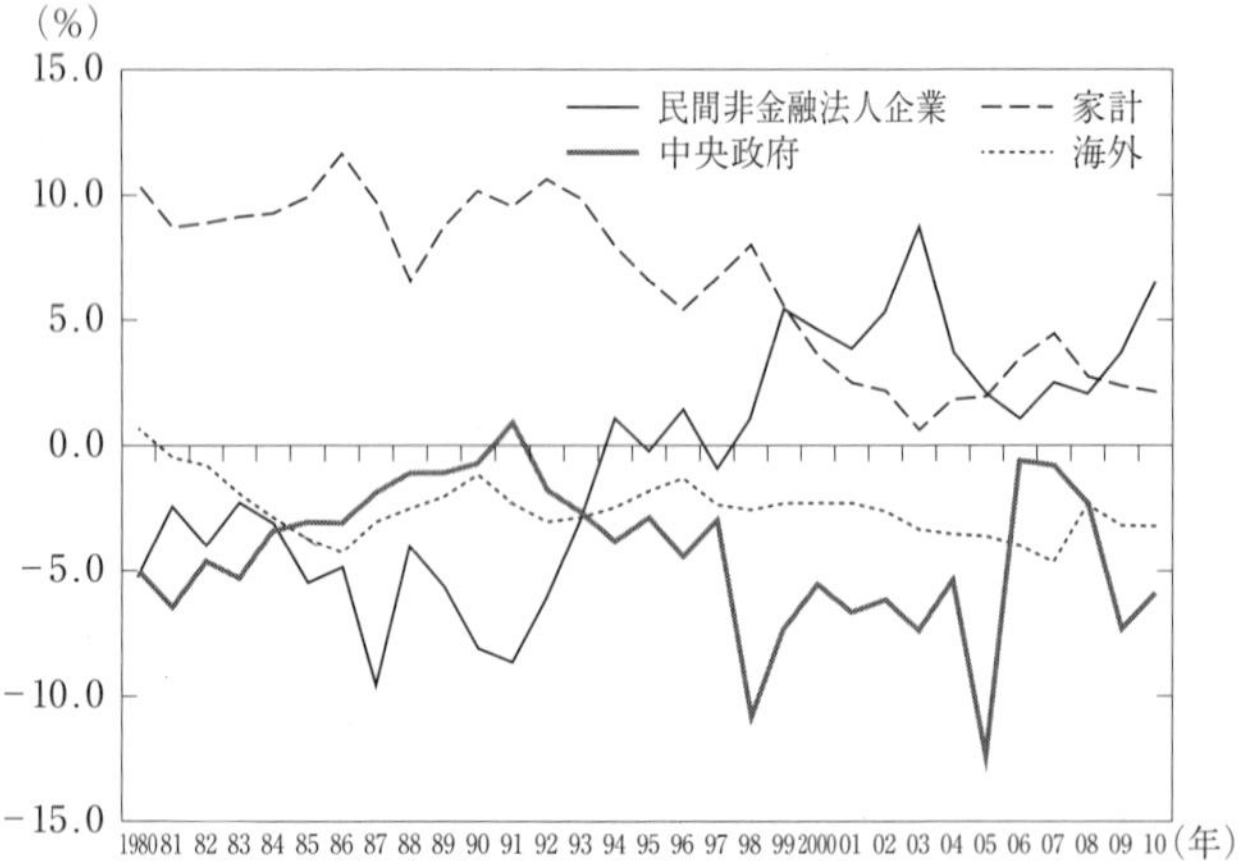

（出所）　日本銀行『資金循環統計』，内閣府『国民経済計算』各年版より作成。

図1－3　主要部門別資金過不足の推移（対GDP比率）

を教えてくれる。つまり、真渕の問いに答えるには、異なるアプローチが必要となる。まず、図1－3から手掛かりを摑もう。

戦後日本においては、相対的高所得者に対する所得減税（関口・伊集 二〇〇六、一六二頁）を通じて貯蓄性資金を生み出し、これを国内産業部門（民間非金融法人企業）、及び一九七〇年代からは政府部門へと振り向けるという資金循環構造を描いていた。この循環構造の場合、山田（一九八五、二六頁）の指摘を待つまでもなく、家計貯蓄の消化先を巡って、民間非金融法人企業の資金需要と国債発行は、時として衝突する。

しかし、一九九二年を境に、戦後一貫して資金の取り手であった民間非金融法人企業の資金需要が急減し、ほぼゼロとなる。それどころか、一九九八年以降、資金供給主体となり、二〇〇四年まで減少する家計貯蓄を補うこととなる。今や資金需要を有するのは中央政府のみとなったのである。

ただし、国内の資金需要が減少するなかで、資金供給先を海外に求めるという動きがあり得る。既にその動きは、一九八〇年の第一次外為法改正以降の海外資金供給の増大に看取することができる。ところが、ブラック・マンデー以降、海外への資金供給は停頓する。また、一九九三年以降は、民間非法人企業の資金需要減少と並行して減少する。しかし、為銀主義を撤廃し、為替移動を原則自由化する第二次外為法改正は、内外金利差による運用益を取引コストによ

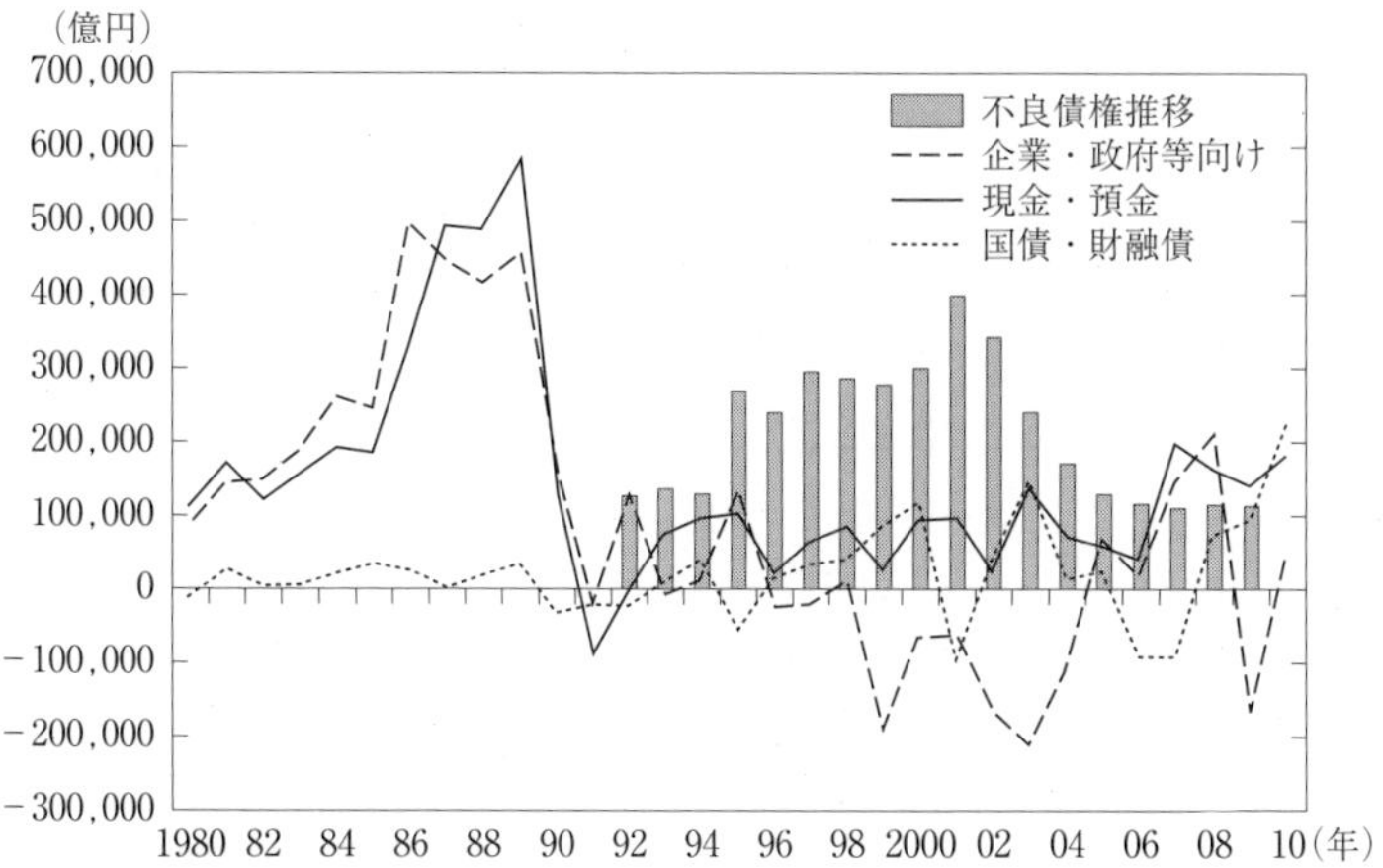

（出所）　日本銀行『資金循環統計』，全国銀行協会『全国銀行財務諸表分析』各年版より作成。

図1－4　不良債権，国内銀行現金・預金と企業向け貸出，国債・財融債保有の推移

る圧縮を経ることなく享受できるようになる。同改正がひそやかに成立した一九九七年以降、実質実効為替レートの円安傾向を追い風として、海外への資金供給は二〇〇七年まで拡大傾向に転じる[5]。また、二〇〇四年には、民間非金融法人企業の資金需要が漸く回復に転じ、国債発行は漸減していく。ところが、リーマン・ショックを経て、民間非金融法人企業は再び圧倒的な資金の供給主体に転じるとともに、余剰資金は再び中央政府に吸収されていく。

では、なぜ民間非金融法人企業の資金需要は減少したのか。これを問うことは本章の目的を越える[6]が、バブル崩壊による不良債権問題の発生と、これと軌を一にして生じた金融機関による民間非金融部門への資金供給の減少には触れる必要がある。内閣府『国民経済計算』から「有形非生産資産」（土地、漁場権利価格等）の変動を確認すると、一九九〇年の二四七八兆八四一九億円をピークとして、二〇〇五年の一二二三兆八二八億円まで、一貫して下落を続けている。一〇年間で一二五五兆七五九一億円の減少である。金融資産と負債はほぼ連動しているため、国富の減少は、有形非生産資産の減少から生産資産の微増を控除することでほぼ説明可能である。土地などの有形非生産資産を担保に徴収していた民間金融機関は、強烈な資産デフレに晒され続ける。これと軌を一として、一九八〇年以降、一貫して預金の増加分と対応して

いた民間金融機関の貸出は、一九九二年を境に預金の増加分を下回り、一九九六年以降は回収に転じる。そして、企業向け貸出の減少を、国債保有が埋めていることが確認できる。これを示したのが図1－4である。

国内銀行の国債保有を可能にした理由の一つは、資金調達コストの低下である。全国銀行協会『全国銀行財務分析』によれば、全国銀行の資金調達原価は、一九九〇年の六・八〇％から、二〇〇四年には一・〇二％まで減少する。この資金コスト低下を支えたのは、国内銀行現金・預金のうち、流動性預金の著しい上昇である。『資金循環統計』から国内銀行の現金・預金を確認すると、一九九〇年の四七八兆八八七三億円から二〇〇四年には五五三兆一二七八億円と、七四兆二四〇五億円の増加である。ところが、流動性預金額を確認すると、一九九〇年には八二兆五四五〇億円から、二〇〇四年には二八三兆三一九七億円にまで増加している。つまり、二〇〇兆七七四七億円の増加である。この差額は他の預金（定期性預金、譲渡性預金、外貨預金）、なかんずく二〇〇〇年以降は定期性預金の皆減によって埋められる。

この流動性預金の出し手は、家計（一九九〇年五四兆六二一八億円から二〇〇四年二〇四兆五八七三億円、二〇四兆五八七八億円の増）と、民間非金融法人企業（一九九〇年四一兆八八五四億円から二〇〇四年一一五兆六七二五億円、七三兆七八七一億円の増）である。ポスト・バブル以降の家計、企業の強い流動性選好が、国内銀行に低利の預金をもたらし、国債の引受けによる利鞘確保（による不良債権処理）を可能としたのである。

一方、表1－2に見られる民間機関投資家（民間生命保険会社、共済保険、企業年金）の動向も注目に値する。一九九〇年には民間生命保険会社、共済保険、企業年金を合わせて六兆六七六三億円に留まっていた国債保有額は、一九九八年には四六兆二四九億円にまで拡大し、国内銀行保有を上回った。さらに、国内銀行が国債保有から後退していく二〇〇六年にも、七八兆四五三七億円まで国債保有を伸ばしたのである。

しかし、これらの民間機関投資家の資金源泉は、保険準備金、年金準備金などの家計貯蓄である。『資金循環統計』から一九九〇年から二〇〇六年までの保険準備金のストック推移を見ると、一九九〇年の一五三兆二八七五億円から、一九九八年の二三八兆五三七六億円を経て、二〇〇〇年には二三九兆七二八九億円のピークに達するものの、それ以降は毎年一～三兆円程度の減少となり、二〇〇六年には二二五兆二〇八二億円にまで減少する。つまり、一九九八年から二〇〇六年において、保険準備金は一〇兆一一一五億円の減少に転じた。これは、一九九七年八月（六八一一万人）を頂点とした後、労働力人口が減少に転じる趨勢（総務省『労働力調査』）と並行している。つまり、機関投資家の総資産は今や絶対額でも減少傾向にある。しかし、既に確認したように国債保有は増加している。それを可能にしているのは、国債以外の資産保有の大幅な減少である。

その最も強烈なケースである、共済保険総資産における国債保有比率の激変（一九九〇年一・一％から二〇〇六年三七・〇％、二〇一〇年には五〇・七％）が、他の項目のどのような変動を伴っていたかを『資金循環統計』から確認しよう。まず、一九九〇年から二〇〇〇年は、企業・政府向け貸付が三兆二五二四億円の減、株式・出資金が一兆二七〇二億円の減となっている。他方、国債一一兆四二五八億円の増に続き、地方債は五兆四六六三億円の増、政府関係機関債二兆六五九八億円の増、事業債三兆七一四二億円の増加となっている。つまり、企業向け貸付を減らし、公共債を中心とする債券を保有する動きが確認できる。

ところが、二〇〇〇年から二〇〇六年を比較すると、預金の大幅な減少（一兆八六〇七億円）と、株式・出資金の増加転向（一兆二一五五億円）に加え、事業債保有が二〇五〇億円減少となっている。つまり、公共債のみの保有増へと変容したのである。さらに、二〇〇六年から二〇一〇年にかけては、国債保有（六兆四三三六億円）の増加以外の全主要項目が、公共債である地方債や政府関係機関債を含めて一斉に減少したのである。

なぜ他の公共債保有は減少したのであろうか。この問いに対する答えの一つは、日本において国内銀行・機関投資家が国債保有を可能にした別の理由を説明することにも繋がる。それは、国債の大量発行それ自体である。つまり、国債の大量発行と、その消化のために財務省理財局と民間金融機関の相互交渉によって構築された国債市場のソフィスティケート化（＝消化・流通円滑化）は、民間金融機関にとって、信用リスクの最も低い債券を、最も流動性リスクの少ない状態で保有できる状態が現出したことを意味する。

と同時に、金融システム・金融政策は国債累積を前提として受け入れ、国債と金融政策が相互に影響しあう関係を形成することになる。「銀行券供給のために中央銀行が取得する資産として長期国債が適しているとの見解は、はじめに国債大量累積ありき」なのである（斎藤・須藤 二〇〇九、六〇頁）。
しかし、公共債保有が減少した理由はそれだけではない。別の一端は、表1‐2における「財政投融資＋原資供給機関」の二〇〇一年以降の国債保有シェアが、資金運用部預託金制度の解体のなかで拡大していくゆえんを解くことで与えられる。

5　財投制度の解体と「財融債」の圧縮を通じた国債協力

財投改革の施行により、「財政投融資特別会計発行国債」（以下、財融債）が二〇〇一年から新たに発行された。『国債統計年報』によれば、一四〇兆七一九一億円に上る財融債は、その六六％が政府部門（原資供給機関）によって引き受けられた。また、二〇〇一年から二〇〇六年までの原資供給機関の財融債引受は、原資供給機関の内国債引受総額のうち、実に八八・八％を占めることとなった。(7) これは、原資供給機関が普通国債（新発債、既発債）の引受余力を失ったことを意味する。そして、表1‐2は、財融債発行が集中したこの時期に日銀による国債引受が皆増したことを示している。

通常、日銀による国債引受（買いオペレーション）を通じた資金供給は、公定歩合が〇％にまで到達し、重要な政策手段を失った日銀が、民間金融機関に対する影響力を行使する数少ない手段として（効果が薄いと知りながら）用いられたと論じられている（井手 二〇〇六a、上川 二〇一〇）。これ自体に異論はない。しかし、一九七〇年代末以降、民間金融機関に対し、資金供給を行ってきたのが資金運用部資金であることを考えれば、資金運用部資金解体による影響が日銀をして買いオペに走らせた理由の一端を構成しているとも考えられる。

では、なぜ財融債引受以上の国債引受を原資供給機関は行い得なかったのか。それは、原資供給機関の資金供給が減少していったためである。このうち、厚生年金の減少理由は、民間企業年金の年金準備金と同様である。一方、郵便貯金は、国内銀行と対照的に、貯金が二〇〇一年以降、急減していく。その理由の一つが、「逆郵貯シフト」（井村 二〇一〇、一一五頁）である。

一九八〇年に起った「郵貯シフト」によって形成された定期性預金（定額貯金）は、一九九〇年にその七割が維持されていた。この満期を迎えるのが二〇〇〇年だったのである。ところが、定額貯金の金利動向は、まさにその満期時点において大きく変化していた。定期性預金（定額貯金）金利は、一九九九年を境に、国内銀行の定期預金と比較して、金利動向が接近するどころか、逆転していく。財務省『財政金融統計月報』によれば、二〇〇一年の国内銀行の定期預金（二年以上～三年未満）が〇・一一九％なのに対し、郵便貯金の定額貯金は〇・〇七％に留まった。家計、企業とも、デフレ下でのリスク回避のために強い流動性選好を有するなかで、金利競争力をも失った郵便貯金の預金――総資産は圧縮されていく。

しかし、留意しなければならないことがある。二〇〇一年から二〇〇六年までに増加した財融債（フロー）を足し合わせると一三九兆一一六五億円に達する。ところが、同時期に減少している財政融資資金預託金は二九五兆六九五九億円に上る。つまり、財政融資資金預託金一五六兆五七九四億円分、原資供給機関から財投を圧縮したのである。さらに、二〇〇七年以降に至っては、財融債の絶対額をも縮減（二〇〇七年から二〇一〇年までで二〇兆七二四四億円減）している。同時期に解約されていく財政融資資金預託金一〇三兆三九九二億円があるにもかかわらず、である。この背後には、当然、財投計画自体の圧縮がある。財投計画は、二〇〇一年に三二兆五四七二億円から、二〇〇八年には一三兆八六八九億円まで圧縮されている。住宅支援金融機構分を除いた財投機関債が、二〇〇一年の九〇五八億円から二〇〇八年の一兆九四四五億円と伸び悩むなかで、財投機関の事業規模自体が縮減していくことになる（木村 二〇一〇、八頁）。

もし、財融債が、財政融資資金預託金（資金運用部資金預託金）の減少に見合う形で発行していたら、原資供給機関での引受は困難であり、普通国債市場への大きな影響は避けられなかっただろう。[8] この意味で、財政投融資の圧縮は、一九八〇年代における一般財投伸び率の低下をもたらした資金運用部の国債保有と皮肉なほど類比的である。と同時に、財投制度――原資供給機関は、縮減していく原資に見合う限度一杯まで財融債を保有し、預託制度解体の最後の日まで、国債市場に与える影響を縮減する「義務」を果たしたのである。

6　大量国債低利発行を可能にした要因とその影響

本章で掲げた問いに端的に答えておこう。なぜこれだけの国債保有が可能となったのか。それは、政府、民間を問わず、多様な貯蓄性資金――預金、保険、年金が国債を支えたためである。これは、中央銀行の対政府信用供与を抑制し、この観点からの「中銀の独立性」をも支えた。しかし、財投改革は、公共部門の原資供給機関の解体という帰結をもたらし、日銀による長期国債大量買入という現象を生み出す契機の一端を形成したのである。

では、なぜ驚くべき低い利払い費で資金調達が可能だったのか。本章では三点を示す。第一に、全額円貨債であり、海外と遮断されていること、第二に、海外を除けば、他の有用な運用先が減少していったこと、第三に、資金供給主体(家計、企業)が流動性を強く選好したことである。なお、第二の理由は、バブル崩壊にもとづく民間経済の不振と、財投解体を通じた財投機関――政府系金融機関等の圧縮に起因する。

いま一つ、表1-2から付言しておくならば、海外経済主体の日本国債保有比率も、一九九八年の八・一％がピークであり、ほぼ五％以下に留まっている。つまり、日本国債は、発行から保有まで、国内経済主体によって完結していた。これを象徴するのは、米国の大手格付け機関のムーディーズの日本国債格付けと国債金利の「逆相関」である。ブルームバーグによれば、ムーディーズは一九九八年一〇月、日本国債の格付けをAaaからaa1に引き下げたのを皮切りに、二〇〇二年五月のa2まで格付けを引き下げた。ところが、aa1だった一九九九年二月に二・一二％を付けた一〇年国債利回りは、a2格付けのはずの二〇〇三年六月には〇・五三％の史上最低を記録した。そして、一九九九年二月の金利高とは、前年末の宮沢蔵相による資金運用部の国債引受停止発言、「運用部ショック」によるものだった。加えて言えば、財投改革を契機に資金運用部の国債買い切りオペが廃止されたことこそが、日銀による国債買いオペレーションの登場を余儀なくさせた背景の一つを為している(岸 二〇〇六、八二～八三頁)。

減税によって形成された国内貯蓄を利用した大量国債の国内低利引受――国債管理政策にとっての驚異的ともいうべ

き成功は、しかし、増税を含んだ財政収支の改善に向かわしめる政治的圧力を致命的に停頓せしめるという副作用をもたらしている。財政再建への道筋（後期）を断たれた高橋財政期以降の財政膨張政策の相対的成功が、戦後の破滅的インフレをもたらしたことを彷彿とさせる（井手 二〇〇六b）。そして、わが国の国債膨張を支えてきた総金融資産も、『国民経済計算』によれば二〇〇六年の六〇三兆四〇〇〇億円をピークとして、今や減少に転じている。「金融を通じた社会統合」は、財政再建への困難な社会的合意調達への努力を引きのばしつつ、そのハードルを引上げ続けているのである。

以上、定量的な国際比較データから把握される特徴（大量の国債残高、相対的低利率）を踏まえたうえで、それを可能にした日本における国債保有の概略的な特徴を叙述してきた。次節以下では、各国の文脈（統治構造、財政構造、金融構造）に内在しつつ、本節で抽出した日本の特徴と比較を試みる。その際、日本の特徴を意識しつつ、二つの点に着目する。

第一は、中央銀行の独立性である。中央銀行独立性の比較研究を行った藤木裕が、スイスと並んで独立性の極めて高さを全研究が認めていることに驚嘆したのがドイツである（藤木 一九九六、八九頁）。しかし、ドイツにおいても一九七五年に中央銀行が政府の国債市価維持政策（ペッギング・オペレーション）を積極的な政策手段と位置づけ、実施した事実を見出せる。なぜ独立した中央銀行が政府を支えたのか。なぜその政策からの離脱が決定されなければならなかったのか。これを検討することは、中央銀行の独立性を、財政赤字の視点からは相対化する意味をもつと考えられる。

第二は、国債利払い費である。IMF資料（eLibrary）から実質短期債（Treasury bill）利回りを算定すると、一九九五年のブラジルは年利四九・九%の超高利子を記録し、以来二〇〇三年までその金利は二〇%を下ることがなかった。中南米で最も高い金利負担を負ったのである。なぜ、ブラジルはこのような国債金利を受け入れざるを得なかったのか。財政収支と利払い費の相関を相対化するとともに、高金利の受け入れに伴う利払い費激増が、財政健全化へのどのような側圧をもたらすのかを確認できる。

本節で日本の特徴点と筆者が指摘した二点において、それぞれ日本と対照的な事例を検討することは、日本の特質をより立体的に際立させることになろう。

注

(1) 対GDP比率は内閣府『国民経済計算』の年次名目GDP実額から算定した。
(2) 実質一〇%を超す高金利の預金は、郵便貯金（郵便貯金特別会計）の収支率を当然悪化させた。しかし、資金運用部は、預託段階では郵便貯金に対しては預託金利を支払うのみである。したがって資金運用部の国債保有動向を論じる本節では、郵便貯金「逆鞘」の影響には立ち入らない。
(3) 総裁及び副総裁の両議院同意人事、給与改定や業務報告書など一部の条文は即日施行されている。
(4) なお、財務省『国債統計年報』によれば、日銀は同時期に発行された財政投融資特別会計国債（財融債）を保有していない。
(5) 第一次外為法による国外への資金移動、及び第二次外為法改正の内容と、取引コストの低下に起因する金利裁定の変化、そこから想定される影響については高尾（一九九八　二二一～二二五頁）。
(6) 橋本（二〇〇二）は、輸入物価の下落に起因する経済構造のデフレ化と、賃金構造の下方硬直性からくる労働分配率の上昇が企業利潤を圧縮し、設備投資を減少させるとともに、企業利潤圧縮に起因する倒産・失業者の増大が、家計を貯蓄を通じた自己防衛に走らせ、消費の低迷を招くという循環を論じている。
(7) 内国債引受額一五三兆二二三四億円中、財融債引受は一三六兆一五二五億円。当年度発行額を合算したのみであり、償還額を差し引いたものではない。なお、財投改革以降の七年間の経過措置の終焉により、『国債統計年報』における政府引受欄はゼロとなった。このため、二〇〇七年以降の財融債発行に対し、財融債引受義務のなくなった旧「政府部門」が、どの程度財融債を引き受けているかは『国債統計年報』からは知ることができない。
(8) 後述する資金運用部資金による買い切りオペレーションの停止及び売りオペレーションの増大は郵便貯金の集中満期に対応するためであった点に留意する必要がある（岸　二〇〇六、八二～八三頁）。

参考文献

井手英策（二〇〇六a）「現代日本における財政金融政策の諸側面――量的緩和・中央銀行の独立性・財政赤字」大島通義・井手英策『中央銀行の財政社会学』知泉書館。

井手英策（二〇〇六b）『高橋財政の研究――昭和恐慌からの脱出と財政再建への苦闘』有斐閣。

井手英策（二〇一一）「なぜ土建国家だったのか」井手英策編『雇用連帯社会――脱土建国家の公共事業』岩波書店。

伊藤正直（二〇〇五）「郵政民営化の歴史的意義――経済史的観点からの検討」『金融構造研究』第二七号。

井村進哉（二〇一〇）「郵貯資金による国債運用のあり方を考える――『民業圧迫』論・『国債塩漬け機関論』を超えて」『ＪＰ総研Ｒｅｓｅａｒｃｈ』第一〇号。

上川龍之進（二〇〇五）『経済政策の政治学――90年代経済危機をもたらした「制度配置」の解明』東洋経済新報社。

上川龍之進（二〇一〇）『小泉改革の政治学――小泉純一郎は本当に「強い首相」だったのか』東洋経済新報社。

岸博（二〇〇六）「膨張する財政投融資の計画外短期運用」『経済』二〇〇六年五月号。

木村佳弘（二〇一〇）「郵政株式売却凍結法は郵政グループを救うのか――ゆうちょをからめとる国債」『都市問題』二〇一〇年二月号。

斎藤美彦・須藤時仁（二〇〇九）『国債累積時代の金融政策』日本経済評論社。

関口智・伊集守直（二〇〇六）「税制改革の将来構想――「公平」と「効率」を調和させる」神野直彦・井手英策編『希望の構想――分権・社会保障・財政改革のトータルプラン』岩波書店。

高尾義一（一九九八）『金融デフレ』東洋経済新報社。

橋本寿朗（二〇〇二）『デフレの進行をどう読むか――見落とされた利潤圧縮メカニズム』岩波書店。

藤木裕（一九九六）「中央銀行独立性指数について」『金融研究』第一五巻第一号。

真渕勝（一九九四）『大蔵省統制の政治経済学』中央公論社。

山田博文（一九八四）「政府資金と国債売買操作の構造――大量国債下の特別会計資金の短期運用と市場対策、効率運用および国庫資金繰りの解明」『証券経済』第一五〇号。

山田博文（一九八五）「国債消化構造の比較分析――国債消化における戦前・戦後の日銀信用と資金運用部（預金部）資金」『証券経済』第一五三号。

Cukierman, A., S. B. Webb and B. Neyapti（1992）"Measuring the Independence of Central Banks and its Effects on Policy Outcomes," *The World Bank Economic Review*, 6, 353-398.

第2章　ドイツにおける債務累積回避的な財政金融構造の形成過程
――日本との対比――

嶋田崇治

1　課題の設定

近年、財政コントロールに関する議論がドイツにおいて再び活発化している。その背景には、マーストリヒト条約に規定された欧州における財政赤字及び債務累積に関するルールをドイツがたびたび超過するようになり、そのうえ、世界的な金融危機によって財政状況がさらに悪化した結果、財政再建が中長期的に実行されるべき最大の課題とされているという事情がある。そのため、ドイツ国内では財政状況と財政再建のための戦略に関する研究が進められている。[1] こういった研究の特徴は、ドイツの財政状況が悪化の一途にあるという前提から議論を始めているという点にある。

しかし、ドイツ統一という大変動によってもたらされた財政への影響を除いて考えれば、戦後ドイツは他のＯＥＣＤ諸国と比較して抑制的な財政運営を行ってきた国の一つであることは表２－１より明らかであろう。[2] このような財政運営を可能にした一つの説明要因として指摘されるのが、財政と金融の関係である。[3] Demopoulos, Katsimbris and Miller（1987）は一九六〇年から八〇年までの期間の金融政策の目標と八カ国の中央銀行による財政赤字のファイナンスとの関係について考察し、独立性の高いブンデスバンクとＦＲＢのみが財政赤字のファイナンスに協力してこなかったという結論を導き、さらにマネタリー・ターゲティングの導入が金融政策と財政赤字との繋がりを低下させたということもあわせて指摘している（Demopoulos et al. 1987, 1046-1047）。すなわち、これは高い独立性とルールに基づく金融政策が過度な財政赤字の拡大を抑制する鍵となっていることを示唆している。

表２－１　政府債務残高対 GDP 比率の国際比較

	1980	1985	1990	1995(年)
ベルギー	78.7	122.6	130.9	133.5
デンマーク	44.7	76.6	68.0	80.1
ドイツ	32.8	42.5	45.5	61.6
フランス	30.9	38.6	40.2	57.9
イギリス	54.0	58.9	39.3	57.6
イタリア	57.7	82.3	106.4	123.0
オランダ	46.9	71.5	78.8	79.1
ノルウェー	47.6	37.1	31.6	39.7
スウェーデン	44.3	66.7	44.3	81.8
オーストリア	37.3	50.5	58.3	69.4
スイス	45.3	—	31.2	47.4
カナダ	44.3	64.1	72.5	99.1
アメリカ	37.0	49.1	55.6	64.3
日　本	51.2	67.0	65.1	81.8

（出所）Kaufmann（1997, 64）.

以上を踏まえて、財源調達を目的とした財政と金融の関係という観点から、戦後どのようにして抑制基調の財政運営がドイツでは実現され得たのかということについて考察することを本章の課題とする。日本では、二〇〇一年の財投改革まで、公共部門の原資供給主体である財政投融資を通じて財源確保を図るというファイナンス方法が定着していたが、果たしてドイツでは財政金融を通じたどのようなファイナンスの仕組みが存在するのであろうか(4)。本章では、連邦政府とブンデスバンクとの関係を中心に考察し、財政投融資のような一般会計外の財源確保手段の有無、連邦政府と地方政府の関係といった点にも簡単に触れながら、上記の課題に臨むことにする。

このような課題を以下のような構成にもとづいて解き明かしていこう。まず財政赤字及び債務累積に関わる法的・制度的な制限について言及し、次に財政状況の推移および有価証券の保有主体について確認する。最後に、一九七五年に生じた大規模な財政需要への連邦政府の対応、そしてそのファイナンスを間接的に支えようと試みるブンデスバンクに焦点を当てることによって、ドイツにおける公的機関による財源調達の特徴とその形成過程を明らかにしていく。なお、本章では一九七五年を分析対象としており、その理由については第三節においてより詳細に説明されるが、ここで簡単に答えておくと、ドイツが財政の危機的状況に直面するなかで、ブンデスバンクによる国債保有が例外的に増加したものの、その後、同程度の規模、そして同様の方法で買いオペが行われることがなくなるという興味深い推移を示した時期が七五年であり、それ以降の財政赤字、累積債務の問題を読み解くうえで非常に重要な時期であるにもかかわらず、この時期を重点的に扱った研究が見当たらないからということである(5)。

シュメルダース（一九七〇＝一九八一）は「財政政策の核心は、通貨に対して責任をもつ諸機関と手を携えながら、公債の可能性と限界をその都度手探りで求め、そして公債の動きをそれに適合させる点にある」（五五一頁）と述べている。この「手探り」の過程を明らかにすること、すなわち一九七五年に形成された財源調達に関する構造的特質から、現代に至るまでの財政赤字、累積債務の問題に迫ろうというのが本章の最大の狙いであり、かつその分析視角である。

2　起債に関する法制度

まず、ドイツ国内の起債ルールについて確認しよう。ドイツの憲法に当たる基本法において、起債制限に関しては第一一五条がこれを規定していた(6)。上記の条項のポイントは①起債額が投資支出の総額を超えてはならないこと、②「経済全体の均衡」の攪乱防止のために赤字公債が許容されうること、という起債の制限とその例外規定の存在であった。この規定は連邦の起債制限に関するものであるが、各州の憲法には若干の違いはあるものの、ほぼ連邦の起債制限と同様の条項が設けられていた。さらに、市町村の起債については、赤字公債等の例外規定がないものの、調達資金の投資支出への使途の限定の項目が明確に定められていた。

ただし、基本的に連邦財政と地方財政は独立の関係にあり、相互依存しない旨が基本法第一〇九条第一項に定められている。その例外は経済全体の均衡が攪乱されている場合であり、その場合のみ連邦政府が地方政府に対し、連邦法によって介入を許されるのであるが、この例外も結局は州の代表で構成された連邦参議院の同意を必要とするため、やはり連邦財政と地方財政の関係は独立の関係にあり、連邦政府の財源調達への協調については基本的に州政府の判断に委ねられているのである。

続いて、起債に関連するブンデスバンクと政府の関係についての法規定を確認する。まず、ブンデスバンク法第三条は同行の任務を規定しており、その任務とは通貨価値の安定である。また、第一二条では、本法律によって与えられた公定歩合、最低準備率、マーケット・オペレーションの方針決定といった金融政策上の権限の行使に当たって、同行は連邦政府の指示を受けないことが明記されている。(7) 次に、政府との取引及びマーケット・オペレーションに関しては第二〇条、第二一条がこれを規定している。第二〇条はブンデスバンクが自己勘定で購入し、または購入の約条を与えた帳簿信用（Buchkredit）及び大蔵省手形信用などの現金信用（Kassenkredit）の形式での短期信用の最高限度額を定めていた。その額は①連邦については六〇億マルク、②連邦鉄道については六億マルク、③連邦郵便については四億マルク、④負担平衡基金については二億マルク、⑤欧州復興計画特別財産については五〇〇〇万マルク、⑥州については人口一人当たり四〇マルク（ベルリン、ブレーメン、ハンブルグは一人当たり八〇マルク）、とされていた。そして、第二一条はブンデスバンクが金融市場の調節のためにマーケット・オペレーションを行うことができる旨を定めていた。

以上のように、近年まで調達資金の投資支出への使途の限定という起債ルールがドイツでは設けられており、このルールに関しては連邦政府から地方政府までほぼ同様の条項を有していた。ただし、連邦財政と地方財政は基本的に法的独立の関係にあり、また連邦政府とブンデスバンクの関係も同様であった。すなわち、法律上、連邦政府の起債による財源調達に協調するかどうかは地方政府及びブンデスバンクの判断に委ねられていたということなのである。

3　財政状況の推移と有価証券の保有主体

本節では戦後、とりわけ一九七〇年以降のドイツの財政状況がどのように推移してきたのかを概観していこう。図2-1は財政収支を示しているが、マーストリヒト条約に規定される財政赤字対GDP比三%以内というルールを念頭に、この基準をそれ以前の時期にも敷衍しつつ概観すれば、その基準を特に大きく超えた年は七五年と九五年であることが分かる。まず七五年の財政収支の悪化については、七四年以降ドイツ経済が不況に陥り、景気後退による税収減と失業対策等の支出増に加え、七五年に減税と児童手当の拡充が実施され、さらなる税収減及び支出増が生じたことがその主な要因であった。この年、財政収支はマイナス五・六%にまで悪化したが、翌七六年には景気が好転し、それに伴う税収増等を一因として財政状況はある程度改善へと向かったが、本格的な財政健全化はヘルムート・コール政権期を待た

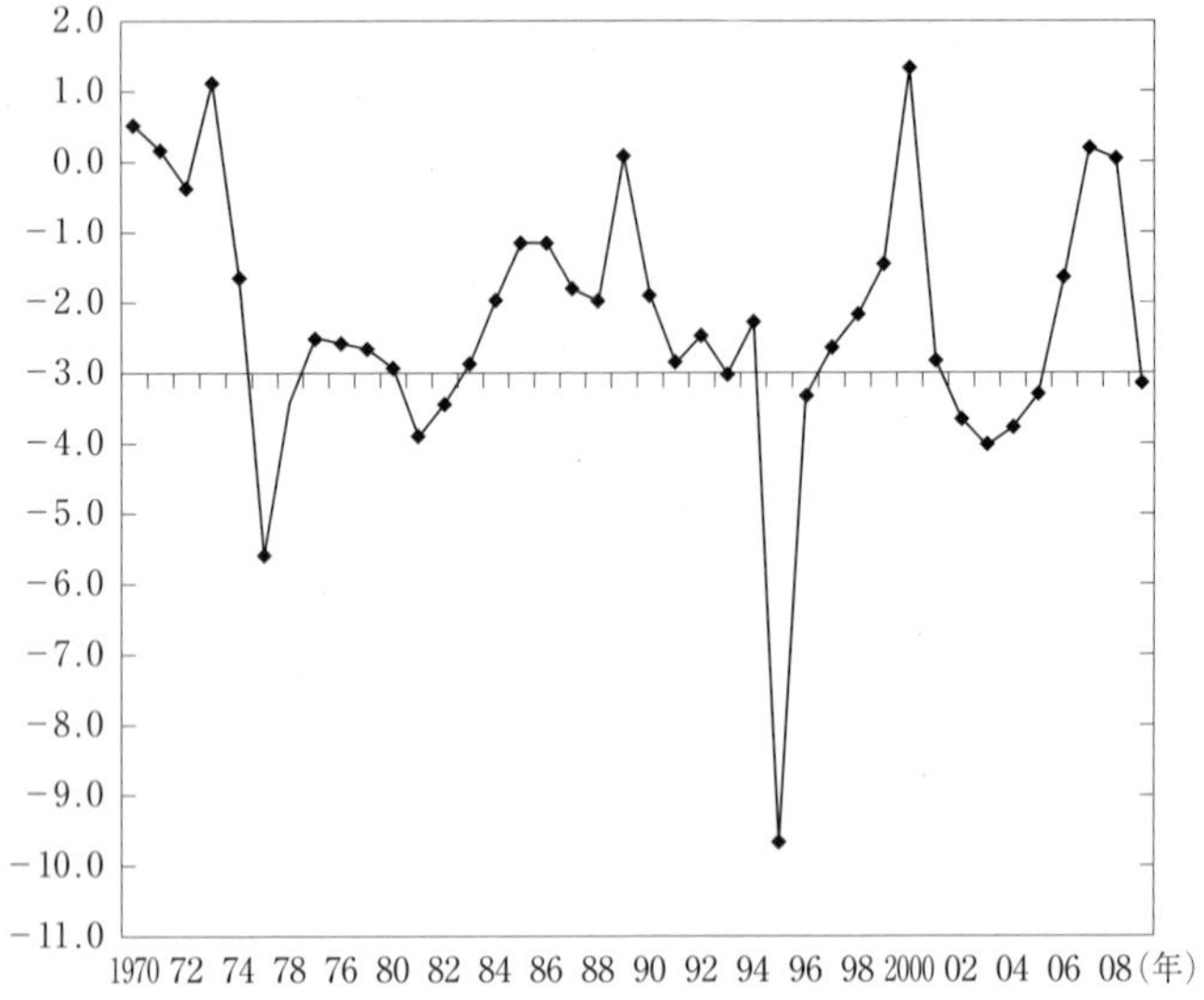

（出所）　Sachverständigenrat.

図2－1　財政収支の推移（対 GDP 比率：％）

なければならなかった。

次に一九九五年に関しては、九二年以降、景気後退局面を迎え、九三年にはマイナス成長となるほどに経済状況が悪化し、さらにドイツ統一に伴い生じた旧東ドイツ地域支援等のための財政需要が重なった結果であった。財政収支はマイナス九・七％にまで達したが、通貨統合の参加基準を満たすため、その後ドイツは財政赤字削減を強力に推進していった。歳出面では九六年に旧東ドイツ地域支援等の削減、失業扶助の削減、公務員の定員の削減、九七年に失業関連給付の削減、年金支払経費の節減合理化、公務員の賃上げ抑制及び定員削減、児童手当引上げ一年延期などが行われた。また、歳入面では九五年に連帯付加税の導入、九八年に付加価値税率一％引上げ、九九年に電気税の導入及び鉱油税の段階的引上げなどが実施され、結果として二〇〇〇年には財政収支が一・三％にまで改善された。

続いて、政府債務残高の推移について表2－2を用いて確認しよう。同表から読み取ることのできる特徴は主に二つある。[8] 一つ目の特徴は、一九七〇年代以降、政府債務、とりわけ連邦及び州の債務が急増していることである。この財政悪化の主な要因は社会支出の急増であった。[9] しかし、ヘルムート・コール政権期に用意された福祉縮減を中心と

表２-２　政府債務残高の推移

(年)	連　邦	州	市町村	合　計	(年)	連 邦	州	市町村	合 計	連 邦	州	市町村
	百万 DM					GDP 比率（%）				全体比率（%）		
1950	7,290	12,844	500	20,634	1950	7.5	13.2	0.5	21.2	35.3	62.2	2.4
1955	20,791	15,523	4,670	40,983	1955	11.6	8.7	2.6	22.9	50.7	37.9	11.4
1960	26,895	14,695	11,169	52,759	1960	8.9	4.9	3.7	17.4	51.0	27.9	21.2
1965	40,422	17,401	25,844	83,667	1965	8.8	3.8	5.6	18.2	48.3	20.8	30.9
1970	57,808	27,786	40,295	125,890	1970	8.6	4.1	6.0	18.6	45.9	22.1	32.0
1975	114,977	67,001	74,411	256,389	1975	11.2	6.5	7.2	25.0	44.8	26.1	29.0
1980	235,600	137,804	95,208	468,612	1980	16.0	9.4	6.5	31.8	50.3	29.4	20.3
1985	399,043	247,411	113,738	760,192	1985	21.9	13.6	6.2	41.7	52.5	32.5	15.0
1990	599,101	328,787	125,602	1,053,490	1990	24.7	13.6	5.2	43.4	56.9	31.2	11.9
1995	1,287,688	511,687	196,599	1,995,974	1995	36.6	14.5	5.6	56.7	64.5	25.6	9.8
1999	1,506,636	640,511	196,750	2,343,897	1999	38.9	16.5	5.1	60.5	64.3	27.3	8.4
	百万 €					GDP 比率（%）				全体比率（%）		
2000	774,850	338,143	98,462	1,211,455	2000	37.6	16.4	4.8	58.7	64.0	27.9	8.1
2001	760,199	364,559	99,209	1,223,966	2001	36.0	17.3	4.7	57.9	62.1	29.8	8.1
2002	784,653	392,172	100,842	1,277,667	2002	36.6	18.3	4.7	59.6	61.4	30.7	7.9
2003	826,543	423,737	107,857	1,358,137	2003	38.2	19.6	5.0	62.8	60.9	31.2	7.9
2004	869,372	448,672	112,538	1,430,582	2004	39.3	20.3	5.1	64.7	60.8	31.4	7.9
2005	901,621	471,375	116,033	1,489,029	2005	40.2	21.0	5.2	66.4	60.6	31.7	7.8
2006	933,467	481,850	118,380	1,533,697	2006	40.1	20.7	5.1	66.0	60.9	31.4	7.7
2007	940,088	484,373	115,920	1,540,381	2007	38.7	19.9	4.8	63.4	61.0	31.4	7.5
2008	966,197	483,875	114,518	1,564,590	2008	38.7	19.4	4.6	62.7	61.8	30.9	7.3
2009	1,034,410	505,965	117,742	1,658,116	2009	42.9	21.0	4.9	68.8	62.4	30.5	7.1

（出所）　Sachverständigenrat.

した財政再建計画が八〇年代後期に本格的に実施され、債務累積は一時的にストップをかけられた。二つ目の特徴は、ドイツ統一の債務累積への影響の大きさである。コール政権後期の本格的な財政再建により債務累積に一時的な歯止めがかかったものの、ドイツ統一により政府債務のＧＤＰ比率がわずか五年の間に一三・三％も増加した。以上の二つの特徴より導かれるポイントは、ドイツ統一以前の連邦財政の動向を考察することが現代の財政赤字・累積債務の問題を読み解くうえでいかに重要であるかということである。

　以上のように、社会支出の急増をその要因として、債務残高が一九七〇年代以降急増し、この時期にドイツは「債務国家（Schuldenstaat）」へと行進を始めたのである（Hansmann 2007, 428-430）。しかし、前述したように他のＯＥＣＤ諸国との比較において、ドイツの債務残高のＧＤＰ比は九〇年代まで相対的に低位にあった（表２-１）。その意味で、やはりドイツの財政状況が他国並みに悪化する決定

表2-3　有価証券引受先と引受額（百万マルク）

（年）	合　計	国　内			国　外
		金融機関	非銀行	ブンデスバンク	
1970	14,537	2,399	12,211	−73	817
1971	17,779	5,795	11,971	13	1,615
1972	22,024	7,061	15,322	−359	7,729
1973	18,282	3,525	14,785	−28	6,496
1974	28,306	14,549	13,313	444	−2,549
1975	52,761	27,183	18,088	7,490	−3,399
1976	46,085	20,492	32,127	−6,534	3,129
1977	53,640	32,278	22,088	−726	687
1978	43,260	21,446	18,289	3,525	124
1979	40,936	3,740	39,301	−2,105	4,036
1980	52,261	17,338	33,166	1,757	294
1981	74,528	17,565	57,149	−186	−1,453
1982	81,437	43,093	36,672	1,672	2,272
1983	80,475	35,208	42,879	2,388	10,795
1984	72,936	26,432	49,988	−3,457	13,848
1985	72,051	32,731	39,526	−206	31,460
1986	44,798	31,297	12,433	1,068	59,079
1987	77,958	44,319	34,350	−711	34,993
1988	87,826	33,454	53,970	402	1,954
1989	96,401	15,107	81,980	−686	22,809
1990	225,100	89,794	135,339	−33	20,305
1991	171,469	42,335	128,440	694	60,263
1992	170,873	132,236	37,368	1,269	120,887
1993	183,195	164,436	20,095	−1,336	211,915
1994	279,989	126,808	154,738	−1,557	23,349
1995	141,282	49,193	94,409	−2,320	85,815
1996	148,250	117,352	31,751	−853	106,109

（出所）　Monatsberichte der Deutschen Bundesbank, Dezember 1976, 1985, 1993, 2005.

的な契機となったのはドイツ統一であり、それ以前のドイツの財政運営は「相対的」には健全であったと言える。すなわち他国と同様、福祉拡充に伴い、債務累積が進む一方で、それを一定程度抑制する構造的特質がこの時期に形成されていた可能性があるということである。

最後に、日本の財政金融制度との対照を明確にするために、有価証券の保有主体について確認しよう。表2-3は有価証券の引受先とその保有額を示しているが、その引受先の中心は国内の金融機関と非銀行である。ドイツの公的機関による財源調達の特徴の一つとして、日本の財政投融資のような仕組みが基本的にはないということが挙げられる[10]。確かに、ドイツの貯蓄銀行（Sparkasse）は二〇〇一年財投改革以前の財投の主な財源である郵便貯金に対応する組織であるとして議論することもできないわけではない。しかし、日本の郵便貯金が財投を通じて政策金融や政府債券の買入れのために主に使われてきたのに対し、地域原則（Regionalprinzip）等の地方政府によるある程度の規制が存在するものの、ドイツの貯蓄銀行の行動様式は比較的民間金融機関に近い役割を果たしてきたという点で大きく性格が異なる[11]（Robaschik and Yoshino 2000, 36）。ドイツの市町村の借入は貯蓄銀行等の金融機関からの直接借入に依存しており、加えて州政府も借入の約半分を直接借入に頼っている[12]。

また、こうした金融機関が買い取る有価証券の額と比較して、ブンデスバンクがマーケット・オペレーションを通じて有価証券を買い取る額は、非常に小規模であったということも同表からうかがうことができる。ただし、ドイツが財政危機に直面し、ブンデスバンクが財源調達の間接的な下支えを模索した時期があった。それが一九七五年である。大規模な税収減と失業対策等の支出増が生じ、さらに減税と児童手当の拡充がその流れを後押ししたため、その財源調達を間接的に支えるために約七五億マルク、すなわち有価証券保有額全体の一四%強を占めるに至るまで同行は買いオペを行った経験をもつのである。ところが、それ以降、買いオペによる引受額が七五年の規模を超えることはなく、景気後退や財政需要の高まる局面でもごく小規模にとどめられてきた。九〇年代の景気後退局面における売りオペ等はブンデスバンクの抑制的な政策志向を顕著に表している。

以上をまとめると次のようになる。まず、ドイツは一九七〇年代、景気後退と福祉拡充を要因とした財政赤字と債務残高の急増によって、七五年に本格的な財政危機に直面した。そして、その財源調達を間接的に支えるべくブンデスバンクがドイツ史上最大の規模で長期債の買いオペを実施したのである。ところが、それ以降、これほど大規模な買いオペによって同行が過度な財政拡大を後押しすることはなかった。結果として、少なくともドイツ統一前までは「相対的」な健全財政が維持されたということである。すなわち、七五年は財政と金融の関係が著しく変化していく分岐点足り得たのである。そこで、この七五年を対象として、以下では、とりわけシュメルダースの言うところの「通貨に対して責任をもつ諸機関」であるブンデスバンクの協力の下、「公債のどのような可能性もしくは限界」が当局によって認識され、その認識がその後の政策選択にどのような形で影響を与えていったのかということについて考察してゆく。

4　財源調達に関する構造的特質の形成

一九七四年から七五年にかけての不況はかつてないほどの規模で失業者数を増加させていった。七四年九月に五五万七〇〇〇人であった失業者は、年末までにその二倍にまで増加し、七五年二月には一一八万四〇〇〇人にまで達した。さらに公務・運輸・交通労働組合等の強い要求等も後押しして、社会民主党（ＳＰＤ）が長らく政党の最重要目標としていた「納税者間の公平な税負担」を実現するための税制改革の一環として、児童手当の大規模な拡充が実施された[13]。その結果、七五年の失業対策費は前年度比で三九・二％、児童手当等を含む家族及び青年に対する福祉サービス費用は二三五・四％増加した[14]。こうした福祉サービス供給にかかる費用の多くは、連邦雇用庁（ＢＡ）の財源、主に社会保険料によって基本的に賄われるのであるが、同庁はこの年その拡大した費用の約半分を連邦政府の補助金に頼らざるを得なかった。

このように急激に増大した費用を連邦政府はどのようにファイナンスしようとしたのであろうか。前述したとおり、ドイツには日本の財政投融資のような仕組みが明確には存在せず、もしこのような仕組みが存在したとしても、公共投資ではなく社会支出の増大のファイナンスのためには使われ得なかっただろう。実際、この負担への協調はまず州・市町村に求められた。一九七四年の連邦児童手当法改正に際して、既に政府間の費用負担配分の修正条項が提案されていた。七五年度予算における同改革による負担の配分は、連邦一二八億マルク、州一四億マルク、市町村四億マルクとされていたが、この修正条項が適用される場合、その配分は連邦七二億マルク、州五七億マルク、市町村一七億マルクとなり、連邦の負担がかなり軽減されることになっていた[15]。しかし、この提案に対して地方政府からの十分な協調はなされず、結局、州及び市町村の社会予算全体の支出は前年比でそれぞれ約二三億マルク程度の増加であったのに対して、連邦の支出の増加は約二〇一億マルクにまで達した[16]。

そこで、この財源調達を間接的に支える一つの方策として選択されたのがブンデスバンクによる継続的な買いオペ（ペッギング・オペレーション）であった[17]。マーケット・オペレーションは他の金融措置に比べて、ドイツにおいて頻繁に使用されてきたわけではなく、歴史的に見てもその規模は大きくない。しかし、その機能の拡大については、政府及び政府の経済諮問機関である専門家委員会（Sachverständigenrat）によってたびたび提案されていた。そのうえ、一九六七年から六九年までの間に実施されたマーケット・オペレーションの経験によって、抑制政策としても、拡張政策としても、同政策が有益で実行可能であるという認識が七〇年代初頭には既にブンデスバンク内部に存在したのである[18]。こうした同金融措置の機能拡大に向かおうとする動きが政府やブンデスバンクの間で活発化するなか、その流れに沿うような形で大規模な買いオペが開始されたのである。

ペッギング・オペレーションの開始と放棄

買いオペが開始されたのは一九七五年六月のことであったが、その規模が急増したのは翌月に入ってからのことであった。その七月のわずか一カ月の間に一九・三億マルクという規模で買いオペが実施された。この政策に関して、ブンデスバンク総裁カール・クラーゼンはこの方針をしばらく継続することを何度か公にアナウンスしていた[19]。一方、この時期より以前から、大蔵省次官カール・オットー・ペールといった大蔵省関係者らが中央銀行理事会にゲストとして参加し、危機的な経済状況とその危機的状況を打開するための方策に関する議論を理事会のメンバーとともに行っていた。彼らの主張は一貫していた。端的に言えば、それは金融政策を通じて利払い負担を軽減させるということであった。

少しさかのぼるが、同年一月の第四二九回中央銀行理事会集会において大蔵省側は既に金融政策を通じてさらなる金利低下を導くことが望ましいという見解を示していた[20]。これは自身の負担を軽くするという意図というより、むしろ当時の悪化した経済状況のもとで企業の利払い負担を軽減しようという狙いから大蔵省が示した見解であった。これと同様に、七月の第四四一回集会においても、景気対策の観点から金融政策によるさらなる利下げが望ましいという見解を大蔵省は示していた[21]。しかし、結局このような決定によって期待される効果は利払い負担の軽減を通じて政府を利するものでもあったということは明白である。

このような大蔵省側の主張に沿う形で、ブンデスバンクは金融緩和を行っていった。こうした金融緩和を実施するなか、理事会及び役員会メンバーの一人であるハインリッヒ・イルムラーは、七月八日から一六日までに実施した約四億四〇〇〇万マルクの買いオペによって市場における金利の上昇を防ぐことができたばかりでなく、国債の利回りも八・〇三%から七・九八%にまで押し下げることができたという見解を同集会において明らかにしていた。すなわち、この時点では、まだ継続的な買いオペによる効果が一定程度あるという認識が中央銀行理事会の内部には存在したのである。

こうした流れのなかで、大蔵省側が景気対策という観点のみにとどまらず、自身の負担の軽減という意図を含めて金利の上昇の回避を求めるようになったのは一九七五年八月の第四四二回集会においてであった(22)。同集会において、蔵相ハンス・アペルはBAの財源不足を賄うために七五年後半を通じて、大量の債券を政府が発行しなければならず、さらに七六年度においても景気政策上の理由から拡張的な予算が適当とされている一方、「連邦財政の長期的に健全な発展」を考え、支出の前年比の増加率を六％から七％に抑えなければならないという事情を説明し、その際、以上のような景気対策の効果を減じないためにも、公社債市場における金利の上昇を絶対に防がなければならないということを強調していた。以上の要求がこれまでの大蔵省の主張と異なるのは、「連邦財政の長期的に健全な発展」を考慮するという、より財政的な側面から金利上昇の回避を求めている点である。

これに対し、中央銀行理事会のメンバーは公定歩合、ロンバート・レートの引き下げに加え、債券の利回りの上昇を防ぐ目的で既に開始されていた買いオペの継続に満場一致で同意したのである。すると、それ以降も八月八・二億マルク、九月二四・五億マルク、そして一〇月二四・六億マルクという規模で買いオペを継続していった。九月の時点で既に流通する連邦債の約一二％をブンデスバンクが保有するまでに至っていたが、一〇月末になると、その保有割合は二〇・八％にまで達したのである。

しかし、上記のようにブンデスバンクが政府の財源調達を間接的に支えようと試みる一方で、この「手探り」の過程において、理事会の一部のメンバーはペッギング・オペレーションによる公社債市場の金利への効果に早い段階から疑問を抱き、その限界を感じていた。九月の第四四四回集会において、メンバーの大部分がペッギング・オペレーションの継続に賛同していたのは事実である。ところが、一部のメンバーはこの政策方針の目的である金利上昇の回避が全く達成されていないことを強調していた(23)。

このペッギング・オペレーションの継続方針とその効果に対する懐疑的な声が一層高まったのは、一〇月の第四四六回集会においてであった(24)。なかには、同政策は市場の動向によって規定されているだけであり、もはやブンデスバンクによって自律的に決定されるものではなく、これ以上の同政策の継続は甘受され得るものではないとの非難もあった。また、同政策の継続に対する法律上の懸念、この政策をつうじて生じた中央銀行通貨（Zentralbankgeld）の規模及び想定される望ましくない副作用などによって、マーケット・オペレーションのこれまでの方針を変更することが望ましいとまで考えられるようになっていた。また、この方針の変更がとりわけ望ましいと考えられたのは、市場の金利上昇を防ぐという同政策の最大の目標が実際には達成されていないということがメンバーによって明確に認識されるようになっていたからであった。

さらに、これまでの政策方針に対する理事会メンバーの不信感がこの時期に特に強まった背景の一つには、中央銀行理事会の外部からもこれ以上の買いオペを実施しないことを推奨されるようになっていたという事情があった。例えば、起債調整によって債券の過剰発行を避け、秩序ある起債活動を維持することを目的とした中央資本市場委員会（ZKMA）は、これ以上の過剰な買いオペの継続方針からの離脱を推奨していた[25]。ZKMAがこのような見解を示していた理由もやはり大規模な買いオペを継続しているにもかかわらず、「買い支え（Stützungskäufe）」された有価証券と「買い支え」なしの部分の金利差になんの改善も見られていないということであった。

こうした外部からの圧力もあり、大規模な買いオペの継続方針は一〇月二三日をもって最終的に放棄されたのである[26]。しかし、ペッギング・オペレーション放棄後も、この政策方針に対する批判は依然として根強く残っており、連邦議会において複数の議員そして当時野党であったキリスト教民主・社会同盟（CDU・CSU）によって、連邦政府はこの時期の買いオペに関する説明を要求されることとなった[27]。

質問者たちはこの政策を「買い支え」、すなわちブンデスバンクによる連邦政府への信用供与ととらえ、理事会内部でも懸念されていた当時の買いオペの法律上の問題などについて質問を投げかけていた。その質問のなかでとりわけ注目に値するのが、ブンデスバンク法で規定された現金信用の最高限度額に、この時期に実施された買いオペにより得られた分が含まれるのかどうかということであった。第三節で確認したように、同法第二〇条では短期信用の最高限度額が明記されており、一九七〇年の人口数で計算した場合、その最高額は約一〇〇億マルク、連邦への信用に限定すれば六〇億マルクであった。これに対し、一九七五年に行われた同行の買いオペ額は約七五億マルクであり、また、この買入れのほとんどが連邦政府・連邦鉄道・郵便の長期債に対するものであった[28]。

量だけで考えれば、この時期の買いオペに法律上問題があるととらえられても何ら不思議なことはない。しかし、この質問に対する連邦政府側の回答は「買いオペによって得られた連邦債は、ブンデスバンク法第二〇条にもとづいて、現金信用の最高限度額には含まれない。それ以外はあり得ない。なぜならば買いオペをつうじて創造される貨幣は債券の発行者ではなく、債券の売り手に流れ込むからである」というものであった。政府側の主張の通り、この時期に行われた買いオペは長期債を対象としており、これに対してブンデスバンク法の第二〇条の規定は短期信用に関する制限であるため、法に反するということには当然ならない。しかし、中央銀行理事会内部でもペッギング・オペレーションに対する懸念が存在したこと、そしてブンデスバンクの行為が連邦政府への過度な信用供与ではないかと認識されるに至るほどの規模で政策が実施されていたということは事実である。

ペッギング・オペレーション放棄後のブンデスバンクの政策方針

一方、ペッギング・オペレーションの放棄の決定がなされた第四四七回集会では、オープンマーケット・オペレーションの方針変更に関して連邦政府とブンデスバンクが合意に至ったことを議長である副総裁エミンガーが説明していた[29]。その説明のなかで議長は連邦政府側と事前にボンで接触し、とりわけ政府の財源調達に対するこの政策方針変更の影響に関して議論をしており、連邦政府側も金利等に影響がないような形でブンデスバンクのふさわしい方針の変更が実施されることを期待していた、ということを明らかにしている。ただし、具体的にその方針変更がどのように行われるべきなのかといったテクニカルな問題についてはボンでは触れられておらず、この件に関する議論は同集会において行われた。

この議論の争点はどのような形で連邦債の利回りを市況に適合させていくのかということであった。理事会内部ではこの適合過程に関する見解が割れていた。まずイルムラーはあまりにも慎重なステップを通じて「買い支えされた」利回りを通常の水準へと適合させるべきではないということを強調していた。このような立場を彼がとった理由は、こうした行動が多くの投資家に真っ先に連邦債の売却のきっかけを与えるだろうから、というものであった。しかし、他方で、この方針変更が、とりわけ発行者である連邦政府の社会的地位に対する負の効果を引き起こし、結果として連邦債の相場の劇的な下落を生じさせるという事態は回避すべきであるということも併せて彼は主張していた。この折衷案として、彼は役員会において金融・資本市場部局によって練り上げられた移行期のための提案についての説明を行った。その提案とは、「買い支えされた」長期債の相場・金利の水準を市況に即座に適合させるということも許容され得るが、その一方で、長期的な資本市場政策上の不利益はある限度内に抑えられなければならないというものであった。

これに対し、ある一人のメンバーは方針変更によって引き起こされる連邦政府の社会的地位に対する負の効果さえ考慮する必要はなく、連邦債の相場と利回りの市況への適合ができるだけ早く実現されるべきとの立場をとっていた。即時の適合が実現されない場合、ブンデスバンクへの投棄が少なくとも一時的に継続されるだろうと彼は考えていたのである。そして三つ目の提案はエミンガーによるものであった。彼は移行措置をとりながら連邦債の相場と利回りの市況への適合を段階的に実施していくことを提案していた。この提案のポイントは、彼が方針変更、すなわちそれまでの政策方針からの離脱を必ずしも支持していなかったということである。

最終的にイルムラーの提案する中間の道が最適な解決策であるとされた。メンバーによる投票の結果、賛成六票、反対九票で何の移行措置のないままに、できるだけ早急に連邦債の相場と利回りを市況に適合させるという提案は否決された。また、ペッギング・オペレーションの放棄に関しては、賛成一二票、反対三票で可決された。その際、公社債市場のこれまで「買い支えられていた」部分の相場や利回りが新たな市場の均衡点に達するまで、ブンデスバンクが金融・資本市場部局によって作成された提案にもとづいて連邦債を保有することも併せて確認された。ブンデスバンクは自律的に決定可能な政策の範疇であっても、連邦政府との協議を綿密に行い、自らの方針変更による政府の財源調達への影響に配慮しながら、慎重に実行可能な方策を模索していったのである。

以上のように、政府が危機的な財政状況に陥るなかで、ブンデスバンクは間接的に財源調達を支える方策の可能性を政府とともに探り、その過程で継続的な買いオペの効果の限界を悟っていったのである。そして、効果のないままリスクと自身への批判のみを高めてゆくこの政策方針の継続が同行にとって得策ではないということを学んだのである。さらに、その政策からの離脱においても連邦債の価格安定に対して配慮しなければならないということを実践的に「学習」していったのである。その結果、この一九七五年以降、同年程の規模での継続的な買いオペが実施されることはなかった。

しかし、一九七五年を「学習」の過程と位置づけるためには、七五年に得られた「教訓」とそれ以降の買いオペ規模や財政金融政策方針との関係を明確にする必要がある。すなわち、政府とブンデスバンクの間で行われた同政策についての議論をより長いスパンで考察する必要があるということである。そこで、この一九七五年の「経験」がその後の政策運営に影響を与えたとする根拠は一体何かといった本節において依然として明らかにされていない重要なパズルについて次節で検討し、そのうえで結論を示すことにする。

5　ブンデスバンクが得た「教訓」

そもそも、一九七五年にブンデスバンクが得た「教訓」とは一体何なのであろうか。それは理事会メンバーによるこの政策方針に対する見解から読み取ることができる。(30) エミンガーは一二月のある公演演説のなかで、市場参加者の金利に対する期待に反して、金融政策手段のみによって有価証券の利回りを固定させることはできないということがペッギング・オペレーションという「興味深い実験」のなかで証明されたと述べ、続けて同政策に対する反意を表明している。(31) 非常に興味深いのは、この政策方針からの離脱を決定する際、必ずしもその離脱を支持していなかったエミンガーが反意を示していたということである。

その後、ブンデスバンクが三五億マルクという比較的大きな規模で買いオペを実施した一九七八年と七五年を比較すると、その「学習」の跡をある程度観察することができる。七八年五月のブンデスバンク役員会において当時総裁となっていたエミンガーは、役員会の資本市場政策の実施と原則について提案を行っており、そのなかで「kein "Pegging"」つまり七五年のようなペッギング・オペレーションの方針をとらないことを示唆していた(32)。そして、その後、確認できる範囲において、この"Pegging"というタームが理事会と役員会において取り上げられることはなかった(33)。

九〇年代に関しては、閲覧できる資料が公開三〇年ルールによって制約されているため、踏み込んだ分析を行うことができないという限界もある。しかし、簡単に比較するだけでも、ドイツ統一を主な背景として生じた大規模な財政需要を連邦政府が満たそうとする過程において、ブンデスバンクが買いオペによる連邦債の「買い支え」は行わず、公定歩合を引き下げながらも、七五年とは逆に売りオペを実施するという政策選択をしていたという興味深い事実を観察することが可能である(34)。このように、ドイツは七五年の「教訓」からペッギング・オペレーション、すなわち財政のさらなる拡張を促す可能性のある政策方針を放棄し、相対的に健全な財政運営の下地を作り上げていったのである(35)。

以上を踏まえると、本章の結論は次のようにまとめることができる。まず、急激な財政需要の増大に対峙した際、日本の財投のような組織をもたないドイツ連邦政府は地方政府にその負担への協調を求めた。ところが、連邦政府は地方政府からの協力を十分に得られず、その穴埋めをする形でブンデスバンクが大規模な買いオペの継続を通じて連邦政府の財源調達を間接的に支えようとした。結局、こうした試行錯誤の末に同行は買いオペによる金利操作の限界に直面し、そのような間接的な財源調達援助の仕組みがドイツにおいて根づくことはなかった。この一九七五年に形成された財源調達に関する構造的特質こそがドイツの比較的健全な財政状況を維持させた要因の一つなのである。

注

（1）Wagschal（2009）はドイツの各州の財政再建の戦略について詳しく論じている。

（2）Hagen and Strauch（2001）は「良い」予算制度とは財政の浪費を生み出す政治的利害を抑え、浪費傾向に陥る可能性を小さくすることのできる制度であるとしたうえで、ドイツは伝統的に欧州の国々のなかで最も「良い」予算制度を備えた国であると述べている（Hagen et al. 2001, 27）。

（3）ドイチェ・レンダーバンクの総裁を務めたフォッケ（一九五六＝一九五八）は「政府が中央銀行を濫用したことこそ、過去から現在まで全世界でつぎつぎと通貨の混乱が起こった原因なのである（一五二頁）」と述べ、ドイツを第一次・第二次世界大戦後二度も破滅的な状況に追いやったのは、拡張的な財政政策とその財源調達への中央銀行の協調に対する政府による強制だったことを指摘し、中央銀行の独立性の必要性を説いている。

（4）日本の財源調達に関する構造的特質については本章の比較対象とされている日本のケースで詳述されているため、そちらを参照せよ。

（5）Hagen（1999）はこの時期のマーケット・オペレーションについて簡単に説明しているものの、その記述はわずか三頁程度にとどめられている。

（6）この条項は第一〇九条とともに二〇〇九年七月二九日に実施された第五七回基本法改正によって既に修正されている。

（7）ただし、同条項は同行の任務を妨げない限りにおいて、連邦政府の経済政策を支援する義務を同時にブンデスバンクに課している。さらに、基本法においては中央銀行の独立性を保障する条項はなんら存在せず、その法的独立性はいつでも除去される可能性があることは否定できないのである（Berger 1997, 8）。

（8）ドイツの財政赤字及び累積債務の問題を解き明かすうえで、同表から読み取ることのできる特徴が実はもう一つある。それは、連邦及び州の債務割合が増大する一方、市町村の債務はGDP比率、全体比率ともに一九七五年をピークに減少傾向にあることである。この要因の究明はそれ自体重要な課題であるが、連邦政府とブンデスバンクの関係から財政問題へ接近するという本章の課題を越えるため、ここでは大々的には扱わず、以下で簡単に触れるだけに留めておく。本章第二節で触れた起債制限に加え、会計制度による規制、赤字公債の発行規定がないこと、さらに市町村の起債総額決定に関して州の監督官庁による許可が必要であること等が、市町村の起債規模の抑制と関係していると考えられる。会計制度に関しては佐藤（一九九三）、その他の要因に関しては諸外国の地方債制度に関する調査委員会（二〇一一）を参照せよ。

（9）Hansmann（2007）は債務残高対GDP比が二度の国家破産を経験しながら、なぜ二〇世紀末においても、なお高いのかという問題に対する一つの回答として、福祉国家としてのワイマール共和国の創設による債務比率の継続的な上昇を挙げ、転位効果と呼ばれる水準の転位が一九六〇年代、七〇年代に福祉国家の拡充に伴い継続されたことを指摘している（Hansmann 2007, 428～429）。その他には、大蔵大臣の政治的影響力の喪失や年次予算過程外で決定される経費の増大がこの時期の財政悪化と深く関係しているとも説明される（Hagen et al. 2001, 28～29）。

（10）このパラグラフで言及されているドイツと日本の政策金融の比較に関してはRobaschik and Yoshino（2000）に依拠している。

(11) 地域原則とは、貯蓄銀行が配置されるそれぞれの地域において、その地域の中小企業への金融サービスの提供を行う原則のことである（清水 二〇〇七、五頁）。
(12) 諸外国の地方債制度に関する調査委員会（二〇一一、一四七頁）参照。
(13) AdSD, 2/BTFG 002766, zur Steuerreform (materiell), 14, August 1974.
(14) 同年、社会支出のGDP比率は前年比で五％（二四・七％から二九・七％）も上昇した。欧州一二カ国の平均値は〇・一％しか上昇していないことを考えると、その増加の著しさを理解するのは容易であろう。数値は Statistisches Taschenbuch 2007 参照。
(15) AdSD, 2/BTFG 002766, I A 7, Die finanziellen Auswirkungen der Steuerreform auf die Haushalte der Gebietskörperschaften, Bonn, den 19, August 1974.
(16) Statistisches Taschenbuch 2007 参照。一ユーロ＝一・九五五八三マルクで計算。
(17) ペッギング・オペレーション（Pegging）とは、継続的な買いオペを通じた国債価格支持政策を意味している。
(18) B330/DRS. 142, Offenmarktgeschäfte mit längerfristigen Wertpapieren, Frankfurt am Main, 17. Januar 1973.
(19) BArch, B126/65643, VII A1-62 00 00/4-7/75, VII A2-Su 3010-57/75, Bonn, den 31. Oktober 1975.
(20) Protokoll der 429. Sitzung des Zentralbankrats der Deutschen Bundesbank in Frankfurt am Main, HA Bbk, B330.
(21) Protokoll der 441. Sitzung des Zentralbankrats der Deutschen Bundesbank in Frankfurt am Main, HA Bbk, B330.
(22) Protokoll der 442. Sitzung des Zentralbankrats der Deutschen Bundesbank in Frankfurt am Main, HA Bbk, B330.
(23) Protokoll der 444. Sitzung des Zentralbankrats der Deutschen Bundesbank in Frankfurt am Main, HA Bbk, B330.
(24) Protokoll der 446. Sitzung des Zentralbankrats der Deutschen Bundesbank in Frankfurt am Main, HA Bbk, B330.
(25) この事実は第四四六回集会において報告されている。ちなみに同委員会は民間機関であり、その勧告や助言に法的な拘束力をもたない。しかし、その構成メンバーは商業銀行、地方銀行、抵当銀行などの代表者といった金融市場の有力者であり、相当な影響力をもつと言われる（小濱＝山谷 一九七八、一三二頁）。
(26) 同政策の継続方針が放棄された理由をオトマール・エミンガーは、この方法による流動性の創造が金融政策上正当化される限度を超え得るからであると説明している。N-2/00019, Ansprache von Otmar Emminger, Vizeräsident der Deutsche Bundesbank, anläßlich der Eröffnung des neuen Bankgebäudes des Bankhauses Trinkaus & Burkhardt, Düsseldorf, 30 Oktober 参照。しかし、それなら、そもそもなぜそうした限度を超え得るような政策をセントラル・バンカーたちが選択したのかという疑問が残る。この問題については今後の課題としたい。
(27) (19) と同資料参照。
(28) 買入れ額はそれぞれ連邦政府の中長期債三九億マルク、連邦鉄道・郵便の中長期債四〇億マルクであった。Monatsberichte der Deutschen Bundesbank, Dezember 1977 参照。
(29) Protokoll der 447. Sitzung des Zentralbankrats der Deutschen Bundesbank in Frankfurt am Main, HA Bbk, B330 参照。これ以降の記述に関して特に引用を明示してはいないが、同資料にもとづき記述がなされていることをあらかじめ断わっておく。
(30) 一一月の第四四八回集会においてイルムラーは、ペッギング・オペレーションの「積極的な金融政策上の効果は別として」有害な金利上昇を「狭い範囲にとどめた」として同行の政策方針を「成功」として一定程度評価していたことは事実である。しかし、金利の上昇を回避するという同政策の当初の目的は結局「積極的な意味」では達成されなかったのである。Protokoll der 448. Sitzung des Zentralbankrats der Deutschen Bundesbank in Frankfurt am Main, HA Bbk, B330 参照。
(31) これはマーケット・オペレーション自体に反対を表明したのでは決してないこともあわせて指摘されている。(26) と同資料参照。
(32) B330/9049, Protokoll zur Sitzung des Direktoriums der Deutschen Bundesbank, am Montag, 29. Mai 1978.
(33) ブンデスバンクのアーカイブにおいて"Pegging"で語彙検索を行った限りでは、このタームが使用されているのはこの時期の資料のみであった。
(34) ドイツ統一後、社会関係支出が急増するのであるが、その費用の負担の増加は連邦政府のみならず地方政府においても顕著であった。一九九〇年から九六年までの同支出の増加率を比較すると、連邦が六四%であったのに対し、州は九三%、市町村は五八%であった。七五年には観察されなかった地方政府からの財源調達に対する協調を九〇年代には確認することができる。上記の数値に関しては、Finanzbericht 1999, 2002 より計算。
(35) こうした教訓は現在（二〇一二年時点）の欧州の債務問題にも強く関連する。近年、ECBはEU圏の債権を購入し、価格支持を行っている。こうしたECBの方針に対して、ブンデスバンク総裁イェンス・ヴァイドマンは批判的な態度を示している。彼が批判的な態度をとる、その根拠は、ドイツのハイパーインフレーションの経験というよりも、むしろ一九七〇年代に行われた国債購入の「失敗」に求められているのである。DER SPIEGEL（August 27, 2012）参照。

参考文献

小濱本一・山谷成夫（一九七八）「西ドイツの地方債制度」『自治研究』第五四巻第五号。

佐藤進（一九九三）『地方財政総論［改訂版］』税務経理協会。

清水浩和（二〇〇七）「ドイツにおける地方団体の資金調達システムと公的金融機関の役割――いわゆる貯蓄銀行の特徴とその民営化論議を中心に」『都市とガバナンス』第八号。

シュメルダース、ギュンター（一九七〇＝一九八一）『財政政策 第三版』（山口忠夫訳）中央大学出版部。

諸外国の地方債制度に関する調査委員会（二〇一一）『諸外国の地方債制度に関する調査委員会報告書』地方公共団体金融機構。

フォッケ、ヴィルヘルム（一九五六＝一九五八）『健全通貨』（吉野俊彦訳）至誠堂。

Berger, Helge（1997）“The Bundesbank’s Path to Independence: Evidence from the 1950s,” *Public Choice,* Vol. 93.

Demopoulos, George D., Katsimbris George M. and Miller, Stephen M.（1987）“Monetary Policy and Central-Bank Financing of Government Budget Deficits,” *European Economic Review,* Vol. 31.

Hagen, Jürgen（1999）“A New Approach to Monetary Policy（1971-8）,” *Fifty Years of the Deutsche Mark,* Chap. 8, Oxford University Press.

Hagen, Jürgen and Strauch, Rolf R.（2001）“German Public Finances: Recent Experiences and Future Challenges,” *Center for European Integration Studies.*

Hansmann, Marc “Weg in den Schuldenstaat. Die strukturellen Probleme der deutschen Finanzpolitik als Resultat historischer Entwicklungen,” in: *Vierteljahrshefte für Zeitgeschichte,* 3/2007.

Kaufmann, Franz-Xaver（1997）*Herausforderungen des Sozialstaates,* Frankfurt am Main.

Robaschik, Frank and Yoshino, Naoyuki（2000）“Public Banking in Germany and Japan’s Fiscal Investment and Loan Program: A Comparison,” *Duisburger Arbeitspapiere Zur Ostasienwirtschaft* No. 54.

Wagschal, Uwe（2009）*Konsolidierungsstrategien der Bundesländer : Verantwortung für die Zukunft,* Gütersloh.

一次資料

Archiv der Sozialen Demokratie, Bonn（AdSD）

SPD, Bundestagsfraktion 7. Election Period
Bundesarchiv Koblenz (BArch)
B126 Das Bundesministerium der Finanzen
Historisches Archiv der Deutschen Bundesbank (HA Bbk)
B330 Protokoll zur Sitzung des Zentralbankrats der Deutschen Bundesbank
B330 Protokoll zur Sitzung des Direktoriums der Deutschen Bundesbank
N-2 Nachlaß Prof. Dr. Otmar Emminger

第3章　ブラジルにおける財政金融システムの変化と財政収支の改善

——対外債務の返済と「自由化」政策——

水上啓吾

1　ブラジルにおける政府部門と財政金融システム

本章では一九九〇年代末以降にブラジルにおいて財政収支が改善された背景を検討する。その際一九八〇年代後半以降の財政金融システムの変化を構造的に把握し、ブラジルの連邦政府が財政運営上直面した制約について考察する。

連邦制国家であるブラジルは、下位政府として、二七の州政府及び連邦直轄区があり、さらに各州には基礎自治体が存在している。このように政府レベルは三層に分かれており、さらに各政府レベルにおいて公企業及び政府系金融機関を保有している場合がある。一九七〇年代までは、連邦政府及び州政府の公企業が輸入代替工業化をすすめる主体となり、政府系金融機関を含む財政金融システムが公企業を支えてきた。

しかし、累積債務問題が顕在化した一九八〇年代以降は、それまでのシステムが変化することとなった。ブラジル政府はワシントンコンセンサスに代表される一連の自由化政策を採用し、その一環として公企業の民営化や政府系金融機関の改編を行った。その後、一九九〇年代末の国際収支危機を経て、連邦政府、州政府及び基礎自治体が財政収支の改善に成功している。

以上をふまえたうえであらためて本章の課題を設定すれば、軍事政権期（一九六四～一九八五年）とカルドーゾ政権期（一九九五～二〇〇二年）の財政金融システムの差異を析出し、一九九〇年代末以降に財政収支改善に至る背景を考察することである。その際、日本やドイツとの比較を念頭に置き、ブラジルが財政収支の改善に成功した理由だけでなく、財政の健全化に取り組まなければならなくなった構造を検討する。

　次節では、まず一九八五年の民政移管前後の財政金融システムの特徴を指摘し、公債発行を支えた構造を考察する。次に第三節では一九九〇年以降の自由化政策及び経済安定化政策のなかで同システムの変化を分析する。第四節ではそうした変化のなかで財政収支が改善されるようになった過程を検証し、ブラジルにおける財政健全化の背景を考察する。

2　政府系金融機関から民間金融機関へ

　ブラジルでは軍事政権が発足した一九六四年以降、他の新興国と同様に工業化をすすめるうえでの国内資本が不足していた（Velloso 1991, 37～45）。そのため国内の資本蓄積をすすめるとともに、国外から資金を調達する必要があった。しかし、一九六〇年代のブラジル国内の民間金融機関及び資本市場は未発達であり、資金調達の窓口として政府部門の金融システムを整備する必要があった。

　この窓口となった政府系金融機関がブラジル経済開発銀行（Banco Nacional de Desenvolvimento Econômico：ＢＮＤＥ）であった。ブラジル経済開発銀行の設立と、種々の経済開発計画によって軍事政権下での外国資本の流入は飛躍的に増加することとなった。一九六七年に三三〇億ドルであった流入額は、一九七三年には一二六〇億ドルにまで達した（Baer 2002, 111）。加えて、第一次石油危機以後、世界的に資本余剰が発生すると、ブラジルへの資本流入額はさらに増大した。一九七〇～一九七三年までの資本流入額は対ＧＤＰ比率で一・四％であったが、一九七四～一九七八年までは二・四％であった（Paulo 1987, 20）。以上のごとく一九七〇年代をつうじて増加傾向にあった外資の流入は、ブラジル経済開発銀行を通じて公企業や国内の民間企業へと融資されることとなった（Fortuna 2005, 252）。

　次に国内貯蓄の動向をみると、同じく政府部門が重要な役割を果たしていたことが分かる。特に、政府系金融機関である連邦貯蓄銀行（Caixa Econômica Federal：ＣＥＦ）やブラジル銀行（Banco do Brasil：ＢＢ）等が貯蓄銀行として機能してきた。一九七〇年代初頭には国内における預金の六〇％が政府系金融機関に預けられており、国内への融資額では五八％を占めていた（Baer 2002, 321）。

このような財政金融システムにおいて強力な権限を有してきたのが国家通貨審議会（Conselho Monetário Nacional：CMN）であった。同審議会は、財務大臣を議長とし、ブラジル中央銀行総裁、経済予算管理大臣（Ministro do Planejamento, Orçamento e Gestão）の三名によって構成される（Fortuna 2005, 19）。通常は毎月一回会合を開き、金融政策の政策目標値等を決定し、決定内容は国家通貨審議会の回状（Resoluções）としてブラジル中央銀行金融政策委員会に対して通知し、遵守させる（Fortuna 2005, 20）。さらに国家通貨審議会は通貨価値に関する政策の決定だけでなく、広汎な分野に影響を与えてきた。付属機関としての銀行諮問委員会、資本市場諮問委員会、農業融資諮問委員会、工業融資諮問委員が設置されており、各委員会で必要とされた分野へ政府系金融機関を通じて優先的に融資してきた[1]。

他方、国家通貨審議会が影響を与える政府系金融機関がどのような資金を活用していたかについても考慮する必要があるだろう。前述したとおり、海外からの借入が政府部門への融資の原資となったが、一九七〇年代前半までは、順調な経済成長を背景に国内貯蓄も増加した。国内貯蓄の対GDP比率は一九五九年時点で一七・五％であったが、一九七三年には二一・〇％になり、三・五％ポイントまで上昇している。一方、政府部門における貯蓄額を対GDP比率でみると、一九五九年には五・一％であったが一九七三年には八・四％になり、三・三％ポイント上昇した。すなわち一九五〇年代末から一九七〇年代前半にかけて引き上げられた国内貯蓄の大部分は政府部門における貯蓄によってもたらされたと評価することができる。この政府部門の貯蓄の多くは雇用保険である社会統合基金（Programa de Integração Social：PIS）、公務員統合基金（Programa de Formação do Patrimônio do Servidor Público：PASEP）と勤務年限保証基金（Fundo de Garantia por Tempo de Serviço：FGTS）によるものであった（Baer 2002, 102）。

しかし、一九七〇年初頭まで維持されてきた財政金融システムも、第一次石油危機を境に徐々に変化していくことになった。その契機となったのが一九七〇年代半ば以降の財政インフレであった。特に、一九七四年に発足したガイゼル政権以降は財政収支が悪化し続け、その結果一九八〇年代に入ると物価上昇率は年率で二桁にまで上昇した（Baer 2002, 145）。

表3-1　ブラジル中央銀行及び民間金融機関によるインデックス債保有比率

（単位：%）

（年）	発行残高に占めるブラジル中央銀行保有比率	民間金融機関による保有比率
1975	40.8	35.3
1976	6.7	25.8
1977	12.3	36.0
1978	17.5	40.6
1979	39.3	48.9
1980	28.1	72.9
1981	22.1	66.6
1982	40.4	59.0
1983	n. a.	n. a.
1984	59.8	n. a.
1985	85.6	n. a.
1986	97.6	n. a.
1987	92.8	n. a.
1988	n. a.	n. a.
1989	n. a.	n. a.
1990	n. a.	n. a.
1991	89.3	n. a.
1992	84.6	n. a.
1993	66.4	n. a.
1994	40.5	n. a.
1995	30.1	n. a.
1996	18.9	n. a.
1997	15.7	n. a.
1998	36.3	n. a.
1999	13.1	n. a.
2000	22.3	n. a.
2001	28.3	n. a.
2002	24.2	n. a.

（注）民間金融機関による保有比率は，ブラジル中央銀行保有分を除いたインデックス債（ORTN）のうち，民間金融機関が保有する分の値。

（出所）BCB "Boletim do BC Relatório mensal" 各号より作成。

こうした財政収支の悪化と物価の上昇は、上述した政府系金融機関の余力を超えるまでに債務が膨張したために生じたものであった。すなわち、政府部門を中心とする国内貯蓄が財政をファイナンスするという従来の財政金融の枠組みでは政府部門の赤字を支えられなくなっており、修正が必要だったのである。実際にインフレが昂進することによって既存のシステムは新たな局面を迎えることとなった。というのも物価上昇率が上昇し始めた一九七〇年代後半以降、連邦政府は国債の種類を多様化させていったためである（Fortuna 2005, 72）。物価上昇や金利の変化に連動した国債を発行することで、金融機関の国債保有リスクを軽減させ、安定した国債消化を目指そうとしたのであった。加えて、物価や金利変動に対応した国債が発行されることで、その他の債券についてもリスクを軽減する商品が増加し、証券投資によるリスクヘッジ手法が発達した（Baer 2002, 320）。

このようなインフレに対応した国債発行は金融機関にとって大きな収益をもたらすこととなった。というのも、物価や金利に連動した債券が発行される一方で、預金面では国債ほどは物価や金利変動に対応しておらず、金融機関はその差から収益をあげることが可能だったためである（Baer 2002, 321）。各金融機関は国内支店を増やして預金獲得につとめるとともに、国債をはじめとした物価や金利に連動した債券への投資によりリスクヘッジを行った。こうした動向を反映するように、一九七〇年代後半に物価上昇率が高騰すると、中央銀行による国債保有比率は低下した（表3－1）。他方、国内の民間金融機関数とその国内支店数の推移をみると、一九七〇年に五五七六店あった支店数は、一九七四年には五五二九店にまで減少し、インフレが昂進し始めた一九七〇年代後半以降は支店数が増加した。さらに、一九七〇年代から一九八〇年代にかけてのマネーサプライの状況を確認すると、M1の上昇率は物価上昇率を下回っている。しかし、預金を含んだマネーサプライは物価上昇率を上回って伸びた。こうした点からもインフレの過程で貨幣需要が減退するとともに、物価に連動した預金への需要が高まり、そうした預金が国債消化の資金となりえたことがわかる。表3－1で確認できるように、民間金融機関のインデックス債の保有比率は一九七五年時点では三五・三％であったが、一九八〇年には七二・九％にまで上昇した。裏返せば、一九七〇年代半ばまで政府系金融機関が中心に国債を消化してきたものの、一九八〇年までに民間金融機関がより国債を購入するようになってきた。

表3－2　民間金融機関数と国内支店数の推移

（年）	民間金融機関数	国内支店数
1964	302	n. a.
1970	152	5,576
1974	81	5,529
1978	80	6,583
1980	84	7,327
1984	85	8,902
1994	214	8,309
1997	220	8,166

（出所） Baer（2002, 322）, Tabela 13, 2.

以上のように、国内ではインフレによって民間金融機関が増大して国債消化を支える金融構造が形成されるようになったが、そのことで安定的な財政金融システムが形成されたわけではなかった。というのも一九八〇年代に累積債務問題が顕在化したためである。上述したように外資の流入は一九七〇年代後半までは増大してきたが、一九八二年以降は減少に転じることとなった。軍事政権で形成されてきた財政金融システムを取り囲む環境は、インフレの発生や累積債務問題の顕在化という国内、国外の両面の要因により変化し、国内貯蓄の増加と外資の流入に頼った工業化という経済政策は行き詰まるようになった。

ここで再び表3－1をみると、累積債務問題が顕在化した一九八二年には国債の

表3－3　金融機関による融資額の推移（対 GDP 比率）

（単位：%）

（年・月）	融資先別		資本別		
	対政府部門融資	対民間部門融資	政府系金融機関融資	民族系金融機関融資	外資系金融機関融資
1988. 6	9.4	24.6	21.9	9.0	3.0
1988. 11	9.2	23.2	21.4	9.0	2.0
1989. 10	7.2	18.8	18.0	7.0	1.0
1990. 8	6.3	16.7	15.1	6.0	2.0
1991. 7	7.3	18.0	16.2	7.0	2.0
1992. 10	6.4	20.9	17.4	8.0	2.0
1993. 9	6.1	21.9	17.2	9.0	2.0
1994. 7	5.8	26.9	18.8	11.0	3.0
1995. 8	4.7	28.4	18.1	12.0	3.0
1996. 11	5.2	24.3	16.5	9.5	3.4
1997. 11	6.0	24.2	17.1	9.1	4.1
1998. 12	2.1	25.8	15.4	8.1	4.4
1999. 12	1.5	23.4	12.5	7.4	5.0
2000. 12	1.3	25.1	11.6	8.9	5.9
2001. 12	0.7	23.9	8.5	9.6	6.6
2002. 12	0.7	21.3	8.3	8.2	5.5

（出所）　表3－1に同じ。

消化が困難になり、ブラジル中央銀行の保有比率が高まった点を確認できる。ただし、この間も物価上昇を抑制できず、債権者団体との債務再編内容に合意した一九九二年以降は、前述した構造を引きずる形で国債の市中消化が再び増加し、民間の金融機関に収益をもたらすこととなった。例えば、一九八四年と一九九四年の金融機関数を比較すると、八五から二一四にまで増加している。このように民間金融機関の増加にあわせて貯蓄も増加し、公債の大量発行を支える土壌が形成されていった。一九七〇年代初頭まで公債は政府系金融機関によって引き受けられてきたが、その後、民間金融機関の保有が増大するようになったのである。民間金融機関による引き受けは一九八〇年代後半の累積債務問題の交渉時期には停滞したが、債務再編交渉が合意に達した一九九二年以降には再び活発に行われるようになった。

一方、累積債務問題の債務再編交過程においても、財政金融システムに修正が加えられた。これまで外資の窓口であったブラジル経済開発銀行は新たにブラジル経済社会開発銀行（Banco Nacional de Desenvolvimento Econômico e Social, BNDES）へと改組され、それまで国内の貯蓄を形成していた社会統合基金や公務員統合基金、勤務年限保証基金は、一九八八年に設置された労働者保護基金（Fundo de Amparo ao Trabalhador：FAT）へと統合されることとなった。労働者保護基金においては従来どおり資金を積み立てられるものの、そのうち四〇％をブラジル経済社会開発銀行及び連邦貯蓄銀行へと預け入れ、残りの六〇％が直接基金から対象者への支払いに充当されるようになった。その結果、政府の強制貯蓄額のうち政府系金融機関をつうじて資金配分を実施していた比率が六〇％減少したのである。

一九九〇年代に入ると、物価の上昇は一層昂進することとなる。既に指摘したようにインフレによって金融機関が収益をあげる構造は依然として残っており、金融機関数はさらに増大した。一九九〇年から一九九三年までの期間でインフレによってもたらされた収益は、金融機関全体で三五～四〇％程度にまで達した（Baer 2002, 322）。

以上のように、政府系金融機関をつうじた資金配分比率が低下し、インフレの昂進とともに国内の民間金融機関が増大すると、政府系金融機関の地位は相対的に低下していった。表3－3は金融機関による融資額の推移である。一九八八年六月時点では政府系金融機関の融資額は対GDP比率で二一・九％であり、民族系金融機関と外資系金融機関がそれぞれ九・〇％と三・〇％であった。しかし、その後政府系金融機関の融資額の規模は徐々に低下し、一九九五年時点では対GDP比率で一八・一％となっていた。このように政府系金融機関融資額の規模の低下は、政府系金融機関を統制してきた国家通貨審議会が有する国内経済への影響力も弱まったことを意味していた。

3　インフレ抑制政策と国際収支危機

一方、一九九四年に新通貨レアルが導入されてインフレが終息すると、金融機関の業績は急激に悪化していった[(2)]。金融部門の付加価値は一九九〇年時点でGDPの一二・七八％を占めていたが、一九九五年時点では六・九四％にまで低下した（Baer 2002, 324）。

こうした金融部門の業績悪化に対応するため、一九九五年からブラジル中央銀行が主導する形で金融部門の再編を開始した。政府系金融機関の民営化は他の公企業の民営化と並行してすすめられていった[(3)]。一九九五年にブラジル銀行は株式の一部を民間金融機関に売却することとなった。さらに一九九六年には州立銀行の民営化が開始された（Fortuna

2005, 746)。三七の州立銀行を対象とした州立銀行再編プログラム（Programa de Incentivo à Redução da Presença do Estado na Atividade Bancária, ＰＲＯＥＳ）が一九九六年八月から開始され、それまで州債の引受先となってきた州立銀行の株式が民間金融機関に売却されることとなったのであった。結果として、金融部門に占める政府系金融機関の比率は低下していった。一九七〇年代後半以降のインフレにより財政金融システムが変化した点は前に述べたが、インフレの終息とともに再びその構造が変化したのであった。

その一方で増加したのが外資系金融機関であった。外資系金融機関は、業績が悪化したブラジル国内の民間金融機関の買収を通じて金融部門におけるシェアを伸ばすことに成功した。再び表３－３をみると、外資系金融機関の融資額も一九九三年時点では対ＧＤＰ比率で二・〇％であったが、一九九七年には四・一％、二〇〇一年には六・六％にまで増大した。外資系金融機関の進出もあり、表３－２に示したとおり民間金融機関数は一九九〇年代以降も増加しているが、国内の支店は業績悪化を受けて整理統合がすすみ、一金融機関あたりの支店数は減少傾向にあった。

加えて、外資系金融機関の増大は、民営化の進展によって政策金融機関としての役割を果たせなくなった政府系金融機関の相対的地位をさらに弱めることとなった。このことは国家通貨審議会の裁量性をさらに狭めたが、それが結果的に金融政策におけるブラジル中央銀行の役割を相対的に強めた点は興味深い。

そもそも一九八〇年代後半から一九九〇年代前半にかけてインフレ抑制の関連から中央銀行の独立性が必要であるとの認識が広まっており、ハイパー・インフレ終息後にもブラジル中央銀行の独立性は必要だとされた（Fortuna 2005, 20)。そのため、ブラジル中央銀行内に自律性のある政策決定機関をつくるため、一九九六年六月、ブラジル中央銀行金融政策委員会（Comitê de Política Monetária：ＣＯＰＯＭ）が設置された。ブラジル中央銀行金融政策委員会はブラジル中央銀行総裁と金融政策局内の主要な四部からそれぞれ二名（部長〔chefe〕及びディレクター〔diretore〕）が出席し、計九名で構成されている（Fortuna 2005, 22)。同委員会ではブラジル中央銀行総裁を委員長として開催されている。ブラジル中央銀行内の各部の報告もとに現状分析を行っており、経済部が景況や国際収支、マネーサプライの動向について、外貨準備管理部が外国為替の取引状況及び介入、外貨準備について報告し、その内容が公表される。また、銀行部

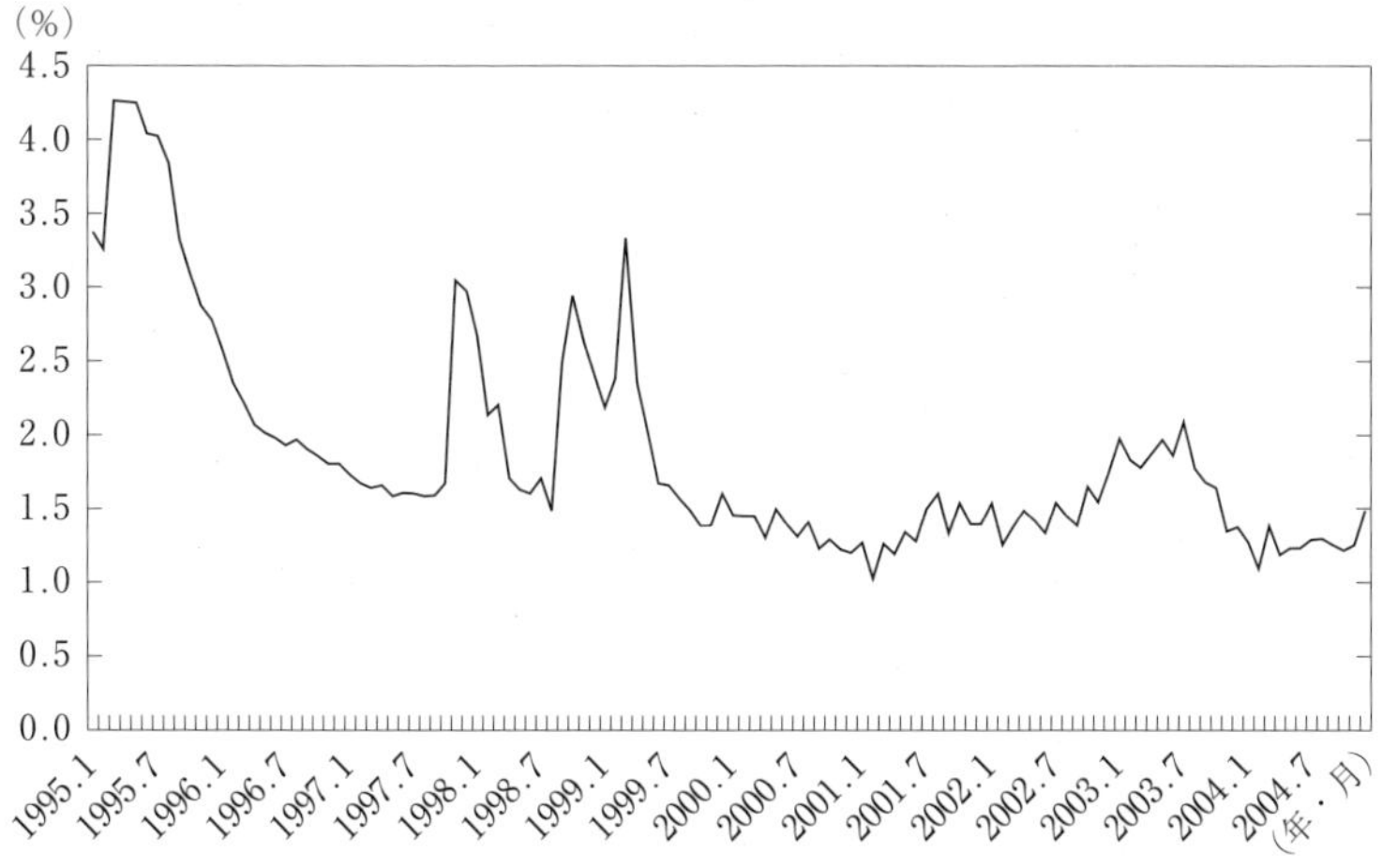

（出所）　表3-1に同じ。

図3-1　国債平均利回りの推移（月利）

は国内金融機関の流動性、公開市場操作部は公開市場操作の状況についてそれぞれ報告し、これらの内容が公表されることとなっていた（Fortuna 2005, 22）。注目すべきは、ブラジル中央銀行金融政策委員会内での決定が公表されるようになったことである。ブラジル中央銀行の日常的な介入手段が政府によって動かされているのではなく、客観的な情報をオペレーションの根拠にしているということを外部に対してあらわすようになったのである。金融政策の目標設定等の決定権は有していないが、ブラジル中央銀行金融政策委員会内での決定事項やその背景を公表し、透明性を高めることで、ブラジル中央銀行が連邦政府の決定に従うだけではないことを示したといえるだろう。

ただし、ブラジル中央銀行金融政策委員会が金融政策の目標に関する決定権を有していたわけではなく、国家通貨審議会において既に決定している政策目標値に経済変数を近づけるために定められた政策手段によって市場に介入することを課題としていた。またブラジル中央銀行総裁の任命権は大統領にあり、依然として法的独立性は低いといわざるをえなかった。すなわち、国家の定める枠組みのなかという限定を付しながら、通貨価値の安定を担う機関として公開市場操作を行うブラジル中央銀行の権限が強められたのである。いわば中央銀行の相対的な自律性強化というべきだろう。

こうしたなかで一九九七年のアジア通貨危機以降、それまで流入してきていた外資が一転して流出するようになった。そもそも一九九四年半ば以降のブラジルでは、あらかじめ公表した対ドル為替レートの範囲内に名目為替レートを維持するクローリング・ペッグ制を採用していた。しかし、実質実効為替レートでは恒常的にレアル高で推移し、経常収支赤字が発生しており、経常収支赤字を埋め合わせるだけの資本流入を維持する必要があった。だが、一九九七年半ば以降資本流出が増大した結果、一九九九年一月にはドルとのクローリング・ペッグ制を放棄することとなった。このような資本流出は、国際金融市場における一時的なパニックによるものであると同時に、ブラジル国内の総需要が過剰であることが問題視された結果であった（IMF 2003, 22～23）。その際、短期的には国家通貨審議会は金利の引き上げで対応せざるを得なかった。金利の操作は、ブラジル中央銀行による国債市場のオペレーションによって行われ、国債利回りも急上昇することとなった（図3－1）。結果として利払い負担の増大及び財政収支の悪化に結びついたのである。

4　財政再建下の財政金融システム

こうした事態に対して、連邦政府は資本流出や国債価格の下落を防ぐために一九九八年末にIMFのスタンドバイ・プログラム融資をとりつけた。この合意では、融資のコンディショナリティとして、利払い費を除いた財政収支であるプライマリーバランスの改善が求められた。

実際のプライマリーバランスは連邦政府、地方政府は双方とも一九九〇年代末に改善し、その後も黒字で推移している（図3－2）。しかしながら、一九九八年にはプライマリーバランスを改善させているものの、図3－1でみたように高水準の金利によって利払い費が増大し、財政収支が悪化している。その後も国債利回りを抑制することはできず、二〇〇一年まではプライマリーバランスが黒字を維持しながらも財政収支は赤字であった。こうした状況は債務の削減と財政収支の更なる改善を求める国内の政治圧力を形成しやすい状況を生んだ。

国内外からの財政収支の改善圧力は二〇〇〇年の財政責任法の導入に帰結することとなった（水上 二〇一〇、二〇五頁）。

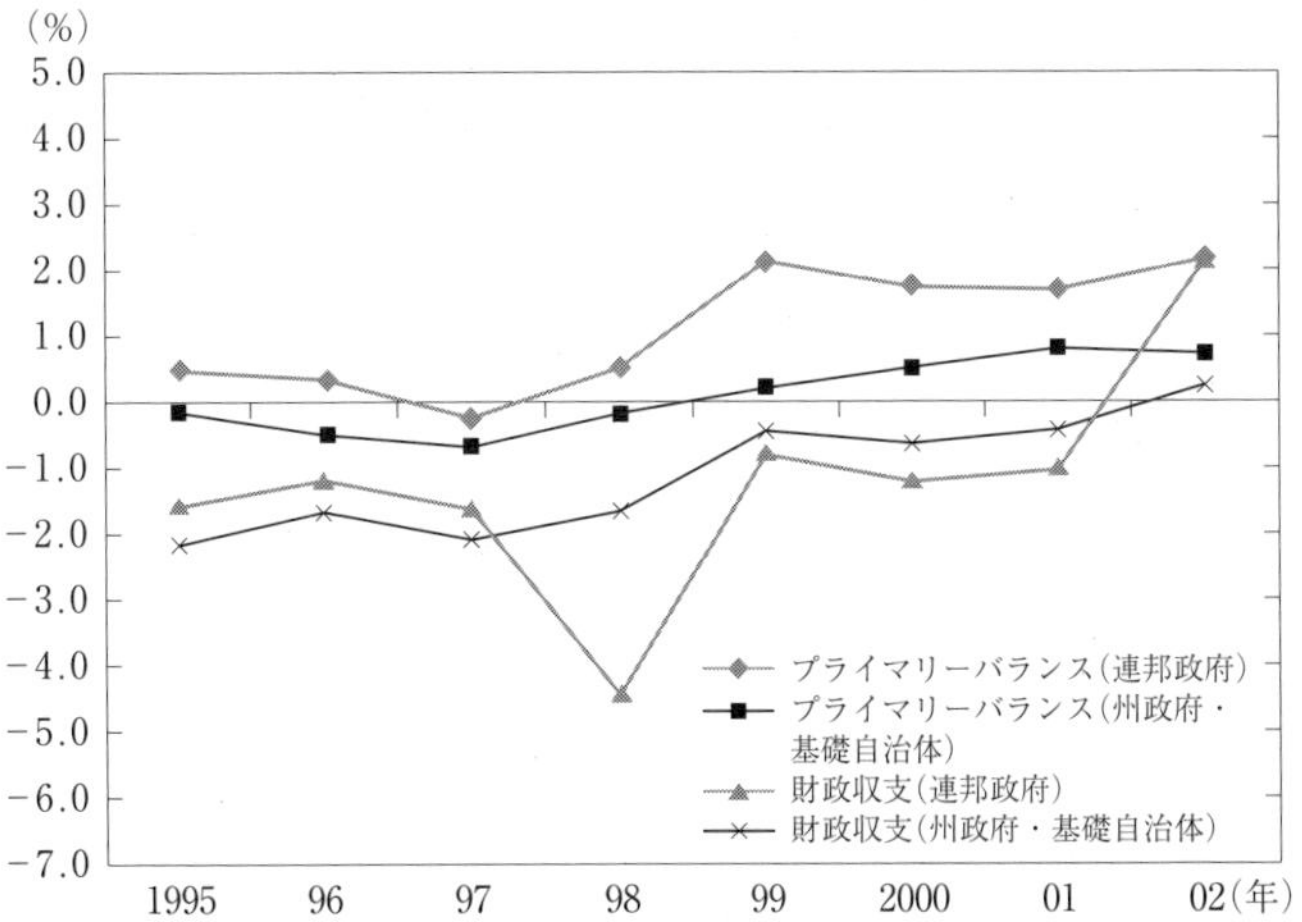

（出所）　表３-１に同じ。

図３-２　財政収支の推移（対 GDP 比率）

ＩＭＦ融資のコンディショナリティを引き継ぎ、二〇〇〇年に制定された財政責任法は、憲法の補足法（Lei Complementar）であり、その条項の修正には国会議員の三分の二以上の賛成が必要である。したがって、政治的にも容易に修正することはできず、恒久的に財政収支の悪化を未然に防止する法として位置づけられた[4]。

財政責任法の枠組みのなかで実際に歳出削減に効果があるものとしては人件費の基準がある[5]。しかし、実際には歳出削減に結びついていない（水上 二〇一〇、二〇八〜二〇九頁）。一方、財政責任法では補正予算における財源の裏づけのない歳出増を禁じており、歳入面においても従来と比べて財政収支が改善する可能性がある。そこで連邦政府の歳入の推移をみると、個人及び法人所得税や社会福祉関連支出の目的税である社会負担金（Contribuição Social）、社会保障税を中心に歳入は増加し続けた[6]。連邦政府の歳入は対ＧＤＰ比率で一九九九年度に一九・六六％であったのが、二〇〇二年には二一・六六％になった。特に、社会福祉及び社会保障に関しては、公務員の社会保障納付金が増大するとともに、社会負担金の企業負担額が増大している。

このように一九九九年度以降の連邦政府及び州・ムニシピオ政府の財政統計をみる限り財政収支は改善しており、財政責任法は財政収支の目標値を守らせる機能を有していたものとして評価することができる[7]。二〇〇二年の大統領選挙において当選した労働者党のルーラが、変説したと批判されながらも資本流出を防ぐために財政責任法の遵守を宣言したことを考えれば、同法の枠組みが財政収支の改善において効果があるものとして国際的にも考えられていたといえよう。

一方、前述したように、一九九九年一月までのドルとのクローリング・ペッグ制の下ではレアルの対ドル為替レートが許容為替バンド内におさめることを主眼においた介入を行っていた。しかし、一月のドル・ペッグを放棄後、七月に開始されたインフレ・ターゲティングの下では、操作目標は基準金利の誘導水準へと変化した(8)。

目標値と実際の物価上昇率の推移を確認すると、一九九九年度の目標値は物価上昇率八・〇〇％であった。これはインフレ・ターゲティング導入前夜の一九九九年六月三〇日、国家通貨審議会の回状二六一五号として公布された数値である。目標許容範囲は前後二％ポイントである六・〇〇％から一〇・〇〇％であった。同年一月の通貨危機の余波が残るなかでは容易に達成可能な水準ではなかった。しかし、実際の物価上昇率が八・九四％であり、目標値は超えたものの許容範囲内であった。続く二〇〇〇年度には目標値六・〇〇％を若干下回る五・九七％であり、新しい金融政策が制度上は成功していたと評価することができる。

このように物価上昇率を維持できた背景にも財政収支の改善があった。というのも、緊縮財政をとるカルドーゾ政権は徐々に支持を失い、左翼政党である労働者党（Partido dos Trabalhadores：PT）が支持を伸ばすと、同党が主張するIMFのスタンドバイ・プログラムの融資のコンディショナリティや財政責任法の廃止が現実味をおびてきたためである。その結果、二〇〇二年には再び資本流出が生じ、金利の引き上げとともにインフレの再燃が懸念されるようになったのである。このように、財政収支目標値の遵守や金利水準、通貨価値は日本やドイツと異なり密接に結びついているが、その理由は国際間の短期資本の移動が生じたためであった。

二〇〇二年一〇月の大統領選挙に勝利した労働者党のルーラは、二〇〇三年度以降も引き続き前政権の財政金融政策の継続を打ち出している。ルーラ政権下では、二〇〇五年度、二〇〇六年度、二〇〇七年度と物価は安定して推移しており、二〇〇六年度には物価上昇率の目標値を一％ポイント以上下回っている。その一方で、連邦政府及び地方政府はコンディショナリティ及び財政責任法の下で財政収支目標値を達成している。

5　国際収支の制約と財政収支の改善

以上では財政赤字と政府債務を検討するうえで、ブラジル中央銀行と連邦政府との関係だけではなく、その周辺の環境の変化に重点を置いて検討してきた。

軍事政権下のブラジルでは一九七〇年代半ばまで、国家主導型の工業化がすすめられてきており、それを支える政府部門を中心とする財政金融システムが存在しており、連邦政府の意向が反映される国家通貨審議会が金融システムの中心にあった。こうした制度の下では政府部門の赤字は政府系金融機関の融資によって支えられ、ブラジル中央銀行の裁量性は制限されてきた。

しかし、政府部門の赤字によって生じたインフレは、一九七〇年代半ばまでに形成された従来の財政金融システムを変化させることとなった。一九七〇年代後半以降、連邦政府は国債の発行形態を多様化させ、民間金融機関による国債消化をすすめてきた。実際、インデックス債の利回りと預金金利の差によって収益をあげようとする民間金融機関が国債の主な引受先となっていった。その際、インフレ及び政府系金融機関の民営化を経て増加した民間金融機関が主な引受先となった状況下では、低利の国債発行は困難になっていた。こうした流れは一九九〇年代を通じて政府系金融機関や公企業が民営化され、外資系金融機関の比率が増加するとさらに強まっていった。

しかし、一九九〇年代末になると国際金融市場の混乱が生じ、それまで流入していた外資が流出することとなった。こうした事態に国家通貨審議会は国債利回りを引き上げることで対応した。しかし、そのことで利払い負担は大幅に増大し、より財政収支の改善が求められるようになったのである。

一九九九年にはＩＭＦのスタンドバイ・プログラムにともなうコンディショナリティ、二〇〇〇年以降には財政責任法により、財政運営は厳格な制約が加わり、プライマリーバランスは改善された。ただし、財政再建の背景では、民政移管後の財政金融システムの不安定化に伴う高金利が続いていたのであるが、インフレを抑制するための高金利がもたらす多額の利払い費は財政再建の必要性に説得力をもたせたのである。こうした点は、低金利を維持し続ける日本とも対照的であったといえよう。一方、公開市場操作を実施するブラジル中央銀行の果たす役割は相対的に強まり、インフレ・ターゲティング制の導入以降、より重要な役割を果たすようになってきている。こうした事実は、中央銀行の法的独立性強化とは異なるものの、金融システム全体の変化の中で相対的に自律性を高めてきた結果といえるだろう。中央銀行の相対的自律性の強化と財政収支の改善は車の両輪として機能し、二〇〇〇年代の通貨価値の安定に結びついているのである。

注

(1) その際、国家通貨審議会は国内の信用秩序を維持する必要があれば、回状（Resolução）によって各政府系金融機関に改善を求めてきた（Fortuna 2005, 20）。

(2) ブラジルでは、レアル計画（O Plano Real）の下、ドル・ペッグ（クローリング・ペッグ）制を導入し、直後にインフレを終息させることに成功した。ブラジル政府は、ドルとのクローリング・ペッグ制を一九九四年七月〜一九九九年一月までの間採用していた。その間、国家通貨審議会とブラジル中央銀行の金融政策に関する裁量は制限されるとともに、為替市場に介入するだけの外貨準備の積立てが必要であったのである。

(3) そもそも公企業の民営化は、政治的には民政移管後の民主化の過程で、軍事政権下の旧支配層の権益を崩す目的があった。そのため、一九八九年に民政移管後初めて行われた大統領の直接選挙では公企業の民営化が争点となり、民営化に賛成していたコロールが当選した。コロール政権の下では、ワシントンコンセンサスに代表される自由化政策の一つとして民営化が開始された。その後一九九五年に大統領に就任したカルドーゾは、コロール政権期に設置された民営化執行委員会を、大統領直属の国家民営化審議会（Conselho Nacional de Desestatização：ＣＮＤ）へと改組し、大統領の民営化への介入を強めた。加えて、カルドーゾ政権は民営化を実施する際に障害となってきた憲法への修正に取り組むこととなった。この憲法修正は一九九五年に集中的に行われたが、その内容は大きく二つに分けることができる。第一に、国家による独占部門に関する条項の修正であり、第二に、外資差別条項の撤廃である。これらの憲法修正の結果、国外の投資家及び事業者が大規模な公企業の民営化に参加しやすくなり、株式売却もより大規模に実施される可能性が出てきたのである（水上、二〇一一、一一二〜一一四頁）。

（4）二〇〇〇年財政責任法は財政犯罪法（Lei de Crimes Fiscais：ＬＣＦ）との組み合わせによる行政統制の強化も企図されている。同法は二〇〇〇年一〇月一九日に発効された。同法で禁じている主な点は、①議会での承認を得ていない信用供与、②議会での承認を得ていない公的支出のコミットメント、③同価値以上の担保を伴わない貸出、④任期終了の一八〇日前以降の人件費増額、⑤年度内で支払いが終わらない公的支出のコミットメント、⑥議会での承認を得ていない債券の発行、である。以上の禁止事項を守らなかった場合、各機関の長が罰せられることとなる。また、財政責任法と同様に、連邦法によって公営企業や下位政府の経営及び行政の裁量性が制約を受けることとなる（水上 二〇一〇、二〇七頁）。

（5）連邦政府の人件費抑制のための条項は次の五点である。①人件費は税収の五〇％以下に抑制する、②社会保障税の増税を伴わない公務員年金給付の増額は認めない、③各大臣の任期期限一八〇日前以降の人件費増額決定は無効、④人件費目標額は年次予算にしたがって四カ月毎に決定する、⑤執行過程において人件費目標額の九五％を超えた場合にはそれ以上の増額修正を行うことができない（水上 二〇一〇、二〇五頁）。

（6）社会負担金は社会の安定を目的として、福祉、国民の社会保障及び社会扶助に用いられる財源として憲法第一九四条に定められている（都築 二〇〇二、八一頁）。主な社会負担金としては法人所得を課税対象とする CSLL（Contribuição Social sobre Lucro Líquido）、法人の売上高を課税対象とする Cofins（Contribuição Social para Financiamento da Seguridade Social）、個人所得を課税対象とする Contribuição para Previdência Social Instituto Nacional de Seguridade Social 等がある（都築 二〇〇二、八一～九五頁）。

（7）連邦政府だけでなく地方政府まで財政収支の目標値を設定する財政責任法は地方政府から反発があった。しかし、カルドーゾ政権は地方政府の対連邦政府債務を再編することを通じて、同法の成立に成功した。この交渉では、サンパウロ州政府が最初に合意に達したが、その内容は対連邦政府債務を償還期間三〇年、年利六％＋物価上昇率という条件で借換えるものであった。一九九八年当時の国債市場のベンチマーク債の償還期間が三〇日、年利二〇％以上だったことを考えれば、債券市場での調達に比べて優遇された条件で借換えられたといえよう。

（8）インフレ・ターゲティング採用後は国家通貨審議会が決定する物価上昇率及び国債利回りの目標範囲におさまるようにブラジル中央銀行が公開市場操作を行う。ただし、ブラジル中央銀行の介入は通常毎月行われる国家通貨審議会で見直される（Fortuna 2005, 20～22）。

参考文献

都築慎一（二〇〇二）『ブラジルの税制体系』ジャパンデスク。

堀坂浩太郎（一九九八）「ブラジルの民営・民活化」堀坂浩太郎・細野昭雄編『ラテンアメリカ民営化論――先駆的経験と企業社会の変貌』日本評論社。

水上啓吾（二〇一〇）「ブラジルの二〇〇〇年財政責任法――ＩＭＦコンディショナリティとポプリズモの相克」渋谷博史・田中信行・荒巻健二編『アメリカ・モデルとグローバル化Ⅲ――外的インパクトと内生要因の葛藤』昭和堂。

水上啓吾（二〇一一）「ブラジルの公企業の株式売却――外国人株主への株式売却とアメリカ金融機関の役割」渋谷博史編『アメリカ・モデルとグローバル化Ⅲ――グローバル化とＩＴとウォール街』昭和堂。

Abreu, Marcelo and Rogério Werneck (1993) "Privatization and Regulation in Brazil: The 1990-1992 Policies and the Challenge Ahead," *Working Paper no. 300,* Rio de Janeiro, Pontifical Catholic University of Rio de Janeiro.

Baer, Werner (2002) *A economia brasileira,* São Paulo, Nobel.

Cardoso, Eliana and Helwege, Ann (1992) *Latin America's Economy,* Cambridge, MIT Press.

Carvalho, Marco Antonio de Sousa (2001) "Privatização, Dívida e Déficit Públicos no Brasil," Texto para Discussão No. 847, IPEA.

Conniff, Michael L. (1982) "Introduction: Toward a Comparative Definition of Populism," *Latin American Populism in Comparative Perspective,* ed., by Michael L. Conniff (Albuquerque: Univ. of New Mexico Pr, 13-23.

Cowan, Gary (1990) *Privatizing in the Developing World,* New York, Greenwood.

Frieden, Jeffrey (1991) *Debt, Development, and Democracy: Modern Political Economy and Latin America, 1965-1985.* Princeton, Princeton University Press.

Fortuna, Eduardo (2005) *Mercado Financeiro,* Rio de Janeiro, Qualitymark.

Giacomoni, James (2003) *Orçamento Público,* São Paulo, Editora Atlas.

Giambiagi, Fabio and Além, Ana Claudia (2001) *Finanças Públicas,* Editora Campus.

IMF (2003) The IMF and recent capital account crises: Indonesia, Korea, Brazil, Washington D. C., IMF.

Manzetti, Luigi (1999) *Privatiization South American Style,* New York, Oxford.

Paulo Nogueira Batista, Jr., "International Financial Flows to Brazil Since the Late 1960s," World Bank Discussion Papers 7, Washington, D. C., World Bank.

Velloso, João Paulo dos Reis (1991) *Brasil em Mudança*, São Paulo, Nobel.

関説　財政をファイナンスする構造がどのように異なるのか

木村佳弘

国債にひたる日本財政

第I部は、「なぜ、日本国はこれほどの財政赤字をファイナンスし得たのか」を問う木村論文をもって火蓋が切り落とされる。まず、日本の債務残高を、国際比較を踏まえながら簡潔に確認し、OECD諸国で最も大きい一般政府債務残高を有していること、その中核が中央政府債務残高にあるにもかかわらず、OECD諸国内で比較的財政構造の良いドイツよりも一般政府総利払い費が低いと論じる。その理由として、まず、外貨債保有の消滅、国外経済主体の国債保有率の少なさから、海外の経済主体が日本国債市場に与える影響が限られていることを指摘する。そのうえで、日本国債の重要な保有主体として、政府資金――資金運用部資金、国債整理基金、簡易保険資金の存在を挙げる。国債大量発行下で、一九六五年に形成された金融機関引受、一年後に日本銀行が引き受る国債市中引受ルールが崩壊するなか、政府資金の国債保有率は四〇%程度にまで達する。この背景の一端には、政府資金の本来の供給先であった財政投融資計画の圧縮があった。一方、公募市場をつうじた機関投資家による国債引受が定着し、政府、民間部門双方の貯蓄性資金が国債引受を支える構造ができあがったことが、中央銀行の対政府信用の必要性を縮減したと論じる。

この原資である家計貯蓄性資金は、バブル崩壊と労働力人口の停滞・減少を理由として停頓するものの、不良債権問題に起因する金融機関の民間貸出の削減などを理由として、戦後一貫として資金の需要主体だった民間非金融法人部門が、一九九八年には資金の供給主体へと変貌したことで補われる。つまり、民間非金融法人企業は、流動性預金の拡大などを通じた金融機関などへの資金供給によって、家計と相携えて国債を買い支える原資を提供した。そのうえに、民間機関投資家も、株式、事業債、ひいては他の公共債を削減して国債を買い支える構造が生まれていった。

他方、二〇〇一年以降、法的独立性を強めたはずの日銀が大量国債買入に踏み切った背景には、これまで国債保有を支えてきた政府資金——財政投融資原資機関が、財投改革とともに財政融資資金特別会計債を引受ける必要が生じ、日銀の機能を代替することができなかったためと論じている。

以上から、日本の国債保有には、①国内でほぼ完結した国債市場、②貯蓄、年金資金等の豊富な貯蓄性資金、③貯蓄性資金の一部を原資とした政府資金による民間国債市場の補完が大きな意味をもったことが整理される。

ブンデスバンクの分水嶺——一九七五年

そのうえで、第二章嶋田論文では、中央銀行が最も独立していると評されるドイツを分析対象とする。最初に、ドイツの財政構造が簡潔に確認される。ドイツの一般政府財政収支は、一九七五年、一九七九年から一九八三年、一九九五年、二〇〇三年から二〇〇六年を除くと、すべての年で対GDP比率マイナス三%以内に収まっている。そして、一般政府債務残高の対GDP比率は、一九八〇年以降拡大するものの、二〇〇〇年代においても、概ね連邦政府で四〇%弱、一般政府ベースでも六〇%前後に留まっていることが示される。そのうえで、主体別国債保有内訳を確認し、非金融機関引受割合が高く、ブンデスバンクの国債引受比率が極めて僅少であり、一九八〇年代中葉は国外引受主体の割合が高いという特徴を導いている。さらに、日本の郵便貯金とドイツの貯蓄銀行を比較し、州の公法人ではあるものの、民間金融機関とほぼ同様の経営が行われていることを指摘している。つまり、ドイツの国債引受構造において、日本の国債大量引受を可能にした要因——国内市場を中心としつつ、政府資金による引受という条件が存在しないことを明快に論じる。

しかし、ブンデスバンクによる国債保有——買いオペレーションが例外的に多い年に嶋田は着目する。それは、一九七五年である。一九七五年は、オイル・ショック以降の不況により財政収入が停頓する一方、主に児童手当の大規模な拡充に起因する財政支出の拡大によって、例外的に対GDP比で大きな財政赤字が生み出された年である。この財政赤字のファイナンスを巡り、連邦政府は、州・地方政府への協力を要請したものの、法的に独立な存在である州・地方政府は完全に応じることはなかった。この年に、独立性を重んじるブンデスバンクは、国債買入れを通じたペッギング・オペレーション（市価維持政策）により、連邦政府の利払い費を削減することで、連邦政府（大蔵省）の財政運営に貢献するという重大な決断を下した。導入の背景には、一九六七年にブンデスバンクがマーケット・オペレーションを試み、拡張政策としても抑制政策としても実現可能という認識の下、政府、ブンデスバンクの双方が金融政策手段としてマーケット・オペレーションの機能拡充を促そうとしていたという経緯があった。

ところが、中央銀行理事会での満場一致の決議に支援され、六月から一〇月の間に連邦債保有割合の二〇・八％まで長期連邦債買いオペを行ったにもかかわらず、買入を行っている連邦債と、買い支えなしの部分の間に利回り差がつかないという現実に突き当たり、買いオペは市場利子率を統御する手段としては有効ではないのではないかとの疑念がセントラル・バンカーに生じた。政策効果が見えないなかで、連邦債買入によって生じる中銀通貨規模等の副作用への懸念が、セントラル・バンカーのみならず、中央市場資本委員会など外部からの批判もあがり、一〇月二三日には、ペッギング・オペレーションからの離脱に帰着した。つまり、政府とともに「手さぐり」で試みた大規模な買いオペは、ドイツにおいては有効性をもたないという学習効果を中銀が得た、という意味で、一九七五年はドイツの金融政策において分水嶺であったと論じるのである。

ブラジル——中南米最高のソブリン金利からの脱出

さらに、第三章水上論文では、日本と類似した金融システムをもちながら、自由化を通じて大きな変容を遂げたブラジルが取り上げられる。軍事政権下に形成された金融システムにおいては、金融政策の決定権は、ブラジル中央銀行ではなく、財務大臣を議長とする国家通貨審議会に留保された。加えて、国家通貨審議会は政府系金融機関（ブラジル経済社会開発銀行、連邦貯蓄銀行）に介入する権限を有していた。具体的には、ブラジル経済社会開発銀行に世銀融資、海外投資の窓口としての役割を担わせ、貯蓄金融機関たる連邦貯蓄銀行に対公的部門貸付を行わしめた。つまり、政府系金融機関を通じた貯蓄性資金によって国債をファイナンスせしめようとした点において、日本と類似していた。しかし、年金制度の不備から年金資金の吸収が遅れたこと、外資導入を産業資金（公企業資金）の中核に据えようとした点において、国内貯蓄性資金形成システムは、日本と比べて徹底されてはいなかった。財政収支の悪化を契機とする累積債務問題が発生し、海外からの資金調達が停頓すると、経済活動の停頓から生じる財政赤字を貯蓄性資金によりファイナンスすることができずインフレに帰結した。興味深いことに、インフレによって生じた利鞘の確保を目指す民間金融機関の行動により、政府系金融機関の総預金に占める比率が減少した。つまり、インフレは金融構造に変化をもたらした。

インフレ鎮静化のために、中央銀行はもとより、政府内でも中央銀行の独立性の強化が企図され、中央銀行金融政策委員会の設置に結実した。しかし、中銀総裁に対する大統領解任権は留保され、金融政策決定の権限は国家通貨審議会へ留保されたうえに、中央銀行金融政策委員会は決められた政策目標を遂行するための日常的な金融調節の権限を有するに留まった。つまり、独立性は必ずしも強化されてない。にもかかわらず、物価は低下していく。物価安定の主な理由は、一九九四年七月から導入され、アジア通貨危機まで維持された、ドル兌換が可能なクローリング・ペッグ制度を通じた通貨価値への信認の回復である。

他方、インフレ利鞘の確保が不可能になった国内金融機関の経営は悪化に転じた。さらに、コロール政権下での金融自由化により、外資系金融機関が参入していく。加えて、政府系金融機関は財政収入の確保を目的として民営化された。

今やブラジル政府は、非政府系金融機関、ひいては金融機関外の経済主体による国債保有にその過半を頼らざるを得なくなった。これは、財政収支などの国内で統制可能な要因とは異なり、アジア通貨危機などの国際金融市場の動向に利払い費が規定されることを意味する。国家通貨審議会が有して政策手段が限定化された結果、日々の金融調節、なかでも国債オペレーションの役割が高まる結果となり、これを専門的に担う中央銀行は、国家通貨審議会に対し「相対的自律性」を有するようになったのである。

金融構造・金融政策に対する国家通貨審議会の役割の縮小、プライマリーバランスの改善効果を台無しにする利払い費増加と、国外の政策アクターによる介入——ＩＭＦ融資のスタンド・バイ・プログラムが、国債への依存を極力減らす財政規律確保への圧力となり、社会負担金（非目的税売上税）の導入などを通じた財政再建への梃子となったのである。

以上のドイツ・ブラジルにおける分析結果から、国債市価維持を可能にする政策手段をどの主体（政府・中央銀行）が有しているか、及び、その政策手段が有効性をもつ金融構造の差異及びその変化が、国債管理政策を含む金融政策、ひいては財政政策をも規定していることが把握できる。この視点から日本国債を把握すれば、対ＧＤＰ比率で膨大な残高を有する国債がほぼ国内資金で消化され、そうであるがゆえに国債売買が金融調節に与える影響が大きく、金融政策手段の中核に位置づいている。これは、大量国債の存在を所与とする市場参加者間の均衡、いわば財政赤字の継続を所与とする均衡が成立していることを意味している。しかし、第一節末尾で把握したように、均衡を成り立たせていた諸前提は著しく動揺している。ブラジルに比べ潜在成長率の低い日本において、諸前提の破壊――現在の均衡の崩壊が、いかなる結末をもたらすかへの想像力を欠いてはならない。

第Ⅱ部　統制と協調の政府間財政関係

第4章　日本における地方財政赤字の形成
――政府間財政関係の制度分析――

宮﨑雅人

近年、地方の財政赤字が大きな問題となっている。これに関しては数多くの研究が存在するが、そうした研究の多くで地方自治体が債務を累積させた要因は地方債制度にあるとされている。つまり、地方自治体が完済できないほどに過度に債務を負っても、事後的に中央政府が地方交付税によって救済するような制度になっているために、財政規律が働かず、地方債の起債が増加したのだという。

確かに地方債は地方自治体の借入であり、基本的には地方自治体の判断にもとづいてなされるものである。では、地方債の累積は地方自治体の財政規律の欠如によってもたらされたものなのであろうか。二〇〇五年度まで中央政府による許可制という強い統制の下に置かれていた地方債が中央政府による関与なしに増加することなどあり得るのであろうか。そこで本論においては、中央政府の政策意図にしたがって地方自治体に事業を実施させることを可能としたシステムが歴史的にどのように形成されたのかを明らかにし、そうしたシステムが利用された結果として、巨額の地方財政赤字が形成されたことを明らかにする。

1　九〇年代における中央政府の政策動向と地方財政の悪化

地方財政の借入金の増加

図4‐1は地方財政の借入金残高の推移を示したものである。図から読み取ることができるように、一九九一年（平

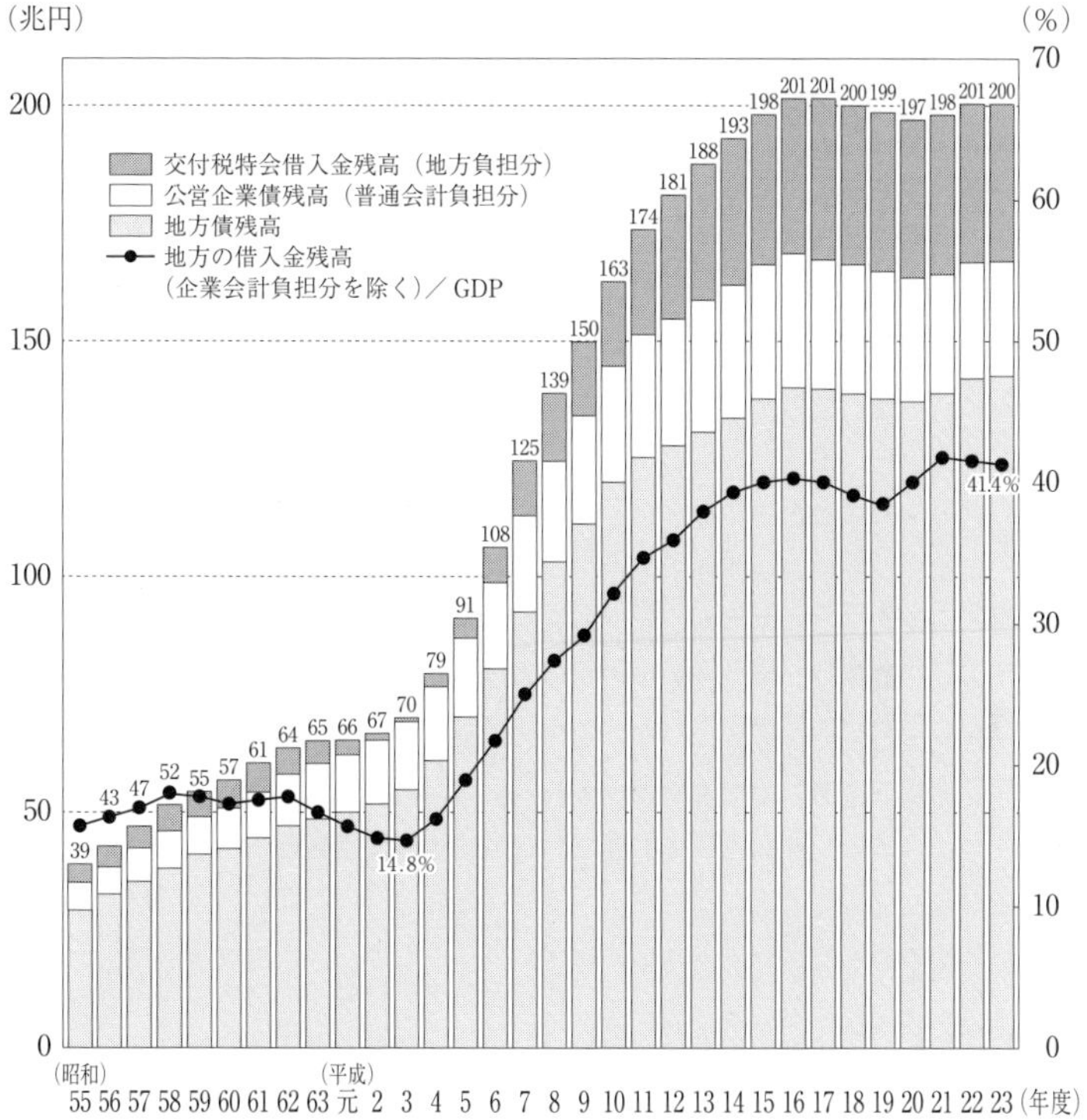

（出所）　総務省サイトより。

図4-1　地方財政の借入金残高の推移

成三）度において七〇兆円であった借入金残高は五年後の一九九六年（平成八）度には一三九兆円となり、ほぼ倍増した。二〇一一（平成二三）現在では二〇〇兆円となっている。このように、日本の地方財政の借入金残高は一九九〇年代に入って大きく増加した。

では、どのような種類の借入が行われたのか。図4-2は地方債現在高の目的別構成の推移を示したものである。この図から次の二つの特徴を読み取ることができる。第一に、一般単独事業債や一般公共事業債の残高の多さである。特に地方債現在高の三～四割は単独事業を行うために地方自治体が起債した一般単独事業債となっており、そのウエイトの高さは突出している。第二に、一九九〇年代の後半から減税補塡債[1]、減収補塡債[2]といった歳入を補塡するための地方債が増加している点である。また、二〇〇三年度以降は交付税特別会計借入金に代わる臨

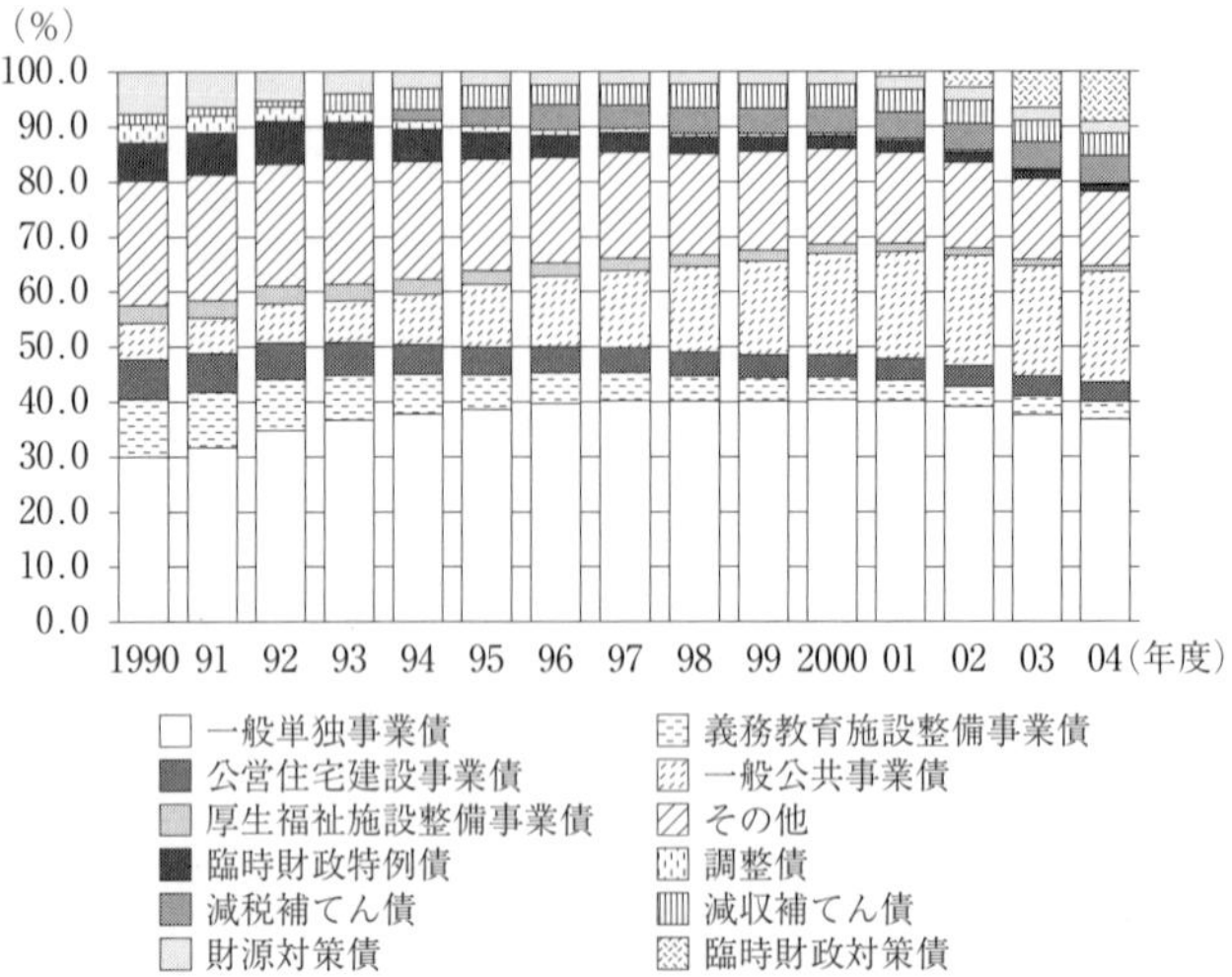

（出所）　自治省・総務省『地方財政白書（各年版）』より作成。

図4－2　地方債現在高の目的別構成の推移

時財政対策債の残高が増加している。このようないわゆる赤字地方債が増加しているのも大きな特徴である。

借入金増加の背景

地方自治体がこうした地方債を起債した背景には、日米構造協議にもとづく公共投資基本計画の遂行と、一九九〇年代以降の景気の悪化とそれに対する経済対策がある。

前者は米国の経常収支赤字の縮小を日本側の国内投資の拡大で均衡させようという米国の戦略にもとづくものであり（金澤二〇〇二、四七頁）、一九九一～二〇〇〇年度に四三〇兆円の公共投資を行うこととされ、一九九四年度に六三〇兆円に上方修正された。特に道路（七八兆円）や下水道（二四・七兆円）を中心に膨大な額の公共投資が計画された。この計画は地方財政計画上の投資的経費に反映されている。表4－1は一九九〇～二〇〇一年度の地方財政計画における歳出の推移を示したものである。この表から、投資的経費のなかでも特別事業費の伸びが大きいことを読み取ることができる。特別事業費は、地方の公共施設整備を計画的に推進するために計上され、長期計画事業費（道路整備、治山・治水等公共施設整備のための国の各種長期計画に係る地方単独事業費）などからなる。この長期計画事業費が特別事業費に占める割合は高く、表から読み取ることができるよ

表４－１　地方財政計画における歳出内訳の推移

（単位：兆円）

	1990年度	1991年度	1992年度	1993年度	1994年度	1995年度	1996年度	1997年度	1998年度	1999年度	2000年度	2001年度
Ⅰ　給与関係経費	18.3	19.6	20.9	21.9	22.3	22.7	22.9	23.2	23.4	23.7	23.7	23.7
1　給与費	18.2	19.5	20.8	21.8	22.2	22.6	22.8	23.1	23.3	23.6	23.6	23.6
2　恩給費	0.2	0.2	0.1	0.1	0.1	0.1	0.1	0.1	0.1	0.1	0.1	0.1
Ⅱ　一般行政経費	12.9	13.8	15.0	15.9	16.1	16.8	17.5	18.0	18.5	19.3	19.7	20.6
1　国庫補助負担金等を伴うもの	5.8	6.1	6.5	6.8	7.0	7.3	7.7	8.0	8.3	8.7	8.9	9.3
2　国庫補助負担金等を伴わないもの	7.0	7.5	8.1	8.7	9.1	9.5	9.9	10.0	10.2	10.6	10.8	11.3
3　地域福祉基金		0.2	0.4	0.4								
Ⅲ　公債費	5.9	5.8	6.1	6.6	8.9	7.7	8.9	9.6	10.5	11.4	12.1	12.8
Ⅳ　財源対策債等償還基金	2.1	1.9	1.2									
Ⅴ　維持補修費	0.8	0.8	0.8	0.9	0.9	0.9	0.9	1.0	1.0	1.0	1.0	1.0
Ⅵ　投資的経費	21.4	22.7	24.5	26.8	29.1	30.4	31.1	31.1	29.2	29.5	28.4	27.2
1　直轄事業負担金	1.0	1.0	1.0	1.0	1.0	1.0	1.1	1.1	1.1	1.2	1.2	1.1
2　公共事業費	8.2	8.4	8.6	9.2	9.5	9.8	9.9	9.8	8.8	9.0	8.7	8.5
a　普通建設事業費	8.1	8.4	8.6	9.1	9.4	9.7	9.8	9.7	8.7	8.9	8.7	8.4
b　災害復旧事業費	0.1	0.1	0.1	0.1	0.1	0.1	0.1	0.1	0.1	0.1	0.1	0.1
3　失業対策事業費	0.1	0.1	0.0	0.0	0.0	0.0	0.0	0.0	0.0	0.0	0.0	0.0
4　一般事業費	4.7	5.2	5.7	6.0	6.7	6.3	5.2	5.2	5.0	4.8	4.5	4.4
a　普通建設事業費	4.6	5.2	5.6	6.0	6.7	6.2	5.1	5.2	5.0	4.8	4.5	4.3
b　災害復旧事業費	0.0	0.0	0.0	0.0	0.1	0.1	0.1	0.1	0.1	0.1	0.1	0.1
5　特別事業費	7.4	8.0	9.1	10.6	11.8	13.2	14.9	14.9	14.3	14.5	14.0	13.1
a　長期計画事業費	4.1	4.4	4.8	5.4	5.8	6.2	6.3	6.4	6.2	6.0	5.7	5.6
b　過密過疎対策事業費	1.4	1.5	1.6	1.7	1.8	1.9	1.9	1.9	1.9	1.8	1.8	1.7
c　広域市町村圏等振興整備事業費	0.3	0.3	0.3	0.3	0.3	0.3	0.3	0.3	0.3	0.3	0.3	0.3
d　特別単独事業費	0.8	0.8	1.0	1.3	1.4	1.7	2.5	2.3	2.3	2.2	2.1	2.0
e　自然災害防止事業費	0.1	0.1	0.1	0.1	0.1	0.1	0.1	0.1	0.1	0.1	0.1	0.1
f　地域活力創出プラン関連事業費										0.8	0.8	0.6
g　ふるさとづくり事業費	0.2	0.5	0.7	1.0	1.3	1.4	1.6	1.6	1.6	1.2	1.0	0.9
h　地域総合整備特別対策事業費	0.6	0.6	0.5	0.6	0.8	0.9	1.0	1.0	1.0	0.7	0.6	0.4
i　都市生活環境整備特別対策事業費			0.2	0.2	0.3	0.3	0.4	0.4	0.4	0.4	0.4	0.4
j　緊急防災基盤整備事業費							0.3	0.3	0.3	0.3	0.3	0.1
k　臨時地域基盤整備事業費						0.5	0.5	0.5				
l　臨時経済対策事業費										0.8	0.8	0.8
m　日本新生緊急基盤整備事業費											0.3	0.3
n　地域経済対策事業費									0.3			
Ⅶ　公営企業繰出金	1.8	2.0	2.3	2.6	2.8	3.0	3.2	3.1	3.2	3.3	3.3	3.3
1　収益勘定繰出金	1.2	1.3	1.3	1.5	1.5	1.7	1.8	1.8	1.9	1.9	1.9	1.8
2　資本勘定繰出金	0.6	0.8	0.9	1.1	1.3	1.3	1.4	1.3	1.3	1.3	1.4	1.4
Ⅷ　土地開発基金		0.5	0.5									
Ⅸ　地方交付税の不交付団体における平均水準を超える必要経費	4.0	3.6	3.2	1.8	0.8	1.0	0.8	1.1	1.3	0.4	0.8	0.8
合　計	67.1	70.9	74.4	76.4	80.9	82.5	85.3	87.1	87.1	88.5	88.9	89.3

（出所）　地方財政制度研究会『地方財政要覧（各年版）』より作成

表4－2　1990年代以降の経済対策等の概要

（単位：兆円）

	1992年度	1993年度			1995年度	1998年度		1999年度	2000年度	2001年度		2002年度
	8月	4月	9月	2月	9月	4月	11月	11月	10月	10月	12月	12月
1　公共投資等の拡大												
(1)公共事業関係												
①災害	0.5	0.5	0.5		0.7	0.2	0.6	0.7	0.5			
②一般公共	3.4	3.2		3.4	3.9		5.7				2.7	2.6
③阪神淡路大震災復興対策等					1.4							
④ UR 農業合意関連対策			1.1	0.2	1.1	6.0		6.1	4.9			
(2)教育・研究・医療・社会福祉施設・情報通信等	0.6	1.2		0.6	0.9		1.8			0.3	1.4	0.5
(3)介護対策												
(4)地方単独事業等	2.8	3.5	0.7	1.8	2.5	2.3		0.9				
・地方単独事業	1.8	2.3	0.5	0.3	1.0	1.5						
・公共用地先行取得等	1.0	1.2	0.2	1.5	1.5	0.8						
(5)その他	1.4	2.3	2.9	1.9	2.3	1.5	1.2	3.0	1.1	1.0		0.5
2　中小企業対策及び民間設備投資の促進等（うち地方単独）	2.1	2.4	0.8	1.5	1.4	2.0	8.6	7.4	4.5	4.5		0.8
小　計	10.7	13.0	6.0	9.4	14.2	12.0	17.9	18		5.9	4.1	4.4
3　減税等		0.2		5.9		4.6	9.0超					
合　計	10.7	13.2	6.0	15.3	14.2	16.6	27規模	18		5.9	4.1	4.4
地方への影響分	3.1	3.7	1.0	4.6	3.7	6.1	5.8	1.7	1.4	0.2	1.3	0.9
・地方負担額（単独含む）	3.1	3.6	1.0	1.7	3.7	3.9	2.1	1.7	1.4	0.2	1.3	0.9
・減税のうち地方の減収分		0.1		2.9		2.2	3.7					

（出所）　木村（2003），62頁より引用

うに特別事業費の四〜五割程度を占めている。

一方、後者はバブル経済崩壊後の景気の悪化への政策対応である。一九九〇年代以降、景気の悪化に対して、地方自治体は中央政府の要請にもとづいて公共事業や地方単独事業の増額に加え、減税を経済対策として行った。表４－２は一九九〇年代以降の経済対策等の概要を示したものである。この表から読み取ることができるように、経済対策によって、一九九二年度に三・一兆円、一九九三年度に九・三兆円、一九九八年度には一一・九兆円と少なからぬ額の影響が地方自治体に生じている。

したがって、巨額の地方財政赤字の形成には、中央政府が策定した公共投資基本計画と経済対策にもとづく公共事業・地方単独事業の増額といった歳出面の要因と、景気の悪化による税収減と経済対策にもとづく減税といった歳入面の要因とが存在することを指摘することができる。

では、なぜ地方自治体はこうした地方債を発行して中央政府の政策に協力することになったのであろうか。それは中央政府が政策方針にもとづいて要請を行い、地方自治体がその要請に応えることを可能にする諸制度が存在するためである。本論において着目するのは、地方財政計画、租税統制、国庫補助金による誘導、地方交付税による財源保障、起債統制である。そこで次節以降では、これら諸制度の特徴を見ていくことをつうじて、地方財政に巨額の地方債残高が累積した要因を明らかにする。

2　地方財政計画

地方財政計画とは

地方財政計画は、形式的には地方交付税法第七条の規定によって、内閣が毎年度国会に提出し、一般に公表される毎年度の地方自治体の歳出歳入総額の見込額に関する書類をいい、嶋津（一九九八）は次のような役割があると説明している。第一に、地方財政計画の策定を通じて、地方自治体が標準的な行政水準を確保できるように地方財源を確保する。

第二に、地方財政は国家財政とならんで国民経済上重要な役割を果たしており、国が毎年度予算を編成し、諸施策を具体化するに当たって、同時に地方財政との調整を図る必要があるが、その地方財政と国家財政・国民経済等との整合性は地方財政計画の策定を通じて確保される。第三に、地方財政計画の策定に当たっては、毎年度の国の施策を織り込むと同時に、地方独自の収支の状況を見込み、地方財政全般の状況を明らかにすることとされているので、地方財政計画は地方自治体の毎年度の財政運営の指標となる。

このように地方財政計画によって、地方自治体の財源保障、中央政府と地方自治体の調整、地方自治体の財政運営方針の提示がなされる。

収支均衡のための地方財政対策

地方財政計画の策定過程において、地方財政の収支見通しがなされ、その過不足を解消し収支を均衡させたうえで、その結果を盛り込んで地方財政計画が策定される。収支を均衡させる作業を「地方財政対策」と呼んでいる。毎年度とられる地方財政対策は、主として、地方税、地方譲与税、地方交付税、地方債により行われる。地方税による財源対策には、新税の創設、国から地方への税源の移譲、税率の引き上げ、課税範囲の拡大、特別（非課税）措置の整理等がある。地方譲与税による財源対策には、地方税の場合と同様、新税の創設、税率及び地方自治体への交付割合の引き上げ、税源の移譲等の方法がある。地方交付税による財源対策としては、対象税目の追加、交付税率の引き上げ、総額の特例措置、特別会計における借り入れの方策がある。地方債は、後年度において償還する必要があるため、実質的な意味での財源対策ではないが、単年度における財源確保の方策としては有効なものである。年度当初において一般財源の不足が予想され、地方税、地方交付税等によって財源が確保されない場合には、地方債を増発して一般財源の不足分を補塡し、あるいは、年度途中において地方税が減収となった場合には地方債を増発して歳入不足を補塡する場合などがその例である。これらの地方債は、いずれの場合も地方財源の不足を補塡するために発行されるものであるので、後年度の償還時に元利償還金相当額が地方財政計画の歳出に計上されると同時に普通交付税の基準財政需要額に算入され、実質

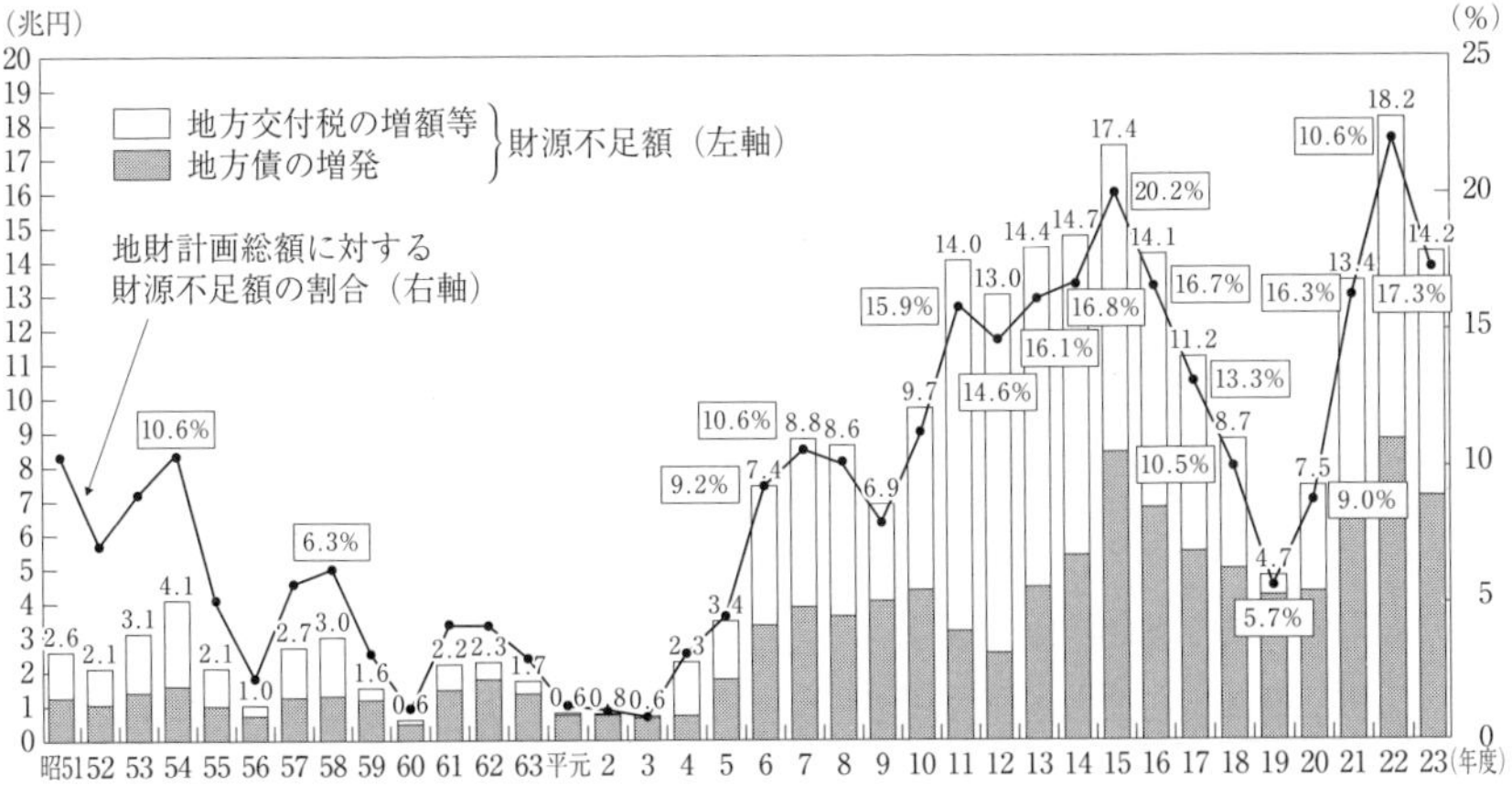

(注)　財源不足額および補塡措置は補正後の額である。
(出所)　総務省サイトより。

図4-3　地方財政の財源不足額の推移

的な財源手当てがなされる。このようにして、増発された地方債は、適債事業の範囲を拡大するとともに、充当率を引き上げることによって、一般財源に代わる役割を果たすことになるのである(岡本 一九九五、四七~四九頁)。

図4-3は地方財政対策の対象となった地方財政の財源不足額の推移を示したものである。この図から読み取ることができるように、財源不足額は、地方税や地方譲与税ではなく、地方交付税や地方債の増額によって補塡されてきた。

この地方財政対策によって中央政府はマクロの財源保障を行い、「標準的」な経費として盛り込まれた政策の遂行をマクロレベルで保障する。したがって、地方財政対策はマクロレベルで地方自治体の財源を調整することをつうじて歳出をコントロールするものであるといえる。財源「不足」額が生じたのは、表4-1において示した中央政府の政策を遂行するための経費が「標準的」な経費として歳出に盛り込まれ、それが地方財政対策を行う前の段階で「標準的」な収入を上回っていたためである。

では、なぜ地方財政対策を行う前の段階で「標準的」な経費が「標準的」な収入を上回ることになっていたのか。その要因のひとつとして、地方税負担を抑えつつ、負担の地域的均衡を図られてきたことが挙げられる。

3　租税統制

租税統制とその定着過程

神野（一九九三）は、中央政府が決定し、地方自治体が実行するメカニズムを「集権的分散システム」と呼び、中央政府の決定した行政を地方自治体に執行させることによって地方自治体間で地方税負担に格差が生じないように、中央政府が租税統制を強化し、課税標準も税率も決定したと論じている。こうしたシステムは、所得割のような地方自治体の所得課税が廃止され、中央政府に所得課税を集中させることによって所得税、法人税を基幹税とする税制が形成された一九四〇年税制改革において潜在的に形成されたと述べている。そして戦後、戦時期に形成されたこのシステムは定着していったとしている。

こうした見方に対して、金澤（一九九三）は次のように論じている。戦後日本の地方税の税率は総体的に言って全国的にはほとんど同一の水準にありながら、均質な行政サービスの受給が達成されるという関係にある。これは国民による能動的な「政治的選択」の結果として進展した。すなわち、一九二〇年代においては、伸縮自在の戸数割を中軸とし、地方自治体ごとに異なる賦課率で支出額を支弁していた地方税構造であったが、義務教育費国庫負担金の増額、地方財政調整制度の登場によって漸次修正された。そして、一九四〇年に戸数割は市町村民税に改組され、戦後、シャウプ勧告の下で所得税に準じる税制となり、複数の課税方式が併存していたが、一九六五年に全国的に統一され、地方税法に規定された標準税率にほぼ一律となった。この変化を「支出水準先行型」地方税構造から「負担水準先行型」地方税構造への転換と呼び、第一次大戦期から高度成長期にかけて長期にわたる政治的選択の積み重ねのなかで形成された。国民の政治的選択は、均質化された地方行政サービスと均衡化した地方税負担への志向を価値規範とし、こうしたシステムの形成の動因をなした。いわば下からの要求は常に上からの統合原理に組み込まれながら政策化され、具体化されていったと論じている。

また、筆者も拙稿（二〇〇八）において、一九六四年に行われた市町村民税所得割の課税方式の統一について次のように論じた。日本においては一九六三年度まで市町村民税所得割に二つの課税方式が認められ、その選択は市町村の意思に任されていた。二つの課税方式とは本文方式と但書方式であり、前者は総所得金額等から各種控除を行ったものを課税標準額として所定の税率を乗じたのに対し、後者は財政上の特別の必要があるときに前者の例外として採用することができるもので、総所得金額等から基礎控除だけを行ったものを課税標準額として所定の税率を乗じたのであった。課税方式の統一以前に後者を採用していたのは主として財政力の弱い市町村であり、課税方式の統一は市町村民税所得割における負担水準の市町村間不均衡という問題を解消するという政策目的にもとづいて行われた。また、課税方式の統一と同時に、一九六四年度から二年間かけて標準税率と制限税率が導入された。当時の池田首相と自治省は、市町村民税所得割における負担水準の市町村間不均衡是正という目的の下、「世論」を利用して制度変更を行い、これにより日本の地方税における特徴のひとつである画一的な課税標準と税率が形成されたと結論づけた。

ただし、課税方式の統一後にすぐに画一的な税率構造が成立したわけではなく、標準税率より高い税率で課税する地方自治体も存在し、一九六八年四月一日の段階で全国三二九〇市町村のうち一〇一六市町村が超過課税を実施していた。こうした超過課税を自治省は、一九六九年度から三カ年計画で市町村に特別交付税を交付することによって解消することとし、初年度には減収分の五割、二年目は四割、三年目は三割を補塡することとした。その結果、超過課税を行う市町村は、一九六九年度には八九九市町村、一九七〇年度には五七七市町村、一九七一年度には七三市町村となった（朝日新聞 一九六九年三月一六日付朝刊、一九七一年四月一六日付朝刊、同年七月一九日付朝刊）。こうしたことからも、画一的な課税標準と税率は政治的選択の積み重ねのなかで形成されたといえよう。今日においては市町村民税所得割の超過課税を行う地方自治体はほとんどない。

租税統制の定着と地方債の累積

以上をまとめれば、戦時期に行われるようになった租税統制が、地方税負担の抑制と地域的均衡を求めた国民の意思にもとづいた政治的選択の積み重ねのなかで定着し、中央政府の政策を遂行するために地方歳出を統制する機能を果たしてきたといえる。その結果、後述する国庫補助金による誘導、地方交付税による財源保障、起債統制とも相俟って、中央政府が策定した公共投資基本計画と経済対策にもとづく公共事業・地方単独事業を実施するために、地方自治体は一般単独事業債や一般公共事業債を起債した。また、先述したように、バブル崩壊後の経済対策において、地方自治体は中央政府の減税に協力した。これも租税統制によって可能となった。この結果、一九九〇年代の後半からの減税補てん債といった地方債の増加をもたらしたのである。

4　国庫補助金による誘導と地方交付税による財源保障

国庫補助金による中央統制

前節では租税統制による歳出統制について見たが、地方自治体の歳出統制のための手段の代表例として挙げられるのが国庫補助金である。国庫補助金による誘導については、一九四九年に出されたシャウプ勧告においても問題視されており、国庫補助金の交付によって中央政府が地方に対して細かい点において過度の統制を行使するようになると指摘している（シャウプ使節団 一九四九）。

藤田（一九七八）は戦後の国庫補助金をつうじた地方行財政に対する中央統制について次のように論じている。国庫補助金は、もともと貧弱な自主財源しかもたない日本の地方自治体に対して、昭和三〇年代から四〇年代初めの高度経済成長期の国の政策浸透のための最も有力な手段となった。一九五〇年度から一九六八年度まで国庫補助金は一四倍増し、地方歳出の二二～二三％を占めることになり、これをつうじて地方行財政に対する中央統制を一段と強めることになった。このような多額の国庫補助金の交付は、国にとっては「安上がり」の地方行財政支配であり、合理的な政策浸透の手段であるが、地方自治体はこれによって強い拘束を受け、巨額の裏負担を背負わされて、財政窮乏に追い込まれたとしている。また、藤田（一九八四）においては、日本の国庫補助金制度が歴史的に多数の機関委任事務をつうじる中央集権体制と緊密に結びついていると述べている。

地方自治体が補助事業に誘導される理由

神野（一九九三）は国庫補助金のみの誘導効果を論じるのではなく、他の財源との相互補完関係を考慮して議論を展開している。先述のように、地方自治体は厳格な租税統制によって自主的に企画した事業の財源を課税努力によって調達することができない。しかも、起債によってそれを調達しようとしても、後述するように起債統制が行われているため、新規企画の事業財源を財政トランスファーに依存せざるを得ない。ところが、地方交付税額には決定の自由がないため、地方自治体は財源増加戦略として特定補助金を獲得する戦略を採らざるを得なくなる。特定補助金の獲得戦略は、地方自治体の自主的な政策優先順位の決定権を放棄し、中央政府の決定した政策優先順位を地方自治体が受け入れることを意味するとしている。

一九九〇年代に経済対策として行われたのは、図4－2から読み取ることができるように、一般単独事業債を充当する単独事業が中心であったが、一般公共事業債を充当する補助事業も行われており、一九九〇年代をつうじて一般公共事業債の残高は増加している。その背景には国庫補助金による誘導があったのである。

国庫補助金と地方交付税

地方交付税はシャウプ勧告にもとづいて基準財政収入額と基準財政需要額の差額を国が保障するという地方財政平衡交付金として創設された。しかし、国は国税減税の財源を地方財政平衡交付金の減額と地方における行革を求め、一九五四年度から交付金総額を国税三税の一定割合とする地方交付税交付金方式に切り替えた(3)。これ以降、地方交付税制度は日本における財政調整制度の中核として機能している。

神野（一九九三）は国庫補助金による誘導と関連づけて地方交付税制度の役割を次のように説明している。中央政府が地方自治体に補助事業を執行させるには、地方自治体が自己負担分を捻出しなければならないが、先述した租税統制による画一した租税負担の下では、自己負担分を貧しい地方自治体は賄えない。こうしたジレンマを地方交付税が解消する。つまり、地方交付税によって貧しい地方自治体でも、中央政府の計画した補助事業を中央政府の指示した租税負担で執行することが保障されるとしている。

国庫補助金による誘導から地方債・地方交付税による誘導へ

先に国庫補助金による誘導に関する議論と神野（一九九三）における国庫補助金と地方交付税に関する議論について触れたが、周知のように、一九八〇年代に中央政府が地方自治体に公共投資を実施させるための主たる手段に変化が見られた。

金澤（二〇〇二）は「公共投資偏重型財政システム」という概念を用いて国際的に見て公共投資が高水準を示すという現代日本財政の特質がどのように形成されてきたのかを明らかにするなかで、次のように論じている。公共投資偏重型システムを支える政策手段は、一九八一年までは国の補助金中心の誘導方式であったが、一九八五年以降は単独事業を主体とし、地方債とそれを補完する地方交付税でファイナンスする事業実施に誘導する方式へと変化した。すわなち、単独事業について起債充当率の引き上げを図り、その際の地方債元利償還金の相当部分を地方交付税の基準財政需要額に組み込むという「交付税措置」の活用である。その結果、地方交付税の補助金化傾向が進むことになる。この誘導システムの転換は一九八五年から本格化する国庫補助負担率の引き下げが契機となった。背景には第一次石油危機以降の低成長による税収減という条件の下で行われるようになった大量の国債発行に依存した財政運営から脱却するための「増税なき財政再建」がある。また、一九八〇年代後半のバブル景気の下では、大都市を中心にした単独事業が好調な税収の伸長と起債充当率の拡大を条件として増加し、地方圏では他省庁の補助事業による補助率よりも有利な交付税措置による地域総合整備事業や過疎対策事業などの公共事業実施に誘導されていった。さらに、バブル崩壊後は景気対策の主役は単独事業であった。地方交付税は中央政府が地方自治体に単独事業を実施させる手段として活用されたのである。

政策誘導の手段としての地方交付税

金澤（二〇〇二）が指摘するように、中央政府の財政再建のために国庫補助負担金が削減されたわけであるが、投資的な事業それ自体が消えてなくなってしまったわけではない。投資的な事業は、実施のための財源が地方債と一般財源に振り替えられ、地方財政計画には補助事業ではなく単独事業として計上され、起債した地方債の元利償還金の相当部分が地方交付税の基準財政需要額に算入されることを前提に実施されることになったのである。国庫補助負担金を削減して基準財政需要額に算入するという手法は、地方交付税の前身である地方財政平衡交付金の創設時に義務教育費国庫負担金や児童保護費負担金などを吸収する際に用いられたが、こうした需要額算定のあり方は、地方交付税を活用して中央政府の政策意図を達成するための素地を用意したといえよう。

5　起債統制

起債統制とは

中央政府は一九九〇年代に地方債を地方交付税が補完するシステムを活用し、地方自治体に単独事業を実施させてきたことは先述の通りであるが、中央政府は地方自治体が発行する地方債に対して厳格な起債統制を行ってきた。起債統制については、国庫補助金による誘導と同じく、一九五〇年に出されたシャウプ勧告においても問題視されており、「地方団体の起債権限はきわめて厳重に制限されている」と述べられている（シャウプ使節団 一九四九）。地方自治体が起債を行う場合、二〇〇五年度までは自治大臣（二〇〇一年から総務大臣）または都道府県知事（市区町村の場合）の許可を受けなければならなかった(4)。

量的基準としての地方債計画

地方債許可制度は地方債許可方針にもとづいて運用された。これが質的な基準であるとすれば、地方債計画は量的な基準である。地方債計画とは、毎年度、中央政府が策定する地方債の年度発行計画であり、地方自治体が発行する地方債の事業所要額の見込みとそれに対応する資金手当の内訳を定めたものである。地方債計画は法令にもとづいて策定されるというものではないが、国の予算に関連して策定される財政投融資計画の地方自治体関連部分と一致しており、また、地方債計画中の普通会計債発行額は、地方財政計画の地方債発行額と一致するものとされる。計画の役割の基本は、地方債を財源とする事業の所要額とその原資との調整を図るということにあり、先に述べたように、地方債可運用の量的な基準である（平嶋・植田 二〇〇一、三五一～三五二頁）。

起債統制と租税統制

神野（一九九八）は起債統制に関して次のように論じている。地方債許可制度は地方債許可方針にもとづいて運用され、毎年度作成されている地方債計画で起債所要数と対応する資金手当を決定し、地方債許可方針にもとづいて地方自治体に起債が許可されていく。こうした起債許可の方式には二つの方式が存在する。ひとつは一件審査方式であり、もうひとつは枠配分方式である。前者はそれぞれの地方自治体の一つの事業ごとに審査し、起債を許可していく方式である。これに対して後者はそれぞれの地方自治体ごとに許可予定額の総額を配分し、それぞれの地方自治体が配分された枠内で自主的な判断にもとづいて事業別に起債を改めていく方式である。起債統制は日本以外でも見られないわけではないが、日本のように地方債計画を作成し、一件ごとに審査するという厳格な起債統制は見当たらないとしている。

しかし、一九九四年度には一件審査方式から枠配分方式へと転換し、二〇〇六年度からは許可制が廃止されて協議制に移行しており、起債統制は緩和される方向にある。また、かつては引受先の中心であった政府資金は、財政投融資制度の変更や郵政民営化などに伴って、その割合が徐々に低下しており、今日では民間資金が引受先の過半数を占めるに至っている。

さらに、租税統制や国庫補助金による誘導と関連づけて起債統制を説明するものもある。例えば、鈴木（一九七六）は、公共施設・公用施設の建設事業の財源に充てるための地方債の起債には、当該地方自治体の普通税の税率が標準税率以上であることが条件とされていることを指摘している。同様の指摘は神野氏も行っている[5]。つまり、地方債を起債して補助事業や単独事業を行うには標準税率以下で課税することはできず、また、租税統制が課されているからこそ、地方債に依存して事業を行わざるを得ない。したがって、これらは相互補完関係にあるといえよう[6]。

6　地方財政計画の頑健性

ここまで、地方財政計画、地方税、国庫補助金、地方交付税、地方債といった諸制度について、それらが果たしてきた役割を見てきた。地方税、国庫補助金、地方交付税、地方債の四者は複雑に、かつ強固に結びついている。租税統制や起債統制によって財源を自由に調達することができない地方自治体は、新規企画の事業財源を国庫補助金に求める。そして、地方税と地方債のみでは不足する補助事業の補助裏を地方交付税が保障する。また、国庫補助負担金を削減して事業費の一部を基準財政需要額に算入するという手法を用いて、単独事業実施の財源も地方交付税が保障する。さらに、地方自治体は補助事業や単独事業に充当する地方債を起債するために、標準税率以上で地方税を課税していなければならず、国庫補助金による誘導と起債統制は租税統制を強化する方向に機能する。このように、諸制度は時間の経過とともに互いを強化するような形で結びついており、これらが地方財政計画を成り立たせている。

この強固なシステムを前提に、中央政府の政治家や官僚は政策を遂行することになる。一九九〇年代において中央政府は内需拡大や景気対策のために、このシステムを利用して公共投資の拡大や減税を行った。

河北新報社編集局編（一九九八）には、どのような形で中央政府がこのシステムを利用して地方自治体に事業を実施させたのかを知る手がかりが記されている。取り上げられているのは山形県長井市の例である。

市の懐事情と無関係に事業拡大の号令が押し寄せた当時の空気については、複数の職員の証言がある。

「県の土木や農政部門の担当課や地方事務所から、事業を積み増してくれ、と頻繁に要請があった」

「とてもできません、とけったものもあるが、すべて断れば他の要望事業に影響する。泣く泣く引き受けたものが数件あった」

財政危機がいよいよ深刻化した平成九年度になっても、街路事業や農村整備事業モデル事業の積み増し「要請」は続いたという。

「当時は県の地方課から財政再建の指導を受けていたが、その地方課が『今の長井市に引き受けられるわけがない。そんなにしつこいのなら、こちらから土木や農政部門に掛け合う』といってくれたぐらいだ」

ある職員が「要請」の実態をこう振り返った。

建設や農水など公共事業官庁の縦割り構造の経路そのままに、国から県、市町村へと「要請」が下ろされ、景気対策絡みの公共事業積み増しが消化された経路がそこに浮かび上がる。

中央政府は内需拡大や景気対策という政策目的にもとづいて地方自治体に対して補助事業あるいは単独事業の積み増しを要求した。地方自治体は歴史的に形成された租税統制の下で、財政状況が悪くても増税によって新規事業の財源を調達することなく、これらの事業を実施することになった。補助事業については国庫補助金が交付され、補助裏には地方税、地方交付税、そして地方債が充てられた。地方債は地方債計画にもとづいて資金が手当てされた。また、単独事業については地方債が重要な財源となり、補助事業と同様に地方債計画にもとづいて資金が手当てされた。さらに、事業費の一部が基準財政需要額に算入され、地方交付税が充てられた。

このような形で中央政府の政策意図にしたがって地方自治体が事業をするための強固なシステムが整えられており、中央政府はこのシステムを利用し、地方自治体に補助事業及び単独事業を実施させた。その結果、巨額の地方財政赤字が累積することとなったのである。

なお、このシステムは地方財政規模の拡大のためだけではなく、縮小のためにも利用される。三位一体改革における国庫補助負担金と地方交付税の削減は、まさにそうした例である。中央政府は地方自治体に対する財政移転を縮小することをつうじて、地方自治体に歳出削減を実施させている。時間の経過とともに互いを強化するような形で結びついた諸制度は、地方自治体に事業を実施させないことも可能なのである。

注

（1）減税補てん債は、住民税等の特別減税や先行減税による一時的な減収を補塡するために発行されるもので、一九九四年度から一九九六年度、一九九七年度に行われた住民税等の特別減税または先行減税による当該年度の減収額を埋めるために、地方財政法第五条の規定にかかわらず、地方債を起こすことができることとされた。

（2）減収補てん債は、地方税の減収見込み額を勘案し、通常は減収見込額の範囲内で起債が認められるもので、毎年度定められる税目（都道府県にあっては法人事業税、道府県民税法人税割等、市町村にあっては市町村民税法人税割等）ごとに標準税収入額から税収見込額を控除して算定した減収見込み額の合算額の範囲内において、財政事情等を総合的に勘案して、地方債を起こすことができるとされた。

（3）ただし、先に見たように、国税の一定割合が自動的に地方交付税総額になるわけではなく、地方財政計画にもとづいて算定された財源不足額に対して増額される。

（4）二〇〇六年度からは起債を行う場合、地方自治体は総務大臣または都道府県知事（市区町村の場合）と協議を行い、同意を得た場合に、公的資金の借入れや元利償還金に要する費用の地方財政計画への算入が可能となった。ただし、同意を得ない地方債はまだ発行されていない。

（5）現在の協議制の下では、標準税率未満の団体が公共施設等の建設事業（地方財政法　第五条第五号）の経費の財源とする地方債を発行する場合には、総務大臣または都道府県知事の許可を受けなければならない。

（6）こうした制度が採用されたのは、戦後直後に個人住民税所得割を減らし、法人住民税を増やそうという傾向があり、それを防ぐためであったと戦後の地方財政制度の確立を担った奥野誠亮氏は語っている（井手・平嶋 二〇一一、一二六頁）。

参考文献

井手英策・平嶋彰英（二〇一一）「奥野誠亮氏インタビュー『戦後の地方税財政制度の構築期を振り返って』（前編）」『地方財政』第五五巻第四号、地方財務協会。

岡本全勝（一九九五）『地方交付税　仕組と機能』大蔵省印刷局。

金澤史男（一九九三）「『平等志向型』国家の租税構造」『歴史学研究』第六五二号、四海書房。

金澤史男（二〇〇二）「財政危機下における公共投資偏重型財政システム」金澤史男編著『現代の公共事業　国際経験と日本』日本経済評論社。

河北新報社出版局編（一九九八）『虚像累々　検証・地域から問う公共事業』日本評論社。

木村功（二〇〇三）「最近における地方交付税をめぐる論議の動向と今後の改革に向けた一つの視点」『総合都市研究』八二号、東京都立大学都市研究所。

シャウプ使節団（一九四九）『日本税制報告書』。

神野直彦（一九九三）「『日本型』税・財政システム」岡崎哲二・奥野正寛編『現代日本経済システムの源流』日本経済新聞社。

神野直彦（一九九八）『システム改革の政治経済学』岩波書店。

嶋津昭編（一九九八）『図説地方財政　平成一〇年度版』東洋経済新報社。

鈴木武雄（一九七六）『日本公債論』金融財政事情研究会。

平嶋彰英・植田浩（二〇〇一）『地方債』ぎょうせい。

藤田武夫（一九七六）『現代日本地方財政史（上巻）』日本評論社。

藤田武夫（一九七八）『現代日本地方財政史（中巻）』日本評論社。

藤田武夫（一九八四）『現代日本地方財政史（下巻）』日本評論社。

宮崎雅人（二〇〇八）「租税政策形成過程の分析――市町村民税所得割の課税方式の統一を事例に」『エコノミア』五九巻二号、横浜国立大学経済学部。

自治省・総務省『地方財政白書（各年版）』。

地方財政研究会『地方財政要覧（各年版）』。

総務省サイト「地方財政関係資料」（http://www.soumu.go.jp/iken/11534.html）

第5章　オーストラリアにおける財政再建
――政府間財政の視点――

橋都由加子

1　問題意識

近年のオーストラリアの財政は堅調である。一般政府財政収支は一九九八年以降、世界的金融危機前の二〇〇七年まで黒字を維持しており、一般政府債務残高（グロス）は一九九五年の四一・三％をピークに減少し、二〇〇〇年代には対GDP比二〇％以下にまで縮小した（図5-1）。これは一九九〇年代に債務残高を急激に増やした日本とは対照的である。また、オーストラリアの債務残高は他の先進諸国と比較しても低い水準である。二〇〇〇年の債務残高の対GDP比は二四・六％であるが、OECD平均は六九・八％であった。

オーストラリアの財政再建は、州財政とどのように関係していたのだろうか。本章は、一九七〇～九〇年代の財政政策と連邦と州の財政関係を検討する。以下では、はじめに連邦と州の機能分担と税源配分からオーストラリアの財政構造を概観する。次に、オーストラリアの政府間財政を特色づけている財政調整制度と公債協議会による起債統制に言及する。続いて、連邦の財政赤字削減への取り組みとその政府間財政、州財政への影響を確認する。また、一九九〇年代のミクロ経済改革の推進における連邦と州の協調を取り上げる。最後にオーストラリアの財政再建の特徴をまとめることとしたい。

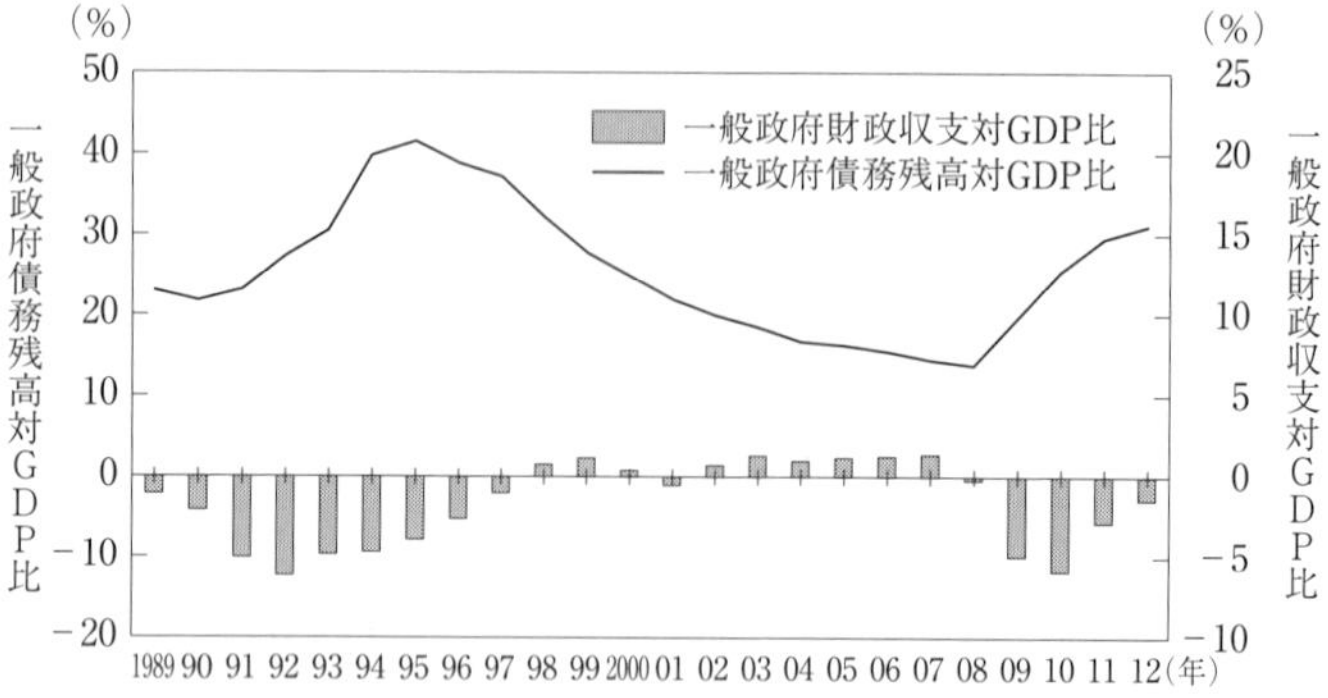

（出所） OECD (2011) "OECD Economic Outlook No. 89" *OECD Economic Outlook Statistics and Projections (database).*

図5-1　一般政府部門財政収支とグロス債務残高の推移

2　政府間の財政構造

機能分担

まず、オーストラリアの各政府の果たす役割を確認したい。オーストラリアの政府構造は、連邦、六つの州と北部準州・首都特別地域、地方政府の三層からなっている[1]。地方政府は各州の法律の下で設置・運営されており、連邦の憲法には規定がない[2]。

連邦と州の歳出権限は一九〇一年に制定された連邦憲法に定められている。オーストラリアの連邦制度の権限分割は、連邦の権限を限定列挙し、残余の権限を広く州にゆだねる方式をとっており、連邦の専管的権限は貨幣の鋳造や憲法改正の発議などの少数に限られている。連邦の権限の多くは共管的権限であり、連邦も州も立法できる分野として四〇項目が憲法第五一条に列挙されている。それら以外の権限は州が保持するのが原則である。

この憲法の規定に着目すると、オーストラリアの機能分担は連邦権と州権を厳密に分割せずに共管的権限が多いことが特徴的である。また、州に多くの権限がゆだねられているものの、かつては州の責任であった歳出分野にも連邦が進出してきたため、連邦の関わる行政分野は憲法制定時に想定されていたものよりも拡大している。その理由の一つは、憲法改正により連邦の権限が追加されたことである。一九四六年の憲法改正では、失業や医療、寡婦年金などの社会保障関連の事項が連邦の権限に加えられた。また、教育や環境、道路などの、憲法で言及されておらず、したがって連邦の立法権とされていない歳出分野についても、連邦の関与が否定されているわけではない。さらに、連邦は州への特定補助金の交付をつうじて間接的に州行政に関与することも可能である。使途を定めた州への補助金の交付は、憲法第九六条の「議会は、議会が妥当と考える条件で州に対する財政支援を行うことができる」との規定により認められている。

現在、連邦は防衛や社会保障・福祉分野の歳出を主に担っており、教育や保健医療分野の支出も大きい。州は公的サービスの主なものである保健医療や教育、警察、商工業の規制と推進、天然資源開発、交通などの分野に歳出責任を負っており、インフラ政策をつうじて地域経済に大きな影響力をもっている。また、地方政府は州の立法の下で運営されているために州ごとでその機能は異なるが、行政責任は一般に共通しており、地方道路や上下水道などの日常生活に関わるインフラの整備や維持、ごみ収集などの生活環境関連サービス、建築規制や公衆衛生管理等の規制行政を担っている。

二〇〇九－一〇年度の各政府の支出規模を比較すると、連邦が三億三七七一万ドル、州が一億九一二〇万ドル、地方が二七八九万ドルであるが、一方で政府間の財政移転を除いた歳出は、連邦が二億三一六〇万ドル、州が一億八六三五万ドル、地方が二七八五万ドルであり、歳出全体に占める割合はそれぞれ五二％、四二％、六％である(3)。つまり、連邦の歳出の二八・八％は州・地方への財政移転である。この内訳を同年度の決算書で確認すると、財政移転合計の九七二一万ドルのうち、州への一般補助金は四六％、特定補助金は五四％である(4)。特定補助金を目的別でみると、教育（特定補助金全体の四二％）、保健医療（二三％）、住宅（一三％）、インフラ（一一％）の順に規模が大きい。特定補助金の規模を目的別歳出と照らし合わせてみると、連邦の目的別歳出のうち、特定補助金として支出されている割合は交通・通信（八六％）や住宅（七八％）、教育（六二％）で特に大きい。また、州への特定補助金には地方の歳出をまかなう目的の補助金（州を通じた地方への一般補助金と、連邦から地方への特定補助金）が含まれるが、これは財政移転全体の二・八％である。

連邦と州の税源配分

連邦と州の歳出責任は多くの分野で重複している一方で、税源配分の面では、連邦と州の課税権は分離しており、税源が連邦に集中的に配分されていることが特徴的である。連邦は個人所得税と法人所得税を独占しているだけではなく、付加価値税であるGSTと関税を連邦税とすることで消費課税のほとんどを連邦が占めている。州の主な税目は、賃金税、土地税、印紙税、保険税、自動車税であり、その他に鉱山収入の大きい州もあるが、これらのうち課税標準の広いものは一九七一年に連邦から移譲された賃金税のみであり、その他の税目は税収も小さい。州は制限税率や標準税率の設定を受けないため、各税目の税率や課税標準を自由に選択することができ、実際に州間の税率や税収構造にはばらつきがある。また、地方政府の税収のほとんどはレイトと呼ばれる資産課税である。地方の税率は制限されていない場合が多いが、ニューサウスウエールズ州ではレイトキャッピングと呼ばれる税率の上限があり、地方の税率がそれを超える場合には州政府の地方自治大臣の許可を必要としている。

二〇〇九－一〇年度統計によると、連邦は全租税収入の八割を得ており、歳入の九割が租税収入である。他方、州は歳入に占める税収の割合は三割にすぎない。

課税権に関する憲法の規定は、関税と内国消費税のみを連邦に排他的に与えており、その他のすべての税目に対して連邦と州はともに課税権をもっている。それにもかかわらず税収が連邦に集中している理由は、所得税の課税権を連邦が独占していることと、憲法の規定とその後の解釈により州が課税標準の広い消費課税を利用できないことによる。

連邦が課税力を強めたのは、一九四二年の統一所得税法の成立が契機であった。第一次世界大戦後からそれまでは、連邦と州の両者が所得税を課していたが、この法により戦時の財源調達のために連邦が一時的に所得税を独占することになった。統一所得税法は州所得税の存続を認めてはいたが、同時に所得税を放棄した州に対して、連邦が所得税還付交付金を交付することを定めたために、州は独自の課税を行うことが事実上困難となった。戦後に連邦は統一所得税制を無期限に継続する提案を行ったため、州は統一所得税法を違憲として提訴したが、高等法院がこれを合憲と判断した。その後も州所得税を復活させる試みはあったものの、人口の少ない州が積極的でなかったことや、州の課税の余地を作る目的での連邦所得税の減税に連邦が合意しなかったことなどにより、失敗に終わっている。
また、州は司法の判断により、売上税や付加価値税などの消費課税を行うことができない。連邦結成時には、植民地により異なっていた関税率を統一し州間の自由貿易を促進する目的で、関税と内国消費税（duties of excise）が連邦税として移譲されて、憲法九〇条で州による課税が禁止された。当初、内国消費税は国内で生産された財に対する税と定義されていたが、これが後に高等法院の判決のなかで、財に課せられるすべての税と解釈されるようになったため、州は課税標準の広い消費課税からも排除されたのである。

一般補助金による財源保障と財政調整

州が広範囲の歳出機能を担う一方で、所得税や付加価値税などの主要な税源が連邦に割り当てられている結果、連邦と州の間には大きな垂直的財政不均衡が生じている。このため、連邦から州への財政移転が政府間財政において重要な役割を果たしている。

オーストラリアの財政調整制度の特筆すべき点は、その総額と配分の決定が分離していることである。交付金の配分は州人口を基本的な指標として、これに財政需要と課税能力を勘案した調整が行われる。歳出項目ごとの財政需要を積み上げることで基準財政需要額や交付金の必要額を算定するのではないことから、州は交付金によって財政需要に見合った十分な財源保障を得られるとは限らない。

財政調整に用いられる一般補助金の総額は、GST交付金以前の制度において、最終的には連邦が決定してきた。統一所得税法の制定で所得税を放棄した州に対して税収を補償するために導入された所得税還付交付金は、連邦から州への主な一般補助金として、その後一九五九年に財政援助交付金、一九七六年に個人所得税分与制度、一九八二年に租税分与制度、一九八五年に財政援助交付金と形を変えながらも維持されていく。所得税還付交付金の総額は、統一所得税法の成立以前に各州が徴収していた所得税額にもとづいて算定されていたが、後に続く交付金の算定方法は連邦によってたびたびアドホックに変更された。特に一九八五年以降の財政援助交付金の総額は、連邦と州の首相が集まる毎年の首相会議の場で政治的に決定されたが、ここでは財源をもつ連邦側の交渉力が必然的に強く、州は財政的に不安定な立場におかれた。なお、財政援助交付金に代わって二〇〇〇年に導入されたGST交付金は、その原資がGST税収の全額に固定されたため、交付金総額は安定している。(5)

一方で、交付金の各州への配分は、一九八一年以降は独立機関である連邦交付金委員会が算定をし、連邦政府に勧告を行ってきた。委員会は、州間配分の目標である水平的財政調整の原則として「州が標準的な効率性で財政運営を行い、標準的な徴税努力を行った場合に、すべての州が標準的なサービスを供給することが可能となるような財政力を与えること」(6)と定義したが、ここでいう標準的とは、連邦や交付金委員会が設定する望ましい水準や最低水準ではなく、州の実績の平均を意味している。算定では全州の過去の実際の歳入や歳出の平均を基準に用いて、これにある州のコストや税収を高める非政策的な要因の強さを示す割高係数（disability factor）を乗じることで、当該州の基準財政需要や基準財政収入を算定する。そして、これらの差額である必要額の割合を計算することで、州の相対的な財源不足度を表す相対値（relativities）という係数を求めて、これを州間の交付金の配分割合として連邦政府に勧告する。(7)つまり、総額の決定とは対照的に、交付金の州間配分の決定については連邦が望ましいと考える政策を推進するような調整はできない。また、算定は州の政策に対して中立的であり、州が供給するサービス水準や実際の徴税努力などの政策を変更しても、交付金の配分割合を増大させることもできないしくみとなっている。

公債協議会による起債統制

政府の財源が税収と補助金では不足する場合には、特に資本目的の支出に充てるために借入が必要となるが、一九二七年の財政協定締結以来、政府の借入は連邦と州を含めて総合的に調整されている。借入全体の水準を決定するのは連邦と州の代表による公債協議会（Australian Loan Council）である。公債協議会での交渉をつうじた起債統制の性格は、「協調的」ととらえられる面もあるが、実質的には長い間連邦が公債協議会の決定を指示し、州の起債を統制してきた。

公債協議会の構成員は、連邦首相および各州首相または連邦首相と各州首相の推薦する閣僚（通常は財務大臣）である。

票決では各州が一票ずつ、連邦は二票およびキャスティングボートを有するため、六州参加の時代には[8]、州は五票をまとめなければ連邦の提案に反対できない一方で、連邦は二州の支持があれば提案を通すことが可能であった。連邦と二州を合わせた四票に対して反対が四票と賛否同数になった場合には、連邦が最終的な決定票を投じたからである。このため、連邦は公債協議会での決定に強い影響を与えた。

公債協議会の伝統的な役割は、第一に連邦と州の起債計画の総額を承認することであった。概して州は連邦が望ましいと考える額や資本市場から低い利子率で調達可能な額よりも多くの借入を行おうとする傾向にあったため、協議会ではしばしば州の当初の要求を削る調整が必要となった。第二に、承認された起債総額を各政府に割り当てることであり、第三に、近年までは公債の利子率や期限などの発行条件を決定してきた。

一九二七年財政協定にもとづいて公債協議会が承認をする借入の範囲は一般政府部門の借入に限られていた。一九八〇年代終わりまでは、州の一般政府借入はすべて連邦が引き受けて、連邦債によって調達された資金を州に配分するしくみであった。一方で、短期の一時借入や防衛目的の借入、連邦や州が設立する公営企業などの準政府機関（semi-government authorities）や地方政府の借入は公債協議会による起債割当の対象外であった。しかし、準政府機関の借入を通じて州が公債協議会の統制を回避する動きがあったため、一九三六年に連邦と州で紳士協定が結ばれ、準政府機関と地方の借入についても公債協議会の規制の対象とされるようになった。

当初は連邦と州の総借入額を調整する目的で設立された公債協議会は、次第に連邦の財政政策の手段となり、州の借入を抑制して財政赤字をコントロールする役割をもつようになる。その背景には、公債協議会での交渉において、連邦が投票権の割り当ての面で有利であっただけではなく、統一所得税法以降の豊かな財政力を背景に強い立場を維持していたことがある。特に、公債協議会で承認された州の起債計画のうち、協議会で決定された起債条件では資本市場から調達できない部分については、連邦の財政余剰を用いて州に対する特別貸付（special loan）を融資して補足した。さらに、一九七〇－七一年度以降は、公債発行によって調達するべき資金の一部を償還不要の補助金である資本補助金で代替して州に交付するようになる。連邦が公債協議会の起債計画に実質的な決定権をもっていたため、州は起債割当につ

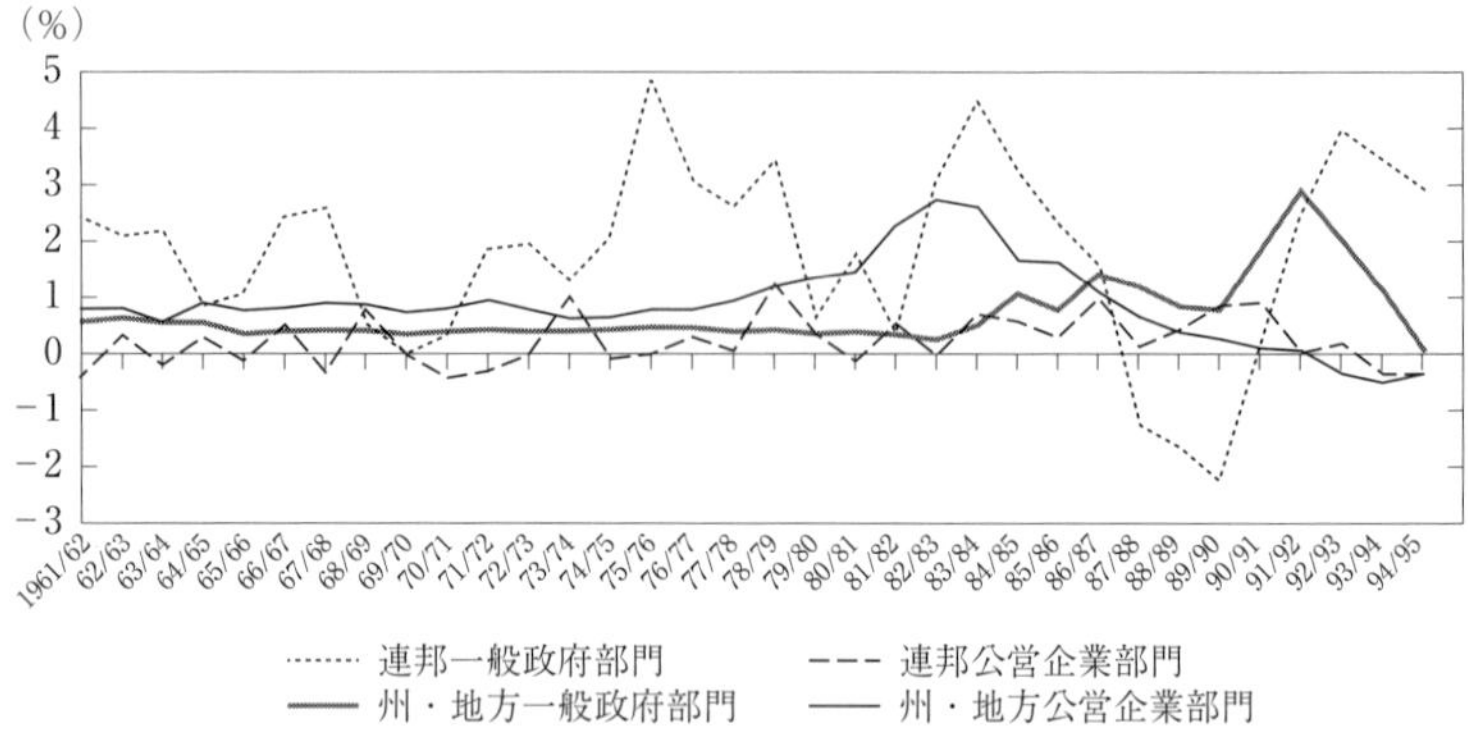

（出所） Foster, R. A.（1996）"Australian Economic Statistics 1949-50 to 1994-95," *Occasional Paper* No. 8, Reserve Bank of Australia.

図5‐2　政府部門別借入（ネット）の対GDP比率の推移

いてその統制に従わざるを得なかったが、特別貸付の利率は発行時の連邦債の利率に等しく設定されたため、州の側からみれば、低利で確実な資金調達が可能となる利点があった。

州への起債制限は一九七八年以降次第に緩められ、その結果、準政府機関の借入が急増して、州・地方の借入に対する公債協議会の統制が弱まったため、一九三六年紳士協定は一九八四年に停止されて、代わって総額規制方式が導入された。図5‐2は政府部門別借入の対GDP比率を表したものであるが、この期間の借入の推移を確認すると、一九七〇年代終わりから一九八二‐八三年度の間に、州および地方の公営企業の借入が急増しているのが確認できる。さらに、一九八二‐八三年度から翌年度にかけては連邦も不況による財政赤字を抱えていたため、連邦と州を合わせた借入は一九八三‐八四年度に対GDP比八・三%のピークに達した。

総額規制方式（Global Limit Approach）の下では、公債協議会は一般政府部門と準政府機関などその他の部門の借入を区分せず、毎年、新規の借入の限度額を定めて州と連邦に割り当てる。連邦の緊縮財政政策を受けて、一九八四‐八五年度以降の州の借入規模は厳しく制限された。特に州・地方の公営企業の借入が抑制されて、州・地方の借入合計は一九八三‐八四年度に対GDP比三・一%だったのが、一九八九‐九〇年度には一・一%にまで縮小した。この間の一九八八年には、クイーンズランド州が準政府機関の借入に関する情報の提出と総額規制の遵守を拒否する出来事が生じる。しかし連邦は、同州が公債協議会で承認された起債限度額を上回って借り入れた場合には、上回った金額を州に対する財政援助交付金から差し引くと宣言したために、同州は公債協議会の決定に従わざるを得なかった（Grewal 2000, 16）。

結局、総額規制方式は借入規模の抑制には成功したが、その総額や州への配分が各州の財政状況を反映していないとの批判や、新規の借入を規制しても州は積立金の取り崩しなどによって財源調達をする選択肢が残っているために、ネットの借入需要の統制に有効でないとの問題から、公債協議会を通じた起債割当は一九九二年に協議会配分方式に改められる。

また、一九八〇年代に州は金融公社の起債を通じて資金需要を満たすようになったため、一般政府借入と準政府機関借入の境界もあいまいになってきた。このため一九九〇年には財政協定法が改正されて、以後は連邦債として調達した資金を州に配分するのではなく、州が自らの責任で起債できるようになった(9)。

新たに設けられた協議会配分方式（Loan Council Allocations）では、連邦と州は各自のネットの借入予定額を持ち寄り、その総額が連邦のマクロ経済目標と整合しない場合には、各州の起債額が見直される。また、財政の透明性と説明責任の確保に焦点を当て、公的部門の財政に対する金融市場の監視を促進することを目的として、各政府が財務情報の報告頻度や開示度合を高めることも合意された。

協議会配分方式以降の公債協議会の性格は、連邦主導で厳格な起債統制を行おうとしたそれまでのものから変化した。実際に、その後の州財政の規律づけには金融市場と格付機関も大きな役割を果たすようになってきた。例えば、一九九〇年代にビクトリア州の財政が悪化し財政赤字が継続していた時期に州債の格付が引き下げられたケースでは、同州はAAA格付の回復を長期的な目標として債務残高と公債費比率の引き下げに取り組んだ。近年では、多くの州が州債の格付を改善または維持することを財政目標に含めている(10)。

日本との比較

オーストラリアは単一国家ではなく連邦制国家であるという大きな違いがあるものの、日本と比較して財政構造には共通点が多いことが分かる。まず、機能配分のあり方をみると、オーストラリアも融合型に近いと言える。オーストラリアは連邦と州の共管的権限が多く、連邦は特定補助金の支出を通じて事実上州のあらゆる分野への介入が可能である。ただし、実際の特定補助金の利用は教育や医療の分野に偏っており、オーストラリア国内で連邦と州の機能の重複が問題として取り上げられるのも主にこれらの分野である。

また、州が憲法上は強い自治権を保証されているものの、財政面では弱い立場にある点でも共通している。オーストラリアの州は消費課税を行うことが禁止されており、連邦への付加税をもたず、所得税へのアクセスもない。州は憲法九〇条に従う限りで新税を創設することも自由で、新しい財源を探す試みはしばしば行われてきたが、税目は雑多なものが多く税収規模は限られている。

さらに、大きな垂直的財政不均衡を抱え、それに対処するために精緻な財政調整制度が発達している点でも同じである。世界的には歳入面での調整のみを行う国が多いのに対して、オーストラリアの一般交付金も日本の地方交付税も歳入と歳出の両面を考慮した調整を行っている。オーストラリアのGST交付金以前の財政援助交付金制度では、交付金総額が首相会議における交渉で決定されていたが、この首相会議が州の起債統制を行う公債協議会と同じ時期に開催され、交付金総額と州の起債許可枠が並行して決められた点も、日本で地方交付税の総額決定と地方財政計画が相互に調整される仕組みと類似している。また、連邦と州の交渉による総額決定方式が財政援助交付金制度を不安定なものとし、代わってGST交付金制度が導入された経緯は、日本の平衡交付金制度において、地方利害を代表する地方財政委員会が創設されて地方と国の交渉により総額を決定する制度が永続せず、総額を国税の一定割合とする方式に切り替えられた経験とも類似している。

3　連邦財政政策の政府間財政への反映

次に、連邦の州歳出分野への介入が進んだ一九七〇年代以降を取り上げて、連邦の財政政策の州との財政関係への影響を確認したい。

ウィットラム政権期（一九七二～一九七五年）

一九五〇～一九六〇年代の経済成長の後、一九七〇年代初頭のオーストラリアはインフレが生じ失業率も高い経済環境にあった。二三年ぶりに政権の座についた労働党のウィットラム政権は、政府サービスの充実による生活水準の向上を目標に掲げて、急速に公的サービスの拡大を行った。教育や医療、住宅、都市問題、交通、資源、先住民問題、環境などの分野において政策を立案したが、これらは主に州が権限をもつ分野であったため、連邦は州からの批判を受けながらも特定補助金を多用した。この期間に、連邦から州への財政移転に占める特定補助金の割合も大幅に拡大した。

図5－3は、連邦から州への補助金の種類別の対GDP比率を示しているが、一九七二－七三年度から一九七五－七六年度には、特定補助金の増加により、補助金合計の対GDP比が八・一％から一一・二％に跳ね上がっている。また、図5－4は連邦の歳入と歳出、財政収支を表しているが、この期間の補助金の増加にあわせて連邦の歳出もほぼ同じだけ増加していることが分かる。

フレーザー政権期（一九七五～一九八三年）

ウィットラム政権期後、国際的なインフレ傾向や失業率の上昇、賃金コストの上昇などの問題があったが、自由党のフレーザー政権はインフレ対策を優先課題と位置づけて、金融引き締め政策を採った。一九七六－七七年度～一九八二－八三年度は縮小的な財政政策が維持された。一九八二－八三年度に景気が悪化し、実質GDPの成長がマイナス一・

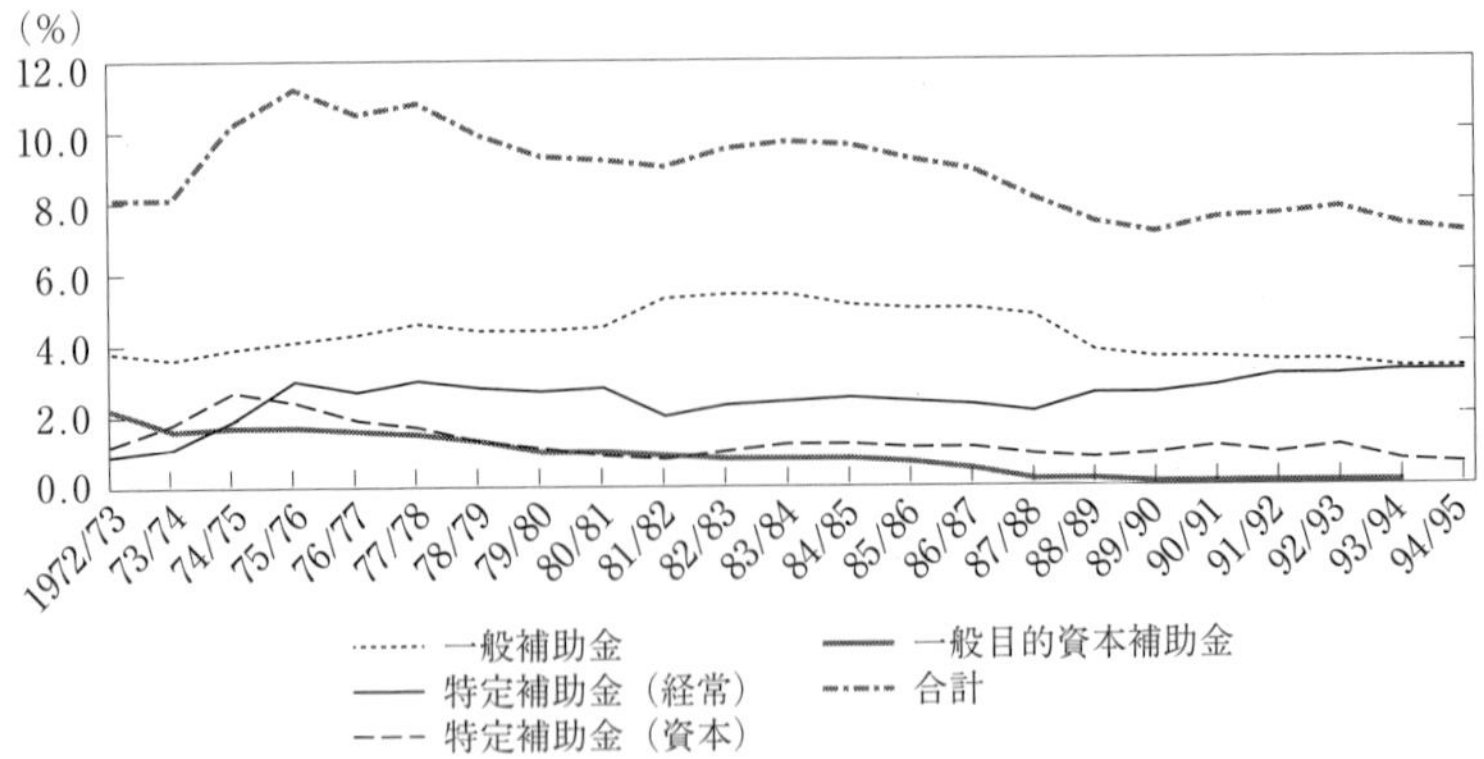

（出所）　Mathews and Grewal（1997）

図5-3　連邦から州への補助金種類別の対GDP比率の推移

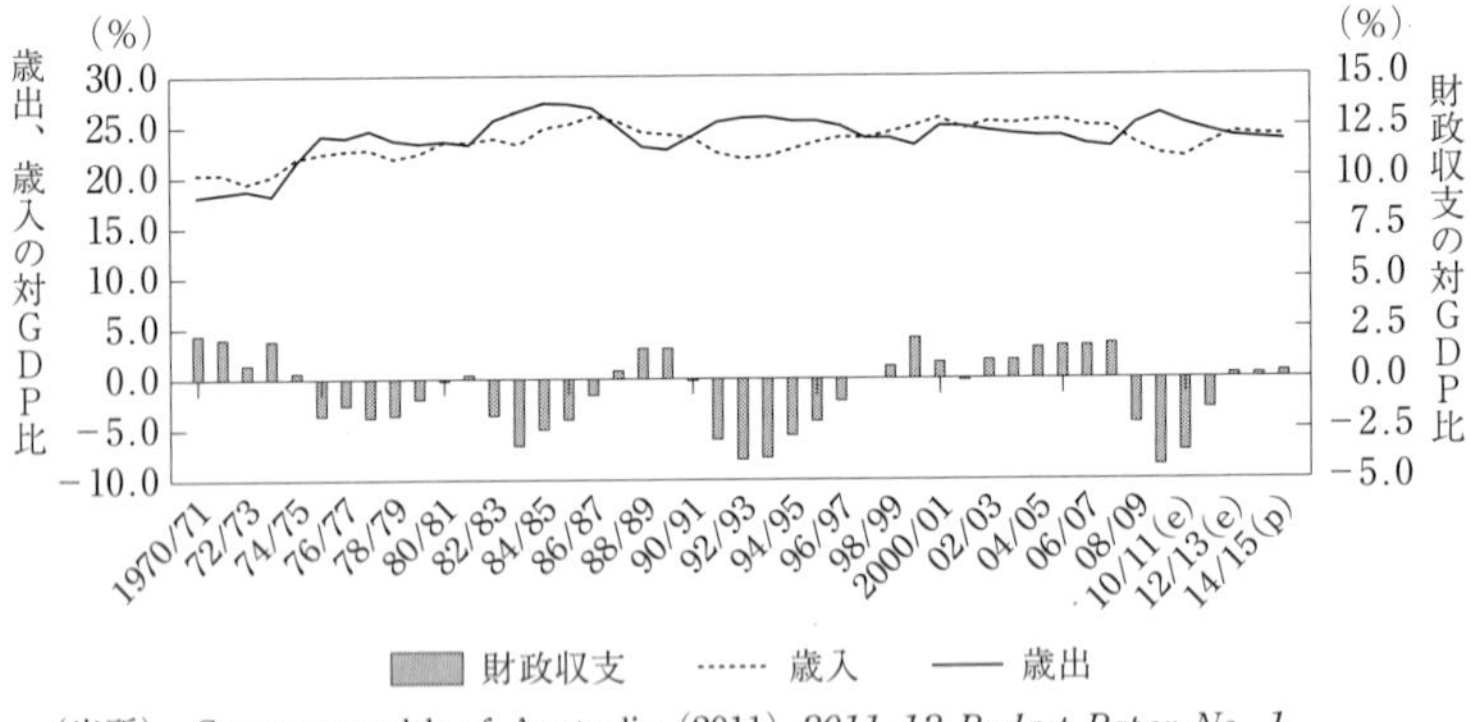

（出所）　Commonwealth of Australia（2011）*2011-12 Budget Paper No. 1.*

図5-4　連邦一般政府部門の歳入，歳出，財政収支の推移

四％と大きく落ち込んだため、連邦は財政政策を緩和して歳出を増加させて、財政赤字は対GDP比三・三％にまで拡大した。

財政赤字の削減の影響で、連邦から州への財政移転が急激に縮小されたことは図5－3からみてとれる。一九七五－七六年度には対GDP比一一・二％だった財政移転総額は、一九八一－八二年度までに九・〇％に低下している。連邦は財政援助交付金を廃止し、一九七六年州（個人所得税分与）法により、その年度の所得税収の三三・六％を州に交付する所得税分与制度を導入したが、一九七六－七七年度から一九七八－七九年度の各州の所得税分与交付金の受領額は前制度での受け取りを下回らないことが保証されたため、州への財政移転の削減は所得税分与交付金以外の補助金に集中した。具体的には、都市問題や社会福祉、住宅、交通分野で特定補助金が廃止または削減されて、特に資本目的の補助金が影響を受けた。また、公債協議会で合意される資本補助金を含む一般目的資本補助金も削減された。所得税分与制度は、一九八二－八三年度になると交付金の原資が所得税の税収ではなく連邦の総税収にリンクされて、税収分与制度に改められる。

ホーク・キーティング政権期（一九八三～一九九六年）

一九八二年の経済の落ち込みから失業者が急増したため、雇用の改善を目標に一九八三－八四年度と一九八四－八五年度は拡張的財政政策が採られた。経済回復により歳入が伸張し、一九八四－八五年度の財政赤字は縮小している。その後、政府は支出の抑制と赤字の削減を目的として、Trilogyと呼ばれるマクロ・ルールを導入した。これは一九八四－八五年度の水準と比較して、その後の歳出、税収、財政赤字の対GDP比を増加させないとの目標である。この結果、歳入は目標を外れて増加したものの、連邦の歳出が一九八四－八五年度から一九八九－九〇年度まで対GDP比で減少し、一九八七－八八年度には財政黒字が達成された。

一九九〇年代に入ると景気は後退し、失業問題の解決のために景気刺激策が採られたことで、財政は再び赤字化している。一九九三－九四年度予算では、連邦政府は一九九六－九七年度までに財政赤字を対GDP比一％にまで引き下げることを目標とした。

連邦支出の削減にあわせて、一九八五‐八六年度から一九九一‐九二年度にかけて、一般補助金と州への財政移転全体が実質額で減少する。図5‐3からは、一九八五‐八六年度に対GDP比五・〇％だった一般補助金が一九八九‐九〇年度には三・六％にまで縮小し、これが財政移転総額の縮小の主な要因であることが分かる。一般補助金の削減の一部は、一般補助金化されていた保健医療補助金の特定補助金への回帰や、一九九〇年に銀行口座デビット税の課税権を連邦から州へ移譲したのに伴って一般補助金額を減額したことによるが、財政援助交付金の縮小も大きい。

一九八五年に税収分与交付金の総額と税収のリンクが解消されて、財政援助交付金制度に改められたことで、次はこの一般補助金の抑制が連邦赤字削減の手段となった。財政援助交付金総額は一九八六‐八七年度には実質額で二％伸張したが、その後は一九九一‐九二年度まで縮小されて、続く二年間は実質額のみが維持された。一九九四‐九五年度以降の総額は実質一人あたり額の維持が約束された。

ハワード政権期（一九九六年～二〇〇七年）

一九九六年に誕生した自由・国民党連合政権の直近の優先事項も財政赤字の削減であった。予算編成に「景気循環を通じて、平均的に予算収支を均衡させる」との財政ルールを導入して歳出削減措置をとったほか、州も連邦の財政赤字削減に貢献するべきであるとして、一九九六年首相会議では、財政赤字削減を目的として、三年間にわたり州が連邦に対して拠出金を支払うことも合意された(11)。一九九八年には前述の財政ルールを予算公正憲章として法制化した。経済の好調もあり、一九九七‐九八年度には財政は黒字化している。

また、連邦はこの期間に大規模な資産売却を行っている。トレードセールや株式公開による資産売却計画は一九八七年に開始されて、初期は公有資産の売却が、一九九〇年代はじめからは公営企業関連の売却がさかんになった。通信大手テルストラやカンタス航空、オーストラリア・コモンウェルス銀行を含む連邦公営企業関連の資産売却はおよそ六一〇億ドルに上る（Di Marco, Pirie and Au-Yeung 2009, 12）。財政黒字と資産売却により減少した政府債務残高は、二〇〇

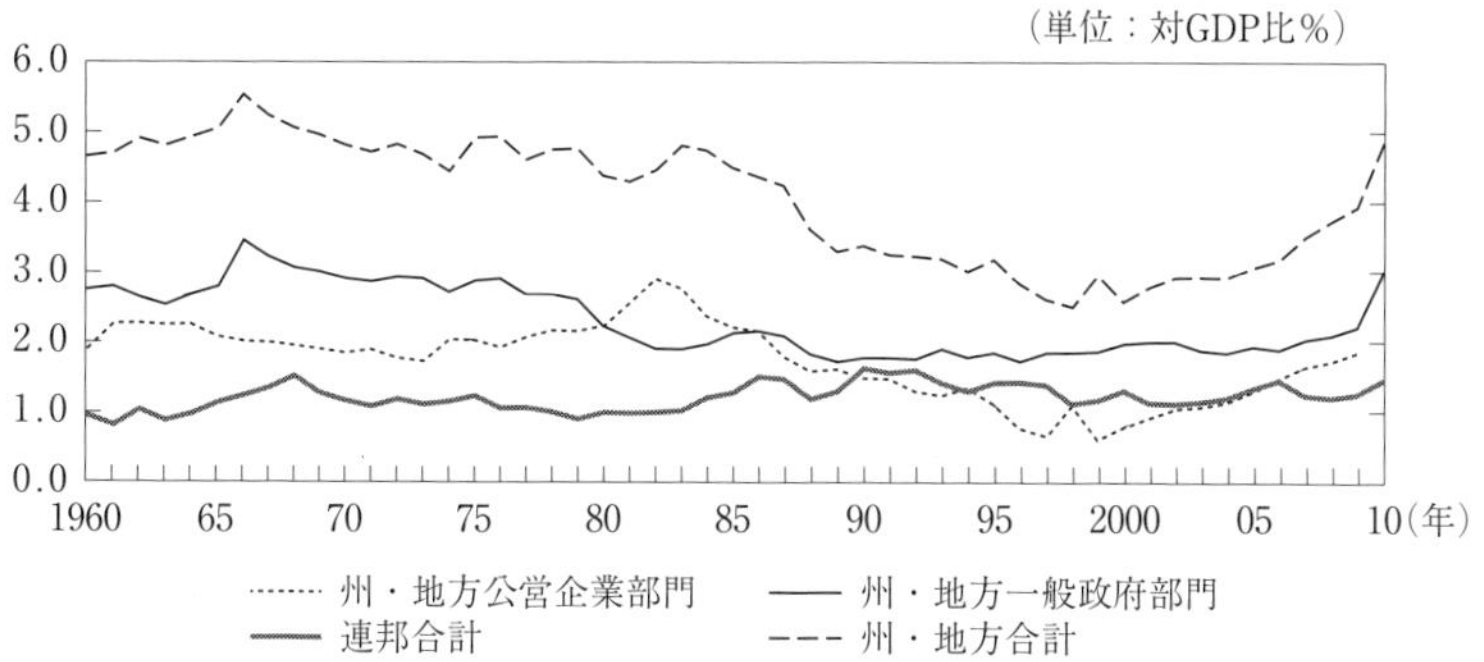

（出所）Australian Bureau of Statistics（2011）*5206.0 Australian National Accounts : National Income, Expenditure and Product.*

図5－5　公的固定資本形成の内訳

○年代には歴史的に低い水準となった。

4　州の対応と州財政への影響

これまでみてきたように、小さな政府を志向する連邦の歳出削減では州への補助金が抑制されることが多かった。連邦から交付される資金が限られた時に、州はどのように対応してきたのだろうか。

図5－5は公的固定資本形成の内訳と推移を示したものである。まず連邦と州・地方を比較すると、州・地方が公的固定資本形成の大部分を担ってきたことが分かる。次にその推移をみると、州・地方の一般政府部門はフレーザー政権期の一九七七～一九八二年にかけて急速に低下している。それを補完するように、州・地方の公営企業部門の伸びがみられるが、一九八三年をピークに、公債協議会の総額規制方式が導入された一九八四年からは低下に転じて、一九九八年には対ＧＤＰ比一％以下にまで落ち込んでいる。この二つをあわせた州・地方の公的固定資本形成全体は、一九八三年から一九九〇年代にかけて対ＧＤＰ比が二％ポイント近く低下しており、州・地方は連邦からの財政移転の抑制に対して、インフラ整備などの支出を削減することで対応してきたと考えられる。なお、二〇〇〇年代には資源ブームの到来により主に鉱物資源の豊かな州のインフラ整備の需要が増したため、州の公的固定資本形成は近年再び伸張している。

収入面では、州は比較的自由な課税権を活かして増税も行ってきた。印紙税、ギャンブル税、鉱山ロイヤリティの引き上げや、金融機関税などの新税を導入したほか、多くの州が石油やタバコ、アルコールの販売権に対する「ライセンス料」として営業許可税を課し、歳入に占める自主財源の割合を拡大した。(12)

また、州は地方政府に費用負担を転嫁することも可能である。連邦の議会報告書では、近年の問題として、州が地方政府に十分な財源をともなわずに歳出責任を割り当てるケースがあると示している（House of Representatives Standing Committee on Economics, Finance and Public Administration, 2003)。

5　ミクロ経済改革と連邦と州の協調

連邦は州に対する財政的な優位を利用して、しばしば一方的な歳出削減を要求してきたが、一九九〇年代以降には政府間財政に新たな特徴が見られるようになる。それは、政府間評議会（Council of Australian Governments：ＣＯＡＧ）という連邦と州の協調のメカニズムが作られて、全国的に重要な問題に対処するために活用されるようになったことである。

一九八〇年代初頭から、オーストラリアでは経常収支赤字の増加が問題視され、市場のグローバル化や民間部門での国際競争の過熱を受けて、経済の構造改革への動きが強まった。ＧＤＰ成長率やインフレ率、失業率、一人当たり所得の諸外国と比較した地位などの経済パフォーマンスも一九七〇～一九八〇年代に悪化しており、これは国内政策や各種の規制が国全体の生産性を制約しているためだと次第に認識されてきた。具体的には、一般公共サービス、電力・水道・ガス、鉄道、港湾などの公共部門の経済活動だけでなく、金融、農業などの民間部門の経済活動でも多くの保護的規制が存在しており、労働市場や資本市場が柔軟性に乏しいために、全体として経済の競争力が低く、非効率な状態におかれていると指摘された。

財やサービス、労働、資本の自由な移動や、競争障壁の縮小や撤廃への取り組みはオーストラリアではミクロ経済改革（microeconomic reform）と呼ばれた。ミクロ経済改革の目標の一つは、競争を通じて市場の効率性を増すことである。

このために、競争を阻害する活動を縮小し、財やサービスの独占供給をなくす必要があった。もう一つの目標は、統合された国内市場を作ることである。大きく競争的な国内市場で産業の基盤を整えることで、産業の国際競争力が拡大されると考えられた。

連邦はミクロ経済改革の一貫として、変動相場制への移行（一九八三年）、外国資本流入規制の撤廃、輸入数量割当の廃止、一九八〇年代後半に加速した関税の段階的な引き下げ、航空・通信分野の規制緩和、労使関係の見直し、電力や運輸、通信を含むインフラサービス部門のパフォーマンス改善などを行ってきた。しかし、州レベルの規制が多数存在し、州の公営企業の活動が国内市場で果たす役割が大きいことから、ミクロ経済改革のさらなる進展には連邦と州の協調が不可欠であると認識されてきた。

このことから、連邦は一九九〇年に特別首相会議を招集する。連邦首相と州首相が集まる通常の首相会議は、財政援助交付金の総額などの財政問題をめぐって連邦と州が衝突することが多かったため、これと区別するために、テーマを財政問題に限らない協調的なフォーラムとして新しい会議が作られた。この特別首相会議が改名されて、一九九二年一二月に政府間評議会が設立された。

オーストラリア政府間評議会は、連邦首相、州首相、オーストラリア地方政府連合議長が参加する、連邦・州・地方政府の協議体であり、一九九〇年代には評議会を通じて多くの合意が達成された。なかでも大きな成果は一九九五年の全国競争政策（National Competition Policy）である。六年間にわたる（後に二〇〇五年まで延長された）このプログラムの目的は、全国的な競争市場の創出と拡大によりミクロ経済改革を促進することであり、具体的な施策として、政府事業の独占をあらため、競争抑制型の規制を見直し、以前は州政府や州営企業、法人化されていない団体を適用除外としていた取引慣行法を全産業に適用した。

全国競争政策の州への影響は大きい。州は鉄道、港湾、空港、公共交通、通信、郵便などの政府独占事業について、市場競争に必要な条件を整備するか、または事業を民営化することが要求された。また、政府間評議会で取り決めた連邦のテンプレートにもとづいて既存の多くの州法を改正または破棄する必要が生じた。このため、各州での対応は必ずしもスムーズにはいかなかった(13)。

ミクロ経済改革の推進で特に所得税の税収増を通じて連邦財政に大きな利益がある一方で、州は公営企業からの収益の低減により不利を被ると考えられていたことから、州の損失を一部補填する意味で、各州の全国競争政策の実施状況と照らし合わせて、連邦が各州に毎年、州人口に比例した全国競争政策補助金を支払うことが約束された。全国競争政策補助金の総額は、一九九七‐九八年度〜二〇〇五‐〇六年度の期間で約五七億ドルである(14)。その他の財政的なインセンティブとして、全国競争政策の実施が、連邦から州への財政援助交付金の総額を実質一人あたり額で維持することの条件とされた。

生産性委員会によれば、全国競争政策の一部を含む一九八九‐九〇年度〜一九九九‐二〇〇〇年度の期間のミクロ経済改革は、生産性の改善や主要なインフラ部門での価格変化により、ＧＤＰを二・五％（年間二〇〇億ドル）上昇させたと推計されており（Productivity Commission 1995, 51）、ミクロ経済改革が一九九〇年代以降の経済パフォーマンスの基盤を作ったと考えられる。

6　財政再建における政府間財政の働き

オーストラリアの政府間財政制度を概観すると、連邦と州の融合型機能配分、大きな垂直的不均衡が存在し、それに伴って連邦から州への財政移転が大きいこと、その財政移転資金を用いた精緻な財政調整制度が発達していること、連邦の決定権の強い起債統制などで、日本と共通している点も多い。しかし、地方財政の規模の拡大や政府債務の動向において異なる帰結をもたらした。

支出面について、連邦が自らの施策や方針に州を誘導しようとする試みはウィットラム政権期に大規模に始まったが、この手段には主に特定補助金が用いられ、一部には連邦から州への低利子の貸付金が利用された。ウィットラム政権後の一九七〇〜一九九〇年代にかけては、連邦は一貫して小さな政府を志向しており、赤字削減や財政支出の削減の手段として頻繁に州への財政移転を縮小してきた。財政調整に用いられる一般交付金も、総額の決定に連邦の裁量が働き、州側からみると不安定なものであり、州は交付金によって十分な財源保障を得られるとは限らなかった。同時に、連邦は公債協議会をつうじて州の借入水準のコントロールを行ったため、州は資金の不足から過大な借入を行うこともできなかった。

これに対して、州は資本支出の削減のほか、限られた範囲ながらも自由な課税権を利用して増税で対応した。逆にいえば、州の予算にそのような裁量があったために、連邦は州への財政移転や起債枠を縮小することが可能と考えたのだろう。一九九〇年代に州が連邦の保証を受けずに自ら起債をするようになると、金融市場からの監視によって市場を通した財政規律も働き、州にも財政再建圧力がかかるようになった。それまでは連邦をつうじて同じ金利を課されていた州が、州債の格付けに応じて実際に異なる借入コストに直面していることは、連邦による完全な財源保障がないとの市場の認識を示している。

また、一九九〇年代には連邦と州の協調の場が成功し、多くの分野で政府間合意が達成された。連邦と州の共管的権限が多いために、責任の重複による非効率を改善するためには政府間の協調が不可欠であった。これによって州の政策の裁量が狭まった側面はあるものの、経済の構造改革により二〇〇〇年代の経済成長の基礎が作られたのである。

注

（1）北部準州と首都特別地域はその他の州と同様の権限を与えられているため、以下では、州（State）に準州・特別地域（Territory）を含めて「州」と表記する。

（2）連邦インフラ・交通・地域開発・地方政府省の統計によれば、二〇〇七年七月一日時点の地方政府数は六九六である。ただし、ここでの地方政府の定義は、連邦から地方政府に対する財政援助交付金の交付対象となる地方団体であるため、州法によって設立されている地方議会の他に、地方議会と同様の立法権を持たない申告団体を含んでいる（Department of Infrastructure, Transport, Regional Development and Local Government 2010, 6）。

（3）Australian Bureau of Statistics（2011）をもとに計算した。なお、連邦統計局の分類では連邦、州、地方の他に、複数政府管轄部門という分類を行っているが、ここでは計算から除外した。複数政府管轄部門に含まれる歳出分野は主に公立大学である。公立大学の分野では、連邦が財源調達の主な責任を担い、連邦と州と大学が共同で意思決定やガバナンスを行っている。同年度の複数政府管轄部門の支出規模は一八六一万ドルであり、そのうち八八一万ドルが連邦からの補助金でまかなわれている。

（4）Commonwealth of Australia（2010）。

（5）ただし、現行制度においても交付金総額の最終的な決定権は連邦が保持していることに変わりはない。実際に、全国医療・病院ネットワークの設置に関する二〇一〇年の連邦・州間協定によって、GST税収分与制度が変更される可能性があった。この協定では、二〇一一‐一二年度以降のGST交付金の一部が既存の医療分野の特定補助金を補足するものとして留保されることが定められた。つまり、GST税収の全額が一般補助金とはならず、協定に合意しなかった西オーストラリア州以外の州のGST交付金留保分は、交付金総額の約三分の一と推計された。しかし、二〇一一年二月の新たな連邦・州間協定により、GST交付金の一部留保案は撤回されることになった。

（6）この原則が長く用いられていたが、連邦交付金委員会は二〇一〇年に算定方式を改定している。従来、水平的財政調整の対象となる歳出は、政府のサービス供給のための経常支出に限定されていたが、この改定により、サービス供給に必要なインフラの獲得のための支出も水平的財政調整の対象に加えられた。このため、現在の原則は「州が標準的な効率性で財政運営を行い、標準的な徴税努力を行った場合に、すべての州が標準的なサービスと関連するインフラを供給することが可能となるような財政力を与えること」と述べられている（Commonwealth Grants Commission 2010, 34）。

（7）連邦交付金委員会による相対値の算定方式の詳細は、橋都（二〇〇五）を参照されたい。

（8）首都特別地域と北部準州が正式に公債協議会に加わるのは、一九九四年財政協定法の制定以降である。

（9）州は連邦の保証を受けることなく、自らの信用で起債することになったが、近年の例外として、世界的金融危機を受けて連邦が州債を保証したケースがある。連邦は州の資本調達を支援する目的で、二〇〇九年七月～二〇一〇年一二月に限定して州債の保証制度を準備した。この制度を利用する州は、州債の格付に応じた毎月の手数料を連邦に支払うことが定められていた。

（10）例えば、各州の二〇一〇‐一一年度予算のなかで、ニューサウスウエールズ州、ビクトリア州、南オーストラリア州、西オーストラリア州、首都特別地域の五州がAAA格付の維持を当年度の財政目標の一つとして明示していた。

（11）拠出金の総額は一九九六‐九七年度に六億一九〇〇万ドル、一九九七‐九八年度に六億四〇〇〇万ドル、一九九八‐九九年度に三億ドルで、各州の負担は人口に比例し、連邦に直接支払うほか、財政援助交付金や特定補助金との相殺も可能とされた。

（12）一九九七年の高等法院判決で営業許可税は違憲とされたため、その後は連邦が同様の課税を行って、税収を州に還付する制度が作られた。

(13) 政治的にも摩擦が大きく、例えば、一九九八年にクイーンズランド州議会が全員一致で全国競争政策に批判的な動議を支持したり、同年に南オーストラリア州の与野党の議員が全国競争政策に批判をしたり、二〇〇一年に西オーストラリア州の自由・国民党連合が州議会選挙に敗れると、当時の国民党党首は敗北の原因は全国競争政策であるとした（Hollander 2006, 37-38）。

(14) 実際の手続きは、全国競争委員会が各州の改革の実施状況を査定して、連邦財務省に補助金の支払いを勧告する。改革の実施に遅れが生じている場合はペナルティとして予定の補助金が減額された。特に二〇〇三-〇四年度と二〇〇四-〇五年度のペナルティは厳しく、二〇〇三-〇四年度には全体の二四％の一億八〇〇〇万ドルが、二〇〇四-〇五年度には全体の一八％の一億四〇〇〇万ドルが、翌年度以降まで保留または減額された。

参考文献

大浦一郎（一九八七）『オーストラリア財政論』文眞堂。

橋都由加子（二〇〇五）「オーストラリアの連邦・州間財政調整制度――効果と課題」『PRI Discussion Paper Series』No. 05-A-21、財務省財務総合研究所。

花井清人（二〇〇七）「オーストラリア政府間財政関係での州・地方税の課題」『地方税』四八巻六号、地方財務協会。

Anderson, Geoff（2006）"The Loan Council, International Credit Ratings and the Australian States: The Implications of State Borrowing Regimes for Fiscal Federalism," paper presented to the *Public Policy Network Conference*, Perth February 2006.

Australian Bureau of Statistics（2011）*5512.0 Government Finance Statistics, Australia, 2009-10*.

Commonwealth Grants Commission（1995）*Equality in Diversity : History of the Commonwealth Grants Commission, 2nd edition*. Canberra: Australian Government Printing Service.

Commonwealth Grants Commission（2010）*Report on GST Revenue Sharing Relativities : 2010 Review*. Canberra: Australian Government Printing Service.

Commonwealth of Australia（2010）*Final Budget Outcome 2009-2010*. Canberra. Australian Government Printing Service.

Craig, Jon（1997）"Australia" in Teresa Ter-Minassian ed., *Fiscal Federalism in Theory and Practice*. Washington: International Monetary Fund.

Department of Infrastructure, Transport, Regional Development and Local Government (2010) *2007–08 Report on the Operation of the Local Government (Financial Assistance) Act 1995.*

Di Marco, Katrina, Mitchell Pirie and Wilson Au-Yeung (2009) "A History of Public Debt in Australia," *Economic Roundup* 2009(1) : 1–16.

Federal-State Relations Committee, Parliament of Victoria (1998) *Australian Federalism : The Role of the States.* Melbourne : Government Printer.

Grewal, Bhajan (2000) "Australian Loan Council : Arrangements and Experience with Bailouts," *Research Network Working Paper* No. R-397, Inter-American Development Bank.

House of Representatives Standing Committee on Economics, Finance and Public Administration (2003) *Rates and Taxes : A Fair Share for Responsible Local Government.* Canberra : The Parliament of the Commonwealth of Australia.

Hollander Robyn (2006) "National Competition Policy, Regulatory Reform & Australian Federalism," *Australian Journal of Public Administration* 65(2) : 33–47.

James, Denis (2000) "Federal-State Financial Relations : The Deakin Prophecy," *Research Paper* no. 17 1999–2000, Parliament of Australia, Department of Parliamentary Services.

Koutsogeorgopoulou, Vassiliki (2007) "Fiscal Relations across Levels of Government in Australia," *OECD Economics Department Working Papers* No. 541, OECD Publishing.

Mathews, Russell and Bhajan Grewal (1997) *The Public Sector in Jeopardy : Australian Fiscal Federalism from Whitlam to Keating,* Melbourne : Centre for Strategic Economic Studies, Victoria University.

Productivity Commission (1995) *Review of National Competition Policy Reform,* Report no. 33. Canberra : Commonwealth of Australia.

第6章　スウェーデンにおける地方財政規律
──普遍主義的福祉国家の政府間財政関係──

高端正幸

1　地方財政規律は何によって生み出されるのか

周知のごとく、北欧型福祉国家を代表するスウェーデンの財政は、日本とは比較にならない大きな財政支出を特徴とする。ところが、同国は一九九〇年代初頭に顕在化した財政危機を見事に乗り切ったうえに、リーマン・ショックを契機とする二〇〇八年以降の景気後退局面においても、多くのEU諸国が財政赤字を拡大させるなか、財政規律を保持しつつ、順調な景気回復を遂げようとしている。

「大きな福祉国家」スウェーデンの財政運営が財政赤字の隘路におちいらない理由として、充実した社会保障が中間層を含めた広範な層の受益感を生み出し、高い租税負担に対する合意を生み出している点（神野 二〇一〇、一四〇〜一四六頁）、あるいは、中央政府の財政運営に対する財政均衡ルールが一九九六年に制度化され、比較的有効に活用されてきた点（田中 二〇〇二）などがしばしば指摘される。

しかし、いずれの点も、スウェーデンにおける財政規律の問題をすべて説明しきれるわけではない。まず、同国においても、福祉国家の拡大に応じて容易に租税負担の引上げが実現されてきたわけではない。特に、一九八〇年代以降のスウェーデンにおいては、経済成長の低下、及び高齢化に代表される社会構造の変化に直面しながらも「大きな福祉国家」の著しい縮小や質的後退を避ける、という彼ら特有の難題に直面し、その克服のための試行錯誤が重ねられてきた。また、財政均衡ルールの制度化が同国における健全財政維持の一要因であるとしても、類似の財政均衡ルールを導入した諸国における財政パフォーマンスが決して一様でないことを踏まえれば、こうした立憲主義的財政統制の存在のみに同国財政の健全性の要因を還元するわけにもいかない。

であるならば、われわれは、より複眼的に同国の財政運営を規定する要因や文脈を考察する必要があろう。そこで、この章ではスウェーデンにおける国と地方の財政関係という側面を取り上げ、その財政の健全性との関係について考察する。同国の政府間財政関係については、基礎的自治体（コミューン）セクターの大きさ、比例所得税による潤沢な地方税源、「分離型」の垂直的事務配分などがその基本的特徴として指摘される。これらの特徴は、同国における地方財政運営と、そこでの財政規律のあり方が、いかなる関係にあると理解すべきであろうか。

なお、二〇〇〇年から地方政府の予算に財政均衡ルールが課されたことは、地方財政の健全性の問題に直接に関わるポイントとして当然に指摘することができる（財政制度等審議会 二〇〇七、土居他 二〇〇五、IMF 2004 など）。ただし、すぐ後にみるように、地方財政均衡ルールそのものは、スウェーデンにおける地方財政の健全性を左右する根本的な要因ではない。むしろ着目すべきは、地方財政均衡ルールがなぜ地方財政運営の規範として地方政府に受容されうるのか、もしくは、それがなぜ大多数の地方政府によって過度の支障なく順守されうるのか、ということである。

これらの点を踏まえ、この章では、スウェーデンにおける政府間財政関係を構成する諸要素が、いかなる相互関係のもとに地方財政規律を支える制度的文脈として機能しているのか、という点に着目する。なお、こうした観点から同国における政府間財政関係と地方財政規律との関係をつきつめていけば、われわれの関心は、地方政府の役割とそれを物質的に裏づける地方財政の重要性が、普遍主義的福祉国家における民主的統治の問題の一環として明確に位置づけられているという事実へと向かうこととなる。

以下ではまず、スウェーデンにおける地方財政均衡ルールと地方債制度の性格を確認したうえで、地方税における税率決定権の行使を軸とする自主財源主義とそれを補完する財政調整制度のあり方、分権・分離型の事務配分、及び住民自治の動向について検討するとともに、それらが有機的に関連し合うことによって生まれるスウェーデンにおける地方財政規律の性格について、概括していくこととする。

2　地方財政制度と財政規律

「ルールによる規律づけ」の重要性をどうみるべきか

スウェーデンの地方財政における財政規律の問題を論じるために、はじめに地方債の発行や地方財政収支に関するルールや監督のあり方とそれらの性格を確認しておきたい。

二〇〇〇年より、地方政府に対して、予算上のプライマリー・バランスの赤字(1)の禁止、及び歳入不足により生じた決算上の経常収支赤字を、つづく三年間の黒字によって相殺する義務が課されている（IMF 2004, 5）(2)。加えて同年には、一ビジネスサイクル（好況・不況の一周期）間の一般政府純貸付を対GDP比でプラス二％確保するというルールも導入されている。これにより、一九九六年に既に制度化されていた中央政府の歳出シーリングと、上記の地方財政均衡ルール及び一般政府財政収支の中期的均衡ルールを組み合わせた、政府部門全体の財政規律確保の枠組みが整った。その後、スウェーデンでは、一般政府の債務残高がEU平均より低い水準で漸減するとともに、地方政府の債務残高も二〇〇〇年代をつうじて対GDP比で一〇％前後での安定が保たれてきた（図6－1）。

しかし、スウェーデンの地方財政運営の健全性を論じるさいに、地方財政均衡ルールが地方財政運営を律するという側面をあまり強調することはできない。地方自治法においては、上記のように赤字予算の禁止と決算赤字の相殺義務を規定すると同時に、例外的な場合においてはルールを非適用とすることも認めているうえに、非適用の決定権は地方議会に委ねられている（第八章第四条及び第五条）。また、これらの地方財政均衡ルールが順守されない場合の罰則規定も存在しない。つまり、地方財政均衡ルールそのものの強制力・拘束力は必ずしも堅固ではないのである。

さらに、地方債の発行ルールも緩やかである。地方自治法は、地方政府及びその所有企業において健全な財政運営がなされること（第八章第一条）、及び財政運営の成果と健全性に対する要求を満たすこと（第八章第二条）を一般的に求める規定をおくものの、地方債発行や地方債管理についての具体的なルールを定めていない。また、地方債の発行を投資

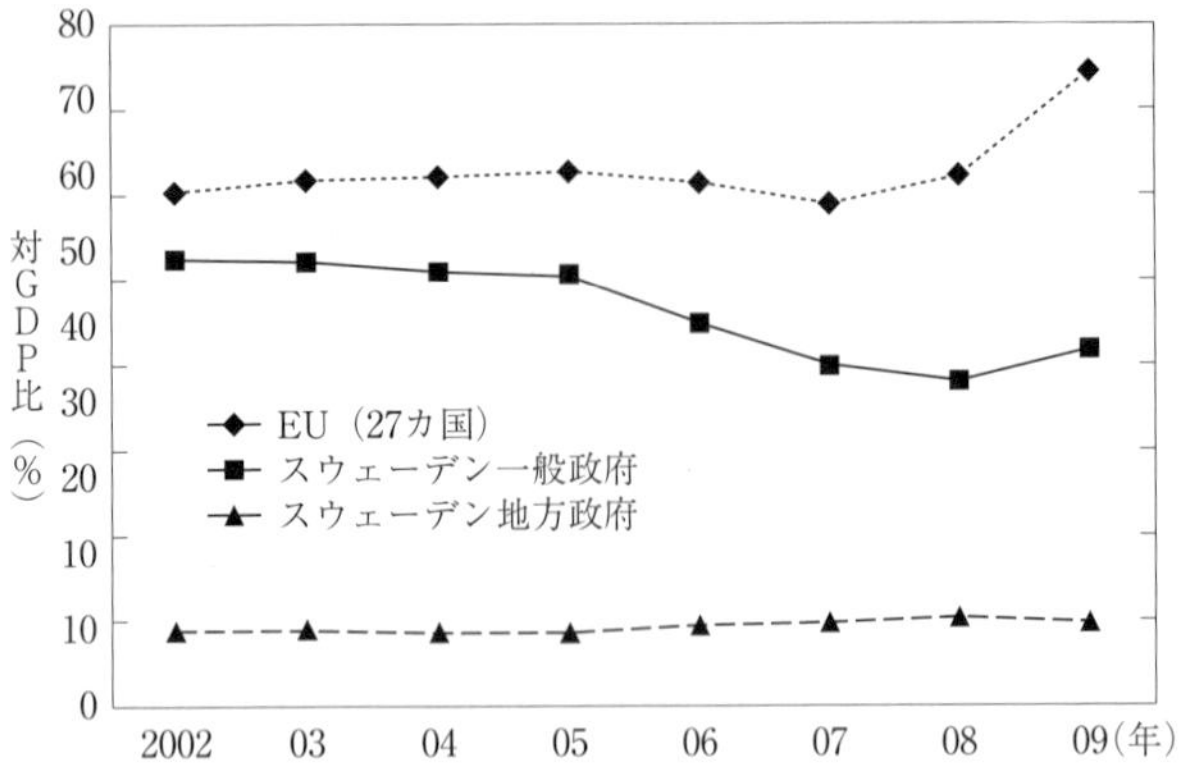

（出所）SCB（Statistiska Centralbyrån）, Kommunernas finansiella tillgångar och skulder 各年版, 及び Eurostat（http://epp.eurostat.ec.europa.eu/portal/page/portal/eurostat/home/）。

図6－1　政府長期債務残高の推移

的事業にかぎり、経常経費への充当を目的とする地方債発行を行わないという考え方は、伝統的に当然のこととして広く共有されているものの、これが法的に規定されているわけではない。このように、各地方政府における公債発行の政策決定はかなりの程度、地方議会の裁量に委ねられているといってよい。

それにもかかわらず、実態として、地方財政均衡ルールにそくした財政運営が多くの地方政府においてなされてきている。それは何を意味するのであろうか。地方自治法に明記された規範としての地方財政均衡ルールが地方政府によって尊重されていることはまちがいない。しかし、この地方財政均衡ルールが、例外規定があり罰則規定はない緩やかな財政運営上の規範にとどまり、ルールによる規律付け機能を強力に発揮するものではない以上、これがなぜ、地方政府によってある程度尊重され、順守されうるのかが問われなければならない。したがって、地方財政均衡ルールそのものより、むしろ、スウェーデンの地方政府が、大きな福祉国家において対人社会サービスを一手に担い財政需要の増加圧力に常に晒されつつも一定の健全財政を保ちうる制度的条件こそ、吟味される必要があるといえよう。

自主財源主義と財政調整制度

スウェーデンにおける地方政府の財源として、何よりも比例所得

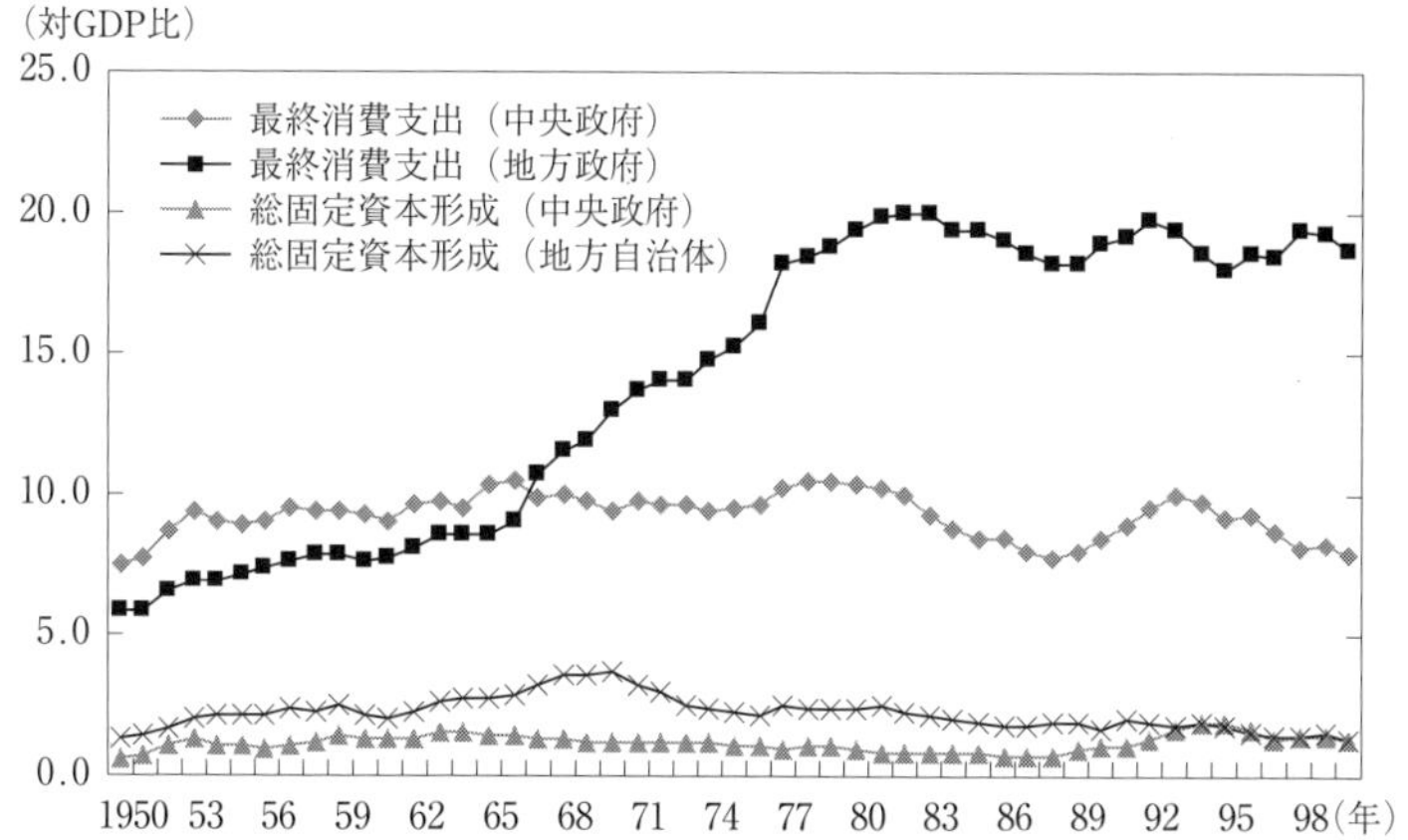

(出所)　伊集(2006)より引用。原資料は，Statistisk Årsbok 各年版

図6-2　一般政府支出の推移

税である地方税が重要であることはいうまでもない。二〇〇八年に、地方税収は基礎的自治体であるコミューンで歳入の六八%、広域自治体であるランスティングで七三%を占めている(SALAR 2008)。

しかし、確認すべきは、地方税収の規模そのものより、むしろ地方税の税率決定権の行使が果してきた役割である。スウェーデンでは、地方自治の原則を明示した一八六二年の「コミューン規則」以来、地方財政の自立と地方の課税権が重視され、その一環として地方政府の税率決定権が伝統的に尊重されてきた。一九六〇年代以降の政府支出膨張期から、一九八〇年代以降の抑制期、そして一九九〇年代初頭の財政危機とその克服に至る一連の過程において、地方財源とそれを支える政府間財政関係のあり方は変化を遂げてきたが、それでも地方税とその税率決定権が地方財政において中心的な位置を占めていることに変わりはない(3)。

図6-2に明らかなように、スウェーデンにおける一般政府支出は一九六〇年代~七〇年代にかけて急速な拡大を遂げたが、それは地方政府における医療・教育・社会福祉サービス支出の増加を反映した地方政府最終消費支出の拡大であった。社会保障支出全体の規模が大きく、とりわけ普遍主義に立脚した現物給付の比重が高い今日のスウェーデン福祉国家は、この時期の地方政府支出の拡大により具現化されたものといってよい。そして、われわれの関心から注目すべきは、地方政府が税率決定権の行使、すなわち地方税率の引上げによって、こ

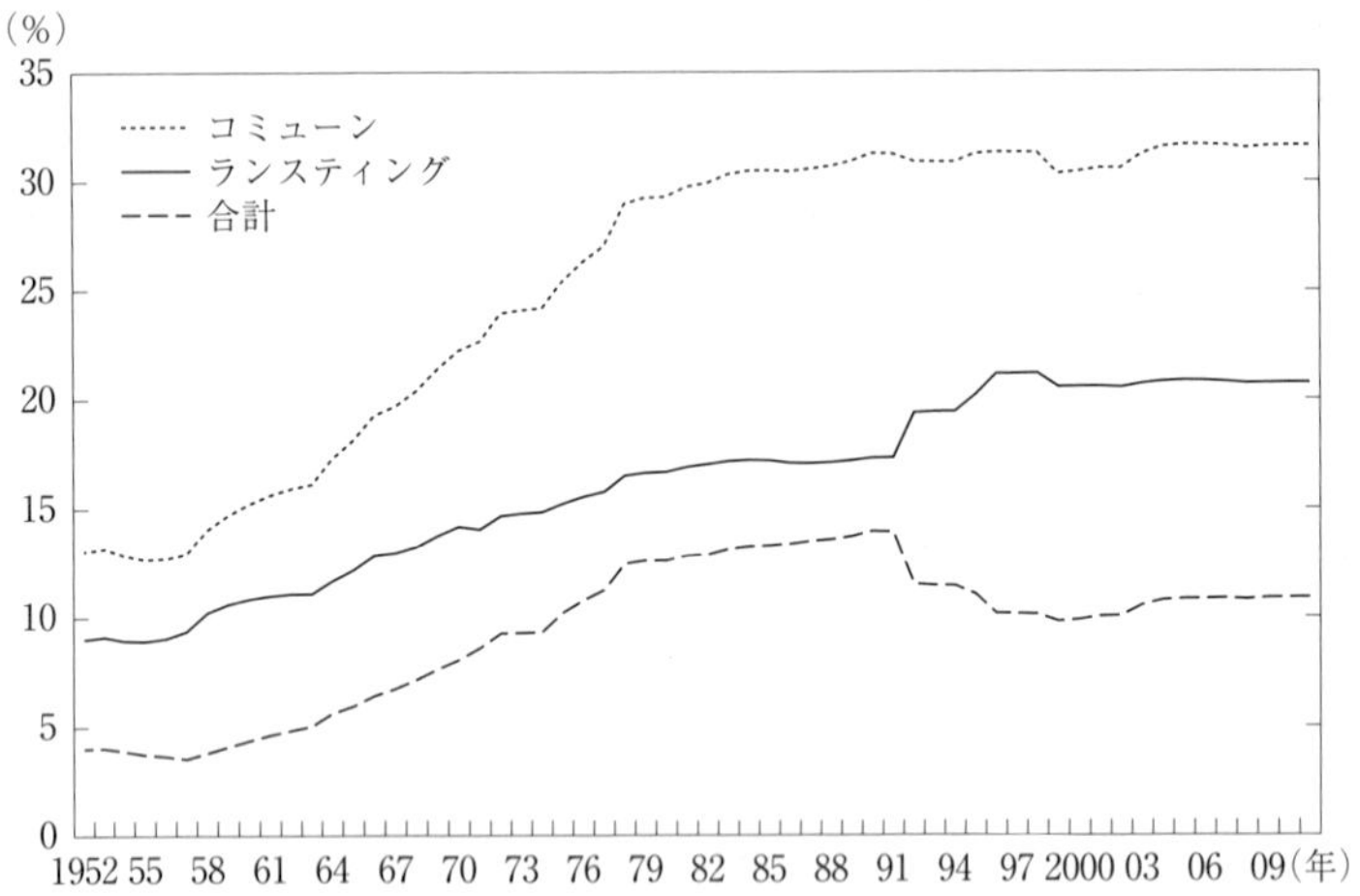

（出所）伊集（2006）より引用。原資料は，Statistisk Årsbok 各年版

図6－3　地方税率の推移

の時期の支出拡大を実現していったことである（図6－3）。つまり、地方政府による税率決定権の行使をつうじた地方財源の確保は、地方財政のみならず、スウェーデンの福祉国家財政全体に対して決定的な重要性を有してきたのである。

しかし、地方税率の上昇は、地方政府間の課税力の格差に起因する税率格差を顕在化させる。そこで、地方税率の上昇が明確な傾向となってあらわれた一九六六年に、はじめて財政調整制度（税平衡交付金制度）が導入されることとなった。しかし、その後、今日に至るまで、財政調整制度には頻繁に改革が加えられていくものの、課税ベースの地域間格差に着目して課税力を調整することを中心とし、それに条件不利地域への配慮や公共サービス費用の格差の調整を加味するという基本思想は一貫して保たれてきたことに注意する必要がある。つまり、財政調整制度の主眼は、課税力の格差にもとづく不合理な税率及び公共サービス水準の格差拡大を抑えることにより、地方政府における、地域住民による公共サービス水準の選択を適切に反映した地方税率の自主的決定を可能とすることにおかれてきたのである（伊集 二〇〇六）。

実際にも、財政調整制度をつうじた課税力格差の是正が、各地方政府における税率決定権の行使を補完こそすれ、阻害してはいないことは明白である。というのも、財政調整制度が導入された一九六六年以降も地方税率の上昇は続き、一九七〇年代には七三年、七六年、七九年の三度にわたり、中央政府が地方政府に対して増税停止勧告を発している。また、欧州通貨危機に起因する経済停滞と財政難に見舞われた一九九一年～九三年、及び一九九七年～九九年にかけても、中央政府の財政再建方針との関係で、地方税率の凍結が実施されている。つまり、地方財政需要の増加や中央政府からの財源移転の抑制に対する地方政府の対応手段として、税率決定権の行使が重要であることは、財政調整制度の導入後も変わっていない。

また、こうした地方税率決定権への制限はその都度、時限的措置にとどめられ、代わって財政調整制度の修正が数年ごとに重ねられてきた。それはしばしば制度的枠組みの抜本的見直しを伴うものであった。

一九九〇年代以降のスウェーデンでは、一九九三年、九六年、そして二〇〇五年と、三度の大きな財政調整制度改革があった。それらは、中央・地方をつうじた財政状況の逼迫を背景に、新自由主義的な要素をはらんだ公共部門の再編と、伝統的な再分配政策への指向とが錯綜する状況の下で、現物給付の担い手たる地方政府の財政をいかに支えるかという問題に対して、その都度出された解答であった。一九九三年改革では、特定補助金の多くが廃止されると同時に財政調整制度が再編されたが、総額としての財源移転の規模は縮小し、効率的な財政運営が地方政府に要求されていく。しかし、一九九六年には人口及び年齢構成に応じて交付される包括交付金、及び富裕団体からの納付金を交付財源とする水平的財政調整制度の創設により財政調整制度が再編され、かつ前者（包括交付金）が年々増額されていった。その後、二〇〇五年改革において、課税力調整における保障水準の引上げと中央政府の財源保障責任の強化、そして公共サービス供給コストの地域間格差に着目する交付金部分の精緻化が図られた（井手・高端 二〇〇五）。現在のスウェーデンにおける財政調整制度の枠組みは、この二〇〇五年改革により制度化されたものである。

この間の財政調整制度改革における主眼は二つあった。一つは既に指摘したように、不合理な地方税率格差の是正であり、もう一つは地方税率の抑制である。前者については、一連の改革の積み重ねをつうじて、地理的条件や人口変動など諸要因にもとづく公共サービス供給コスト差を、より精緻に加味する方向で対応が進んだ。後者については、地方政府支出の中心が対人社会サービス経費であり、好況・不況によらず義務的かつ硬直的であるために、不況期に税率引上げ傾向が強まり景気変動を増幅させてしまう点が、一九九〇年代の不況期を画期として問題視されたことを指摘しておく必要がある（IMF 2004, 10）。これら二つの目標が財政調整制度改革において追求された結果、二〇〇五年改革における課税力調整における保障水準の引上げや、中央政府の財源保障責任の強化につながっていった。

財政調整制度が、不合理な地方税率格差の除去と地方税率の抑制を図りつつ、地方政府の税率決定権の行使をどのように補完しているのか、現状をみて確認しておきたい。まず、最新の統計にもとづき、住民一人当たりの地方税課税ベースの地域間格差と、地域ごとの地方税率（ランスティング＋コミューン）に着目した住民数（割合）の分布をまとめたのが次頁の表6－1である。レーン（地域）ごとにランスティングは一つであるため、ランスティングの税率はレーン内で差はないが、コミューンの税率が異なるために、レーン内で地方税率に違いが生じる。この表から、いくつかの点が明らかとなる。まず、人口にして八六・九％、コミューン数では九四・八％が、税率差四％の範囲内に収まっており、そのかぎりでは財政調整制度が有効に機能していることがうかがえる(4)。他方で、レーンごとの課税ベースの多寡と地方税率の水準との関係に着目すると、課税ベースの豊富な地域で地方税率が低く、乏しい地域で地方税率が高い傾向がみられなくはない。ただし、レーン及びコミューンごとの税率設定には、課税ベースとの関係のみでは説明できないばらつきが存在していることも明白である。ここから、課税ベースの多寡が地方税率を左右する側面は完全には除去されていないものの、各地方政府における公共サービス供給に関する歳出の決定と、それに見合う形での自主的な税率決定が、地方財政運営において現在もなお重要な意味を帯びていることが確認される。

それでは、地方税率の抑制についてはどうであろうか。先の図6－3より、地方税率の凍結措置が繰り返された一九九〇年代のみならず、二〇〇〇年代に入ってからも、地方税率は安定的に推移しているといってよい(5)。一九九〇年代末からの景気の好転による課税ベースの順調な伸びが地方税率の安定を支えたことは事実であるが（井手・高端 二〇〇五、二二七～二二八頁）、リーマン・ショックを経た二〇〇八年以降、少なくとも二〇一一年までについても地方税率の上昇傾向がみられないことを踏まえれば、財政調整制度は過度の地方税率の上昇を防ぐことに一定の成功を収めてきたといえよう。

以上について、いったん小括しておく。スウェーデンの地方政府における財源調達の基軸は、地方税たる比例所得税

表6-1　地域別にみた地方税課税ベースと住民の地方税負担（2011年）

レーン（地域）	1人当たり地方税課税ベース（全国平均＝100）	地方税率（コミューン＋ランスティング）別の住民数の割合（%）										
		29.99以下	30.00〜30.49	30.50〜30.99	31.00〜31.49	31.50〜31.99	32.00〜32.49	32.50〜32.99	33.00〜33.49	33.50〜33.99	34.00以上	計
ストックホルム	117	49.2	7.5	5.4	8.4	8.8	20.7	—	—	—	—	100
ウプサラ	100	—	—	—	17.8	63.3	5.8	10.3	2.7	—	—	100
ハーランド	98	—	19.4	38.5	42.1	—	—	—	—	—	—	100
ヴェストラヨータランド	98	—	—	2.2	10.4	21.0	49.7	9.8	6.1	0.4	0.3	100
ノルボッテン	98	—	—	—	—	1.9	19.1	69.8	9.2	—	—	100
ヴェストマンランド	98	—	—	54.3	—	—	19.4	24.1	2.3	—	—	100
ヴェステルノルランド	98	—	—	—	—	—	—	22.7	46.9	7.8	22.6	100
セーデルマンランド	95	—	—	—	—	41.2	55.5	3.3	—	—	—	100
ヴェステルボッテン	94	—	—	—	—	—	—	30.3	61.3	8.4	—	100
イェーブレボリ	94	—	—	—	—	—	9.5	70.3	4.1	16.0	—	100
クローノベリ	94	—	—	—	53.6	20.1	6.6	19.7	—	—	—	100
エレブロ	94	—	—	—	7.3	48.3	32.6	7.2	4.6	—	—	100
エステルヨータランド	94	—	34.1	0.9	53.3	7.3	4.5	—	—	—	—	100
ダーラナ	94	—	—	—	—	—	—	9.4	66.4	24.1	—	100
ヨンショピン	94	—	—	—	—	13.6	66.1	20.3	—	—	—	100
ブレーキンゲ	94	—	—	—	—	41.8	—	58.2	—	—	—	100
スコーネ	93	12.5	9.6	28.0	46.8	2.1	1.0	—	—	—	—	100
カルマル	92	—	—	—	—	19.4	74.7	5.9	—	—	—	100
ヴァームランド	91	—	—	—	—	9.5	—	54.9	35.6	—	—	100
イェムトランド	91	—	—	—	—	—	—	46.9	33.6	15.1	4.4	100
ゴットランド	87	—	—	—	—	—	—	—	100.0	—	—	100
全国計	100	12.4	5.1	8.0	15.4	13.3	21.6	13.0	8.6	1.9	0.7	100
コミューン数		10	10	18	31	37	61	55	48	15	5	290

（注）レーン（地域）の区域はランスティングのそれと同じである。ただし，ゴットランドは1つのコミューンしか存在しないため，ランスティングは設けられていない。
（出所）Årsbok för Sveriges Kommuner 2011，及び SCB, Kommunalskatterna 2011.

についての税率決定権の行使にあり、これが財政面の自治を支えている。財政調整制度は、一方での税率決定権の尊重という地方自治の大原則と、他方での不合理な税率格差の発生やマクロ経済的インパクトの考慮の両立を目指して、一九六六年の導入以来、幾度もの大きな改革をみることとなった。財政調整制度をつうじた中央政府による地方財源保障はこの間にまちがいなく量的・質的充実をとげたが、それは地方税率決定権を軸とする地方財源の自治を健全に機能させるための試行錯誤の結果であった。

これを地方財政の健全性と関連づけて敷衍すれば、公共サービスの量と内容に関する決定と地方税率決定との関係が受益と負担の対応関係をなし、ともに地方自治に委ねられており、それが地方財政規律の維持に貢献している点が当然に指摘される。ただし、すでにみたように、一九六〇年代から七〇年代にかけて生じたことは、対人社会サービスニーズの高まりに呼応した高地方税率の受容であった。この時期のスウェーデンにおいて、地域レベルでの受益―負担関係は、「小さな地方政府」に向けての規律づけより、むしろ、一方での地域住民の対人社会サービスからの受益感の高まりと、他方での地方税負担増の受容とが「大きな地方政府」に向けての循環を生み出す方向に作用したといってよい。

もちろん、地方税率決定権を軸とする財源の自治のみを取り上げて、その地方財政規律に対する貢献を評価することはできない。事務配分や決定・執行に係る政府間関係が財源面と表裏一体となって、地方財政の性格を規定しているのであって、スウェーデンにおいてもそれに違いはない。

3　団体自治・住民自治と福祉国家の統治戦略

「分離型」事務配分と団体自治の拡充

スウェーデンにおける垂直的な政府間事務配分が、「分離型」であることはよく知られている。ランスティングは医療（歯科を含む）と医療関連サービスにほぼ特化した広域政府である。その他の事務として公共交通や地域開発も担っているが、それらは合わせて歳出の一割程度にすぎない。基礎的自治体であるコミューンは、高齢者・障がい者福祉、初等・中等教育、就学前教育及び児童福祉、個人・家族福祉など、医療をのぞく対人社会サービスを幅広く担っており、これらが歳出の八割近くを占めている。

ランスティングとコミューンの間に上下・主従関係はなく、主に医療（ランスティング）と福祉（コミューン）の連携に関して協力関係にある。特に、高齢者や障がい者の医療と福祉の機能分担・連携はスウェーデンにおいても長らく課題となっていたが、ここでもランスティングとコミューンの機能の「融合」ではなく、高齢者・障がい者の長期医療に係る事務のランスティングからコミューンへの移譲による「分離型」の対応が図られた（一九九二年の「エーデル改革」）。

こうした「分離型」の事務配分も、行政責任の明確さを担保すると同時に、上位政府の政策方針に下位政府の支出政策が左右される余地を狭めることによって、地方財政の自律性、ひいては健全性を支える側面となっていることはまちがいない。この点を、一九八〇年代以降の政策動向にそくして若干掘り下げておこう。

表6－2　1980～90年代における中央政府の財政状況

（単位：百万クローナ）

年　度	収　入	支　出	収支ギャップ
1980/81	155,287	215,238	－59,951
1981/82	167,131	235,164	－68,033
1982/83	191,280	277,880	－86,600
1983/84	221,165	298,264	－77,099
1984/85	260,596	329,136	－68,540
1985/86	275,099	321,901	－46,802
1986/87	320,105	335,267	－15,162
1987/88	332,552	336,669	－4,117
1988/89	367,707	349,600	18,107
1989/90	401,553	398,140	3,413
1990/91	403,487	437,987	－34,500
1991/92	397,725	478,483	－80,758
1992/93	377,743	565,548	－187,805
1993/94	376,925	554,023	－177,098
1994/95	423,183	579,421	－156,238
1995/96	816,978	957,567	－140,589
1997	648,928	655,156	－6,228
1998	706,314	696,652	9,662
1999	725,104	643,147	81,956

（注）1　1995/96年度は1995年7月1日から1996年12月31日までの18カ月間であった。

（注）2　2004年度は予算ベース。

（出所）Statistical Yearbook of Sweden 1988, 1997, 2005.

一九八〇年代から九〇年代初頭にかけて、スウェーデンの政府間行財政関係は大きな変化を遂げた。端的にいえば、それは基礎的自治体であるコミューンの役割を引き続き重視しつつ、公共サービスの供給方法や地方行政組織の編成に関する地方政府の自己決定権の拡大を目指した地方行財政の再編であった。

ここで重要なのは、一九八〇年代のスウェーデンにおいて中央政府財政収支の悪化が常態化したことを受け（表6－2）、財政再建の取り組みが始まったことである。このとき、財源移転の抑制のために、分権化による地方政府部門の効率化が追求されていくのであるが、そこでは所与のアウトプットの産出に要する行政資源の投入量の削減という、狭い意味での効率性のみならず、大胆な地方分権化による、住民のニーズにより的確に対応した公共サービス供給の実現、あるいは、地方公共サービスの実効性の向上をつうじた地方政府部門の「効率化」が意図されていった。その象徴が、中央政府における財政再建の本格化と重なる時期の一九八四年〜九一年にかけて実施された、「フリー・コミューンの実験」である。この実験においては、フリー・コミューンに指定されたコミューン及びランスティングに対して、執行部門にあたる委員会組織の必置規制が撤廃されるとともに、特定補助金の使途についての裁量の幅が拡大された。そして、実験の成果を踏まえ、一九九一年には地方自治法が抜本的に改正され、地方政府は行政組織の編成についてほぼ全面的な自由を付与されることとなった（岡沢 二〇〇九、三二〇〜三二三頁）。

さらに、一九九三年に特定補助金の多くが一般財源化されたことに伴って、対人社会サービスに関する施設など事業内容に関する中央政府の許認可権、及びサービスの具体的内容や供給方法についての義務づけ・基準づけが大幅に概括化された。結果として、中央政府による基準の提示は、全国的に最低限達成すべきサービス水準（アウトプット）やそれが達成すべき公共的価値（アウトカム）についての例示、サービス利用者負担の上限額の設定等、最小限のものに絞り込まれた(6)。こうした大胆な制度改革も、財政危機の深化にともなう財政再建という、当時のスウェーデンにおける財政政策上の至上命題との関連で位置づけられるものであった。

こうした一九九〇年代前半までの動向は、財政再建の一環として地方財源が抑制される状況下で、一定のアウトプット・アウトカムの確保を地方政府の裁量にもとづく効率化努力に任せるものであったといえよう。それは、スウェーデンにおける公共サービス供給主体としての地方政府の重要性と、財政緊縮路線との間の、ぎりぎりの両立を目指す試みであったとも解釈できる。実際に、一九九四年以降、コミューンにおいては、もはや行政効率化努力のみでは公共サービスの水準の維持が困難な状況になっていたといわれる（大西 二〇〇〇、六二頁）。ただし、このとき進められた事務・財源両面における大胆な分権化の主たる目的が、地方財源を節約しつつも効果的に社会的ニーズを充足しうる地方財政制度の創出にあったことは押さえておくべきである。

加えて、この時期に強化された団体自治が、地方行財政運営の自律性を向上させた。これが、既にみた「分離型」の事務配分、及び財源面における強靭な自主財源主義といった要素と結びつくことによって、経済情勢や財政需要の変化、あるいは高い租税負担に起因する住民からの行政効率化要求に対する、適応能力の高い地方財政の実現に寄与した。

換言すれば、このように「分離型」の事務配分と強固な団体自治が実現されていてこそ、先にみた地方政府の税率決定権が意義をもつ。もし、地方政府の事務・事業の具体的な執行方法や上位政府により課された義務づけに規定されていたり、「融合型」の事務配分のもと、上位政府の施策との関係で大きな制約を受けていたりすれば、地方政府は自律的に歳出のコントロールを行うことができない。このとき、税率決定権を行使して財源調達のみを地方政府の自由に委ねても、地方自治の観点からも、財政規律の観点からも意味がないことはいうまでもない(7)。その意味でも、スウェーデン的特徴として指摘されるべきは、「分離型」の事務配分と政策決定・執行に関する地方政府の自律性の高さが、税率決定権の行使を軸とする「歳入の自治」と有機的に結びつくことによって、地方政府の裁量と責任とが重視される、独自の地方財政運営が志向されてきたことである。

住民自治の根幹とその変化

このように地方政府の裁量と責任とが政府間の行財政関係によって担保されているとき、地方財政を統制する主なアクターは、当該地方政府の住民となる。そこで、スウェーデンにおける政府間財政関係と地方財政規律との関係は、地方レベルにおける民主主義の制度と機能をも視野におさめて理解されねばならない。

スウェーデンにおいて、住民自治は、「デモクラシーの柱石」として、長らく重視されてきた。一八六二年に制定された「コミューン規則」において既に、「意思決定の重心を可能なかぎり住民の近くに」、そして「自治と自律の精神を学習する機会を住民に」という論理が展開されている（岡沢 二〇〇九、二八一～二八二頁）。スウェーデンの統治法においても、その第一章第一条で「スウェーデンの民主政治は、自由に形成された国民の世論と普通・平等な選挙権にもとづく。スウェーデンの政治は議会代議制と地方自治を通じて行われる。」とされているように、現在もなお、地方自治、とりわけ住民自治は同国における民主主義の根幹を構成する価値として尊重されている。

地域住民の政治参加の基本は、コミューン、ランスティングの最高政策決定機関である議会の議員を投票により選出することである（首長制はとられていない）。議会議員選挙は比例代表制であり、住民は政党が掲げる政策プログラムを選択し投票する。そのため、地方により傾向の違いはあるものの、一般に一政党が単独過半数の議席を獲得することは少なく、対決型・多数決型政治では政策決定が進行しない。そこで、国政と同様に、党派間の入念な協議により合意点を見いだす合意形成型政治が展開される。また、地方政府の行政（執行）機関にあたる行政委員会とその他の政策分野別委員会の委員は議会が選出するが、これも通常は議会における各党の議席数に応じて比例代表的に選出される（岡沢二〇〇九、二八九頁、穴見一九九四、一一六頁）。さらに、地方議会議員の大多数が専業職ではなく、日当と交通費が支給される程度であり、これが一般住民の政党活動、ひいては議員職を得ての議会活動への参加をうながすことをつうじて、議員職の過度なプロフェッショナル化を抑えている。加えて、行政委員会と政策分野別委員会の委員は地方議会議員である必要がなく、実際に議員以外の住民が委員となる場合は多い（穴見一九九四、一一六頁）。

一般に、多数派による統治を志向する多数決型政治は不平等や対立を促進する傾向をもつのに対して、「できるだけ多くの人々による」統治を理念とする合意形成型政治はそれらを緩和する方向へ作用する（レイプハルト二〇〇五、西岡二〇一一、一七二頁）。スウェーデンの住民自治は、合意形成型政治と地方議会議員職・委員会委員職のアマチュアリズムに支えられた「できるだけ多くの人々による」統治をベースとして、広範な住民に政治参加の実感を与えつつ、排除ではなく包摂を志向する公共サービスのアウトプットを生み出しているのである。

もっとも、こうした伝統的な住民自治のあり方に、近年では重要な変化も生じている。その背景には長期的な経済・社会構造の転換があるが、具体的に顕在化したのは、一九八〇年代後半～九〇年代前半にかけての緊縮財政期である。というのも、この時期の地方財政効率化圧力への適応過程においてこそ、地域社会における「集合的（collective）モデル」と「個人主義的（individualistic）モデル」の相対的な優位性が再考に付され、地方政府が、「強い政府」の堅持か

「自己責任」の追求かの選択を、地方行政組織の再編や政策目標の特定、入札・契約などの条件設定などに具現化していくことを求められたからである（Haggroth 2000, 61-66）。

この点を掘り下げるために、まず背景として、伝統的な地方レベルの政党政治への人びとの参加意識の減退が、投票率や政党参加率の低下、委員会委員のなり手の減少という形であらわれてきたことをおさえておきたい。この傾向は、伝統的な地方政党政治の正統性を揺るがすものであると同時に、人びとが、その政治的意思を、政党政治を媒介しないさまざまな方法で表明し、行使する新たな動きにもつながっていくこととなる（穴見 一九九四、一三〇頁）。

こうした状況に、財政効率化への適応過程が重なった。そこで生じた流れは、スウェーデンの住民自治における、伝統的な政党政治をつうじた政治参加から「サービス利用者」としてのそれへの、参加方法の多様化であった。前者は、住民の選挙での投票や政党活動への参加に対応し、後者は、特定の公共サービスの利用者としての公共サービス供給の量的・質的水準に関する決定への参加と、疑似市場的な制度下での「利用者選択」の行使へとさらに分岐する。

このうち、公共サービス利用者によるサービス決定への参加は、親協同組合による就学前学校の所有・運営の広がりに代表される、教育、社会福祉を中心とした対人社会サービス事業における利用者自治・当事者自治の強化を指す。これがもつ質的意味は、社会関係資本（ソーシャル・キャピタル）の蓄積や「市民民主主義」の促進という観点からとらえることができよう（ペストフ 二〇〇〇、二一六～三三二頁）。対人社会サービス事業は、特定の社会的イシューと結びついている。よって、事業の共同決定・共同運営は、一方ではイシューによりつながりをもつ人びとの間のコミュニケーションの深化という意味での社会関係資本の蓄積を、他方では、伝統的な政治参加手法に加えて、特定イシューに関する政策決定への現場レベルにおける住民参加と公共サービスの自主管理を、促すわけである。

これに対して、擬似市場的な「利用者選択」の行使は、住民が自由に、しかし受動的に公共サービス供給者を選択することを意味し、公共サービス民営化・市場化の文脈において中心をなす。利用者自治・当事者自治が「発言」と「参加」の強化であるとすれば、これは「退出」の自由の拡大ということもできる。例にもれず、スウェーデンにおいても緊縮財政下での民営化・市場化要求は右派政党から繰り返し提示され、特に一九九〇年代前半には行政効率化の一環として追求された。しかし、少なくとも地方政府の事務の大半を占める対人社会サービスの分野において、それはかなり限定的なものにとどまった（Wollman 2004）[8]。国民意識調査によれば、一九八〇年代末にはみられた学校・医療・高齢者介護サービスの民営化への支持が、早くも九〇年代前半のうちに反転し、約四分の三の人びとが、民営化や「利用者選択の自由」を進める改革は不利益なものであると感じるようになっていた（Montin 2000, 13）。今日も、中道右派政党（穏健党）が地方議会の第一党である地域を中心に、対人社会サービスの事業主体の営利事業者を含めた多様化による「利用者選択」の活用が図られているが、その内実は一般に、市場化・民営化という表現が意味するほどの本格化には至っていない（高端他 二〇一二）。

さらに、経済後進地域を中心に、「地域発展グループ（lokala utvecklingsgrupper）」と総称される草の根組織も発展してきた。これは従来から存在したものであるが、とりわけ一九九〇年代以降に爆発的な増加をみせ、二〇〇三年には全国で四〇〇〇を超える団体が存在する（八〇年代半ばで約一五〇〇）。これは、地域、あるいは狭域コミュニティが抱える諸問題への実践的・具体的な対応にフォーカスした自主的活動の発展であり、全国組織である政党の綱領や政策方針にある程度規定されざるをえない地方議会政治の限界に誘発された動きである（Montin 2004, 13-14）。

以上のような公共的決定への住民参加形態の多様化は、地方議会と各種委員会をアリーナとする伝統的な政党政治の相対的な重要性を低下させ、正当性を掘り崩す可能性を含んでいる。こうした状況に対して、多様な政治参加の回路づくりが、国家政策としても強力に推進されることとなった。というのも、国政選挙の低投票率（一九九八年総選挙で八一・四%）を民主主義の危機ととらえたスウェーデン政府は、一九九〇年代末から「民主主義政策」、すなわち民主主義の活性化を目指す調査研究と政策形成に注力していったのである。それは、地方レベルでの政党政治を基軸とする伝統的政治参加の再活性化と多様な住民参加手法の奨励を相互補完的に追求する「新世紀の民主主義法（Democracy in the New Century Act）」の制定（二〇〇二年）などにつながっていき（Montin 2004, 2-3）、現に国政及び地方議会選挙の投票率は、すべての年齢層において回復傾向に転じている（表6-3）。加えて、既に一九九一年の地方自治法改正によって、地方政府の委員会組織編成の自由化が図られ、行政委員会と選挙管理委員会をのぞいた委員会の設置は任意となってお

表6－3　国政・地方選挙の投票率

（単位：％）

	年齢層	2002年	2006年	2010年
国政選挙	18～29歳	72.4	75.7	79.5
	30～49歳	79.9	82.6	85.5
	50～64歳	86.7	87.1	88.9
	65歳以上	79.3	80.3	83.2
	全年齢層	80.1	82.0	84.6
ランスティング議会選挙	18～29歳	68.1	69.9	73.4
	30～49歳	77.1	79.4	81.4
	50～64歳	84.7	84.6	86.3
	65歳以上	77.4	78.4	81.3
	全年齢層	77.5	78.8	81.0
コミューン議会選挙	18～29歳	68.7	70.3	74.0
	30～49歳	77.7	80.2	82.1
	50～64歳	84.9	85.2	86.8
	65歳以上	77.8	78.8	81.7
	全年齢層	77.9	79.4	81.6

（出所）SCB（Statistiska Centralbyrån），データベース（http://www.scb.se/Pages/ProductTables____12299.aspx）。

り、多くの地方政府は地域のニーズに効果的に対応するべく委員会組織の改革を進めてきた。

　このように、スウェーデンにおける住民自治は、伝統的な合意形成型の地方政治システムを核としつつ、政治参加形態の多様化や、非伝統的な公共的活動の発展によって、一定の変質を遂げてきた。こうした展開と地方財政規律の如何とを直接に結びつけることは難しい。しかし、すでにみたような政府間財政関係のあり方の下で、スウェーデンの地方政府は、受益と負担の両面にわたってしばしば歳出削減や増税といった厳しい政策決定を強いられる。このとき、合意と参加を基軸とするローカル・デモクラシーの成否が、政策決定ひいては地方政治の正当性に関する住民の判断を左右する、極めて重要なファクターであることはまちがいない。であればこそ、政府も地方レベルにおける「民主主義」の機能を極めて重視し、伝統的な政党政治と新たな政治参加手法とのポジティブな相互関係の構築に腐心しているのである。

　この点を敷衍すれば、われわれは、民主主義が財政赤字を生み出すという、かつて公共選択学派が着目した側面だけでなく、特定の制度的文脈において民主主義が健全財政の基盤となる可能性についても、実証的な考察を深めていくべきだといえるかもしれない。とりわけスウェーデンの事例において注目すべきは、一九七〇年代までの福祉国家膨張期と一九八〇年代以降の緊縮財政期という、二つの異なる局面において、地方財源確保（地方税率引上げ）に対する住民合意の調達がいかに図られたかという問題かと思われるが、ここでは今後の論点として指摘するにとどめておく。

4　福祉国家の統治戦略と協調型政府間関係

最後に、ここでの議論をさらに敷衍しつつ、日本のケースに対してもちうる含意に触れることによって小括としたい。

以上みてきたように、スウェーデンの地方財政は、税率決定権の行使と「分離型」の事務配分、さらには高度な団体自治にもとづく自律性の高い運営を特徴とし、これを合意と参加を特徴とする住民自治が効果的に下支えしているものと理解することができる。そして、地方財政規律のあり方も、こうした総体的な制度的枠組みの下での合意にもとづく選択の結果としてとらえるべきだということが、この章における中心的なメッセージである。

とはいえ、このようなスウェーデンにおいても、中央政府が財源移転を一方的に削減し、財政赤字を地方に「ツケ回す」ことは制度上可能である。現に、一九八〇年代から九〇年代前半の財政再建期における政府間財政関係の推移には、そうした側面もみてとれるのである。

しかし、上述のとおり、それは単なる地方財源の圧縮ではなく、団体自治と住民自治の強化をつうじた地方政府部門の効率化を同時に促すものであったし、ほどなく一九九〇年代後半から、財源移転の増額と財政調整制度の精緻化も図られていった。それは、スウェーデンにおける統治のカギが、いわゆる普遍主義的福祉国家としての平等・包摂戦略と、それを支える公的負担への合意調達に求められること（Steinmo 2010, 34-40、高端 二〇一一、一九六～二〇三頁）と無関係ではない。

同国では、伝統的に地方自治の価値が重視されていたことと、社会保障政策における現物給付の強化方針とが相俟って、対人社会サービスを一手に担う大きな地方財政が形成されていった。ニーズにもとづき所得制限なしに提供される対人社会サービスの量的・質的水準の確保は、中間層を含めた幅広い国民層の政治的支持と財政負担への同意を調達するうえで、極めて重要な位置を占めている。しかも、政党制と比例代表選挙制度をつうじて中央と地方の政治が密接にリンクする条件の下では、政権への支持・同意の調達が図れるか否かが、国レベルのみならず地方レベルの政治においても常に問われることとなる。

であるからこそ、スウェーデンにおいては、地方行財政の自律性と裏腹に、国と地方との協調性あるいは一体性も強く認められる。地方政府に影響を与える国の政策の決定には常に地方政府の代表が参画するし、毎年の財政運営についても、国と地方のインフォーマルな協議による一定の調整が図られており、両者がまったく独立した財政政策決定を行っているわけではない（IMF 2004, 23）。また、医療政策や労働市場政策については、地方政府の計画・政策決定過程に中央政府の代表が参画することも多い（穴見 一九九四、一二三頁）。ただし、それらは基本的に柔軟かつ対等な協調関係であり、国と地方の政策的対立が生じても、国家全体としての政策目標を緩やかに共有するかぎり、妥当な合意点に落ち着くこととなる。総じて、日本における地方分権改革や財政再建をめぐる国と地方の対立の経緯や、「国と地方の協議の場」が法制化されたにもかかわらず、実質は国から地方への決定事項の伝達の場と化しつつある状況とは、対照をなすものであるといってよい。

本章で検討したスウェーデンにおける政府間財政関係の特質も、このような協調的政府間関係に大枠を規定されつつ、住民自治の基礎のうえに積み重ねられた政治的決定の産物に他ならない。スウェーデン型福祉国家も、他のヨーロッパ福祉国家と同様に、その特徴を生かして経済的に生き残れるかどうかの歴史的テストを受けている（小川 二〇〇二、一〇六～一〇七頁）。「その特徴」の核心である普遍主義の制度的基盤が地方財政にあるということは、事実として重要である。しかし、国と地方、ひいては市民一般における、そうした事実に対する認識の共有のされ方も、諸アクター間の合意形成の円滑化をつうじて地方財政の動向を規定している。統治戦略とその下での地方財政の位置づけや、その諸アクターによる認識のされ方まで視野におさめて地方財政規律のあり方を問うという視点については、その具体的な適用方法をより精緻化する必要が残されているものの、日本を含めた諸国間の比較事例分析を深める際に、ひとつの有力な視角となりうるであろう。

注

本章の内容については、日本財政学会第六九回大会（二〇一二年一〇月）において、藤岡純一氏（関西福祉大学）より貴重なコメントをいただいた。また、執筆にあたり、伊集守直氏（横浜国立大学）には資料収集についての助言をいただいた。ここに記して謝意を表したい。ただし、本章の示す事実や考察にありうべき誤りが、すべて筆者の責に帰することはいうまでもない。

（1）スウェーデンの地方予算には、経常予算と資本予算の会計区分を設けることが義務づけられてはおらず、予算の形式については当該地方議会の決定に任されている部分が大きい。

（2）二〇〇〇年の制度改正当初は、決算上の経常収支赤字をその後の二年間で相殺することと規定されていたが、後の二〇〇四年度改正において、期間が三年間に拡大された。

（3）この間の地方財政及び政府間財政関係の展開については伊集（二〇〇六）を、特に一九九〇年代以降のそれについては井手・高端（二〇〇五）を参照されたい。

（4）なお、二〇一一年において、最高の地方税率（ランスティングとコミューンの合計）はラギュンダ（Ragunda）・コミューンの三四・一七％、最低はヴェーリンゲ（Vellinge）コミューンの二八・八九％であり、その差は五・二八％ポイントである（SCB 2011）。

（5）なお、一九九〇年代前半のランスティング税率の大幅な低下とコミューン税率の上昇は、後述するエーデル改革による高齢者・障がい者医療事務の一部のランスティングからコミューンへの移譲に伴う税率調整の結果である。

（6）一例として、就学前教育の分野における国の関与の縮小とその含意について、詳しくは高端他（二〇一一）を参照されたい。同分野において、一九九三年の特定補助金改革以降は、事業者の認可、人員配置・施設等の最低基準、事業者に対する監督・検査をすべてコミューンが担っており、日本はもとより欧州諸国との比較においても高度に分権化されている。

（7）もちろん、歳出のうち地方政府の裁量がきくマージナルな変化分に対応して地方税率を調整するという、イギリスにみられるようなパターンも存在する。しかし、歳出の増減について地方政府の自己決定権が損なわれている状況では、地方税率の調整は、中央政府からの財源移転（補助金）の増減に応じた歳入調整の手段としての性格を帯びることとなる。そうした「歳出の自治なき歳入の自治」が、高度に中央集権的なイギリスの政府間関係を象徴するものであることに留意すべきであろう。

（8）とはいえ、中央・地方をつうじて、ネットワーク・インフラ（電気、水道、通信、交通など）や住宅整備といった分野において、公企業の民営化や参入規制の緩和（外資の導入を含む）、民営事業体の経営方法の自由化などが進んでいるのであって、民営化・市場化一般が否定されているわけではない。「市場か政府か」といったドグマ的な志向より、むしろ公共部門の効率化と社会的ニーズの充足の両者を現実的に考量した結果として、選択的な民営化・市場化が取組まれているとみることができる。

参考文献

穴見明（一九九四）「コミューン・デモクラシー」岡沢憲芙・奥島孝康編『スウェーデンの政治』早稲田大学出版部。

伊集守直（二〇〇六）「スウェーデンにおける政府間財政関係――地方分権と財政調整制度」『地方財政』二〇〇六年五月号、地方財務協会。

井手英策・高端正幸（二〇〇五）「スウェーデンにみる財政危機下の財政調整制度改革と民主主義」『地方財政』二〇〇五年一一月号、地方財務協会。

大西秀人（二〇〇〇）「スウェーデンにおける地方税財政改革と環境関連税制等について」『地方税』二〇〇二年二月号、地方財務協会。

岡沢憲芙（二〇〇九）『スウェーデンの政治――実験国家の合意形成型政治』東京大学出版会。

小川有美（二〇〇二）「北欧福祉国家の政治――グローバル化・女性化の中の『国民の家』」宮本太郎編著『福祉国家再編の政治（講座　福祉国家のゆくえ1）』ミネルヴァ書房。

財政制度等審議会（二〇〇七）『財政制度分科会　海外調査報告書』。

神野直彦（二〇一〇）『「分かち合い」の経済学』岩波書店。

高端正幸（二〇一一）「反「小さな政府」論のその先へ――合意的課税が支える強靭な財政システム」神野直彦・宮本太郎編『自壊社会からの脱却――もう1つの日本への構想』岩波書店。

高端正幸・伊集守直・佐藤滋（二〇一一）『保育サービスを中心とする子育て支援政策の国際比較行財政論――スウェーデン、イギリスの実態と日本の改革論議への示唆』全国勤労者福祉・共済振興協会公募研究シリーズ二〇。

田中秀明（二〇〇一）「各国で進む予算・財政のマネジメントの改革――スウェーデンを参考にして」『ファイナンス』二〇〇一年九月号。

土居丈朗・林伴子・鈴木伸幸（二〇〇五）『地方債と地方財政規律――諸外国の教訓』ESRI Discussion Paper Series, 155、内閣府経済社会総合研究所。

西岡晋（二〇一一）「『多様な資本主義』と政治・福祉・労働」宮本太郎編『働く――雇用と社会保障の政治学（政治の発見2）』風行社。

ペストフ，ビクター・A（二〇〇〇）『福祉社会と市民民主主義——共同組合と社会的企業の役割』（藤田暁男他訳）日本経済評論社。
（Pestoff, Victor A.（1998）*Beyond the Market and State : Social Enterprises and Civil Democracy in a Welfare Society.* Ashgate Publishing.）

レイプハルト・A（二〇〇五）『民主主義対民主主義——多数決型とコンセンサス型の36カ国比較研究』（粕谷祐子訳）勁草書房。
（Lijphart, Arend（1999）*Patterns of Democracy : Government Forms and Performance in Thirty-Six Countries.* Yale University Press.）

Häggroth, S.（2000）*Local Governance : The Case of Sweden.* Hjalmarson & Högberg.

International Monetary Fund（IMF）（2004）*Sweden : Selected Issues.* IMF Country Report No. 04/245.

Swedish Association of Local Authorities and Regions（SALAR）（2008）*Levels of Local Democracy in Sweden.*

Montin, S.（2004）*Democracy and Urban Governance in Sweden : Two Competing Perspectives,* Paper presented at City Futures, July 8-10, Chicago.

Montin, S.（2000）"Between Fragmentation and Coordination: The Changing Role of Local Government in Sweden," *Public Management,* 2(1) : 1-23.

SCB（Statistiska Centralbyrån）（2011）Kommunalskatterna 2011.

Steinmo, S.（2010）*The Evolution of Modern States : Sweden, Japan, and the United States,* Cambridge University Press.

Wollman, H.（2004）"Local Government Reforms in Great Britain, Sweden, Germany and France: Between Multi-Function and Single-Purpose Organisations," *Local Government Studies,* 30(4) : 639-665.

関説　財政規律と政府間財政関係の協調的関係

高端正幸

何が問題か

日本では、地方財政赤字が一九九〇年代に激増したことを契機とし、地方交付税による財源保障がもたらす地方財政の「財政錯覚（fiscal illusion）」や「フライペーパー効果（flypaper effect）」、あるいは地方債発行に対する市場規律の欠如によるソフトな予算制約などの概念を駆使して、既存の地方財政制度が非効率な地方歳出の膨脹をもたらしているとする議論が展開された。

政府間財政関係の制度的問題を、経済的効率性に基準を置き定量的に検証する作業の、経済学の一営為としての意義はまったく否定されるものではない。しかし、そうした分析によって導かれる現状認識と政策的含意は、どうしても射程の狭いものとなるであろう。「制度が非効率（ひいては地方財政赤字）を生んでいる」というかぎり、問題は、インセンティブを阻害し非効率を生んでいる制度のあり方であって、地方交付税制度の財源保障・水平的財政調整機能の縮小や地方税源の強化、地方債の市場公募の拡大といった制度改革が必要だ、という認識にしかたどりつきようがないからである。

現実には、地方財政制度、及びそれを支える中央‐地方間の政府間財政関係は、一国における統治機構の発展とその運用、そしてそれらを生み出す政策形成の積み重ねによって生成し、性格づけられてきたものである。それは当然に、経済的効率性のみを追求して設計されたものではないし、そうすべきものでもなかろう。制度の作用は文脈との関係で把握されなければならないのである。こうした観点から、日本における政府間財政関係の特質について、地方財政赤字の累積という現象を切り口にとらえなおすと，果たして何がみえてくるのであろうか。

日本とオーストラリア――「集権的分散システム」と地方財政赤字

第5章で指摘されたように，オーストラリアにおける政府間財政関係は，日本のそれとの類似点が少なくない。すなわち，

・州以下のレベルにおける消費課税が禁止され，所得課税へのアクセスもないなど，州を含む地方の課税権が著しく制限されていること
・垂直的財政不均衡が大きいこと
・上記二点の帰結として，財政調整制度が発達しており，日本の地方交付税制度と同様に地方の課税力と財政需要の差額に着目した調整を行っていること
・中央（連邦）政府が主導する公債協議会による起債統制が存在すること

といった主要な面において，オーストラリアの政府間財政関係は，国際的にみて日本のそれと基本的な特徴について共通する点が多い。しかも，一九八〇年代以降，こうした政府間財政関係のあり方の経済的非効率性が指摘されてきた点も，日本と同様である。

しかし，第5章で明らかにされたのは，フレーザー政権期の一九七〇年代後半以降，今日に至るまでのオーストラリアでは，連邦レベルで緊縮財政方針が取られるたびに，こうした政府間財政関係の制度的枠組みを活用した財源移転の削減と州・地方政府の歳出抑制が繰り返されてきたことである。つまり，地方税源の不足や財政調整制度による財源保障の手厚さ，起債統制の存在といった制度そのものが州・地方政府財政の非効率な歳出膨張を生みやすいか否かとは関係なく，連邦レベルの緊縮財政方針にしたがう形で財源移転の削減が重ねられた結果，地方財政赤字は適切なレベルにコントロールされてきたのである。

それでは，日本の場合はどうであったか。第4章の議論を振り返りつつ，補足も加えながらみておこう。第4章で具

体的にみたように、国の政策方針にもとづいて一九九〇年代に公共事業の遂行を目的とする地方債発行が激増し、地方交付税制度を活用した地方債後年度負担への財源措置がそれを可能とさせたことから、日本では冒頭に述べたような地方交付税批判が強まった。要するに、地方交付税制度が「無駄な公共事業」をもたらしたと解されたのである。しかし、二〇〇〇年代の三位一体改革の時期には、反対に地方交付税を大胆に削減することによって、国は財政健全化を追求した。つまり、日本における「集権的分散システム」の政府間財政関係は、国の歳出拡大方針の下では地方財政赤字の膨張要因となり、歳出抑制方針の下では地方歳出の抑制要因となった。ここでも、オーストラリアのケースと同様に、地方交付税の制度そのものが非効率な歳出膨張を促す性格を有するか否かと基本的には関係なく、国の政策方針に地方財政を動員した結果として、現実の歳出増・減は生じている。

このように、日本とオーストラリアとの政府間財政関係にみられる共通の性格に着目すると、おおよそつぎのことがみえてくる。すなわち、地方交付税をはじめとする諸制度により構成される日本の政府間財政関係も、それに似たオーストラリアのそれも、中央（連邦）政府の財政政策に地方財政を組み込むことを可能としている点にその本質が認められるのであって、交付税制度等の個別の制度が生み出す経済的非効率の問題は、事後的あるいは結果的に観察されうる副次的側面にすぎないということである。少なくとも、日本における「集権的分散システム」やそれに類する政府間財政関係そのものが必然的に地方財政赤字を生むという主張は、現実的な文脈にそのまま適用可能であるだけの説明力を有していない。

日本とスウェーデン——本質的な差異は何か

スウェーデンの政府間財政関係は、周知のとおり、日本のそれと対照的である。地方税源が充実し、地方政府による税率決定権の行使を財政調整制度が補完している。加えて、事務配分が中央‐地方間で重複する日本の「融合型」事務配分とは異なり、スウェーデンの事務配分は国際的にみてもすぐれて「分離型」のものとなっている。

第6章では、こうしたスウェーデンの政府間財政関係の特徴は、地方レベルの民主主義の作用と相俟って、対人社会サービスを中心とする地方歳出の膨脹をもたらしたが、同時に地方税率の引上げによる財源調達を可能とした結果、地方財政赤字の膨脹に帰結することはなかったことを明らかにしている。

しかし、同時におさえておくべきは、同国の政府間財政関係が、地方税率の調整と地方公共サービスとのリンクにもとづく負担と受益の対応や、「分離型」事務配分による自律的な地方政府の政策決定といった、制度そのものが生み出す経済的効率性によってのみ特徴づけられるものではない、ということである。より踏み込んで表現すれば、スウェーデンにおける高度に分権型の政府間財政関係は、経済的もしくは財政的な効率性の改善を主眼に置き設計されてきたというより、むしろ同国における普遍主義的福祉国家としての統治政策の遂行との密接な関係の下で制度形成が進められたとみるほうが、現実をより忠実に説明できるのである。

第6章の結論を繰り返せば、伝統的な地方自治と自主課税権の重視と、早い時期からの対人社会サービスを中心とする福祉政策の充実・拡大というスウェーデンに特徴的な福祉国家の発展とが重なることによって、「自律的に運営される地方財政を地方レベルの民主主義がコントロールする」という独自のシステムが形成されていった。その意味では、スウェーデンにおける地方財政も、国の政策意図のもとに制度形成が進み、その統治政策との整合性の確保が常に図られてきた点において、日本やオーストラリアのそれと変わりはない。異なるのは、日本やオーストラリアでは、垂直的統制を基軸とする政府間財政関係の構築によって地方財政の組み込みが図られたが、スウェーデンでは、高度に分権的な政府間財政関係が、普遍主義的福祉国家の正当性の源泉としての地方自治を支える形をとったことである。それが結果として成功してきたがゆえに、地方レベルにおける対人社会サービスの財源確保が地方税率引き上げへの住民合意の調達を伴って実現し、地方財政赤字の深刻化がみられないこととなった。

この点に関連して論点となりうるのは、日本において一九六〇年代に進んだ住民税率の標準税率への均一化、すなわち「負担水準先行型」地方税構造への転換とその定着であろう。これが、地方交付税による強力な財源保障と相俟って、日本における一方での全国的に均一な税負担と、他方での全国的に均一な公共サービスの供給とを同時に実現させてきたのであるが、同時にそれは、地域住民からみれば地方公共サービスにおける受益と負担の関係の希薄化を生み、地方財政運営については歳入の調整を起債と補助金、交付税に依存せざるを得ないものとした。そして、国レベルにおける地方財政計画をつうじたマクロの財源保障がこうしたシステムを機能させることによって、国の予算編成をつうじて経済・財政政策に地方財政が組み込まれているのである。

これが、ある種の「支出水準先行型」、すなわち公共サービスに関する地方レベルの政策決定が先行し、そのための自主的な財源調達が図られるスウェーデンの地方財政のあり方と、日本のそれとが決定的に異なる点である。この相異の意味を適切に解釈するには、さらに丁寧な考察が必要であろう。しかし、あくまで仮説レベルの問題提起として、つぎの点を指摘しておきたい。スウェーデンにおいては、公共サービスの量や内容、つまり受益についての決定がなされ、決定された受益のあり方との関係で負担が検討されることとなる。つまり「量出制入」の論理構成をとるため、公共サービスの量や内容を先行して検討するがゆえに、負担のあり方は公共サービスのあり方と関連づけられる形で意識されやすくなる。しかし、日本においては、負担が所与の均一な水準に定められ、かつ平等であるから、公共サービスの量的水準はそれに規定され、ただ平等であることが求められがちとなる。つまり、「量入制出」の論理構成をとるため、負担のあり方がまず決まり、公共サービスの量や内容は負担のあり方に事後的に規定されるものとして認識されやすくなる。

この違いは、公共サービスからの国民の受益感を梃子にして、租税による財源調達への合意調達に成功してきたスウェーデンと、租税負担感が常に先行し、必要な財源調達を公債発行という手段に逃げてきた日本との、財政運営ひいては統治政策の質的差異にもつながるものではないだろうか。つまり、日本の「負担水準先行型」の地方税構造に見出される地方財政の特質は、国の租税政策にも通底する総体的な日本財政の特質として、さらなる歴史分析及び国際比較をつうじて問われていくべき対象だと思われるのである。

ただし、財政規律の観点からみたスウェーデン地方財政の「成功」が、日本においても地方交付税の財源保障機能を縮小し、スウェーデンのような地方税率の調節をつうじた自主的な財源調達を実現すべきだ、という主張に直ちにつながらないことは強調しておきたい。なぜなら、財政システムが市民からの租税負担への合意調達に失敗しており、かつ地方自治、とりわけ住民自治の実質化がみられない日本の状況は、スウェーデンのそれと大きく異なっているからである。こうした文脈の決定的相異を軽視して、スウェーデンにおける政府間財政関係の制度面のみ切り取り、日本のモデルとみなすなら、スウェーデンにおいて対人社会サービスの拡大を支えた自律的な地方財政制度が、日本においては一転してその切捨てと地域間格差の深刻化をもたらすこととなるのみであろう。

住民自治と協調的政府間関係の重要性

このように国際比較を深めると、協調的な垂直的政府間関係と地方レベルにおける住民自治の機能が鍵として際立ってくる。スウェーデンでは、地方レベルにおける住民のニーズを汲み取るための民主主義的制度とそのもとでの実践が、地方税率引き上げへの住民合意の調達をつうじた対人社会サービスの財源確保を実現させてきた。また、国レベルにおける政策決定への参画が広く認められるなど、国と地方との間に協調的な関係が構築されている。いうまでもなく、これは垂直的な統制やルールによる財政規律の強制とは対照をなすものである。

その点、オーストラリアは、先述のとおり、日本に似た垂直的統制モデルの下で地方財政規律を追求してきたとみなすことができる。ただし、オーストラリアにおいて、政府間協議会の設置という形で協調的政府間関係の模索がみられたことは指摘すべきであるし、着眼の仕方によっては、「集権的分散システム」と称される日本の垂直的財政統制の総体としての堅牢さとは一線を画するものと理解することも可能であろう。

それでもなお、垂直的政府間関係の協調性の度合いや、連邦からのトップダウン的色彩の強い形での地方歳出削減の実行という点を踏まえれば、やはりオーストラリアの事例は日本のそれに近く、スウェーデンのそれとは懸隔があるという他ないというのが、ここでの比較分析の結果である。この点に関連して留意すべきは、分権的・自律的な地方財政を担い手とする対人社会サービスの充実を順調に進め、普遍主義的福祉国家として発展をとげてきたスウェーデンと、エスピン-アンデルセンにはじまる福祉レジーム論において明確に自由主義類型に位置づけられるオーストラリアという、文脈の相異である。

スウェーデンもオーストラリアも、地方財政規律の維持に比較的成功してきた点では同じである。しかし、統治政策上の地方財政の位置づけ、重みが大きく異なることが、地方財政を規律づける方法の違いを生み出した面があるというのが、ここでの示唆である。前者は対人社会サービスの強化を基軸とする社会の安定化に向かった。それは負担増への持続的な合意調達を不可欠のものとし、住民自治をベースとする合意の醸成と財源調達が結果として地方財政の安定を生み出した。その点、後者においては、垂直的統制にもとづく歳出削減をつうじた地方財政規模の抑制が合理性を帯びるような、地方財政の統治政策上の位置づけがあったのではないだろうか。

後者、すなわちオーストラリアについてはこうした観点からの検討を十分に加えることはできなかったため、さらなる考察をまつ必要がある。それでも、日本における総体としての財政政策の方向性と地方財政規律の問題とを関連づけて熟考する必要性と、そのさい、民意を汲み取る回路としての住民自治、及びそれを国レベルの政策に反映させる回路としての協調的政府間関係の成否がある意味の焦点となりうることは、これら三カ国の比較分析をつうじて浮き彫りにされたというべきであろう。

第Ⅲ部　民主主義を変えるための予算制度改革

第7章　日本の予算制度におけるシーリングの意義
――財政赤字と政官関係――

天羽正継

1　日本の財政赤字と予算制度

日本の財政赤字

本章のテーマは日本の予算制度である。周知のように、日本は一九九〇年代以降、巨額の政府債務残高を抱えるに至り、その規模は実額においても対GDP比においても、他の先進諸国を遥かに凌駕している。しかし、本書第8章がアメリカについて、同じく第9章がスウェーデンについて明らかにしているように、他の先進諸国はこの時期にそれぞれ財政再建策に取り組み、日本のような巨額の財政赤字をもたらすようなことにはならなかった。むしろ、スウェーデンは財政健全化に大きく成功した国であるといってよい。

アメリカもスウェーデンも財政健全化を進めるために、歳出に上限を設ける予算制度を導入した。また、本章においてみていくように、日本も歳出を抑制するために「概算要求枠」(シーリング)と呼ばれる予算制度を一九六〇年代に導入した。実は、同様の予算制度は八〇年代に先進諸国で導入された。その背景には、財政需要の高まりにもかかわらず景気の低迷から歳入が伸び悩み、そのために各国とも財政再建に取り組まなければならないという共通の課題があった(Schick 1986)。

なぜ、他の先進諸国と同様に歳出に上限を設ける予算制度を導入しながら、日本だけが巨額の財政赤字を累積させてきたのであろうか。これが本章の出発点となる問いである。しかも、この後みていくように、さらに第8章及び第9章との比較からも明らかになるように、日本のシーリングは他国と比べて非常に厳格なものだったのである。

財政赤字とシーリング

本章は常識的な理解とは異なり、シーリングの厳格さこそが日本に巨額の財政赤字をもたらしたと考える。なぜ厳格なシーリングが逆に巨額の財政赤字をもたらすのか。本章はこれに対して直接の答えを与えることはしない。しかし、第8章が明らかにしているアメリカのグラム＝ラドマン＝ホリングス法の経験は、正にそうしたことが起きる可能性を示している。

さらに、横田茂は、シーリングは各省庁の権限に属する政策領域に関する決定にまで介入することはできないため、与党の政策形成の実権が「族議員」に集中する過程で予算配分が総花化し、経費が膨張したと述べている（横田 二〇〇九、三七頁）。横田は、シーリングの厳格さが経費膨張を招いたとまでは述べていないが、両者が両立する可能性について示唆しているといえる。

そして、日本において厳格なシーリングの下での財政赤字膨張を可能にしているのが、補正予算、特別会計、財政投融資といった、一般会計とは別に存在する予算である。後にみるように、シーリングは一般会計の当初予算のみに適用され、これらの予算には適用されない。一九八〇年代における財政再建の研究を行った宮島洋は、これらが一般会計の歳出抑制分の肩代わりをしたことを指摘している（宮島 一九八九、一三九、二四九頁）。

そこで本章では、シーリングの変遷をたどることにより、右記のように財政赤字をもたらした可能性のあるシーリングになぜ旧大蔵省が固執し、それを強化していったのか、そして、シーリングの意義とは何かといった問題について考察する。なお、本章では紙幅の都合により、大規模な省庁再編が行われた前年の二〇〇一年度までに分析を止めていることをあらかじめ断っておきたい。

日本における予算編成過程

ここで、日本における予算編成過程について概観しておきたい。現在の財務省を念頭に置いてはいるものの、旧大蔵省時代も基本的に変わりはないと考えてよい。

予算編成は毎年五月頃に各省庁の課レベルにおける作業から開始される[(1)]。そして、各課は局に、各局は大臣官房会計課に順次予算要求を行う。通常は七月下旬に、各省庁が財務省に対して概算要求をする場合の上限を対前年度比として示したシーリングが決定されており、大臣官房会計課による査定はこの数字をにらみながら行われる。こうして、省庁としての概算要求額がまとめられ、八月末を期限に財務省に提出される。

財務省は九月以降に、各省庁から提出された概算要求の査定を行う。査定にあたるのは財務省の主計局であり、二、三週間かけて各省庁からヒヤリングを行う。一〇月に入ると予算の査定局議が始まる。そこでは、主査が次長に対して予算の説明を行い、それに対して次長が、査定の根拠等について質問を行うのである。

以上のように、各省庁の予算要求を一件ずつ積み上げていく作業をミクロの予算編成と呼ぶ。これと並行して、予算全体の推計作業が進められる。これをマクロの予算編成と呼ぶ。マクロの予算編成は歳入見込額と突き合わせながら、政治経済の動向を加味して行う必要があるため、主計局は主税局や理財局、さらには経済産業省等の他の経済官庁と意見の調整を図りつつ作業を行う。推計はミクロの予算編成と並行して、第一次から第二次、第三次へと改定されていく。そして主計局は、この推計を歳入見込額と比較したうえで、予算要求額のさらなる削減を行う。

こうして、一二月末頃に財務省としての予算原案である財務省原案がまとめられ、閣議に報告される。そしてこの頃に「予算編成の基本方針」が閣議決定される。すなわち、本来であれば予算編成の前に示されるべきはずの予算編成方針が、予算案の策定がほぼ終わった後に示されるのである。正に「転倒する立案過程」（神野 二〇〇七、一一四頁）といえる。

詳細な財務省原案は、主計局から各省庁の会計課長に対して内示される。各省庁は、概算要求から減額あるいは拒絶（ゼロ査定）されたもののうち、どれを復活要求するかを検討する。復活折衝はまず事務折衝で行われ、そこで決着しなかった項目は各省大臣と財務大臣による大臣折衝に委ねられる。かつては大臣折衝の次に復活折衝の最終段階として、自民党三役と大蔵大臣が調整にあたる三役折衝が存在したが、一九八九年度予算以降は行われていない。

2　シーリングの導入

シーリングとは何か

以上のように、各省庁が概算要求を作成する際にはシーリングをにらみつつ行う。これは、一般会計の当初予算のうち、国債費と地方交付税交付金を除いた一般歳出に対して適用される。表7－1は国債費、地方交付税交付金及び一般歳出の推移を示したものである(2)。

シーリングが初めて導入されたのは一九六一年度の予算編成であるが、その正式名称は、八四年度までは「概算要求枠」、八五～九七年度は「概算要求基準」、九八年度以降は「概算要求に当たっての基本的な方針」と変化している。本章では、これらをまとめて「シーリング」と総称することとしたい(3)。

表7－2にはシーリングの推移が示されている。明らかなように、シーリングのあり方は時代によって変化している。導入当初の四年間は日本経済が高度成長を続けていた時代であり、シーリングの基準は対前年度比五〇％増の範囲内という大らかなものであった。この時に意図されていたことは、歳出規模を抑制することと同時に、予算編成に伴う労力を節約することであった。予算要求をするからには、主計局が拒絶する可能性の高い要求項目についても、他の項目と同様にその裏づけとなる資料を用意しなければならない。しかし、これは労力の無駄遣いである。また、主計局にとっても、そのような予算要求を査定するために時間を割くのはやはり労力の無駄遣いである。そこで、概算要求枠の設定によってこうした労力の無駄を省こうとしたのである（真渕 二〇〇九、二〇九～二一〇頁）。

表7-1　一般会計歳出予算（当初）の推移

（単位：億円，％）

年度	一般歳出			国債費			地方交付税		
	実額	伸び率	構成比	実額	伸び率	構成比	実額	伸び率	構成比
1980	307,332	5.1	72.2	53,104	30.2	12.5	65,452	23.8	15.4
1981	320,504	4.3	68.5	66,542	25.3	14.2	80,835	23.5	17.3
1982	326,200	1.8	65.7	78,299	17.7	15.8	92,309	14.2	18.6
1983	326,195	△ 0.0	67.8	81,925	4.6	17.0	73,151	△ 20.8	15.2
1984	325,857	△ 0.1	64.4	91,551	11.7	18.1	88,864	21.5	17.6
1985	325,854	△ 0.0	62.1	102,242	11.7	19.5	96,901	9.0	18.5
1986	325,842	△ 0.0	60.2	113,195	10.7	20.9	101,850	5.1	18.8
1987	325,834	△ 0.0	60.2	113,335	0.1	20.9	101,841	△ 0.0	18.8
1988	329,821	1.2	59.5	115,120	1.6	20.8	109,056	7.1	19.7
1989	340,805	3.3	57.7	116,649	1.3	19.7	133,688	22.6	22.6
1990	353,731	3.8	54.5	142,886	22.5	22.0	152,751	14.3	23.5
1991	370,365	4.7	53.6	160,360	12.2	23.2	159,749	4.6	23.1
1992	386,988	4.5	54.6	164,473	2.6	23.2	157,719	△ 1.3	22.2
1993	399,168	3.1	56.2	154,423	△ 6.1	21.8	156,174	△ 1.0	22.0
1994	408,548	2.3	60.1	143,602	△ 7.0	21.1	127,578	△ 18.3	18.8
1995	421,417	3.1	61.5	132,213	△ 7.9	19.3	132,154	3.6	19.3
1996	431,409	2.4	59.0	163,752	23.9	22.4	136,038	2.9	18.6
1997	451,067	4.6	58.3	168,023	2.6	21.7	154,810	13.8	20.0
1998	445,362	△ 1.3	57.3	172,628	2.7	22.2	158,702	2.5	20.4
1999	468,878	5.3	58.4	198,319	14.9	24.7	135,230	△ 14.8	16.9
2000	480,914	2.6	56.6	219,653	10.8	25.8	149,304	10.4	17.6
2001	486,589	1.2	58.9	171,705	△ 21.8	20.8	168,230	12.7	20.4
2002	475,472	△ 2.3	58.5	166,712	△ 2.9	20.5	170,116	1.1	20.9
2003	475,922	0.1	58.2	167,981	0.8	20.5	173,988	2.3	21.3
2004	476,320	0.1	58.3	175,686	4.6	21.5	164,935	△ 5.2	20.2
2005	472,829	△ 0.7	57.8	184,422	5.0	22.5	160,889	△ 2.5	19.7
2006	463,660	△ 1.9	58.2	187,616	1.7	23.5	145,584	△ 9.5	18.3
2007	469,784	1.3	56.7	209,988	11.9	25.3	149,316	2.6	18.0
2008	472,845	0.7	56.9	201,632	△ 4.0	24.3	156,136	4.6	18.8
2009	517,310	9.4	58.4	202,437	0.4	22.9	165,733	6.1	18.7
2010	534,542	3.3	58.4	206,491	2.0	22.5	174,777	5.5	19.1

（注）1　上記以外の一般会計歳出費目が存在する年度もあるが，それらは省略してある。
（注）2　1999年度以降の「地方交付税交付金」には地方特例交付金を含む。
（出所）『國の予算』各年度版より作成。

表７-２　シーリングの推移

年　度	内　容
1961～64	50%増の範囲内
1965～67	30%増の範囲内
1968～75	25%増の範囲内
1976	15%増の範囲内
1977	一般行政経費　10%増 その他　15%増 の合計額の範囲内
1978，79	一般行政経費　経常事務費　0 　　　　　　　その他　5%増 その他　13.5%増 の合計額の範囲内
1980	一般行政経費　0 その他　10%増 の合計額の範囲内
1981	一般行政経費　0 その他　7.5%増 の合計額の範囲内
1982	0
1983	マイナス５%の範囲内（除く投資的経費）
1984～87	経常部門　マイナス10% 投資部門　マイナス5% の合計額の範囲内
1988～90	経常部門　マイナス10% 投資部門　0 の合計額の範囲内 ほか，社会資本整備特別措置法による事業　13,000億円
1991	経常的経費　マイナス10% 投資的経費　0 （生活関連重点化枠2,000億円） の合計額の範囲内 ほか，社会資本整備特別措置法による事業　13,000億円
1992	経常的経費　マイナス10% 投資的経費　0 ［生活関連重点化枠2,000億円 新たに公共投資充実臨時特別措置として 2,000億円の範囲内で要求額に加算］ の合計額の範囲内 ほか，社会資本整備特別措置法による事業　13,000億円
1993	経常的経費　マイナス10% （新たに生活・学術研究臨時特別措置） 投資的経費　0 ［生活関連重点化枠2,500億円 公共投資充実臨時特別措置として2,000億円の範囲内で要求額に加算］ の合計額の範囲内 ほか，社会資本整備特別措置法による事業　13,000億円
1994	経常的経費　マイナス10% 投資的経費　プラス5% の合計額の範囲内 ほか，社会資本整備特別措置法による事業　13,000億円
1995	経常的経費　マイナス10% 投資的経費　プラス5% （うち新たに公共投資重点化枠設定3,000億円） の合計額の範囲内 ほか，社会資本整備特別措置法による事業　13,000億円
1996	経常的経費 　一般行政経費　マイナス15% 　その他　マイナス10% 　（新たに経済発展基盤・学術研究臨時特別加算） 投資的経費　プラス5% （公共事業費については，公共投資重点化枠とあわせて５%） （公共投資重点化枠3,000億円） の合計額の範囲内 ほか，社会資本整備特別措置法による事業　13,000億円
1997	経常的経費 　一般行政経費　マイナス15% 　その他　マイナス12.5% 　利子補給等　マイナス5% 　人件費　マイナス0.8% 　（新たに，経済構造改革特別措置3,000億円） 投資的経費　0 　（うち公共投資重点化枠5,000億円） の合計額の範囲内 ほか，社会資本整備特別措置法による事業　13,000億円
1998	一般歳出を1997年度比 　社会保障関係費　プラス3,000億円未満 　公共投資予算　マイナス７%以下 　国立学校特別会計へ繰入　マイナス０以下 　私学助成　マイナス０以下 　防衛関係費　マイナス０以下 　ODA　マイナス10%以下 　主要食糧関係費　マイナス０以下 　科学技術振興費　概ねプラス５%以下 　エネルギー対策費　マイナス０以下 　中小企業対策費　マイナス０以下 要求額のうち 　環境・科学技術・情報通信等経済構造改革特別調整措置　1,500億円 公共事業配分重点化措置 　物流効率化による経済構造改革特別枠　1,500億円 　生活関連等公共事業重点化枠　2,500億円
1999	(1)公共事業関係費　0 (2)科学技術振興費　プラス５% (3)社会保障関係費　プラス5,700億円 (4)その他の経費　前年度当初予算額における額 の範囲内 特別枠 　景気対策臨時緊急特別枠　４兆円 　情報通信，科学技術，環境等21世紀発展基盤整備特別枠　1,500億円 公共事業配分重点化措置　5,000億円 　物流効率化による経済構造改革特別枠　1,500億円 　環境・高齢者等福祉・中心市街地活性化等21世紀の経済発展基盤整備特別枠　1,000億円 　生活関連等公共事業重点化枠　2,500億円
2000	(1)公共事業関係費　0 (2)社会保障関係費　プラス5,000億円 (3)その他の経費　前年度当初予算額における額 の範囲内 特別枠 　情報通信，科学技術，環境等経済新生特別枠　2,500億円 公共事業配分重点化措置 　物流効率化，環境・情報通信・街づくり等経済新生特別枠　2,500億円 　生活関連等公共事業重点化枠　3,000億円
2001	(1)公共事業関係費　0 (2)社会保障関係費　プラス7,500億円 (3)その他事項経費　前年度当初額における額に相当する額に，人件費に係る義務的経費の増を加算し，配分重点化対象経費に1,000分の19を乗じた額を控除した額 の範囲内 特別枠 　日本新生特別枠　3,000億円 公共事業配分重点化措置 　日本新生特別枠　4,000億円 　生活関連等公共事業重点化枠　3,000億円
2002	(1)公共投資関係費要望額　0 (2)社会保障関係費　プラス7,000億円 (3)義務的経費等　人件費に係る平年度化等の額を加算した額 (4)その他事項経費　一般政策経費の額に相当する額に90/100を乗じた額と構造改革特別要求を加算した額 の範囲内 公共投資重点化措置　公共投資関係費の総額に相当する額に90/100を乗じた額の範囲内で予算措置を講ずる。 2002年度予算に係る要求・要望の期限の特例　構造改革特別要求及び重点７分野に係る経費で，かつ，相当の理由があると認められる公共投資関係費の要望の送付期限を９月30日とする。

年度	内容		
2003	(1)公共投資関係費要望額	要望基礎額の120/100	の範囲内
	(2)義務的経費	前年度当初予算における額に，①人件費にかかる平年度化等の増及び②補充費等6,900億円を加算した額	の範囲内
	(3)裁量的経費要望額	要望基礎額の120/100	の範囲内
	公共投資重点化措置	公共投資関係費の総額に相当する額に97/100を乗じた額の範囲内に抑制する。	
	裁量的経費重点化措置	予算措置の総額は，裁量的経費に相当する額に98/100を乗じた額に，科学技術振興費に相当する額を加算した額を上限とする。	
2004	(1)公共投資関係費要望額	前年度に同じ	の範囲内
	(2)義務的経費	前年度に同じ	の範囲内
	(3)裁量的経費要望額	前年度に同じ	の範囲内
	公共投資関係費の予算措置の総額	公共投資関係費に相当する額に97/100を乗じた額の範囲内に抑制する。	
	裁量的経費の予算措置の総額	裁量的経費に相当する額に98/100を乗じた額に，科学技術振興費に相当する額を加算した額を上限とする。	
	NTT 無利子貸付償還時補助		
2005	(1)公共投資関係費要望額	要望基礎額の120/100。なお，既存事業の廃止等の抜本的見直しによる削減額に相当する額を要望額の上限額に加算することができる。	の範囲内
	(2)義務的経費	前年度当初予算における額に，①人件費に係る平年度化等の増減，及び②補充費等8,600億円を加算した額。なお，制度の見直しにより，要求額が前年度当初予算における額に①及び②を加算した額を下回る場合は，その差額の範囲内において，上記の見直しによる削減額に相当する額を(1)または(3)の要望基礎額に加算することができる。	の範囲内
	(3)裁量的経費要望額	前年度に同じ	
	公共投資関係費の予算措置の総額	前年度に同じ	
	裁量的経費の予算措置の総額	前年度に同じ	
	公共投資関係費及び裁量的経費の要望の調整	両経費の要望額の合計額の範囲内において，両経費間で所要の調整をすることができる。	
2006	(1)公共投資関係費要望額	前年度に同じ	の範囲内
	(2)義務的経費（年金・医療等に係る経費に限る）	高齢化等に伴う増加等から各般にわたる制度・施策の見直しによる削減・合理化を図ることとし，その増の範囲内において，前年度当初予算における相当額に加算した額	の範囲内
	(3)義務的経費（年金・医療等に係る経費を除く）	前年度当初予算における相当額に人件費に係る平年度化等の増減を加減算した額	の範囲内
	(4)裁量的経費要望額	前年度に同じ	の範囲内
	公共投資関係費の予算措置の総額	前年度当初予算における公共投資関係費に相当する額に97/100を乗じた額の範囲内に抑制する。	
	裁量的経費の予算措置の総額	前年度当初予算における裁量的経費に相当する額に97/100を乗じた額を上限として縮減を図る。	
	各経費間の要求・要望の調整等	公共投資関係費及び裁量的経費に係る要望基礎額並びに義務的経費及び既存債務の支払の要求額の合計額の範囲内において，各経費間で所要の調整をすることができる。	
	予算配分の重点化促進のための加算	総額1,000億円の範囲内で公共投資関係費及び裁量的経費の予算措置の総額の上限に加算することができる。	
2007～08	(1)年金・医療等に係る経費	補充費途として指定されている経費等のうち，年金・医療等に係る経費については，高齢化等に伴う増加等から各般にわたる制度・施策の見直しによる削減・合理化を図り，その増を前年度当初予算額における当該経費に相当する額に加算した額	の範囲内
	(2)公共事業関係費要望額	要望基礎額の120/100	の範囲内
	(3)その他の経費		の範囲内
	①人件費	前年度当初予算における人件費に相当する額に，給与構造改革の効果を反映しつつ，平年度化等の増減を加減算するとともに，「国の行政機関の定員の純減について」における重点事項別の純減目標数を踏まえた人件費の額を減算した額	の範囲内
	②義務的経費	前年度当初予算における当該経費に相当する額	の範囲内
	③その他経費要望額	要望基礎額の120/100	の範囲内
	公共事業関係費の予算措置の総額	前年度に同じ	
	その他経費の予算措置の総額	各経費ごとに以下の額を上限として縮減を図る	
	イ．科学技術振興費	前年度当初予算における科学技術振興費に相当する額	
	ロ．国立大学法人運営費	前年度当初予算における国立大学法人運営費に相当する額に99/100を乗じた額	
	ハ．私立学校助成費	前年度当初予算における私立学校助成費に相当する額に99/100を乗じた額	
	ニ．防衛関係費	前年度当初予算における防衛関係費に相当する額に99/100を乗じた額	
	ホ．その他	前年度当初予算における上記イ～ニ以外の経費に相当する額に97/100を乗じた額	
	各経費間の要求・要望の調整等	公共事業関係費及びその他経費に係る要望基礎額並びに人件費及び義務的経費に係る要求額については，その合計額の範囲内において，各経費間で所要の調整をすることができる。	
	予算配分の重点化促進のための加算	総額500億円の範囲内で上記に規定する予算措置の総額の上限に加算することができる。	
2009	(1)年金・医療等に係る経費	前年度に同じ	の範囲内
	(2)公共事業関係費要望額	要望基礎額の125/100	の範囲内
	(3)その他の経費		の範囲内
	①人件費	前年度に同じ	の範囲内
	②義務的経費	前年度に同じ	の範囲内
	③その他経費要望額	要望基礎額の125/100	の範囲内
	公共事業関係費の予算措置の総額	前年度に同じ	
	その他経費の予算措置の総額	前年度に同じ	
	各経費間の要求・要望の調整等	前年度に同じ	
	予算配分の重点化促進のための加算	公共事業関係費及びその他経費の各経費について，その他前年度当初予算額に相当する額に2/100を乗じた額を各経費に係る上記予算措置の総額の上限から控除することとし，これらの控除額の合計に500億円を加えた額の範囲内で，各省庁の要望を踏まえ，予算編成過程において，上記予算措置の総額の上限から各経費に係る上記控除額を控除した額に加算することができる。	

（注）　内容を一部簡略化している。

（出所）『國の予算』平成22年度版，16-22頁より作成。

歳出抑制手段としてのシーリング

しかし、日本経済が安定成長に移行し、財政が次第に逼迫してくると、シーリングの基準は三〇%、二五%と引き下げられていった。一九七七年度予算からは、一般行政経費とその他の経費に分けてシーリングがかけられるようになり、前者に対して厳しい基準が設定された。そして、八二年度に〇%、八三年度にはマイナス五%（ただし投資的経費を除く）となり、シーリングの目的は明確に予算の圧縮となっていった。また、八四年度以降は、対象となる経費が経常部門と投資部門に区分されることとなり、前者に対して厳しい基準が設定された[4]。

一九八八年度にはシーリングのあり方に注目すべき変化が起きている。すなわち、それまでと同様に対前年度比で示される部門とは別に、「社会資本整備特別措置法による事業[5]」という特別枠が設けられたのである。また、九一年度には投資的経費のなかに「生活関連重点化枠」が設けられ、さらにその後も特別加算が設定されたり、経費が一層細かく区分されるなど、シーリングは複雑化していった。

一九九八年度にシーリングの名称は「概算要求に当たっての基本的な方針」となったが、その内容も大きく変化した。それまで、経費は大きく経常的経費と投資的経費に分けて示されていたのが、「公共事業関係費」や「社会保障関係費」というように、費目名が具体的に示されるようになった。また、その抑制基準も「〇〇%」や「〇〇億円」というように数値で示されるだけでなく、極めて詳細かつ具体的な基準設定が行われるようになった。そして、時代が進むにつれてその複雑性は増していった。

3　シーリングと政官関係

予算編成における与党と大蔵省の関係

一九六五年に深刻化した証券不況を受けて、政府は同年度に戦後初の赤字国債を発行した。大蔵省はこれ以降、すべての歳出は税収によって賄われなければならないと主張することができなくなり、ミクロ的予算編成に関する決定を各省庁、利益集団及び自民党政務調査会（以下、政調会）の影響から守ることが困難となった[6]。そのため、大蔵省はミクロ的予算編成の分野から事実上撤退するかわりに、シーリングを強化することでマクロ的予算編成に対する統制を強化し、政府支出総額をコントロールしようとした[7]（キャンベル 一九八四、三四六～三四九頁）。具体的には、先に見たように、シーリングの基準が六五年度に対前年度比五〇％から三〇％に、六八年度にはさらに二五％に引き下げられたのである。

一九六七年から行われた財政硬直化打開運動は、大蔵省のそうした意思の現れであった。同年九月、大蔵省の谷村事務次官と村上主計局長は佐藤首相を訪ね、財政が膨大な当然増経費を抱えて硬直化状態にあることを指摘した。財政の硬直化とは、歳出に占める当然増経費の比率増大のために財政の伸縮性が失われ、財政当局によるコントロールが効きにくい状態になっている現象を指していた[8]（真渕 一九九四、二二二～二二三頁）。

一九六八年度予算編成において、財政硬直化打開策として大蔵省が採用したのが総合予算主義であった。総合予算主義とは、年度途中で補正予算を組む習慣が財政膨張を招いているという判断から、補正見込分をあらかじめ「予備費」として当初予算に計上する方法である。具体的には公開財源と官房調整費が用意され、復活折衝が次のように進められることとなった。すなわち、事務折衝では公開財源は利用されず、官房調整費のなかで施策の取捨選択が行われ、次の大臣折衝において公開財源の一部の使途が決定される。そして、最後の政治折衝の段階で、残りの公開財源の使途が決定されるのである（真渕 一九九四、二二三～二二六頁）。

しかし、公開財源と官房調整費の導入は、自民党に対する大蔵省の譲歩であった。なぜなら、大部分の新規政策経費の配分決定を、復活折衝において同党に委ねることとなったからである[9]（キャンベル 一九八四、三四七頁、真渕 一九九四、二二六頁）。実際に同年度予算編成において、首相及び全閣僚と与党幹部の間で予算懇談会が開催され、政府の公式の予算編成過程に自民党の幹部がフォーマルなアクターとして初めて参加したのである（山口 一九八七、一五八頁）。

もっとも、総合予算主義と財政硬直化打開運動は、一九六八年度補正予算が編成され、同時に日本経済が高度成長路線へと復帰したことで早くも放棄された。しかし、公開財源の制度は自民党の既得権として残され、これ以降、大蔵省主計局と自民党が共同で予算を編成するという方式が定着することとなったのである（真渕 一九九四、二三八～二三九頁、

牧原 二〇〇三、二六四～二六五頁）。

「党主導による予算編成」とシーリングをめぐる攻防

こうして大蔵省は自民党との「共存共栄」路線を選択することとなったが、その後、一九八四年夏に自民党の藤尾政調会長が、シーリングの決定に対する党の関与と「党主導による予算編成」を求めた。これは、前年度予算のマイナス・シーリングによって権限を侵害された政調会の各部会や族議員の不満を反映したものであった。大蔵省と自民党の対立は、中曽根首相と政調会長との間の合意によって一応落着した。そこでは、八五年度の予算編成について、大蔵大臣は自民党にその状況を報告するものとし、自民党と大蔵大臣の協議の下に作業を行うこと、年末の予算折衝においては自民党主導の下に重点的な調整と編成を行うことなどが合意された(10)。そして、この合意の結果、シーリングの名称は「概算要求枠」から「概算要求基準」へと変更されることとなった(11)（横田 一九九五、一七頁、田中 二〇一一、一三一頁）。

一般消費税の導入を掲げた自民党が一九七九年一〇月の総選挙で「敗北」して以降は(12)、財政再建がそれまでの主税局中心から主計局中心で進められることとなった（柳沢 一九八五、五三頁）。さらに、八一年三月には臨時行政調査会が発足して「増税なき財政再建」を掲げた歳出削減政策が展開されることとなり、シーリングはますます厳しいものとなっていった。

一九八三年度のシーリングはマイナス五％だったが、投資的経費は対象から除外されていた。しかし、翌八四年度のシーリングでは、投資的経費にも五％のマイナス・シーリングがかけられた。その理由は、公債残高が「既に一〇〇兆円を超える膨大な額となっており」、「このままでは、財政は社会経済情勢の変化に対応した新たな施策を講ずる余力を持ち得ないばかりか、経済・金融政策の円滑な運営に支障を生じ、我が国経済の発展と国民生活の安定を図る上で重大な障害となるおそれがあ」るので、「今後の財政運営に当たっては、まず歳出面において、行財政の守備範囲を見直す見地から既存の制度・施策についても改革を行うなどその節減合理化に努める必要があ」るというものであった（「昭和五九年度の概算要求についての大蔵大臣閣議発言要旨」）。

このシーリングは一九八七年度まで続いた。投資的経費が連年マイナスとされたことに対して自民党の反発は強かったが（朝日新聞一九八五年五月三一日付朝刊）、大枠としては受け入れざるを得ないという判断であった。そこで同党が着目したのがシーリングの例外事項であった。八五年度は人件費、年金、ＯＤＡ、エネルギー対策、防衛、科学技術振興費の六項目が例外とされたが、党内には「農林族」議員を中心として項目数を増やそうという動きが活発であった（朝日新聞一九八五年七月五日付朝刊）。結局、八六年度は例外事項について前年度より増額して要求することが認められたものの、項目数は増やされなかった（朝日新聞一九八五年七月二六日付夕刊）。これは翌八七年度も同様であった。

特別枠の設定

一九八七年二月にパリで開かれた五カ国蔵相・中央銀行総裁会議（Ｇ５）と七カ国蔵相会議（Ｇ７）で、日本はアメリカのドル安政策の歯止めと引き換えに、内需拡大を約束した。そのために宮沢蔵相は、公共事業に毎年度マイナス・シーリングをかけ続けていくことは困難であると考えるに至った（朝日新聞一九八七年二月二四日付朝刊）。また、同年六月のヴェネチア・サミットでも内需拡大の推進を対外公約とした。これらを受けて大蔵省は、八八年度予算のシーリングにおいて、道路、上下水道、公園など、都市整備に重点を置いた公共事業に別枠を設け、その財源として政府保有のＮＴＴ株の売却収入の一部を充てるという方針を固めるに至った（朝日新聞一九八七年六月一六日付朝刊）。こうして、最終的に同年度のシーリングは、経常部門マイナス一〇％、投資部門〇％、社会資本整備特別措置法による事業一兆三〇〇〇億円となった。このシーリングは八九、九〇年度も同様であった。

一九九一年度のシーリングでは、前年度までの内容に加えて「生活関連重点化枠」が二〇〇〇億円設定された。この枠が設けられたのは、八九年から九〇年まで開催された日米構造協議により、一〇年間で四三〇兆円の「公共投資基本計画」が了承され、そのなかでも生活関連分野の割合を伸ばしていくことを日本がアメリカに約束したためであった。投資部門とは別枠とされたのは、投資部門の枠全体を増やすと概算要求の取りまとめ段階で関係省庁の圧力の強い分野が伸び、必ずしも生活関連投資の増額に結びつかないおそれがあると考えられたためであった（朝日新聞一九九〇年七月六日付夕刊）。

この二〇〇〇億円の特別枠に対して、各省庁の概算要求総額は一兆一〇〇〇億円強に達した（朝日新聞一九九〇年八月二五日付朝刊）。これに対して大蔵省は、道路や下水道などの一般公共事業に一七五〇億円、社会福祉施設や教育施設の建設など非公共事業に二五〇億円を配分する方針を明らかにした。配分方法をめぐっては、公共事業の実施官庁や自民党の「公共事業族」の議員が、全額を公共事業に充てるべきだと要求していた。しかし、従来の公共投資予算における公共事業と非公共事業の比率がほぼ七対一となっていたため、大蔵省はこの比率に従って非公共事業にも二五〇億円を割り当てることとした。同省は、生活関連重点化枠に関しては過去の予算配分にとらわれずに配分したいと考えていたが、結局そこから大きく外れた配分は行わなかったのである（朝日新聞一九九〇年一二月九日付朝刊）。

しかし、一九九〇年一二月に開かれた蔵相、官房長官、自民党四役の協議の席上で上記の大蔵省案が明らかになると、自民党四役から、従来の公共投資の配分比率を当てはめたことや、事前にマスコミに伝えられたことを非難する声があがり、党側が蔵相を押し切って査定権を大蔵省から奪い、自ら調整に乗り出すこととなった。ただし、この協議でまとめられた合意では「七対一（の配分比）を念頭に置く」となっており、大蔵省案を基本的に踏襲することとなった（朝日新聞一九九〇年一二月一九日付朝刊）。

自民党は翌一九九一年六月の四役会議において、シーリングによって予算を一律に抑制することは見直すべきという考えで一致し、政府側に申し入れることを決定した（朝日新聞一九九一年六月一八日付夕刊）。同年七月に決定した九二年度のシーリングでは、生活関連重点化枠に加えて「公共投資充実臨時特別措置」が設定されることとなった。これは、各省がその枠内で要求額に上乗せすることを認めるもので、「アメリカ向け」に公共投資の事業量を増やすことを優先したことによるものであった。ただ、生活関連重点化枠とは別に枠を設けた理由は、先に見たように、前年度に配分方法をめぐって自民党の介入を許した反省から、別枠で重点配分を実現したいと大蔵省が考えたためであった（朝日新聞一九九一年七月五日付朝刊）。

翌一九九三年度のシーリングでは、投資的経費の生活関連重点化枠が二五〇〇億円に増額された。これは、内需拡大に対する内外からの強い要望に配慮したもので、投資的経費の実質的な伸び率は三年連続で五％台に維持されることとなった。また、経常的経費に「生活・学術研究臨時特別措置」が設けられた。これは経常的経費では初の特別枠であり、関係省庁は、前年度における同経費の予算額から例外事項経費等を除いた額の五％に相当する金額の範囲内で要求額に加算することとされた。この特別措置が設けられたのは、基礎研究費が抑制されていることに対する自民党の「文教族」や文部省の不満に対して配慮したためであった（日本経済新聞一九九二年六月一二日付朝刊）。

4　政治の変容とシーリング改革

非自民党政権の成立と特別枠の廃止

一九九三年八月に非自民六党の連立政権である細川内閣が成立し、自民党は野党に転落した。大蔵省は、与党が「硬直化した予算配分方式の見直し」を基本政策として掲げていることに対応して、投資的経費を前年度比「横ばい」にして特別枠を上乗せするというそれまでの予算編成方式を改め、要求と査定の自由度を高める方向に転換することを決定した。この背景には、特別枠が公共事業費の重点化を狙っていたにもかかわらず、特別枠以外の配分シェアがかえって固定化する傾向があるということがあった（朝日新聞一九九三年八月四日付朝刊）。

その結果、一九九四年度のシーリングでは、社会資本整備特別措置法による事業一兆三〇〇〇億円は残ったものの、生活関連重点化枠と公共投資充実臨時特別措置は廃止され、経常的経費マイナス一〇％、投資的経費プラス五％となった。重点化枠と特別措置の廃止は「族議員」の影響力を排除することを狙ったものであるが、投資的経費がプラスとされたのは景気への配慮からであった（日本経済新聞一九九三年八月一一日付朝刊）。

特別枠の復活と増設要求

細川内閣の退陣後、同じく非自民連立政権の羽田内閣を経て、一九九四年六月に社会党、自民党、新党さきがけによる村山内閣が成立した。九五年度のシーリングについて、与党が特別枠を復活させることで政治主導の印象づけを行いたいと考えていたのに対して、大蔵省は特別枠の復活を何としても阻止したいという意思を持っていた（朝日新聞一九九四年七月一六日付朝刊）。特に与党や各省庁は、農業対策や高齢者福祉、整備新幹線などについて特別枠を設けるよう攻勢を強めていた（朝日新聞一九九四年七月二〇日付朝刊）。

当初、与党は特別枠の設定を求めない方向で合意に達した。これは、大蔵省が強く反対していることに加えて、特別枠設定を求めることが「族議員復活」という印象を国民に与えかねないという判断によるものであった（朝日新聞一九九四年七月二二日付朝刊）。

しかし、その後与党は、農業対策や情報通信基盤整備費など、与党内で増枠要求の強い分野について投資的経費のなかに新たな重点化枠を設けることで一致した（朝日新聞一九九四年七月二六日付朝刊）。自民党政調会の幹部は、一九九三年度までの特別枠はその狭い範囲内での「分捕り合戦」に終始して全体のシェア見直しにはつながらず、また、細川政権では特別枠をすべて廃止したものの、大きな配分変更はできなかったが、今回の重点化枠はどちらとも異なるものであると自賛した（日本経済新聞一九九四年七月二七日付朝刊）。

この重点化枠については、概算要求段階ではその二倍程度まで受け付け、年末の予算編成までに絞り込むこととされた。これは、一定の範囲内で「政治査定」の余地を作り、各省庁に重点政策を競わせることで、公共事業の配分比率の見直しなど、村山内閣のカラーを打ち出すことが狙いであった（朝日新聞一九九四年七月二七日付朝刊）。

翌一九九六年度のシーリングについても、特別枠設置をめぐる攻防が展開された。大蔵省は前年度に引き続いて公共投資重点化枠三〇〇〇億円を設ける方針を固めたが、特別枠の新設を求める与党や各省庁の声はなおも強かった（朝日新聞一九九五年七月二八日付朝刊）。その後、特別枠に代わって、経常的経費に「経済発展基盤・学術研究臨時特別加算」を設けることが決定された。これは、研究開発などの予算は公共事業以外の分野が多く、経常的経費がシーリングでマイナスとされているために新たな分野に予算を配分することが難しいという現状に対応して、経済構造の転換や研究開発のために重点的に予算を配分する目的で設けられたものであった（朝日新聞一九九五年八月一日付夕刊）。

しかし、与党の公共事業ワーキングチームでの議論をとおして政権の意思を予算配分に反映させる余地のある公共投資重点化枠と異なり[13]、この特別加算の予算配分は大蔵省任せということになっていた（朝日新聞一九九五年八月五日付朝刊）。特別加算の総額は経常的経費の五％に相当する一四〇〇億円とされたが、大蔵省としては、各省庁の事務費や物品費、補助金等の経常的経費の五％相当額を機械的に特別加算として各省庁に割り振り、秋以降の査定でメリハリを付けたいと考えていた。しかしそれ以前に、政治的圧力によって一部の省庁に増額が認められるという出来事があり（朝日新聞一九九五年八月一三日付朝刊）、予算配分をめぐる与党と大蔵省の攻防はなおも続いた。

シーリング改革

一九九六年一月に自民党、社会党、新党さきがけによる橋本内閣が成立した。九七年度のシーリングについて与党は、①同年度を「財政再建元年」ととらえる、②経済構造改革、研究開発投資などに重点配分する、③公共投資のあり方を見直す、④景気に中立的な内容にする、という方針を固めた（日本経済新聞一九九六年七月一〇日付朝刊）。そこで、前年度まで三年連続で五％増であった投資的経費の伸び率をゼロにするとともに、公共投資重点化枠を五〇〇〇億円に拡充して、硬直化した公共事業の配分見直しにつなげることを狙った[14]（日本経済新聞一九九六年七月一三日付朝刊）。経常的経費についても、一般行政経費をマイナス一五％とする等、大幅に抑制するとともに、科学技術や情報通信に重点投資する三〇〇〇億円の「経済構造改革特別措置」を新設した。

橋本首相は当初より、現在のシーリング方式では予算の重点配分は困難であると考えており（日本経済新聞一九九六年五月一五日付朝刊）、その見直しを示唆していたが、大蔵省側は「シーリングに代わる案は見当たらない」と冷ややかであった（日本経済新聞一九九六年五月一四日付朝刊）。

しかし、翌一九九七年一一月に「財政構造改革の推進に関する特別措置法」（通称　財政構造改革法）が制定された。同法は「国及び地方公共団体の財政収支が著しく不均衡な状況にあることにかんがみ、財政構造改革の推進に関する国の責務、財政構造改革の当面の目標及び国の財政運営の当面の方針を定めるとともに、各歳出分野における改革の基本方針、集中改革期間（中略）における国の一般会計の主要な経費に係る量的縮減目標及び政府が講ずべき制度改革等並びに地方財政の健全化に必要な事項を定めることを目的とする」（第一条）ものであった。

財政構造改革法は二〇〇三年度までの時限立法で、歳出全体を抑制するために公共事業、社会保障、文教等の主要経費ごとに上限を定めるものであるが、優先順位に応じ、分野によって抑制・削減の幅に差を付けるものでもあった。一律抑制で各省庁の既得権の温存につながってきたとの批判があった従来のシーリング方式から転換することを狙ったもので、アメリカの包括財政調整法（ＯＢＲＡ）がモデルになっていた（横田 二〇〇九、三八頁）。そして、同法の制定を受けて、シーリングの名称は「概算要求基準」から「概算要求に当たっての基本的な方針」に改められた。

予算配分重点化の試み

一九九八年度のシーリングでは、社会保障関係費が前年度比三〇〇〇億円未満のプラス、科学技術振興費がおおむね五％以下のプラスとされた以外は、すべての経費が対前年度比ゼロもしくはマイナスとされた。しかし、各省庁のシェアが固定されたままでは予算が硬直的になることから、特別枠と重点化枠が設けられることとなり、公共事業の分野で「物流効率化による経済構造改革特別枠」と「生活関連等公共事業重点化枠」が設けられた。前者は、各省庁の要求をもとに官邸が配分を決める方式が採用され、予算の配分を見直す梃子になることが期待された。一方後者は、特に整備が遅れている地域に与党間の調整で重点配分することとされた。さらに、公共事業以外の分野においても「環境・科学技術・情報通信等経済構造改革特別調整措置」が設けられ、各省庁が連携する事業に重点を置き、官邸主導で配分することとされた（朝日新聞一九九七年七月八日付夕刊）。

その後、一九九七年七月に発生したアジア通貨危機を契機として広まった金融不安と景気後退のなかで、財政構造改革法は九八年一二月に停止された。同年七月に成立した小渕内閣は景気対策を重視し、九九年度予算のシーリングに特別枠として四兆円の「景気対策臨時緊急特別枠」を設けた。さらに、この他にも複数の特別枠や重点化枠が設けられた。このうち、特別枠については首相自身が優先度合いについて仕分けを行い、予算配分に当たるとされた（「平成一一年度予算の概算要求に当たっての基本的な方針についての内閣総理大臣臨時閣議発言要旨」)。

二〇〇〇年度のシーリングにおいても、同年度予算を一九九九年度当初予算並みの「景気刺激型」とすることが決定され、「経済新生特別枠」と「公共事業重点化枠」が設けられた。このうち、前者の計五〇〇〇億円については、首相が優先度合いについて仕分けを行い、予算配分に当たるとされた（「当面の財政運営の基本的考え方及び平成一二年度予算の概算要求についての総理大臣閣議発言要旨」）。

5　マクロ的予算編成とシーリング

財政赤字の膨張をもたらした予算制度

以上見てきたように、橋本内閣の下でシーリング改革が行われたわけであるが、果たしてそのあり方は大きく変わったのであろうか。確かに表7-1を見れば、一九九八年度のシーリングには具体的な経費ごとに増減率（額）が示され、それまでのものとは大きく異なっている。しかし、翌九九年度以降は、大枠の経費が示されるようになっており、九七年度以前の形に近いものになっているように見える。

ただ、その増減率（額）は極めて厳密に設定されるようになっており、特に二〇〇五年度以降に顕著である。しかも、シーリングが各省の概算要求前に決定されるというあり方自体はそもそも変わっていない。すなわち、シーリングは「改革」されたというよりも、より厳格に経費をコントロールするものへと変わっていったということができるであろう。

このように、シーリングは導入以降形を変えつつ、複雑性を増しながら維持されてきた。特に、一九八〇年代以降はマイナス・シーリングが定着し、厳格さを強めていった。しかし、それにもかかわらず、九〇年代以降、財政赤字が累積して行ったことは周知の通りである。

なぜこのようなことが起きたのか。第一節で述べたように、シーリングは一般会計の当初予算のみに適用され、補正

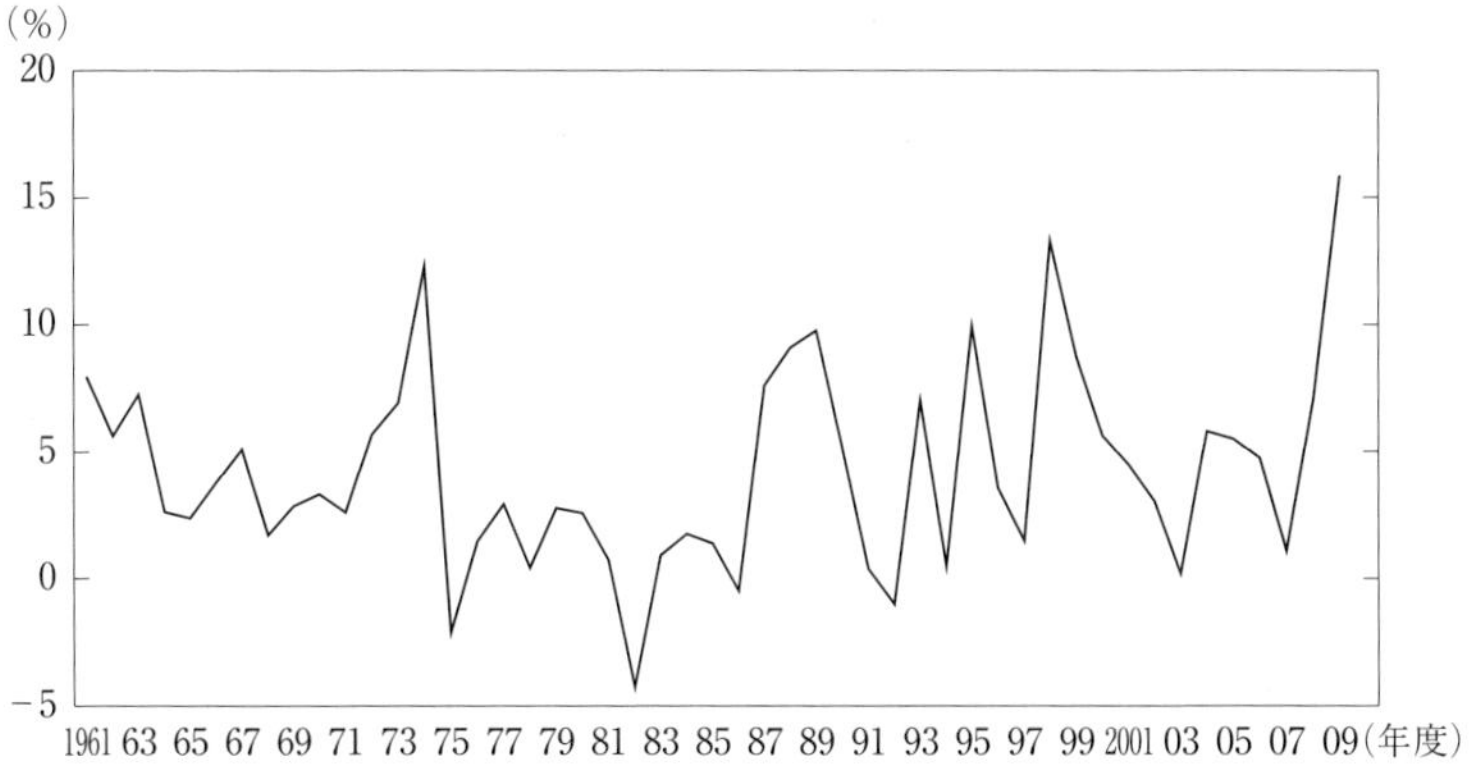

（注）　一般会計補正率＝補正予算額／当初予算額
（出所）　財務省ホームページ「財政統計」(URL：http://www.mof.go.jp/budget/reference/statistics/index.htm）より作成。

図７－１　一般会計補正率の推移

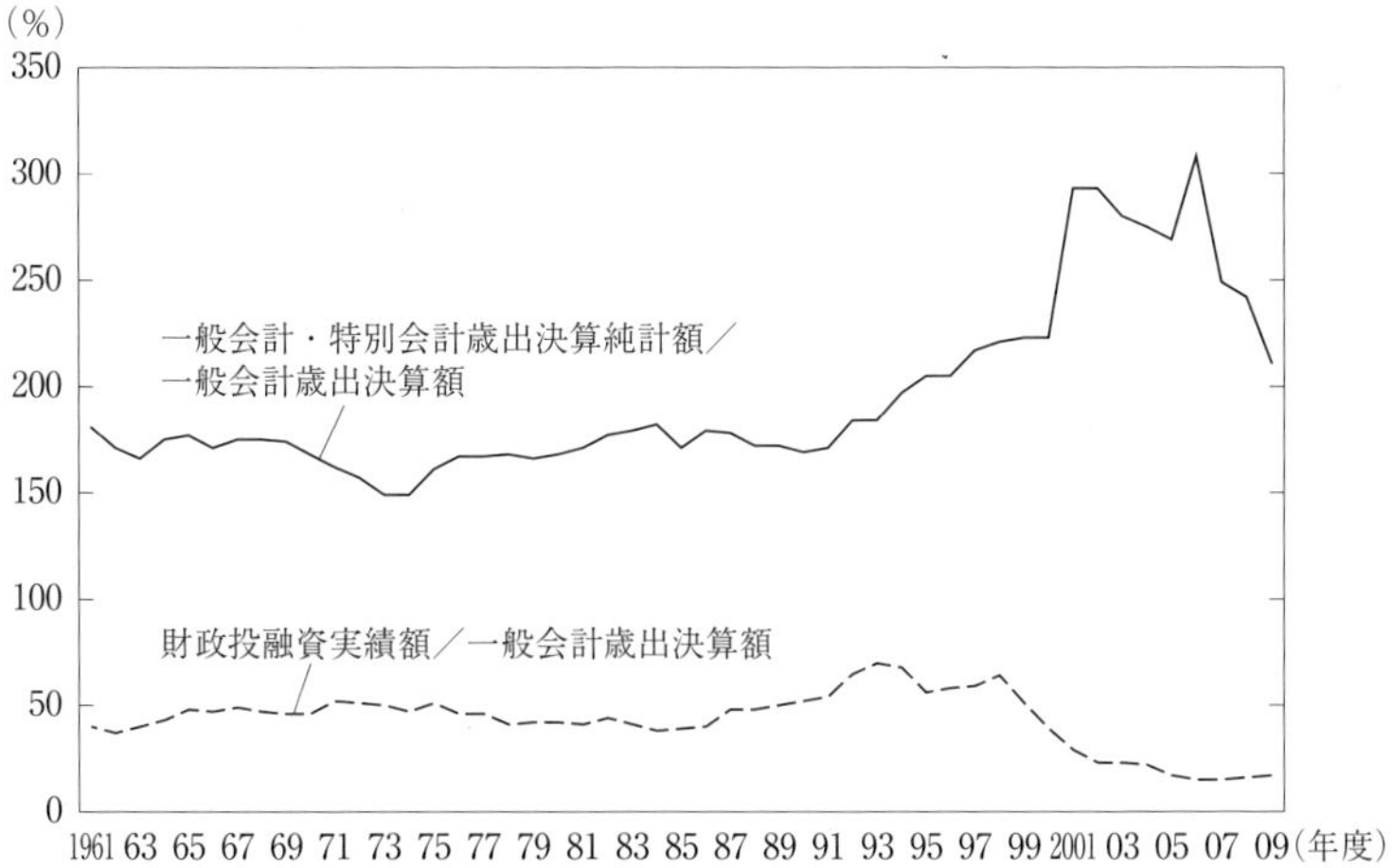

（出所）　大蔵省財政史室編（1999），『財政金融統計月報』各号，財務省ホームページ「財政統計」（URL：http://www.mof.go.jp/budget/reference/statistics/index.htm）より作成。

図７－２　一般会計に対する特別会計・財政投融資の規模

予算、特別会計、財政投融資には適用されない。図7－1は、一般会計の当初予算額に対する補正予算額の比率（補正率）の推移を示している。そこには一九八〇年代後半から九〇年代にかけていくつかの大きな山があり、その時期に大規模な補正予算の編成が行われたことを示している。

一方、図7－2は、一般会計歳出決算額に対する一般会計・特別会計歳出決算純計額及び財政投融資実績額の比率を示している。ここから、一般会計に対する財政投融資の規模が一九九〇年代にわずかに増加し、同年代末以降は逆に減少していったのに対し、特別会計の規模が九〇年代以降ほぼ一貫して増加していったことを示している。以上から、補正予算と特別会計の拡大が、財政支出、ひいては財政赤字の膨張を招いたといえるであろう。

大蔵省とシーリング

以上みてきたように、シーリングは財政赤字の膨張を防ぐことができなかったにもかかわらず、大蔵省はそれを維持することにこだわり続けた。それは、シーリングの見直しを示唆した橋本首相に対して、「シーリングに代わる案は見当たらない」と反応したことからも明らかである。それではなぜ、大蔵省はシーリングに固執したのであろうか。

第三節においてみたように、一九六〇年代半ば以降、自民党が予算編成過程に介入するようになったことに対して、大蔵省はシーリングを強化することでマクロ的予算編成に対する統制を強化し、予算総額をコントロールしようとした。また、九〇年代以降、さまざまな特別枠や重点化枠がシーリング内に設けられてきた。これらは、主として与党の政策要求に応じて設けられたものであったが、九二年度のシーリングにおける公共投資充実臨時特別措置のように、与党の介入を排除して大蔵省自らが重点配分を行うために設けられたものもあった。

これらの特別枠や重点化枠は、その金額や種類が増え過ぎれば財政支出の膨張を招くことになるが、ある程度であれば「政治主導」という「花」を政治の側にもたせつつ、その範囲内に政策要求を抑え込むことが可能になる(15)。すなわち、こうした特別枠や重点化枠も、大蔵省が予算総額をコントロールするために設けられてきた側面があるのである。

結局、大蔵省がシーリングに固執し続けた理由は、以上のように、政治の側からの影響を回避しつつ、マクロ的予算編成に対するコントロールを維持し続けるためであったといえる。また、そうした目的に沿うように、シーリングは変化してきた。しかし、その場合のコントロールの対象は、これまで述べてきたように、あくまでも一般会計の当初予算に限られるものに過ぎなかったのである。(16)

注

(1) 以下、主として、真渕（二〇〇九、二〇八～二一七頁）による。
(2) 「一般歳出」という用語が公に初めて使われたのは、一九七九年一一月三〇日に閣議提出された「昭和五五年度財政事情の試算」においてである（宮島 一九八九、二頁）。
(3) 本来、シーリングとは「天井」の意味であり、新聞報道では、対前年比で上限を設けて一律に抑制するシーリング方式は一九九八年度に撤廃されたとされることが多い。しかし本章では、同年度以降に適用されるようになった「概算要求に当たっての基本的な方針」も、一定の範囲内に予算要求を抑制することを目的としている点で、その本質的な性格は変わっていないと考え、このように総称することとした。
(4) 元大蔵官僚の柳沢伯夫によれば、投資的経費よりも経常的経費に対して厳しい基準が設定されたのは、経常的経費は一度支出することが決まると、長期にわたって財政支出がなされると考えられたからである（柳沢 一九八五、一三五頁）。
(5) 「社会資本整備特別措置法」は、「内需拡大の要請にこたえるとともに地域の活性化に資する」ことを目的として、一九八七年に制定された。具体的には、NTT株式売却収入による国債整理基金の資金の一部を活用し、社会資本整備の促進を図るための国の融資に関する特別措置を講ずるとともに、その資金の活用等について必要な事項を定めている（門野 二〇〇九、二一九頁）。同法にもとづく融資は無利子であり、九七年度まで毎年度一兆三〇〇〇億円がシーリングに計上された。
(6) 自民党一党支配時代には、大蔵原案の内示を各省庁に行うにあたって、主計局は自民党政調会に資料を配付して説明を行っていた。その資料には、事業ごとに前年度予算、要求額、査定額が記載されており、政調会の下に政策領域ごとに設置されている各部会は、それにもとづいて復活要求額を決定した（真渕 二〇〇九、二二九頁、二一八六頁）。
(7) 加藤淳子も、一定レベルに予算を抑制することに一旦成功すれば、大蔵省が特定省庁の予算の細部に立ち入る動機はないとしている（加藤 一九九七、六四頁）。
(8) 柳沢伯夫は、財政硬直化打開運動の主眼は、当時強大になってきた予算編成における与党の発言力を牽制することに置かれていた、と述べている（柳沢 一九八五、一四四頁）。

（9）田中秀明は、後に一般会計予算に導入される特別枠の起源がここにあるとしている（田中 二〇一一、一三二頁）。

（10）柳沢伯夫によれば、同年度の予算編成までは、シーリングについては自民党三役が内々の了承を与える他は、政調会の審議会も総務会も何の行動もとることはなかった（柳沢 一九八五、一七一頁）。

（11）「概算要求基準」という概念について、藤尾政調会長は「（概算要求：天羽注）基準は天井（シーリング）ではないから、概算要求額が基準を上回ることもありうる」と述べたのに対して、大蔵省は「概算要求段階ではありえない。査定後の政治折衝の段階では基準にとらわれないという意味かもしれない」と解釈していた（朝日新聞一九八四年七月一八日付朝刊）。

（12）実際には、自民党公認候補の当選者は二四八人で、前回の選挙よりもわずか一議席の減にすぎず、得票率は四四・六％と、前回を二・八ポイント上回り（自由民主党 二〇〇六、四六二頁）、大きな敗北であったというわけではない。

（13）政府・与党は一九九六年度の公共投資重点化枠の要求方式について、各省庁の要求の最低保証額を引き上げ、過去の実績が乏しくても新しい分野を抱える省庁が要求しやすいようにするとともに、要求の上限額は逆に引き下げて、旧来の公共事業所轄省庁の過大な要求を抑えることとした（日本経済新聞一九九五年八月三日付朝刊）。

（14）しかし、同年度の公共事業費概算要求額の事業別配分シェアの変動は、結局一ポイント未満にとどまった（日本経済新聞一九九六年八月二八日付朝刊）。

（15）実際に、いずれの年度のシーリングにおいても、特別枠や重点化枠等の合計額は、一般会計予算全体のなかではわずかなものに過ぎなかった。

（16）なぜ大蔵省が一般会計の当初予算のみを重視し、すべての予算を対象とするシーリングを求めなかったのかについては、別途検討が必要であり、他日を期したい。

参考文献

大蔵省財政史室編（一九九九）『昭和財政史――昭和二七～四八年度　第一九巻　統計』東洋経済新報社。

加藤淳子（一九九七）『税制改革と官僚制』東京大学出版会。

門野圭司（二〇〇九）『公共投資改革の研究――プライヴァタイゼーションと公民パートナーシップ』有斐閣。

キャンベル、ジョン（一九八四）『予算ぶんどり――日本型予算政治の研究』（小島昭・佐藤和義訳）サイマル出版会（J. C. Campbell (1977) *Contemporary Japanese Budget Politics*, The Regents of the University of California.）

自由民主党編（二〇〇六）『自由民主党五十年史（上巻）』自由民主党。

神野直彦（二〇〇七）『財政学　改訂版』有斐閣。

田中秀明（二〇一一）『財政規律と予算制度改革――なぜ日本は財政再建に失敗しているか』日本評論社。

牧原出（二〇〇三）『内閣政治と「大蔵省支配」――政治主導の条件』中公叢書。

真渕勝（一九九四）『大蔵省統制の政治経済学』中公叢書。

真渕勝（二〇〇九）『行政学』有斐閣。

宮島洋（一九八九）『財政再建の研究――歳出削減政策をめぐって』有斐閣。

柳沢伯夫（一九八五）『赤字財政の一〇年と四人の総理たち――財政家待望論』日本生産性本部。

山口二郎（一九八七）『大蔵官僚支配の終焉』岩波書店。

横田茂（一九九五）「政策決定方式の変容」横田茂・永山利和編『転換期の行財政システム』大月書店。

横田茂（二〇〇九）「財政民主主義と予算制度」重森曉・鶴田廣巳・植田和弘編『Basic 現代財政学　第三版』有斐閣ブックス。
A. Schick（1986）“Macro-Budgetary Adaptations to Fiscal Stress in Industrialized Democracies,” *Public Administration Review* 46(2): 124-134.

第8章　アメリカの財政再建と予算制度改革
――GRH法から九〇年包括予算調整法へ――

谷　達彦

1　アメリカの予算編成過程

予算編成手続きの改革と財政再建

巨額の連邦財政赤字が定着した一九八〇年代以降、財政再建に取り組んできたアメリカは、一九九八年度に二九年ぶりの財政黒字を記録し財政再建に成功した（図8-1）。アメリカの財政再建には、一九九〇年代の持続的な景気拡大や冷戦の終結といった外的環境の変化が大きく寄与したが、そうした変化を財政再建へと結びつけるうえで不可欠な役割を果たしたのが一九九〇年包括予算調整法（Omnibus Budget Reconciliation Act of 1990: OBRA 90）による予算編成手続きの改革であった（河音 二〇〇六、待鳥 二〇〇三）。[1]この改革では、裁量的経費の支出上限額を定めるキャップ制と、義務的経費の新規プログラムや減税に対してその代替財源確保を義務づけるPay as you go原則が導入され、支出や税制に係る議員の政策決定に一定の制約を課すことで間接的に財政赤字の削減が図られた。

一九九〇年代の財政再建を支えた一九九〇年包括予算調整法の予算編成手続きは、一九八五年のグラム＝ラドマン＝ホリングス法（Gramm-Rudman-Hollings Act、以下、GRH法）による財政再建が実現しなかったために導入された。GRH法は、一九九〇年度に財政収支が均衡するように毎年度の財政赤字上限額を規定し、上限額が達成されない場合はその超過分が大統領命令による一律削減によって強制的に削減される。厳格に財政赤字をコントロールすることで財政再建を目指したGRH法であったが、計画どおりに財政赤字を削減することはできず、一九九〇年包括予算調整法の導

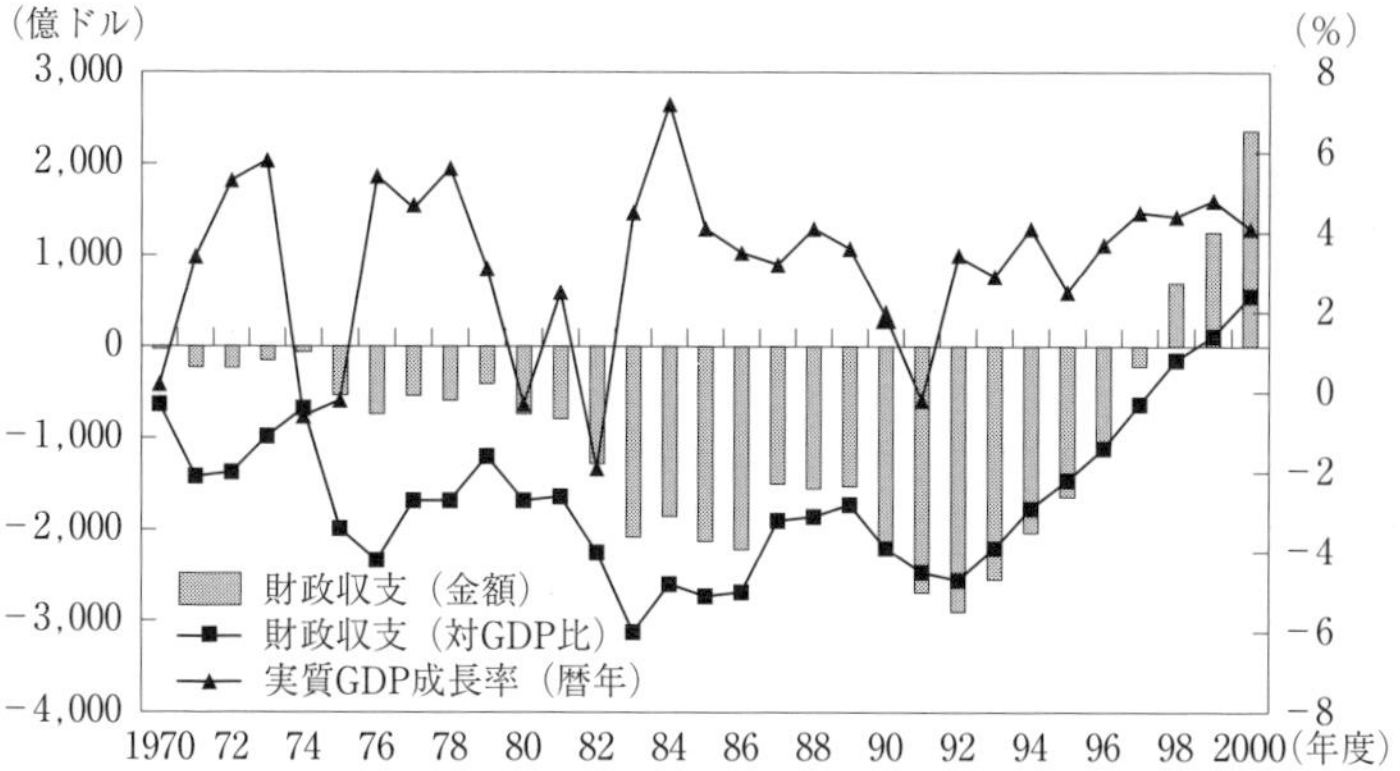

（出所）　OMB（2010, 22, 24-25）; The White House（2011, 193）より作成。

図8-1　アメリカ連邦財政収支（統合予算）の推移

入へと至ったのである。

このように、アメリカが財政再建を達成するうえでは、GRH法から一九九〇年包括予算調整法へと予算編成手続きを転換したことが画期となった。そこで本章では、GRH法から一九九〇年包括予算調整法への転換がどのようにしてなされたのかを両法律の導入過程を中心に分析し、なぜアメリカが財政再建に成功したのかを明らかにしていきたい(2)。

アメリカの予算編成過程

厳格な権力分立制を採用しているアメリカにおいては、合衆国憲法にもとづいて連邦議会が予算編成権を有している。よって、形式的には複数の歳出予算法から構成されるアメリカの予算は、法案の提案から制定に至るまでの一連のプロセスを議会が自ら担うことで編成される。一方、大統領は議会の予算編成に先立って予算教書を議会に提示し、自らの政策の方向性や優先順位を示すことができるが、これは法的には議会の予算編成における参考資料に留まるものであり、議会の予算編成権を何ら拘束するものではない。また、大統領は議会が可決した予算に対して拒否権を行使することもできるが、議会は両院の三分の二以上の多数の可決をもってそれを覆すことができる。

合衆国憲法によって議会の予算編成権が認められているとはいえ、そのことで直ちに議会による予算統制が可能となるわけではない。というのも、一般に予算編成においては経済・財政に関する膨大な情報の処理・分析を必要とするからであり、この面での態勢が不十分であれば、予算編成において実質的な決定力をもつことは難しい。その点で一九七四年に設置された議会予算局（Congressional Budget Office）は、連邦議会が予算編成を主導するうえで不可欠な存在である。議会予算局は、下院議長と上院議長によって任命される局長をはじめとして、大半がエコノミストや公共政策の専門家である約二五〇人の職員を抱える議会補佐機関である。その主な役割は、党派に縛られない中立的な立場から、連邦予算に係る経済・財政情報を議会に提供することであり、議会予算局の行う予算関連法案の費用推計や財政赤字推計は予算編成に欠かせないものである(3)。

このようにアメリカでは議会による予算統制を実質的に可能とする条件が整えられている。そのうえ、政策の基本方針を決める局長級以上の公務員職が大統領の任命によって決まる政治任用制が導入されており、政党による官僚の統制が強く効いているため、予算編成において官僚が決定力を発揮することは難しい(4)。政治任用制をつうじた官僚制の民主化は、アメリカの民主化が大きく進展したジャクソニアン・デモクラシーにおいて、猟官制の導入をつうじて最も徹底的に行われた。猟官制とは、選挙に勝利した政党がその支持者を能力や学歴よりも選挙における貢献度を重視して官職に任用する制度である。猟官制の導入によって、それまで名望家的なエリート層に独占されていた官職が一般民衆に開放され官僚制の民主化が進むと同時に、政権が代わる度に多くの公務員が入れ替わるようになったため官僚制の弱体化が決定的となった。行政の拡大と複雑化によって公務員に専門的能力が求められるようになり、猟官制は一八八三年のペンドルトン法によって廃止されたが、その後も政治任用制は上級公務員に対象を限定する形でつづけられている。このように官僚制の強大化を阻止することがジャクソニアン・デモクラシー以降の歴史的伝統として根づいているアメリカでは、官僚が予算編成に決定力をもつほどの独自な政治勢力にならない。

以上のような予算編成をめぐる制度的・歴史的背景の下、アメリカの財政再建は「政治主導」で進められ、GRH法から一九九〇年包括予算調整法へと政策転換が行われたのである。

2　GRH法の導入と失敗

GRH法導入の背景

一九七〇年代に緩やかに増加していたアメリカ連邦政府の財政赤字は、一九八〇年代に入ると大幅に拡大した（図8-1）。一九八〇～八五年度にかけて財政赤字は七三八億ドル（対GDP比二・七％）から二一二三億ドル（対GDP比五・一％）に膨らんだ。

一九八〇年代に入り財政赤字が拡大した主な要因は、レーガン政権が一九八一年の経済再建税法にもとづいて行った減税である。この減税は経済のサプライサイドを重視する観点から、減税による労働供給や企業投資の増大をつうじた景気拡大を目指して行われた。所得税では限界税率の引き下げ（一四～七〇％の一五段階→一一～五〇％の一四段階）やインデクセーション化などを行い、法人税においても加速度償却を用いた投資優遇減税などを行う、五年間で総額七四七三億ドルの大規模減税であった。減税による税収の減少分は、減税による景気拡大が税収の増加をもたらすとする「サプライサイド効果」によって賄われるはずであったが、実際には期待されたサプライサイド効果は現れず、巨額の財政赤字を発生させることとなった。

財政赤字が拡大するなかで、連邦議会では財政赤字の削減を目的とするさまざまな予算制度改革案が提案された。例えば、予算編成における大統領の権限強化を支持する立場からは大統領の拒否権の強化が、小さな政府を目指す立場からは均衡財政の義務づけや歳入制限の導入を求める憲法修正が提案された（Rubin 2010, 114）。こうした動きの背景には、連邦政府に均衡予算を求める世論の高まりがあった。連邦政府に均衡予算の義務づけを求める合衆国憲法修正運動が全国的な広がりをみせており、連邦政府は財政赤字の拡大に対して何らかの取り組みを求められていた（Rubin 1990, 156）。

しかし、財政赤字を削減するための本格的な方策や財政再建への道筋がレーガン政権や連邦議会から示されることはなかった。その主な理由は、財政再建の実現に向けて予算編成過程を主導できる政治主体が存在しなかったからである

（河音 二〇〇六、七二〜七三頁、Gilmour 1990, 225-230）。財政赤字を削減する方法をめぐってレーガン政権、下院の多数派を占める民主党、上院の多数派を占める共和党との間に深い対立が存在し、それぞれが財政赤字拡大の責任を押し付け合っていた。この点について、GRH法が導入される直前の一九八六年度予算の編成過程をみていこう(5)。

まず、レーガン政権は軍事支出の拡大を目指す一方で、増税には強く反対しており、財政赤字削減の方策としては内政支出の削減のみを容認していた（Havens 1986, 7）。一九八六年度の予算教書においては、軍事支出の六％増加（インフレ調整後の実質額）を求める一方、財政赤字の削減策として、メディケア、メディケイド、農産物価格支持費、要扶養児童家庭扶助（Aid to Families with Dependent Children、AFDC）、下水処理補助金などの凍結あるいは削減、都市開発補助金やレベニュー・シェアリングなどの廃止を提示した（*CQ Almanac* 1985, 427-429, 434）。しかし、社会保障年金の物価調整（Cost-of-Living Adjustment、COLA）については、凍結や削減を行うのは政治的リスクが大きく、レーガン大統領が一九八四年の大統領選挙においてその維持を公約していたこともあって維持された（West 1988, 94）。

大統領の予算教書を受け、上院ではレーガン政権とは対照的に社会保障年金の物価調整を一年間凍結することとし、軍事支出についてはインフレによる増加のみを認めた。また、内政支出についてはレベニュー・シェアリングや都市開発補助金など一三プログラムの廃止を要求した（*CQ Almanac* 1985, 450-451）。共和党がレーガン政権とは対照的に政治的リスクを冒して社会保障年金の物価調整を凍結したのは、エンタイトルメントプログラムを削減しないでは財政赤字の拡大を抑制することはできないと認識していたからである（Leloup 2005, 84-85）。一方下院は、軍事支出の凍結を中心とする財政赤字削減策をまとめ、社会保障年金の物価調整の維持を求めた。内政支出で廃止を求めたのはレベニュー・シェアリングのみであった（*CQ Almanac* 1985, 452-453）。

両院協議会での調整を経て最終的に成立した財政赤字削減策では、増税も社会保障年金の物価調整の凍結も含まれず、財政赤字の削減は内政支出の削減と軍事支出の増加をインフレ分のみに留めることによって行われた（*Ibid.*, 456-457）。このように、レーガン政権、下院民主党、上院共和党が財政赤字削減の方法をめぐり鋭く対立していたため、巨額の財政赤字が発生している状況においても、財政赤字を削減するための本格的かつ十分な方策は示されなかったのである。

表8－1　財政再建諸立法における財政赤字上限額と財政赤字実績額（単位：億ドル）

年　度	1986	1987	1988	1989	1990	1991	1992	1993	1994	1995
GRH 法（1985年）	1,719	1,440	1,080	720	360	0	—	—	—	—
修正 GRH 法（1987年）	—	—	1,440	1,360	1,000	640	280	0	—	—
予算執行法（BEA）（1990年）	—	—	—	—	—	3,270	3,170	2,360	1,020	830
財政赤字実績額（統合予算）	2,212	1,497	1,552	1,526	2,210	2,692	2,903	2,551	2,032	1,640
財政赤字実績額（オン・バジェット）	2,379	1,684	1,923	2,054	2,776	3,214	3,404	3,004	2,588	2,264

（注）GRH 法及び修正 GRH 法は統合予算ベース，予算執行法はオン・バジェットベース。
（出所）Farrier（2004, 154）; OMB（2010, 22）より作成。

ＧＲＨ法の導入過程

一九八五年のＧＲＨ法は、以上のようなレーガン政権、共和党、民主党との間にみられた対立の均衡をとった妥協の産物として成立した。この法律は、財政赤字削減の本格的な方策が採られないことに対して不満を強めた共和党と民主党保守派の三人の議員から提案され導入に至ったもので、基本的な枠組みは次のとおりである。[6]第一に、一九八六年度から毎年度の財政赤字上限額を設定し、これを年度ごとに三六〇億ドルずつ削減していくことで一九九一年度における財政収支の均衡を義務づけている（表8－1）。[7]第二に、各年度の予算編成段階における財政赤字見積もり額が上限額を一〇〇億ドル以上超過する場合は、大統領命令によって強制的に支出の一律削減（sequestration）が実施され、超過分の五〇％が軍事費から、残りの五〇％が非軍事費から削減される。ただし、多くの社会保障関係費（年金、補足的所得保障、要扶養児童家庭扶助、メディケイド、食料スタンプなど）や国債の利払い費などは一律削減の対象外である。[8]社会保障関係費が対象外となったのは、後述のようにＧＲＨ法の導入過程において民主党が要求したからである。

このように、ＧＲＨ法の特徴は、支出の一律削減という強制的な手法によって財政赤字額をコントロールしようとする点にある。一律削減の脅威によって、レーガン政権と下院民主党から財政赤字削減の方策における譲歩を引き出すことが、共和党議員を中心とするＧＲＨ法の主唱者の狙いであった（Gilmour 1990, 188, Reischauer 1990, 224, 228-229）。すなわち、レーガン政権は軍事支出の削減よりも増税を、議会は民生支出を増加させるためにエンタイトルメントプログラムの削減を選択し、その結果として財政赤字が縮小することが期待された（*Ibid.*, 229）。

対立の緩和を導入後の予算編成過程に委ねているGRH法は、財政赤字削減の具体的な方策については規定していない。それゆえに、レーガン政権と民主党はGRH法を財政赤字削減の方策における自らの立場を実現する手段として位置づけることができた（河音 二〇〇六、八三頁）。まず、レーガン大統領は、増税の回避と軍事支出の拡大を維持したまま民生支出の削減をつうじて財政赤字を削減する手段としてGRH法を位置づけ導入を支持した（*New York Times* 1985）。

一方、民主党議員の多くはGRH法の導入に懐疑的であった（Leloup 2005, 87, White and Wildavsky 1989, 446）。モイニハン上院議員はGRH法を「自殺行為」と称し（*CQ Almanac* 1985, 460）、バード上院議員は「我々は貧困者、若者、高齢者に対して、またすべての軍事及び内政支出に対してダモクレスの剣（一律削減を指す―引用者注）を振り落とす用意ができていない」と主張した（*New York Times* 1985）。また、下院民主党議員の多くは財政赤字が拡大した責任はレーガン政権にあると考えており、GRH法によってレーガン政権がその責任を免れてしまうと反発した（Leloup 2005, 88）。

しかし、前述のように連邦政府に均衡財政を求める運動が全国的に展開され、国民が財政赤字の削減を求めている状況において、GRH法の導入に全面的に反対することは困難であった。そこで、下院民主党は、社会保障関係費を一律削減の適用除外とするよう要求したうえで、GRH法をレーガン政権から軍事支出の削減さらには増税を引き出す手段として位置づけ導入を支持した（West 1988, 97-98）。

このように、GRH法は財政赤字削減の具体的方策を規定していないという妥協的な法案だからこそ対立の激しいなかでも導入することができた。言い換えれば、政権や議会両党との対立を内在させたままで導入できる財政赤字削減手法が、予算のマクロ上限値である財政赤字額をコントロールするGRH法だった。その意味では、財政赤字削減の具体策をめぐる対立の緩和を財政赤字削減に結びつけるというGRH法の主唱者の意図が、GRH法導入後も実現されない可能性を十分に孕んだままGRH法は導入されたのである。

GRH法導入後の予算編成過程

GRH法は、政権や議会両党との対立の均衡をとる妥協策として成立したがゆえに、いくつかの問題点を抱えていた（河音 二〇〇六、七六、七八～七九頁）。まず、一律削減の回避を可能とする「抜け穴」が備わっていた。「抜け穴」の一つは、一律削減命令の発令基準となる財政赤字上限額が、実績額ではなく、会計年度が始まる前（八月）に議会予算局や大統領予算局（Office of Management and Budget）によって報告される見積り額であり[9]、会計年度中に経済状況の悪化や補正予算によって発生した財政赤字に対しては、削減措置を採ることを義務づけていなかった。また、楽観的な経済見通しを作成し、歳入の過大推計を行うことによって財政赤字額を過小に見積ることが可能であった。もう一つは、前述のように一律削減の対象となる支出に主要な社会保障関係のプログラムや国債の利払い費が含まれず、一律削減の対象外となった経費は予算総額の六〇％に上った。これらの「抜け穴」に加えて、設定された財政赤字上限額は、年度ごとに一定額（三六〇億ドル）ずつ削減されるというように機械的に定められており、実現可能性を考慮して決められたものではなかった。この点についてはGRH法導入前の段階で、GRH法が循環的財政赤字と構造的財政赤字を区別しておらず財政の景気調整機能が失われるとする批判がなされていたが[10]、実際にGRH法下での連邦財政は景気に対して正循環的に作用した（Auerbach 2008, 15）。

これらの「抜け穴」を抱えたGRH法が、GRH法主唱者の想定どおりに機能することはなかった。GRH法導入後の予算編成過程の焦点は、財政赤字を実質的に削減するための増税や支出削減の具体的な検討ではなく、一律削減命令をいかにして回避するかに合わせられたのである。しかも、一律削減命令の回避は、以下に挙げるような、一時的な財政赤字の削減をもたらすだけの場当たり的な手法によって行われた（河音 二〇〇六、二七六～二七七頁、*CQ Almanac* 1986, 559-561, *Newsweek* 1986）。

第一に、一時的な歳入の増加策として政府資産の売却が行われた。具体的には、連邦輸出入銀行（Export-Import Bank）や農村地域住宅開発機関（Farmers Home Administration）の融資債権、連邦鉄道公社（アムトラック）の株式などが売却された。第二に、支出の前年度への前倒しや後年度への先送りといった会計上の操作が行われた。例えば、レベニュー・シェアリング支出や農業補助金の前年度への前倒し、軍の人件費（military personnel）の後年度への先送り、が行われた。第三に、楽観的な経済見通しの作成や推計の技術的操作による歳入見積り額の過大推計が行われ、財政赤字額が過小に見積られた。特に、政権の予算編成を補佐する機関である大統領予算局は、党派からの中立性を強く要請される議会予算局よりも楽観的な経済見通しを作成した。ライシャワーによれば、大統領の予算教書において示された、経済見通しにもとづいて自動的に削減される財政赤字額は、GRH法導入前の四年間（一九八三〜八六年度）では年間平均二〇億ドルであったが、GRH法導入後の四年間（一九八七〜九〇年度）では年間平均一二〇億ドルへと増加した（Reischauer 1990, 227）。

これらの手法を多用して一律削減の回避が行われた結果、財政赤字を計画通りに削減することはできなかった。確かに対GDP比でみれば一九八六〜九〇年度における財政赤字は五・〇%から三・九%へ減少した。しかし、この間における財政赤字実績額（統合予算ベース）は、GRH法（一九八八〜九〇年度は修正GRH法）に規定された財政赤字上限額を大幅に上回り、一九九〇年度には一九八六年度と同程度の二二〇〇億ドルを超える巨額の財政赤字が依然として残されたのである（表8-1）。

3　九〇年包括予算調整法の導入

一九九〇年包括予算調整法の導入過程

一九九〇年に入ると景気が後退局面に入ったことに加えて貯蓄貸付組合（S&L）の救済問題が生じ、財政赤字が拡大した。一九九〇年四月の時点で大統領予算局が推計した財政赤字額は一四〇〇億ドルであり、一九九一年度予算におけるGRH法の上限額六四〇億ドルを達成するには七六〇億ドルの財政赤字削減が必要とされた（河音二〇〇六、九九頁）。これほど巨額の財政赤字の削減を、政府資産売却などの一時的な歳入増加や楽観的な経済見通しにもとづく歳入の過大推計などを用いるそれまでの予算編成によって達成することは事実上不可能であった。こうした事態に直面して本格的な財政赤字削減策の導入を迫られたジョージ・H・W・ブッシュ（以下、ブッシュ）政権と議会両党指導部は、超党派の協議（予算サミット）を通じてこの課題に取り組むこととなった(11)。

しかし、協議は進展しなかった。ブッシュ政権は増税を拒否しており、それを上院・下院ともに多数派を占める民主党が容認しなかったからである。GRH法導入時とは異なり上・下院の多数派を民主党が占めていたが、政権党と議会多数党が異なる「分割政府」は依然として続いており、この時点では実効的な財政再建策がまとまるかどうかは未知数であった。ところが、一九九〇年六月下旬にブッシュ大統領が増税を容認する声明を発表した。すなわち、いかなる財政赤字削減案にも、エンタイトルメントプログラム及び義務的経費の改革や裁量的経費の削減、軍事支出の削減などとともに「税収の増加」も必要であるとの声明を発表したのである（*CQ Almanac* 1990, 131）。この声明を受けて、反増税を掲げる共和党はブッシュ政権に強く反発し政権と決裂したが、一方の民主党はエンタイトルメントプログラムを削減対象とすることに同意した（河音 二〇〇六、一〇一頁、Leloup 2005, 121）。ブッシュ政権と民主党が財政再建に向けて互いに譲歩することにより、予算サミットはあらゆる選択肢を含めた本格的な財政赤字削減策の策定における合意形成の場として機能するようになったのである。

ではなぜブッシュ政権はそれまでの立場を翻して増税を容認したのだろうか。ブッシュ政権が増税を容認した背景には、巨額の財政赤字を景気拡大の阻害要因として認識する各方面からの圧力があった。すなわち、ブッシュ政権は発足直後から、財政赤字の削減による利子率の低下を期待する財界指導者や経済学者から増税を含む財政赤字削減策の実施を要求されていた（Morgan 2009, 128）。また、巨額の財政赤字によるインフレを懸念していたグリーンスパン連邦準備制度理事会議長も、財政赤字が削減されなくては拡張的金融政策を行うことができないとしてブッシュ政権に増税を含めた財政赤字削減策の実施を求めていた（Darman 1996, 201-202）。

ブッシュ政権と民主党が財政再建に向けて歩み寄ったことで協議の本格的な進展が期待されたが、協議は税制を対立点として引き続き難航した。そこでは、ブッシュ政権側がサプライサイドを重視する観点からキャピタルゲイン減税を求めたのに対し、民主党は所得税の最高税率引き上げによる税制の累進性強化を主張したからである。

協議の難航を打開する契機となったのは、大統領予算局から発表された財政赤字推計であった。この推計では、GRH法の財政赤字上限額を達成するには一〇五七億ドルの一律削減が必要とされた（*CQ Almanac* 1990, 133）。この金額は軍事支出（人件費を除く）の四三・六％、非軍事支出の四〇・七％に相当し、一律削減が実施されれば軍事及び内政に深刻な影響が出ることは明らかであった。軍事面では湾岸戦争、内政面では景気後退が起きていた状況において、なんとしても一律削減の実施を回避する必要があった。

そこで、協議の難航を打開するために、政権と議会両党指導部の中核メンバーである八名のみで協議（八者協議）がつづけられ、一九九一年度が始まる直前の九月三〇日にようやく財政赤字削減案（八者協議案）がまとまる。その内容は、軍事支出やメディケアの削減、ガソリン税をはじめとする燃料課税の強化、高所得者向け所得控除の縮小による税収増加、財政赤字削減の結果としての国債利払い費の減少である。軍事支出及びメディケアの削減と増税が組み合わされており、ブッシュ政権と議会両党の双方が財政赤字削減の痛みを分け合うものであった。協議の難航をもたらした税制上の対立点については、ブッシュ政権の求めたキャピタルゲイン減税も、民主党が主張した所得税の最高税率引き上げも含まれないという形で決着した（河音 二〇〇六、一〇三頁、Leloup 2005, 122）。

しかし、八者協議案は指導部に属さず協議に参加していない議員の支持を得られず、下院で大差をもって否決された。民主党議員は八者協議案が中間層及び高齢者に重い負担を課すものだとして批判し、共和党議員はこの案が増税を含んでいることに反対したからである（*Ibid.* 123）。否決されたとはいえ、GRH法の導入時には不在であった財政規律を担う政治主体がブッシュ政権と民主党指導部を中心とする超党派グループという形で成立した点で、超党派合意にもとづいた八者協議案の成立は一九九〇年包括予算調整法の導入に向けて大きな前進であった[12]。

八者協議案の否決後、下院と上院のそれぞれで八者協議案の修正作業がつづけられた。民主党が多数派を占める下院では民主党リベラル派の求めた所得税の最高税率引き上げやメディケアの削減緩和などが行われた。一方、民主党が多数派を占めながらも共和党との議席数が拮抗していた上院では、所得税最高税率の引き上げが廃止され、下院では廃止された燃料課税の引き上げが含まれた。最終的には両院協議会での調整を経て一九九〇年包括予算調整法が成立した。

ところで、これまでみてきたように、一九九〇年予算サミットの中心的課題は増税や支出削減といった具体的な財政赤字削減策の策定であったが、これと並行してGRH法に代わる予算編成手続きの改革も議論された。財政赤字削減策の成果を財政再建へと確実に結びつけるために予算編成手続きの改革が必要であることはブッシュ政権と議会の双方で認識されていたが、(13)改革の方向性についてはー致していなかった。すなわち、ブッシュ政権と共和党は、財政収支均衡の達成を確保するための強制力を強化する手法として、合衆国憲法の改正による均衡予算の義務づけや大統領の個別項目拒否権（line item veto）の導入を主張した（*CQ Almanac* 1990, 173-174）。これに対し民主党側は、すでに一九九〇年初頭の段階でパネッタ下院予算委員長とサッサー上院予算委員長がそれぞれ作成していたGRH法の代替案をもって対抗した。双方とも長期的な観点からの予算編成を重視し財政赤字よりも支出総額の削減に重点を移すアプローチを採っており、パネッタ下院予算委員長の案には、支出拡大や減税の財源は支出削減や増税で賄うとするPay as you go原則が含まれていた（*Ibid.* 173, 176-177）。

均衡予算義務づけを規定する合衆国憲法修正案が、七月中旬に下院本会議で民主党保守派の票を集めながらも憲法改正に必要な三分の二以上の多数の賛成を得られず否決されると（*Ibid.* 174）、その後の予算編成手続きの改革論議は民主党案をベースとして進められた（河音 二〇〇六、一二二頁）。そして、八者協議案成立後に議会両院で行われた修正論議においてはほとんど議論されず（Farrier 2004, 148）、最終的に一九九〇年包括予算調整法に付帯される形で一九九〇年予算執行法（Budge Enforcement Act of 1990、ＢＥＡ）が導入された。

以上のように、一九九〇年包括予算調整法の導入過程においては、財政再建策の策定段階から政権と議会両党指導部との超党派協議が行われ、財政再建に向けた協力関係の構築が図られた。ＧＲＨ法が財政赤字削減策をめぐる政権や議会両党との対立を前提として少数の保守派議員から提案され、一律削減という法律の強制力によってその対立を解こうとしたのに対して、一九九〇年包括予算調整法では導入過程において対立の緩和が図られ、財政規律を担う超党派の政治主体が形成された。それによって、一九九〇年包括予算調整法では増税、支出削減、予算編成手続きの改革を組み合わせた本格的な財政再建策を導入することができたのである。

一九九〇年包括予算調整法の主要規定

一九九〇年包括予算調整法の内容は大きく二つに分けられる。[14] 一つは、増税と支出削減を含む財政赤字削減の具体策である。もう一つは、GRH法に代わる予算編成手続きを規定した一九九〇年予算執行法である。

まず、財政赤字の削減については、一九九一～九五年度の五年間で総額四九六二億ドルの財政赤字削減が行われることとなった。その内訳は、所得税における最高税率の引き上げ（二八％→三一％）や基礎・所得控除の縮小による高所得者に対する増税、ガソリン税、タバコ税、酒税等の増税を含む歳入の増加が一四六三億ドル、メディケアを中心とした義務的経費の削減による九九〇億ドル、軍事費を中心とした裁量的経費の削減による一八二四億ドル、連邦政府債務の利払い費減少による六八四億ドルである。

次に、一九九〇～九五年度における予算編成手続きを定めた一九九〇年予算執行法には以下の規定が盛り込まれた。[15]

第一に、財政赤字上限額が改定され、財政均衡の達成を義務づける年度は示されなくなった（表8-1）。また、大統領は財政赤字上限額を経済状況などに応じて柔軟に変更することができる。このように、財政赤字上限額が設定されているとはいえ、GRH法のように達成を義務づけられた絶対的な目標として位置づけられているわけではない。さらに、GRH法では統合予算ベースで設定されていた財政赤字上限額がオン・バジェットベースに変更された。オン・バジェットベースでは、黒字が続いていた社会保障信託基金が除かれるため、その分だけ財政赤字の実状が明確となった。

第二に、連邦支出のうち、毎年制定される歳出予算法にもとづいて支出される裁量的経費に対して、支出額の上限を定めるキャップ制が設けられた。財政赤字上限額と同じように、大統領は支出上限額を経済状況等に応じて調整することができる。一九九一～九三年度は裁量的経費が国防、国際、国内の三領域に分類され、領域ごとに支出上限額が定められた。こうした領域の区分は、冷戦終結により見込まれた軍事支出の削減分をもって他の領域の支出削減に代えることを防ぐため設けられた。一九九四、九五年度は裁量的経費全体に支出上限額が定められた。

第三に、義務的経費及び税制の変更に対して Pay as you go 原則が適用された。義務的経費とは、経費の支出権限を付与する法律の制定以降は歳出予算法の制定を必要とせずに毎年度の支出がなされる経費であり、メディケア等の社会保障関係費や国債の利払い費が含まれる。Pay as you go 原則は、新規プログラムの導入による義務的経費の増加や減税を要求する場合には、その財源を既存プログラムの支出削減や増税で賄うことを義務づけるものである。したがって、義務的経費及び税制では財政赤字を発生させる政策を実施することはできない。ただし、Pay as you go 原則が適用されるのは新規立法に限られており、既存プログラムの支出が景気悪化等の影響により増加した場合は適用されない。

第四に、ＧＲＨ法に引き続き一律削減規定が設けられた。財政赤字上限額、裁量的経費における支出上限額、義務的経費における Pay as you go 原則が破られた場合、その超過分に対する一律削減命令が大統領によって発令される。裁量的経費については補正予算による超過に対しても一律削減が発令される[16]。一律削減命令の根拠となる推計は議会予算局の助言を受けて大統領予算局が決定する。しかし、ＧＲＨ法とは異なり一九九〇年予算執行法では財政赤字上限額や裁量的経費の支出上限額を大統領が経済状況や推計の技術的変更に応じて柔軟に変更できるため、実際に一律削減命令が発令されることは期待されていない。

このように一九九〇年予算執行法は、ＧＲＨ法のように財政赤字額を直接のコントロール対象とするのではなく、財政赤字を発生させる議員の政策決定を支出及び税制の両面からコントロールすることとした（Congressional Budget Office 1995, 7, Rubin 2002, 41）。こうした予算編成手続きの転換は次のような考えにもとづいている。すなわち、ＧＲＨ法においてコントロールの対象であった財政赤字は、景気の悪化による社会保障関係費の増加といった予算編成における議会の意思決定とは直接に関係のない外的要因によっても増加するため、議会によるコントロールは難しい。しかし、ＧＲＨ法ではそうした財政赤字拡大の責任も議会が負うこととされ、上限額を超えれば一律削減が発令された。特に、義務的経費が一律削減の対象外とされていたので、裁量的経費を決定する歳出予算委員会は、義務的経費の増加による財政赤字拡大についてもその責任を負わなくてはならなかった（*Ibid.*, 41-42）。こうした財政赤字額の厳格なコントロールが予算編成過程を一律削減の回避へと集中させたのである。

そこで、一九九〇年予算執行法では、財政赤字上限額や支出上限額の柔軟な変更を可能にし、Pay as you go 原則の適用対象から既存プログラムの自然増を外した。また、キャップ制と Pay as you go 原則が破られた場合の一律削減は、裁量的経費と義務的経費にそれぞれ適用されることとした。議員が説明責任を有する範囲内での財政赤字拡大を防ぐことで財政規律の強化を図ったのである。実際に、一九九〇年予算執行法の導入以降、予算編成における議論のあり方が変化し、歳出及び歳入に係る新規立法の提案者は、まずその法案にどれだけの財源が必要かを明らかにしたうえで、その調達方法を提案するようになった（*Ibid.*, 42）。

このようにGRH法から一九九〇年予算執行法へと予算編成手続きを転換することができたのは、一九九〇年予算執行法の制定過程においては、GRH法とは異なり、増税及び支出削減の実施を前提とすることができたからであろう。そのため、一九九〇年包括予算調整法の構成要素としての予算編成手続きに求められた役割は、GRH法のように増税や支出削減の実施を政権と議会に促すことではなく、増税と支出削減により生じる財源を費消することなく財政再建へと結びつけることであった。GRH法の導入要因であった財政赤字削減策をめぐる政権や議会との対立が予算サミット協議において緩和され、財政赤字を削減するために増税と支出削減を行うことに合意が形成されると、一律削減の脅威によって財政赤字額を厳格にコントロールする必要性は薄れたのである。

4　財政再建過程における予算配分の変化

裁量的経費に対するキャップ制と義務的経費に対するPay as you go原則は、経費の伸びにどのような効果を与えたのだろうか。表8－2によってこの点を確認したい。まず、裁量的経費についてみると、その伸びが厳しく抑制されている。その要因は軍事支出の大幅な削減である。表8－2では対前年度伸び率を示しているが、一九九二～九八年度にかけての変化をみると一一％の削減となった。同期間に非軍事支出は二二％増加したが、非軍事支出のほとんどを占める内政支出の伸び率は一九九六年度からある程度抑制されている。一方、義務的経費についてみると、裁量的経費よりも伸び率が大きい。一九九二～九八年度では三〇％増加したが、特に大きく伸びたのはメディケアであり、六四％の増加となった[17]。義務的経費が厳しく抑制されなかったのは、Pay as you go原則の適用対象が新規プログラムのみであ

表8-2 裁量的経費と義務的経費の伸び率（対前年度比名目額）の推移

（単位：%）

年度	裁量的経費				義務的経費				
	軍事費	非軍事費		合計	社会保障年金	資力調査付エンタイトルメント	利払い費	その他	合計
		国際	内政						
1990	−1.3	15.1	7.8	2.4	7.0	12.1	9.1	32.9	14.9
1991	6.5	3.1	6.9	6.5	8.2	22.6	5.5	−6.0	5.1
1992	−5.3	−2.5	9.4	0.1	6.9	22.4	2.5	3.4	7.2
1993	−3.4	12.5	6.3	1.0	5.9	10.8	−0.3	−4.3	2.6
1994	−3.5	−3.7	5.7	0.4	4.9	9.0	2.1	8.0	5.8
1995	−3.1	−3.4	5.4	0.6	5.2	6.6	14.4	−2.9	5.5
1996	−2.8	−9.0	−1.1	−2.2	4.1	3.4	3.9	12.7	5.9
1997	2.1	3.8	3.3	2.7	4.4	3.7	1.2	0.4	2.5
1998	−0.6	−4.7	2.8	0.9	3.8	3.4	−1.2	11.5	4.4

（出所） OMB（2004, 125）より作成。

り、既存プログラムの支出増加は対象に含まれていないからである。このように、一九九〇年予算執行法の導入から財政収支が黒字化する一九九八年度にかけて裁量的経費が厳しく抑制された。

全体として厳しく抑制された裁量的経費のなかでは削減された経費項目と増額された経費項目がはっきりと分かれた（片山 二〇〇三、二三頁）。一九九二年度と一九九八年度について、領域別にみた裁量的経費の増減を予算権限ベースで比較すると、削減された経費には軍事費、国際問題、宇宙・その他テクノロジー、エネルギー、農業、商業・住宅保証、コミュニティ・地域開発などがあり、増額された経費には航空輸送、水上輸送、教育、職業訓練・雇用、医療、法務行政などがある（同前）。

一三本の歳出予算法にもとづいて支出される裁量的経費では、歳出予算小委員会ごとに歳出上限額が決められているため、こうした経費項目間の増減は、多くの場合同じ歳出予算法の枠内で生じた（同前、Rubin 2002, 50）。例えば、クリントン政権下において犯罪対策が強化され法務行政費が増加した分、同じ歳出予算法に含まれる国際関係費や商業費が削減された。また、同じ省庁が所管する経費項目間での競争も強まった（*Ibid.*, 50）。

財政再建過程におけるこうした経費配分の変化をアメリカの民意はどのように評価したのであろうか。この点について、一九九八年一月に公表された世論調査をみると、優先すべき政策課題の上位五位に、クリントン政権期において経費が増加した教育（一位、七八%）、犯罪対策（二位、七一%）、医療（五位、六二%）が含まれている（Pew Research Center 1998, 3）。

また、同調査は財政黒字の使途として何が望ましいかについても尋ねているが、最も支持を集めたのは、医療や教育、環境といった内政支出の拡大に充てるべきだとする回答であった（三三％）（*Ibid.*, 1, 5）。これに僅差で次ぐのが社会保障年金やメディケアに充てるべきだとする回答（三二％）であり、連邦債務の利払いに充てるべきだとする回答（二二％）、減税に充てるべきだとする回答（一一％）の順になっている。教育、医療、犯罪対策を優先すべき政策課題とし、内政支出の増加を求める世論調査の結果は、これらの経費（教育、医療、法務行政）が増加した財政再建過程の経費配分の変化をアメリカの民意が概ね肯定的に評価したことを示していると考えられる。増税と支出抑制による痛みを伴う財政再建は、経費配分を変化させることで民意を汲み取りながら行われたのである。

注

（1）後述のように、一九九〇年包括予算調整法は増税と支出削減を含む総額約五〇〇〇億ドルの財政赤字削減策を規定したが、付帯法として予算編成手続きを規定した一九九〇年予算執行法を含んでいた。

（2）一九九〇年代にアメリカが財政再建に成功した理由を検討した代表的な研究として河音（二〇〇六）と待鳥（二〇〇三）がある。前者は、財政再建を担う政治主体の行動と財政思想に着目して予算編成過程の変化を分析している。後者は、再選を目指す連邦議会議員が政府のあり方に関する知的潮流や世論といった「マクロ・トレンド」の影響を受けて行動するという観点から財政再建のための立法過程における多数派形成を分析している。

（3）議会予算局については渡瀬・片山（二〇〇六、五五～七七頁）を参照。

（4）アメリカにおける政治任用制については久保（二〇〇九）を参照。

（5）一九八六年度予算の編成過程については *CQ Almanac*（1985, 427-457), Leloup（2005, 84-85), West（1988, 93-95）を参照。

（6）GRH法の内容については Reischauer（1990, 224), Shuman（1992, 286-288）を参照。

（7）財政赤字上限額は一九八七年の修正GRH法によって緩和され、それに伴い財政収支の均衡達成年度も一九九三年度に延期された。修正GRH法の規定については Shuman（1992, 295-296）を参照。

（8）一律削減の対象外とされた具体的なプログラムについては、Leloup（2005, 97）を参照。

（9）一九八五年導入のGRH法では、議会予算局と大統領予算局が共同で推計した財政赤字額が会計検査院（Government Accountability Office）に報告され、会計検査院の審査を経て一律削減命令の発令者である大統領に報告された。しかし、議会の付属機関である会計検査院が行政府である大統領の意思決定を拘束することは三権分立に反するとして違憲判決が下された（片山二〇〇三、一五頁）。違憲判決を受けて一九八七年修正GRH法では、財政赤字の推計及び大統領への報告を大統領予算局が担うこととなった。

(10)　例えば、公聴会におけるウォルター・W・ヘラーの発言（U. S. Congress, Joint Economic Committee 1985, 6-8）。

(11)　以下、予算サミットの経過については、河音（二〇〇六　九九〜一〇六頁）、待鳥（二〇〇三　一八九〜一九七頁）、*CQ Almanac*（1990, 129-140, 164-166, 173-178）, Leloup（2005, 119-124）を参照。

(12)　河音氏は、一九九〇年包括予算調整法を成立に導いた政治過程の特徴として、ブッシュ政権の増税容認発言以降の予算サミット協議が政権と民主党指導部を主軸として進められ、増税反対に固執し続けた共和党保守派は協議から実質的に排除されたことを指摘している（河音　二〇〇六、一〇六〜一〇七、一九五頁）。

(13)　ブッシュ大統領は、前述の増税容認声明において、超党派合意に基づいて策定される財政赤字削減策の執行と財政赤字の制御を保証する観点から予算編成手続き改革の必要性を主張した（*CQ Almanac* 1990, 131）。

(14)　一九九〇年包括予算調整法の内容については、*CQ Almanac*（1990, 112）, Leloup（2005, 124-130）, Shuman（1992, 330-335）を参照。

(15)　一九九〇年予算執行法は一九九五年までの時限立法であるが、キャップ制とPay as you go 原則については、クリントン政権の下で制定された一九九三年包括予算調整法と一九九七年均衡財政法に継承され、二〇〇二年に廃止された。

(16)　裁量的経費と義務的経費においてはそれぞれの経費から一律削減される。裁量的経費と義務的経費における一律削減が行われてもなお財政赤字上限額を超える分については、その五割が軍事支出から、残りの五割が非軍事支出から削減される。

(17)　OMB（2004, 132-133）.

参考文献・資料

片山信子（二〇〇三）「米国の財政再建と議会予算局（CBO）の役割」『レファレンス』（国立国会図書館）二〇〇三年一二月号、一一三〜一二九頁。

河音琢郎（二〇〇六）『アメリカの財政再建と予算過程』日本経済評論社。

久保文明（二〇〇九）「アメリカの民主主義と政権移行」久保文明編著『オバマ大統領を支える高官たち——政権移行と政治任用の

研究』日本評論社。

田中秀明（二〇一一）『財政規律と予算制度改革』日本評論社。

待鳥聡史（二〇〇三）『財政再建と民主主義』有斐閣。

渡瀬義男・片山信子（二〇〇六）「アメリカの会計検査院と議会予算局——財政民主主義の制度基盤」渋谷博史・渡瀬義男編『アメリカの連邦財政』日本経済評論社。

Auerbach, Alan J.（2008）“Federal Budget Rules: The U. S. Experience,” *NBER Working Paper* 14288.
Congressional Budget Office（1995）“Statement of June E. O'Neill Director Congressional Budget Office on the Congressional Budget Process before the Subcommittee on Legislative and Budget Process and the Subcommittee on Rules and Organization of the House Committee on Rules U. S. House of Representatives,” *CBO Testimony,* July 13.
Congressional Quarterly Almanac（*CQ Almanac*）, 1985-90 editions. Washington, D. C.: Congressional Quarterly Inc.
Darman, Richard（1996）*Who's in Control ? : Polar Politics and the Sensible Center.* New York: Simon and Schuster.
Farrier, Jasmine（2004）*Passing the Buck : Congress, the Budget, and Deficits.* Lexington: The University Press of Kentucky.
Gilmour, John B.（1990）*Reconcilable Differences ? : Congress, the Budget Process, and the Deficit.* Berkeley: University of California Press.
Havens, Harry S.（1986）“Gramm-Rudman-Hollings: Origins and Implementation,” *Public Budgeting & Finance,* 6(3): 4-24.
Joyce, Philip G. and Robert D. Reischauer（1992）“Deficit Budgeting: the Federal Budget Process and Budget Reform,” *Harvard Journal on Legislation,* 29: 429-453.
Joyce, Philip G. and Roy T. Myers（2001）“Budgeting during the Clinton Presidency,” *Public Budgeting & Finance,* 21(1): 1-21.
Leloup, Lance T.（2005）*Parties, Rules, and the Evolution of Congressional Budgeting.* Columbus: The Ohio State University Press.
Morgan, Iwan（2009）*The Age of Deficits : Presidents and Unbalanced Budgets from Jimmy Carter to George W. Bush.* Lawrence: The University Press of Kansas.
Newsweek（1986）“The Year of the Gimmick,” October 6.

New York Times (1985), "Plan to Balance U. S. Budget by '91 Delayed in Senate," (by Jonathan Fuerbringer) October 5.

Office of Management and Budget (OMB) (2004, 2010) *Budget of the United States Government, Fiscal Year 2005, 2012, Historical Tables*. Washington, D. C.: U. S. Government Printing Office.

Pew Research Center (1998) "Spending Favored over Tax Cuts or Debt Reduction: Education, Crime, Social Security Top National Priorities," January 23. Washington, D. C.: Pew Research Center.

Reischauer, Robert D. (1990) "Taxes and Spending under Gramm-Rudman-Hollings," *National Tax Journal*, 43(2): 223-232.

Rubin, Irene S. (1990) *The Politics of Public Budgeting: Getting and Spending, Borrowing and Balancing*. Chatham: Chatham House Publishers.

Rubin, Irene S. (2002) *Balancing the Federal Budget*, New York: Chatham House Publishers of Seven Bridges Press.

Rubin, Irene S. (2010) *The Politics of Public Budgeting*, Sixth Edition. Washington, D. C.: CQ Press.

Schick, Allen (2007) *The Federal Budget: Politics, Policy, Process*, Third Edition. Washington, D. C.: Brookings Institution Press.

Shuman, Howard E. (1992) *Politics and the Budget*, Third edition. New Jersey: Prentice Hall.

The White House (2011) *Economic Report of the President 2011*. Washington, D. C.: U. S. Government Printing Office.

U. S. Congress, Joint Economic Committee (1985) *Hearings, The Gramm-Rudman Budget Proposal*, 99th Congress 1st session, October 11.

West, Darrell M. (1988) "Gramm-Rudman-Hollings and the Politics of Deficit Reduction," *Annals of the American Academy of Political and Social Science*, 499: 90-100.

White, Joseph and Aaron Wildavsky (1989) *The Deficit and the Public Interest: the Search for Responsible Budgeting in the 1980s*. Berkeley: University of California Press.

第9章　スウェーデンの財政再建と予算制度改革
――九六年予算法制定を中心に――

伊集守直・古市将人

1　課題の設定

一九九〇年代初頭のバブル経済の崩壊により、一九九一年から三年連続のマイナスの実質成長率を記録したスウェーデンでは財政収支が急速に悪化し、巨額の財政赤字を計上することとなった（図9－1）。

一九九四年九月に政権に復帰した社会民主労働者党（以下、社民党）政権は、政権発足直後の一一月に財政赤字削減策を発表し、その後、歳出削減と増税を組み合わせた大胆な財政再建策を実施していくことで、一九九八年には財政収支の黒字化に成功する。この財政再建策の過程では予算制度改革が同時に進められ、一九九六年の予算法制定による「三カ年のフレーム予算」の導入を中心とする新たな予算制度が構築された。この予算制度改革により、スウェーデンでは二〇〇〇年代に入ってからも国際的にみて、安定した財政運営に成功している。

本章では、日本と同様に一九九〇年代初頭の経済危機により財政収支を悪化させながらも、短期間のうちに財政収支を回復させたスウェーデンの財政再建策の内容を明らかにするとともに、新たな予算制度が財政規律の維持に果たす役割を検討していく。特に、一九九六年の予算法の制定につながる一連の制度改革については、一九九〇年代初頭の経済危機により財政問題が先鋭化したことで、政治的合意の調達が促されたことが指摘されている（Lindström 2007. 田中 二〇一二）。ただし、予算過程をめぐる制度改革は、石油危機以降の財政赤字の拡大を背景にしながら、一九八〇年代に既に開始されていた。

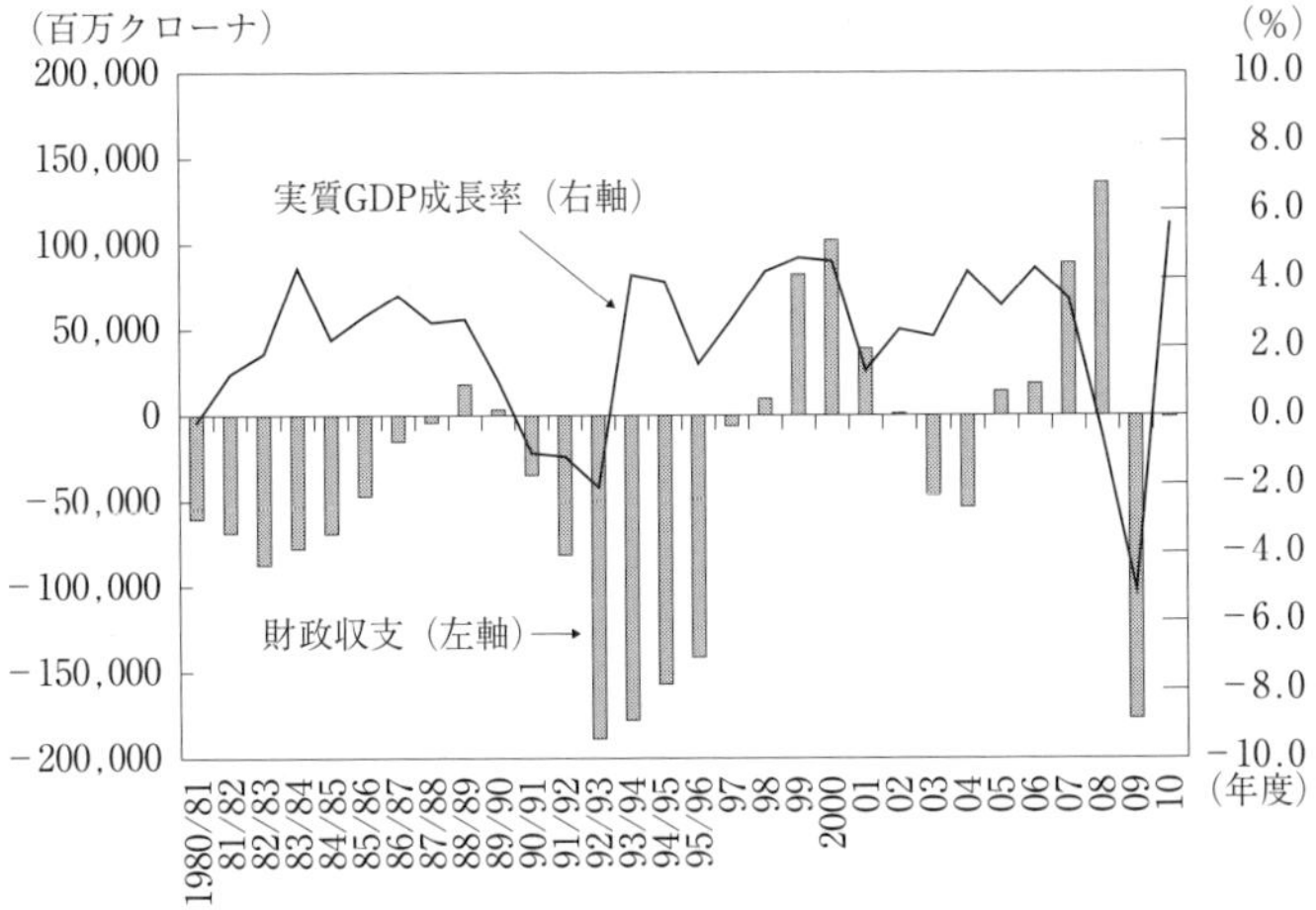

（注）　従来の会計年度は７月から翌年６月までであったが（1980/81年度は1980年７月１日から1981年６月30日），1997年度より暦年に変更された。そのため，1995/96年度のみ1995年７月１日から1996年12月31日までの18カ月となっている。実質 GDP 成長率は暦年ベースで示している。

（出所）　Statistiska Årsbok för Sverige より作成。

図９－１　スウェーデン中央政府財政収支の推移

2　九〇年代の経済危機と社民党政権による財政再建

スウェーデンでは、石油危機以降の経済停滞を受けて、一九八〇年代前半に積極的な総需要拡大政策による景気回復を図ったことで財政赤字が拡大した。しかし、一九八〇年代後半の金融自由化に伴いバブル経済が発生したことで、財政収支に関しては一九八〇年代末に黒字に転換した。ところが、バブル経済は一九八八年から減速し始め、一九九〇年には崩壊することとなった。バブル崩壊は、まず金融機関の経営危機として表面化し、さらに景気後退に伴って一九九二年末には通貨危機に直面し、同年一一月には変動相場制への移行を余儀なくされた。

この間、実質ＧＤＰ成長率は一九九一年から三年連続でマイナスを記録し、失業率は一九九三年には八・二％に達することとなった。その結果、一般政府の財政赤字は一九九三年に対ＧＤＰ比で一一・九％、債務残高は一九九四年に対ＧＤＰ比で七七・九％に達した。中央政府において歳入の三分の一を借入れに依存し、歳出の三分の一が利払い費に充てられている状況は長期的な財政の持続可能性を失っており、財政の信頼回復なしには、高い利子率がさらに景気回復を遅らせると認識されていた（Swedish Ministry of Finance 2001, 27）。

深刻な経済危機のなか、一九九四年九月に国会議員総選挙が実施された。この選挙では、従来よりも国民の関心が経済問題に集中し、どの政党の財政再建策が最も必要で、かつ最も効果的かということが争点となった（SCB 1995, 118）。

保守中道連立政権は、すでに一九九三年四月と一九九四年四月に、合計一〇〇五億クローナの財政再建案を提示していた（表9－1）。同政権の財政再建案は人件費を中心とする政府消費と家計の移転給付の削減等の歳出削減に重点を置いており、歳入強化策としては環境税及び個別消費税による税収増を意図していた。移転給付の削減については、部分年金の廃止、年金受給開始年齢の引上げの他、年金、失業保険、両親保険における所得代替率の引下げ、医療保険に対する国庫補助の廃止等が盛り込まれていた（Finansdepartmentet 1993, 28）。これに対して、社民党は選挙公約において、歳出削減については国民各層に対して負担を求めながら、歳入強化策として資本所得課税の強化と純資産税の維持等、所得分配に対する配慮を強調することで政権との相違を主張した(1)。

単独過半数には及ばないながらも選挙に勝利した社民党は、政権発足直後の一九九四年一一月に財政再建案を発表し、歳出削減と増税を組み合わせた財政再建策を実施していく。少数単独政権ではあったが、左翼党からの閣外協力の他、前連立政権の一翼を担いながらも、歳出削減のみの財政再建案を主張する穏健統一党とは一定の距離を置いていた中央党からの協力を得ることで政策の実行性を確保していった（Swedish Ministry of Finance 2001, 28）。

財政再建案の策定においては三つの原則が採用されることとなった。第一に、需要に対する悪影響をもたらさないように一定期間をかけて政策を実施すること、第二に、再分配政策の観点から高所得者層により大きな負担を求めること、第三に、歳出削減は教育、医療、社会福祉という対人社会サービスよりも家計に対する移転給付において優先的に実施すること、というものであった（Swedish Ministry of Finance 2001, 27）。

一九九四年一一月発表の再建案では、遅くとも一九九八年までにGDPに対する債務残高を安定化させることを提案し、前政権期において既に決定していた一八三億クローナに加えて、五六四億クローナの財政再建策を決定した。一九九五年一月の政府予算案では、さらに目標を引き上げ、中央政府の債務残高は一九九六年までに安定化し、一般政府の財政収支を一九九八年までに黒字化することとし、一九三億クローナの強化策が追加された(2)。さらに、一九九五年四月の修正予算案において二六億クローナ、一九九六年四月の修正予算案において七八億クローナが加えられた他、ＥＵ拠出金二〇〇億クローナ分を合わせ(3)、対ＧＤＰ比八％に相当する総額一二五五億クローナの財政再建策を実施し、目標どおり一九九八年に財政収支の黒字化を達成することとなった。

政府によれば、表９－１に示される社民党政権による財政再建策を歳出面と歳入面に整理すると、総額一二五五億クローナのうち、六六一億クローナ（五二・七％）が歳出削減、五九四億クローナ（四七・三％）が歳入強化によるものであり、歳出入両面から財政再建が図られたことが分かる（Finansdepartmentet 1997a, 26）。

歳出面においては、社会保障分野における移転給付が主要な削減項目となり、在宅保育手当の廃止や児童手当の縮小、年金給付額の引下げや物価スライドの抑制、失業手当や傷病手当の給付率の引下げ等が含まれていた。歳入面では、医療保険の本人負担の引上げの他、国税所得税率の引上げ、資本所得課税の強化や純資産税の維持、不動産税や賃金税の税率の引上げによる税負担の増加等高所得者層を中心とした負担の引上

表９－１　財政再建策の比較

	保守中道連立政権の財政再建案		社民党政権の財政再建策	
歳出減		76.8		71.2
	家計への移転給付等	36.8	家計への移転給付等	34.6
	国民付加年金の改正	5	補助金	8.1
	政府消費	35	政府消費	6.8
			その他	21.7
歳入増		23.7		69.0
	徴税の効率化	6	医療保険の自己負担	23.7
	付加価値税のベース拡大	2	資本所得課税の強化	7.5
	環境税・個別消費税	14.7	高所得者に対する所得税	4.2
	不動産の評価替え	1	生産物税	6.1
			その他	27.5
歳入減		—		-14.7
			付加価値税	-7.6
			その他	-7.1
合　計		100.5		125.5

（注）数値は1998年までの累積効果額を示している（単位は10億クローナ）。
（出所）Finansdepartmentet 1994, 49 及び Swedish Ministry of Finance 2001, 28より作成。

げが実施された。その一方で、所得分配に対する配慮から食料品に対する付加価値税率を二一％から一二％に引き下げる措置もとられた。一九九八年度予算案において示された所得分配に関する分析によれば、家計を五分位階層で見た場合、財政再建に要した金額のうち、四三％が最高所得階層により負担され、最低所得階層では一一％の負担にとどまったことが示されている（Finansdepartmentet 1997b, 30-31）。

以上のように、スウェーデンにおける一九九〇年代の財政再建では、経済・財政危機を背景に、景気回復への影響、所得分配の効果、現物給付による公共サービスの維持という面に配慮しながら、社民党政権のもとで歳出入の両面にわたる大規模な財政再建策を実施し、財政収支の均衡を達成した。ただし、雇用の増加を伴う持続的な景気回復を達成するには財政再建を一時的なものとして終わらせるのではなく、長期に持続可能な財政運営を可能にする必要があるとの認識から、以上の財政再建策と並行して予算制度改革が実施されることになった（Swedish Ministry of Finance 2001, 27）。これは、一九九〇年代の財政危機がバブル経済の崩壊を原因とするだけでなく、従来の予算制度自体の問題点が一九八〇年代以降の構造的な財政赤字を生み出してきたという理解によるものであった。

3　予算制度の展開と改革への道程

ここでは、スウェーデンにおける予算制度の展開を概観することで、一九九六年の予算法制定につながる予算制度上の論点を明らかにしておきたい(4)。

スウェーデンでは、ケインズ理論のみならず、ミュルダール、オリーン、リンダールといったストックホルム学派の影響のもと、他国に先駆けて積極的な経済安定化政策が採用され、一九三七年の予算制度改革では、経常予算と資本予算からなる複式予算制度が導入されることになる。経常予算では、経済安定化機能を発揮することを目的として、予算平準化基金を活用しながら長期で収支均衡を達成するという考え方がとられていた。

第二次世界大戦後には、長期的な収支均衡の考えのもとで国家予算は急速に拡大し、社会保障制度の整備が進められた。高度成長に支えられたこの時期には、国家予算の拡大に対する批判はさほど大きくなかったものの、より合理的な予算過程や資金管理を求める議論が既に見られていた。

アメリカにおける事業別予算やPPBSといった予算改革の影響を受けながら、一九六八年にヨーロッパで初めて民事・軍事行政部門においてプログラム予算が試験的に導入された。この予算改革では、政策の計画・目標設定、予算編成、執行、監査・政策評価を体系化することで、政策決定や資源利用をより効率的に行うことが追求され、会計システムのデータベース化や国家監査庁（RRV）による行政監査の導入につながった。

一九七〇年代に入ると石油危機の影響を受けて財政収支が急速に悪化し、予算平準化基金は経常的な不足に悩まされることとなる。予算制度に関する政府調査委員会は既に一九七三年の報告書において、当時の予算制度が完全性の原則や総計主義といった古典的な予算原則から逸脱しており、予算制度が担う所得分配、経済安定化、インフレ対策といった機能のうち、特に経済安定化が十分に機能していないという理由から、複式予算の廃止を勧告していた。同勧告を受けて、一九八〇／八一年度から複式予算が廃止され、現行の単一の予算制度が導入されることとなった。

また、プログラム予算に見られる予算の効率的管理に向けた動きは、この時期に歳出抑制を目指した取り組みとして進んでいく。一九七九／八〇年度の予算編成では、政府外局は所管省に対する当初の予算要求において、歳出額を前年度に対して二％削減することが求められた(5)。しかしながら、実際にこの要求に従って行われた予算要求額は全体の三分の一程度に過ぎなかった。その要因は、外局からの予算要求が行われる時期が前年度終了時点から二カ月後という時間的制約や、予算要求に向けた準備作業が実際には年度終了前から行われるため、当該年度の政策の結果を反映させられないことにあった。そこで、この問題を解決する実験的な試みとして、一九八五年には移転的経費を含まない行政的経費を対象に歳出削減要求が単年度二％から三カ年度で五％という基準へ変更されることとなった。この取り組みの成果を受けて、外局における三カ年予算の編成が一九八八年よりすべての経費に対して適用されることとなった。ここに、一九九〇年代の制度改革の主柱となる「三カ年のフレーム予算」の原型が形成されることとなる。

三カ年予算の導入は効率的な資金管理のための裁量を外局に付与するものであった。それまで政府から詳細な統制を受けていた人件費や施設費について、外局の長官に対して包括的な決定権限が与えられることとなった（ESV 2001, 5）。続いて、予算の執行段階における拘束力はもたないものの、政府内部の予算準備作業において三カ年フレームを用いて歳出総額を見積り、各省への予算配分を行う方法が一九九二年から開始された（SOU 2000, 50）。

さらに、歳出科目の執行に対する外局の裁量も同時に高められることとなる。従来の歳出科目は、概算科目、繰越科目、固定科目から構成されてきた。概算科目は議会の承認なしに超過支出が可能であり、一方で執行残については繰越しが認められておらず、国債の利払い費や年金等の移転支出、学校運営補助金等、支出全体の八割以上を占める主要な形態であった。繰越科目は、超過支出は認められないが翌年度への繰越しが可能である。これは歳出の制限を意図しながらも、個別年度に支出を制限できない建物や道路等に対する投資的経費に活用されてきた。固定科目は超過支出や繰越しが認められておらず、通常、公共部門に属さない美術館等への補助金に使われてきた（Lane & Back 1989, 75-76）。

一九八八年には資金管理における外局の裁量を高めるため、これらの科目に追加して新たに総枠科目が一部の外局で実験的に導入され、一九九三年から本格的に採用された。総枠科目では超過支出と繰越しがともに認められ、超過支出額は翌年度の予算額から控除されることとなる。こうした制度変更は、事業に投入される資源を管理するという従来の発想が、事業の成果管理を重視する発想へと転換したことを表すものであった。このことは同時に、外局による事業成果に関する説明責任が増大することを意味し、財務報告と事業報告の質の向上が求められることとなった。

そこで、一九九三年にすべての政府外局に対して発生主義会計が導入され、一九九三／九四年度より中央政府の連結財務諸表が作成されるようになる。また、各外局の投資的経費の財源調達において債務管理庁による内部貸付けを導入したことで、各外局に利払い費が配分され、個別事業へのより正確な費用配分と原価計算が可能となった。つまり、発生主義会計の導入に伴う原価計算と管理会計の向上を通じて、成果管理を達成することが意図されたのである（ESV 2001, 7）。同時に、債務管理庁に各外局の利付き勘定が設けられている。これにより、超過支出では利子を払い、繰越しでは利子を受け取ることとなり、後述する予算法制定に伴う概算科目の廃止と総枠科目の拡大により、外局における現金管理の効率化が図られている(6)（Lindström 2007, 7-8）。

以上の予算制度の展開から分かるように、複式予算がマクロ経済運営上の問題から廃止された一九八〇年代には、プログラム予算の取り組みを引き継ぎながら、予算管理の効率化に向けたいくつかの試みが実施されてきた。そのなかには、予算要求段階での上限額の設定や、外局における三カ年予算の採用等の課題設定がすでに行われていたことが分かる。一九九〇年代に入ると、経済危機の深刻化を背景に、より徹底した制度改革が実施されていくこととなる。

4　九六年予算法制定による予算編成過程の改革

従来の予算制度の問題点

一九九〇年代に入ると、予算制度に関連する二つの報告書が提出された。一つは、財務省の専門家グループ報告書であり、もう一つは、経済危機に直面して国内の著名な経済学者、政治学者を中心として組織された政府の経済委員会（リンドベック委員会）報告書であった(7)。

財務省報告書は、ＥＭＳ導入を念頭にヨーロッパ一二カ国の予算制度と財政規律を調査したヴォン・ハーゲンの研究と同様の手法をスウェーデンに適用して、その財政規律の有無を評価したものである。この調査によれば、政府内部の予算編成、議会統制、予算の透明性、予算執行における柔軟性、予算の計画性（長期性）の観点からみて、スウェーデンの予算制度はイタリアに次いで財政規律が欠如していると評価された（Molander 1992, 28）。

具体的には、①予算準備段階での基準値がなく、外局が提出する予算要求が初期値となっている、②国会審議において予算案が制約なく増額されるため、最終的に決定されるまで総額が分からない、③予算外基金や非政府法人への貸付けに関する予算計上が不十分なため予算文書が透明性を欠いており、国民経済計算上の区分にも対応していない、④年度中の予算の執行状況に対する財務省あるいは国会の監督機能が欠如している、⑤年度間の資金の移動に対する制約が高い、といった問題点が指摘された。一方、予算の計画性については、三カ年予算の取り組みがヨーロッパ諸国よりも高く評価されたうえで一層の進展が求められた（Molander 1992, 25-28）。

以上の問題点を解決する手法として、①歳出科目の柔軟性の拡大、②予算編成における首相府と財務省主計局の調整機能の拡大、③完全性の原則（予算文書の包括性）の適用、④一定の歳出枠組みのもとでの国会審議への転換（フレーム決定モデルの採用）、⑤国会の中心的役割としての評価・監査機能の強化、という点があげられた（Molander 1992, 30-32）。

以上の政府報告書の他、国会内部においても国会での予算審議のあり方についての検討が加えられた。一九九三年に国会委員会から提出された報告書では、財務省報告書において指摘された点と重なりながら、長期間に及ぶ国会審議、国会審議における調整機能の欠如、政策評価・監査のための期間の欠如、概算科目に対する統制の欠如などが問題点として指摘された。そのうえで、①完全性原則の適用、②国会審議におけるフレーム決定モデルの採用、③暦年に合わせた会計年度の採用、④春季の財政政策案と秋季の政府予算案による二段階の国会審議、⑤国会の財政委員会の調整機能の強化、が提案された（SOU 2000, 51）。

予算法の制定と新たな予算過程

財務省、経済委員会、国会委員会といった各方面からの既存制度の問題点の指摘と改革提案を受ける形で、一九九〇年代半ばに制度改革が実施されていく。この改革を検討する際に若干の整理を要するのは、政府による予算編成と国会における予算審議とで、それらを規定する法律が異なることである。

一九九三年の国会委員会提案は翌年に国会で承認され、国会法の改正が行われた。その主要な内容は、会計年度の暦年への変更、春季の財政政策案と秋季の政府予算案の審議、トップダウン型のフレーム決定モデルの採用、歳出区分の変更、国会議員任期の三年から四年への延長である。

表9－2に示されるように、従来の予算編成過程では、次年度の政府予算案が国会に提出されるのは、次年度開始の六カ月前であった。そこから国会内の各委員会での修正・増額要求を受けたうえで、政府が修正予算案を改めて提出していた。これが新たな枠組みでは、次年度開始の九カ月前に提出される経済政策及び予算政策のガイドラインとなる春季財政政策案（春予算）と四カ月前に提出される政府予算案に変更されることとなった。政府は特別な事由がある場合

表9-2　スウェーデンにおける予算編成過程の変化

年度	時期	従来の予算編成過程		新たな予算編成過程	
		日程	内容	日程	内容
N-1年度	11カ月前		外局内部での予算提案	2月初旬	各省が3カ年歳出入推計を財務省に提出 外局が年次報告書（2月22日），予算要求（3月1日）を提出
	10カ月前	9月1日	外局から所管省に対する予算要求の提出	3月中旬	財務原案の提出
			各省が予算要求を財務省に提出	3月下旬	予算検討閣議：3カ年の歳出シーリングと27歳出分野の上限額の審議
	9カ月前			4月15日	春季財政政策案を国会に提出
	8カ月前		財務省と各省との間で調整	5月中旬	各省において，27歳出分野の上限額を個別の議決科目に配分し，財務省に提出。 財務省と各省との間で調整
	7カ月前	12月初旬	財務原案の提出。政府内部で財政状況，経済状況にもとづき調整	6月15日	国会が春季財政政策案を議決
	6カ月前	1月10日	政府予算案を議会に提出	7月	(EU 予算の策定)
	4カ月前		国会の各委員会で審議	9月20日	政府予算案を国会に提出 財政委員会で27歳出分野の上限額を審議 各委員会で歳出分野の議決科目について審議
	2カ月前	4月末	政府が修正予算案を国会に提出		
	1カ月前			11月末	国会で27歳出分野の上限額を議決
		6月末	国会での議決。政府決定，通知書の発行	12月末	国会で個別の議決科目を議決 政府決定，通知書の発行
N年度		7月1日	予算の執行	1月1日	予算の執行

（出所）Lane & Back 1989, Kap. 3，及びFinansdepartmentet 2008より作成。

にのみ政府予算案に対する修正案を提出することできるとされ、従来の修正予算案は廃止されることとなった。

次に、フレーム決定モデルの採用は、具体的には次年度の政府予算案に対する国会審議を二段階で構成する方式を指す。第一段階は、財政委員会における歳出総額の決定と二七歳出分野の上限額の決定であり、第二段階が各歳出分野を担当する個別委員会における個別の議決科目の決定となる。これにより財政委員会の調整機能が高められると同時に、歳出分野への予算配分と個別委員会での審議にはPay as you go 原則が適用されることとなった（SOU 2000, 57）。また、従来の所管省別の歳出区分は国会の委員会の構成に対応する形で二七の歳出分野に従った区分に変更され、同時に議決科目は約一〇〇〇科目から約五〇〇科目に減少することとなった。さらに、マクロ経済運営の観点から暦年ベースの経済統計と予算編成をスムーズにリンクさせるために、七月一日から六月三〇日までであった従来の会計年度は暦年に変更された。

これらの国会審議の変更は一九九七年度予算編成から適用されることとなった。従来の予算編成では、政府予算案が提出された後の国会審議において多くの増額修正が行われ、財政規律の弛緩をもたらしていたが、トップダウン型のフレーム決定モデルを導入することで、この点が大きく改善されることとなった（Wehner 2007, 324）。ただし、国会法では国会審議における増額修正に対する制限は規定されていない。つまり、国会はその意思決定によって歳出総額を増加させる権限を留保していることになる。この国会の権限を前提に、予算過程の財政規律を確保する役割を果たすのが、予算法制定による三カ年のフレーム予算の導入である。

従来の予算制度に関連した法的枠組みは、憲法、国会法、国家借入法に限られていた。国家予算に関する基本的事項を決定する責任は国会にあり、実際に多くの決定が行われてきたが、憲法上の要請がないことを一因として法律という形式がとられてこなかった。そのため、これまで決定されてきた事項の全体像が不明確であり、結果として政府と国会の間の権限配分も不明確になっているという問題点が指摘された（SOU 1996, 104-106）。そこで、これまでの予算制度に関する決定を網羅しつつ、さらなる制度の発展を図るために予算法を制定し、政府の予算編成における権限を明確にすることが目指された。

一九九六年に制定された予算法では、政府活動の効率的運営と成果管理の要求、歳出科目と歳入科目の内容、予算の範囲、投資における財源調達や資産の売却の方法、財政予測と事後評価、会計と監査、外局への権限移譲についての規定が設けられたことに加えて、国会のフレーム決定モデルを強化し、長期的な予算政策を実行する手段としての複数年度のフレーム予算を設定することが規定された。これらの変更は国会審議の変更と同様に一九九七年度予算編成から適用されることとなり、三カ年のフレーム予算という枠組みが誕生することとなる。(8) なお、歳出科目に関しては、繰越しが認められない概算科目はシーリングの適用との組み合わせが難しいことから廃止され、総枠科目を中心とする構成に変更されることとなった[9]。

ここで、前掲表9-2も参照しながら、政府における新たな予算編成作業の特徴を検討しておこう[10]。暦年にもとづいた新たな会計年度における予算編成過程では、新年度が開始された一月から三月に、財務省では最新の経済データや各省・外局からの予算要求を踏まえ、三カ年フレームの更新が行われる。この作業は、①GDPに対する一般政府財政余剰目標の設定、②その目標を達成するための歳出総額の上限額（歳出シーリング）の設定、③歳出シーリングのもとでの二七歳出分野への歳出配分の提示の三段階から構成される。

一九九七年度予算編成から導入され、二〇〇〇年度から本格的に適用されている財政余剰目標は、景気循環をつうじて対GDP比一％の一般政府財政余剰を確保することを目標としている[11]。目標の導入当初は債務残高の削減という意味合いが大きかったものの、現在では、国民・企業・金融市場からの財政政策に対する信頼の確保、景気後退期に積極的な財政政策を行うための財政規律の維持、高齢化の進展に対応する世代間の公平の達成、租税負担率上昇の回避、という目的が掲げられている（Boije, Kainelainen & Norlin 2010, 204）。

歳出シーリングには、中央政府歳出だけでなく老齢年金に対する歳出も含まれる[12]。三月中旬に、財務省は新たなフレーム予算の原案を作成し、三月下旬に行われる予算閣議に提出する。フレーム予算には、翌年度から向こう三年間の歳出シーリングと各歳出分野の上限額が記載されるが、初めの二年度分は既に前年度までに決定されているため、政府としてそれらを改定する意思がない限り、三年目の数値だけが追加される。

歳出シーリングの設定のもとで、二七の歳出分野に対する配分が行われるが、歳出総額と各歳出分野の上限額の合計額との差額が予算マージンとして位置づけられる。これは、経済予測の変更等により支出額が変化した場合でも、歳出総額を維持するためのバッファーとして機能することとなる。通常、予算マージンは次年度から三年後にかけて歳出総額の一・五％、二％、三％と設定される。

三月下旬の予算閣議では、財務省原案の承認が行われる。議論の中心は各省大臣からの追加予算要求であるが、ここでも歳出総額が先に決定されるため、各省大臣は、他の歳出分野からの資源の再配分を求めるか、所管する歳出分野の間で再配分を行わなければならない。すなわち、Pay as you go 原則がここにも適用されている。予算閣議における歳出総額と各歳出分野の上限額の決定をもとに春季財政政策案が策定されて、四月一五日までに国会に提出される(13)。

春季財政政策案に関する国会審議が行われる一方で、次年度の政府予算案の提出に向けた準備が各省で行われる。八月には財務省は経済予測の改定を行い、予算案の技術的な修正を行いながら、予算関連資料の準備を行う。その後、政府予算案について閣議決定を経て、九月二〇日までに政府予算案が国会に提出されると、国会では既にみたフレーム決定モデルに従った予算審議が行われ、最終的な決定が行われる。

以上のように、スウェーデンにおける新たな予算編成過程は、三カ年のフレーム予算という政府による予算編成と、フレーム決定モデルに従った国会審議の組み合わせにより構成されていると理解できる。特に、国会審議における増額修正による財政規律の弛緩という問題を抱えていた従来の予算編成過程と比較すると、新たな過程では、政府予算案の策定と国会審議においてトップダウン型の決定方式を採用することで、結果として、当初の狙いどおり財務省による調整機能が相対的に高まったと評価できる。

新たな予算制度に対する評価

最後に、スウェーデンにおける新たな予算制度に対する評価をいくつかの観点から検討しておきたい。

まず、新たな予算編成過程が財政規律の維持に及ぼす効果について見てみよう。表9-3は、財政余剰目標が本格的に適用されるようになった二〇〇〇年度以降の財政余剰とその平均値の対GDP比、当初の歳出シーリングと事後の予算マージン、さらに予算マージンが歳出シーリングに占める割合を示している。財政余剰は特に平均値でみると、二〇〇〇年代半ばには一%程度で推移しており、当時の目標であった二%を達成できていないが、近年には数値の回復が観察される。ただし、債務管理庁や財政政策評議会が指摘しているように、数値目標の基準となる景気のサイクルの定義が不明確であるため、評価自体が不正確なものとなっており、長期的な財政の持続可能性を図る指標の設定が検討され

表9-3　財政余剰および歳出シーリング・予算マージンの推移

年	2000	2001	2002	2003	2004	2005	2006	2007	2008	2009
財政余剰（対GDP比）	3.7	1.7	−1.4	−1.2	0.6	2.0	2.4	3.8	2.5	−0.8
2000年度以降の平均値（景気調整済，対GDP比）	2.5	2.3	1.4	1.0	0.9	1.1	1.1	1.2	1.4	1.4
歳出シーリング（10億クローナ）	765	791	812	822	858	870	907	938	957	989
予算マージン（10億クローナ）	5.0	4.7	0.4	2.9	2.4	5.7	11.8	27.9	13.6	24.4
予算マージンの割合（%）	0.7	0.6	0.0	0.4	0.3	0.7	1.3	3.1	1.4	2.5

（出所）Boije, Kainelainen and Norlin 2010, Table1, 2より作成。

ている（Boije, Kainelainen & Norlin 2010, 213）。

次に、歳出シーリングの設定についてである。当初設定された上限額を技術上の理由以外で変更することは可能となっているが、二〇〇九年度までの時点でそのような変更は二回しか行われておらず、しかもそれらの変更はともに減額修正であった（Boije, Kainelainen & Norlin 2010, 206）。また、実際の歳出が上限額の範囲に収まっているかという点は事後の予算マージンの有無から確認できる。表9-3に示されるように、予算マージンは毎年度残っており、当初の歳出シーリングが遵守されていることが分かる。ただし、二〇〇〇年代前半にはその割合は一%未満で推移しているが、後半にかけて増加している。

これらの数値に示されるように、三カ年フレーム予算の導入は、十分とはいえないものの、財政規律の維持において概ねうまく機能していると評価されている（Boije, Kainelainen & Norlin 2010, Swedish Government Office 2011）。

さらに、新たな制度が国会審議のあり方に与えた影響についてみてみよう。Wehnerは、新たな予算編成過程の導入によって国会における予算案の修正が大きく減少したことを明らかにしている（Wehner 2007, 323-324）。この研究では、改革以前の一九八五／八六年度から一九九五／九六年度と改革後の一九九七年度から二〇〇五年度の国会における予算審議の実態を分析している。具体的には、改革前は平均で三三回の予算案の修正が行われているのに対して、改革後は六回に減少していること、これは歳出科目が半減したことを差し引いても大きな減少であると指摘している。さらに、修正額の推移をみるとこの変化は一層明らかとなる。改革前には、予算案の修正はほぼ増額に結びついていた。増額分が歳出総額に占める割合は一%程度であるものの、この時期には、国会での増額を見込んだ予算案が作成されていたと評価している。これに対して、改革後はPay as you go原則にもとづく修正が行われているため、増額修正は二〇〇五年度までに一度しか行われていない(14)。ここからも新たな予算編成過程が、それまで問題とされていた国会での増額修正に十分に対応できていることが分かる。

以上のような議決にもとづいた歳出シーリングというハードな予算制約のもとでは、諸外国の経験でもみられるように、制約に対する「抜け穴」が作られるケースがある（Hansson Brusewitz & Lindh 2005, 677-678）。

新たな予算制度では、総計予算主義が徹底され、原則として、すべての収入と支出が予算に計上されることとなった。しかし、収入に利用者料金が含まれる場合は、支出を予算計上する必要がない。ただし実際には、このような操作は非常に限定されており、活用される場合でも議会に対する明確な報告が行われている。

また、複数年度の財政計画では経済予測の正確性が重要な要素となるが、楽観的な経済見通しを作成することで、歳入を過大に推計するという操作が行われる可能性がある。スウェーデンでは、財務省とは独立して、債務管理庁における借入所要額の予測、財政運営庁による中央政府の歳出入の中期見通し、経済調査研究所の一般政府財政の中期見通しが発表される他、近年では、財政政策評議会による政府の財政政策の評価などの取り組みが行われることで、財務省による経済見通しの客観性、正確性を担保する工夫がなされている。

加えて、春季財政政策案と政府予算案とともに提出される補正予算案についても歳出シーリングの対象となるため、補正予算を利用した事後的な歳出の増加は制限されている。

これらの面からみても、新たな予算制度では、財政の長期的な持続可能性を維持するために、三カ年のフレーム予算を厳密に運用することが目指されていることが分かる。

5　財政民主主義を機能させる予算制度の構築に向けて

本章では、一九九〇年代のスウェーデンにおける財政再建と予算制度改革を対象に、その内容を明らかにするとともに、特に一九八〇年代以降の財政悪化との関係から制度改革の意義を検討してきた。

そこから明らかになったことは、一九九〇年代半ばの財政再建については、予算制度改革と時期が重なりつつも、基本的にはGDPの八%にも相当する歳出削減と歳入増加を組み合わせた再建策を国民の合意のもとに実行したことである。そのなかでも、財政収支の回復という政策目標を経済成長戦略や所得分配政策と調和させている点が、再建策の成功要因ととらえられる。

一方で、予算制度改革に目を向けると、景気後退期における思い切った財政出動を可能とするには、景気拡張期にこそ支出をコントロールする必要があるという視点に立ちながら、予算編成を行っている点に特徴があるといえる。また、一九八〇年代以降に抱えた構造的な財政赤字を解消するために、政府内部の予算管理や国会における予算審議の問題点を丁寧に整理し、その両面において制度改革を実施しながら、さらに両者をしっかりと結びつけている点は非常に興味深い。加えて、三カ年のフレーム予算を採用することによって生じうる問題点についても、制度の透明性や客観性を向上させる形での対応がとられている。

このように、スウェーデンにおける新たな予算制度は有効に機能していると評価することができるが、その一方で、財政民主主義の徹底に向けていくつかの課題も指摘されている。新たな制度では、財務省による調整機能を高めることで財政規律の回復に成功した側面をもっているが、これは議会機能の相対的低下と解釈することも可能である。Pay as you go 原則に沿って資源の再配分機能を重視した議会審議は国民のニーズの捕捉として十分なのか、という点が問われなくてはならない。もちろん、財政規律を失っていた以前の審議手法に逆戻りすることも許されないであろう。その狭間にあっていまスウェーデンで取り組まれているのが、議会の評価・監査機能の強化である。政府外局の裁量の増大、政府における予算編成機能の強化が、効率的な予算管理や財政規律の確保に貢献するのに対して、その活動を事業、財務の両面からしっかりと把握・評価し、政治的統制の手段として機能させる枠組みの構築が今後追求されるべき課題になっているのである。

注

(1) 一九九四年選挙における各政党の選挙公約については、Svensk Nationell Datatjänst ウェブページ（http://snd.gu.se/sv/vivill）を参照。

(2) この修正予算案を基礎に作成され、EUに提出されたコンバージェンス・プログラムでは、EMU加盟の条件となる一般政府財政赤字を対GDP比で三%以内に抑えるという基準を一九九七年に達成することが明記された（Swedish Ministry of Finance 2001, 28）。

(3) 一九九五年のEU加盟に伴うEU拠出金の負担は一九九八年までに二〇〇億クローナに上ると計算された。この拠出金負担が国家財政を悪化させないように、一六〇億クローナを不動産税、環境・エネルギー関連税により新たに調達し、四〇億クローナの歳出削減を追加することにより賄うこととされた（Finansdepartmentet 1995, 32）。

(4) スウェーデンの予算制度の展開や外局における予算編成に関する以下の記述は、特段の断りのない限り、Lane & Back 1989, Kap. 2による。

(5) スウェーデンの中央政府は、政策の企画立案を行う小規模の省と政策の実施を担うおよそ三〇〇の外局（エージェンシー）から構成され、外局が政策の実施において省に対して高い独立性を有していることを特徴としている。

(6) 外局が継続的に資金を蓄積している場合にのみ財務省による調査が行われる（田中 二〇〇一、一二五頁）。

(7) 経済委員会報告書は、経済問題のみならず、政治問題、憲法問題を含めた当時のスウェーデンが直面する構造的問題の解決に向けた包括的な政策提案書であった。同委員会には、財務省報告書を執筆したP・モランデルが参加しており、予算制度については財務省報告書の分析を基礎にした同様の提言が行われている（Lindbeck, Molander, Persson, Petersson, Sandmo, Swedenborg & Thygesen 1994）。

(9) 一九九六年予算法によって実質的に三カ年のフレーム予算の作成が開始されるものの、三カ年という期間が明確に予算法に規定されたのは二〇〇九年の法改正による。

(9) さらに、二〇一一年の予算法改正により、繰越科目と固定科目が廃止され、現在では歳出科目は総枠科目に一本化されている。

(10) 新たな予算編成過程の詳細については、Blöndal (2001) 及び田中（二〇一一）を参照。

(11) 導入当初は、対GDP比二%という目標が設定されていたが、プレミアム年金制度における貯蓄は財政余剰に含まないというユーロスタットの決定を受け、二〇〇七年より数値設定が変更された（Swedish Government Office 2011, 19）。

(12) 一般政府における健全な財政運営を維持する目的から、二〇〇〇年に地方政府に対する均衡財政原則が地方自治法に規定され、赤字に陥った地方政府は三年以内の収支回復が要求されることとなった。ただし、この規定に対する罰則は設けられていない（Lindström 2007, 4）。

（13）制度の導入当初は、春季財政政策案で示される三カ年のフレーム予算に対して国会で議決が行われていたが、春と秋の予算審議内容の重複という問題から、二〇〇二年の国会決定により、春の国会審議では、フレーム予算に対する議決は行われなくなった（Lindström 2007, 6）。

（14）これは、二〇〇三年度予算編成において、二〇〇二年九月の選挙結果を受けた政策合意についての調整の必要から例外的に増額が行われたものであった（Wehner 2007, 324）。

参考文献

田中秀明（二〇〇一）「スウェーデン——福祉国家を支えるための抜本改革」『民間の経営理念や手法を導入した予算・財政のマネジメントの改革』財務省財務総合政策研究所。

田中秀明（二〇一一）『財政規律と予算制度改革　なぜ日本は財政再建に失敗しているか』日本評論社。

Blöndal, J. R.（2001）"Budgeting in Sweden," *OECD Journal on Budgeting* 1(1), 27-57.

Boije, R., A. Kainelainen & J. Norlin（2010）"The Swedish Fiscal Policy Framework," *Nordic Economic Policy Review*, No.1, 2010, 199-217.

Ekonimistyrningsverket, ESV.（2001）"Accrual Accounting in Swedish Central Government," Stockholm: ESV 2001:8.

Finansdepartmentet（1993）*Förslag till Slutlig Reglering av Statsbudgeten för Budgetåret 1992/93, m. m.*, Regeringens proposition 1992/93:150.

Finansdepartementet（1994）*Förslag till Slutlig Reglering av Statsbudgeten för Budgetåret 1993/94, m. m.*, Regeringens proposition 1993/94:150.

Finansdepartementet（1995）*Förslag till Slutlig Reglering av Statsbudgeten för Budgetåret 1994/95, m. m.*, Regeringens proposition 1994/95:150.

Finansdepartementet（1996）*Ekonomisk Vårproposition med Förslag till Riktlinjer för den Ekonomiska Politiken, Utgiftstak, Ändrade Anslag för Budgetåret 1995/96, m. m.*, Regeringens proposition 1995/96:150.

Finansdepartmentet（1997a）*1997 års Ekonomiska Vårproposition,* Regeringens proposition 1996/97 : 150.

Finansdepartmentet（1997b）*Budgetpropositionen för 1998,* Regeringens proposition 1997/98 : 1.

Finansdepartmentet（2008）*Den Statliga Budgetprocessen,* Fi 2008 : 07.

Hansson Brusewitz, U. & Y. Lindh（2005）"Expenditure Ceilings and Fiscal Policy : Swedish Experiences," paper presented at the Banca d'Italia workshop on public finances, "Public Expenditure," Perugia, Italy.

Lane, J. & S. Back（1989）*Den Svenska Statsbudgeten,* SNS Förlag.

Lindbeck, A., P. Molander, T. Persson, O. Petersson, A. Sandmo, B. Swedenborg & N. Thygesen（1994）*Turning Sweden Around,* the MIT Press.

Lindström, E.（2007）"Regulating Public Spending : Some Swedish Experiences," Riksrevisionen.

Molander, P.（1992）*Statsskulden och Budgetprocessen,* Ds 1992 : 126.

Statistiska Centralbyrån, SCB.（1995）"Allmänna Valen 1994 : Del 3 Specialundersökning," Örebro : SCB-Tryck.

Statens Offentliga Utredningar, SOU.（1996）*Budgetlag-Regeringens Befogenheter på Finansmaktens Område,* SOU 1996 : 14.

Statens Offentliga Utredningar, SOU.（2000）*Utvärdering och Vidareutveckling av Budgetprocessen,* SOU 2000 : 61.

Swedish Government Office（2011）"The Swedish Fiscal Policy Framework," Skr. 2010/11 : 79.

Swedish Ministry of Finance（2001）"An Account of Fiscal and Monetary Policy in the 1990s," Government bill 2000/01 : 100 annex5.

Wehner, J.（2007）"Budget Reform and Legislative Control in Sweden," *Journal of European Public Policy* 14（2）, 313-332.

関説　日本の予算制度の国際的特徴

天羽正継

日本の財政赤字とシーリング

日本は現在、巨額の政府債務残高を抱えている。その主な要因は、一九九〇年代初頭のバブル経済崩壊以降における景気停滞の下で行われてきた減税と歳出拡大である。

しかし、こうした背景は日本だけではなく、先進諸国に共通のものであった。それにもかかわらず、第Ⅲ部で日本の比較対象として取り上げるアメリカとスウェーデンは、一九九〇年代に財政の黒字化に成功した。しかも、第7章でみたように、日本は国際的にも極めて厳格なシーリングを長年採用し続けてきたのである。

第Ⅲ部の課題は、極めて厳格なシーリング予算を有しているにもかかわらず、なぜ先進諸国のなかで日本のみが巨額の政府債務残高を抱えるに至ったのかという問題意識から、アメリカ、スウェーデンの予算制度改革と比較することで、日本の予算制度の特徴を浮かび上がらせることである。結論を先取りするならば、実はシーリングの「厳格さ」こそが、歳出の膨張、ひいては巨額の財政赤字をもたらす要因になったと考えられるのである。

日本の国家予算におけるシーリングとは、旧大蔵省（現財務省）が予算編成にあたって各省庁に示す予算要求の基準であり、一般会計の当初予算に対して適用される。最初に導入されたのは一九六一年度であるが、それが明確に歳出抑制のために運用されるようになったのは八〇年代初頭からである。初めの頃は対前年度比の伸び率が示されるだけであったが、やがて特別枠が設けられたり、対象となる経費が細かく区分される等、次第に複雑化していった。

当時の与党である自民党が予算編成過程に介入するようになると、シーリング、特に特別枠をめぐって、同党と大蔵省の間で毎年攻防が繰り広げられるようになった。自民党が予算編成の主導権を大蔵省から奪い取ろうとしたのに対して、大蔵省は自民党の要求を特別枠のなかに抑え込むことによって予算に対する主導権を維持しようと試みた。非自民党政権の成立により一時的に特別枠は廃止されたが、その後復活し、さらなる増設を求める政権与党と大蔵省の間で攻防が続いた。

一九九六年に成立した橋本内閣は当初よりシーリングの見直しを示唆していたが、これに対して大蔵省は、シーリングに代わる制度は考えられないと冷ややかであった。その後、シーリングの「改革」が行われたものの、さらに複雑さを増しながら厳格さを強めていった。

しかし、その一方で財政赤字は累積していった。厳格なシーリングの存在にもかかわらず、なぜこのようなことが起きたのか。それは、シーリングが一般会計の当初予算のみに適用されるものであり、それ以外の補正予算や特別会計が膨張していったからである。そして、それにもかかわらず大蔵省がシーリングに固執したのは、特別枠等の範囲内に政治の側からの要求を抑え込むことで、予算に対するコントロールを維持しようと考えたからなのである。

アメリカの予算制度改革

このように、シーリングを強化させながら財政赤字を累積させていった日本に対して、むしろそうした方法から転換することによって財政健全化を達成したのがアメリカである。

アメリカでは一九八〇年代に財政赤字が拡大したが、これに対処するためにレーガン政権期の八五年に成立したのがグラム＝ラドマン＝ホリングス法（以下、GRH法）であった。同法の特徴は、支出の一律削減という強制的な手法によって財政赤字をコントロールしようとする点にあったが、その一方で、財政赤字削減の具体的な方策については規定しておらず、一律削減の回避を可能とする「抜け穴」が備わっていた。

そのため、GRH法導入後の予算編成過程の焦点は、財政赤字を削減するための増税や支出削減の具体的な検討ではなく、一律削減命令をいかにして回避するかに合わせられた。その結果、財政赤字は対GDP比では減少したものの、

GRH法に規定された上限額を大幅に上回ることとなった。

その後、財政再建に向けた超党派グループが成立し、一九九〇年包括予算調整法が成立した。同法を構成する一部であり、九〇～九五年度における予算編成手続きを定めた一九九〇年予算執行法は、①財政均衡の達成を義務付ける年度を示さない、②連邦支出のうち、毎年制定される歳出予算法にもとづいて支出される裁量的経費に対して、支出額の上限を定めるキャップ制を設ける、③義務的経費及び税制の変更に対してPay as you go原則を適用する、④GRH法に引き続き一律削減規定を設ける、という内容を含むものであった。しかし、GRH法とは異なり、財政赤字上限額や裁量的経費の支出上限額を、経済状況や推計の技術的変更に応じて大統領が柔軟に変更できるため、実際に一律削減命令が発令されることは期待されていなかった。

一九九〇年予算執行法のこうした内容は、GRH法の下で財政赤字額を厳格にコントロールしようとしたことによって、逆に予算編成過程が一律削減の回避へと集中していったことへの反省から、財政赤字をもたらす議員の政策決定をコントロールし、議員が説明責任を有する範囲内での財政赤字拡大を防ぐことで財政規律の強化を図ろうとしたものであった。そして、同法の下、九八年度に財政再建に成功したのである。

スウェーデンの予算制度改革

一方、スウェーデンでは日本と同様に、バブル経済の崩壊により一九九一年から三年連続でマイナスの実質成長率を記録した結果、財政収支が急速に悪化し、巨額の財政赤字を計上した。

これに対して、社民党政権は一九九四年に財政赤字削減策を発表し、その後、歳出削減と増税を組み合わせた大胆な財政再建策を実施していくことで、九八年に財政収支の黒字化に成功した。そして、その過程において予算制度改革が同時に進められ、九六年に「三カ年のフレーム予算」と「歳出シーリング」を中心とする新たな予算編成の枠組みが構築されたのである。

一九九〇年代半ばに、景気回復への影響、所得分配の効果、現物給付による公共サービスの維持という面に配慮しながら、対GDP比で八％に相当する規模の財政再建策が実施された。それと同時に予算制度改革が実施されることとなったが、従来の予算制度の問題点として、①予算準備段階での基準値がなく、外局が提出する予算要求が初期値となっている、②国会審議において予算案が制約なく増額されるため、最終的に決定されるまで総額が分らない、③予算外基金や非政府法人への貸付けに関する予算計上が不十分なために予算文書が透明性を欠いており、国民経済計算上の区分にも対応していない、④年度中の予算の執行状況に対する財務省あるいは国会の監督機能が欠如している、⑤年度間の資金の移動に対する制約が大きい、といったことが指摘されていた。

これに対して、まず国会法の改正により、会計年度の暦年への変更、春季の財政政策案と秋季の政府予算案の審議、フレーム決定モデルの採用、歳出区分の変更、国会議員任期の三年から四年への延長が行われた。続いて一九九六年に予算法が制定され、このなかで、国会のフレーム決定モデルを強化する手段として、政府による歳出シーリングの設定と、長期的な予算政策を実行する手段として、複数年度にわたる歳出シーリングとガイドラインの設定が認められた。

こうした新たな予算制度については、財政規律を確保する手段としてよく機能していると評価されている。特に、景気後退期に歳出シーリングを用いて財政収支の改善を行うのではなく、景気拡大期において歳出をコントロールするべきであるという観点に立って予算編成が行われる点が、この新たな制度の特徴といえる。

国際比較から浮かび上がる日本の予算制度の特徴

以上の国際比較から浮かび上がる日本の予算制度の特徴はどのようなものであろうか。まず、アメリカが歳出の一律削減によって財政赤字を削減するという方針から転換したのに対し、日本がシーリングによる一律削減にこだわり続けたことが挙げられる。GRH法には、実は一律削減の回避を可能とするさまざまな「抜け穴」が存在し、そのために財政赤字は法の上限額を大幅に上回ることとなった。日本でも、一般会計当初予算の外に補正予算や特別会計といった「抜け穴」があり、そこから財政赤字が膨張していったのである。

また、アメリカが日本と大きく異なる点として、連邦議会の予算編成の際の不可欠な存在として議会予算局があり、議会による予算統制を実質的に可能とする条件が整えられていることがある。そのうえ、政策の基本方針を決める局長級以上の公務員職が大統領の任命によって決まる政治任用制が導入されており、政党による官僚の統制が強く効いているため、予算編成において官僚が決定力を発揮することがそもそも難しい。この点は、予算編成のほとんど全てが官僚によって行われる日本との決定的な相違点である。

予算編成において議会を重視する点では、形は違えどもスウェーデンも共通している。一九九七年度より、トップダウン方式のフレーム決定モデルが国会審議に導入された。また、各省は歳出増を伴う予算要求を行う場合、財源確保に関する提案を併せて行なわなければならないとされている。これは、アメリカの一九九〇年予算執行法で、義務的経費及び税制の変更に対してPay as you go原則を適用するとされていることとも共通していよう。

さらに、スウェーデンでは景気循環を基準期間として、対GDP比一%という一般政府の財政余剰目標を設定し、複数年度にわたってゆるやかに財政余剰を確保しようとしている。アメリカの一九九〇年予算執行法でも、財政均衡の達成を義務付ける年度は示さず、経済状況等に応じて財政赤字上限額を柔軟に変更することができるとしている。この点は、単年度でシーリングをかける日本の予算制度との大きな違いといえよう。

以上の国際比較から、シーリングによる一律削減、予算編成における官僚主導と議会の相対的地位の低さ、財源確保原則の欠如、単年度主義が、日本の予算制度の特徴として浮かび上がってくるのである。

第Ⅳ部　普遍主義化の多様性

第10章　日本における財政赤字形成と社会保障財源選択
――国際比較による帰結――

古市将人

1　社会保障財源の国際比較と日本の財政赤字

本章の課題

一九八〇年代より、既存の社会保障制度を普遍主義的な制度にする気運が、日本に高まっていた。その成果の一つが介護保険制度であった。二〇〇〇年に実施された介護保険制度は、ミーンズ・テストを必要とする措置制度を廃止した普遍主義的改革であった。

一九九〇年代以降の日本において、社会福祉政策を代替してきた家族福祉への依存が限界に達したこともあり、「介護の社会化」が目指された。国際的には、地方政府が現物給付を供給する場合は地方税によって財源が確保されている傾向がみられる。日本で選択されたのは、社会保険と税の組み合わせによって介護財源を賄う介護保険制度であった。さらに、介護保険制度には、応益負担としての一割の利用者負担が組み込まれた。

本章の課題は、必要なものすべてにサービスを届けることを意味していた普遍主義が、制度の対象者を中間層に拡大する形で実現した経緯を考察することである。本章では、まず、社会保障財源としての税方式と社会保険方式の国際的な動向を観察する。第二に、日本の租税構造が減税路線であったことを国際比較の観点から分析する。なぜならば、後述するように、一九九〇年代の増減税一体処理政策によって、「介護の社会化」の財源として介護保険が選択されることになったからである。第三に、本章では、日本における福祉制度の「普遍主義的改革」の端緒である介護保険の事例をとおして、日本における普遍主義的改革の実現過程を検討する。

各国社会保障財源の構成割合の動向

社会保障財源構成割合の国際比較を示しているのが表10－1である。まず、社会保障収入の平均値と変動係数の推移をみてみると、社会保障収入が一九九一年から二〇〇七年の間に、その規模を維持しつつも各国間の格差が減少している傾向を看取できる。特徴的なのは、最も社会保障収入を拡大している日本の社会保障収入規模が最も低く、最も社会保障収入を削減したスウェーデンの社会保障収入が最も高いという事実である。一九九〇年代から二〇〇七年にかけて、大きく公的社会支出を拡大したのは、日本、イタリア、スイス、フランス、オーストリア、ドイツである。

次に、社会保障収入構成割合の動向を観察してみると、保険料拠出の平均値が減少し、一般政府拠出の平均値が増加していることが看取できる。保険料拠出を最も削減したのは、フランス、イタリア、イギリス、ドイツである。一般政府拠出を最も増加させたのはフランス、イタリア、ベルギー、ドイツ、スペイン、日本である。表10－1の公的社会支出総額の増額国と一般政府拠出増加国はある程度重なっている。つまり、この期間に公的社会支出を拡大させた国は、政府負担を高めた可能性がある(1)。租税を財源に普遍主義的福祉を供給する北欧諸国が一般政府拠出割合を減少させているなか、ドイツ、フランス、日本といった「社会保険」中心で福祉を供給していると評価されていた国と、「租税方式」主義のイギリスが一般政府拠出の割合を高めている(2)。

租税方式と社会保険方式を考慮した福祉国家の特徴づけに、ボールドウィンの二類型が存在する。租税によって福祉支出を賄い中間層を含む広範囲の層を包摂する「連帯主義」型と、職域ごとに労働者が加入し、福祉の財源を加入者の拠出金に拠る「社会保険」型の二類型がある(3)(Baldwin 1990, 21-31, 187-202, 212-223)。ボールドウィンは、「連帯主義」の国としてスウェーデンと大戦直後のイギリスを挙げ、「社会保険」主義の代表国として、ドイツ、フランスを挙げた。

保険料拠出を削減し、一般政府拠出を増大させている傾向から、「社会保険」主義の代表国たるフランスとドイツの「連帯主義」への接近が観察できることがわかった。さらに、両国は一九九一～二〇〇七年にかけて社会保障収入を拡

表10－1　社会保障財源構成割合の国際比較

（単位：%）

	公的社会支出総額			社会保障収入対 GDP 比			社会保障収入構成割合								
							保険料拠出			一般政府拠出			その他		
	1991年	2007年	増　減	1991年	2007年	増　減	1991年	2007年	増　減	1991年	2007年	増　減	1991年	2007年	増　減
ベルギー	25.7	26.3	0.7	28.4	27.8	−0.7	69.3	65.3	−4.0	21.4	32.7	11.3	9.2	2.0	−7.3
デンマーク	25.9	26.1	0.2	31.7	32.4	0.7	11.7	32.4	20.8	81.7	61.9	−19.8	6.6	5.7	−0.9
ドイツ	23.7	25.2	1.5	27.3	29.3	1.9	70.5	63.0	−7.5	26.9	34.9	8.0	2.6	2.1	−0.5
アイルランド	15.7	16.3	0.6	19.1	20.3	1.2	39.2	43.1	3.9	60.5	52.4	−8.0	0.3	4.4	4.1
スペイン	20.7	21.6	0.9	20.5	22.6	2.0	69.9	63.3	−6.6	27.3	34.6	7.2	2.7	2.1	−0.6
フランス	25.5	28.4	2.9	28.0	30.6	2.5	78.8	65.2	−13.5	17.6	31.4	13.8	3.6	3.4	−0.3
イタリア	20.3	24.9	4.6	24.8	27.5	2.7	68.7	55.6	−13.1	29.1	42.9	13.8	2.2	1.6	−0.7
オランダ	25.5	20.1	−5.4	36.0	32.2	−3.8	60.4	65.2	4.8	23.9	21.6	−2.2	15.7	13.1	−2.6
オーストリア	24.1	26.4	2.4	26.1	27.6	1.5	64.3	65.0	0.7	34.3	33.6	−0.7	1.4	1.3	−0.1
フィンランド	29.2	24.8	−4.3	34.1	28.7	−5.5	48.1	49.7	1.6	44.1	43.2	−0.9	7.8	7.1	−0.7
スウェーデン	31.8	27.3	−4.5	40.5	33.5	−6.9	40.0	49.8	9.8	51.4	47.4	−4.0	8.6	2.8	−5.8
イギリス	18.2	20.5	2.4	26.4	24.5	−1.9	53.7	43.3	−10.3	44.6	49.7	5.0	1.7	7.0	5.3
ノルウェー	23.3	20.8	−2.5	26.8	23.4	−3.4	42.4	47.1	4.7	56.8	52.7	−4.1	0.8	0.2	−0.6
スイス	14.5	18.5	4.0	27.9	32.1	4.2	62.5	64.1	1.6	19.8	23.3	3.4	17.7	12.7	−5.0
日　本	11.5	18.7	7.2	14.9	19.5	4.5	60.0	56.6	−3.4	24.0	30.9	6.9	16.0	12.5	−3.5
平均値	22.4	23.1	0.7	27.5	27.5	−0.1	56.0	55.3	−0.7	37.6	39.5	2.0	6.5	5.2	−1.3
変動係数	0.25	0.16		0.24	0.16		0.31	0.19		0.49	0.29		0.91	0.85	

（注）1　スウェーデンの社会保障収入の対 GDP 比と構成割合の1991年のデータは1993年のデータで代替している。
ベルギーの社会保障収入の対 GDP 比と構成割合の1991年のデータは，1995年のデータで代替している。

アイルランドの社会保障収入の対 GDP 比と構成割合の1991年のデータは1995年のデータで代替している。
2　一般政府拠出には，フランスの社会保障目的税である一般社会拠出金（CSG）が含まれる。
（出所）Eurostat, OECD Social Expenditure Database，国立社会保障・人口問題研究所「社会保障給付費」。

大させることに成功している。公的社会支出総額の動向を見れば、かつての「連帯主義」の代表国たるイギリスは、社会保障収入を減少させているばかりか、その財源規模も低位にある。しかし、イギリスの政府負担割合はスウェーデンを超えるほどの数値を示している。

社会保険中心国の租税方式へのゆるやかな移行に比べれば、二〇〇〇年に社会保険と租税で財源を賄う介護保険を施行させた日本は、折衷的と評価できる。その日本の社会保障財源と公的社会支出は、極めて低水準である。日本はオランダ、スイスに続き、最も資産収入等の構成割合が高く、政府負担もオランダ、スイスに続き低い三〇・九％である。

次に、政府収入の要である税収構造の変遷を明らかにしたい。

各国租税構造の動向

表10-2は、OECD一八カ国の主要税収の動向を示している。まず、観察できるのは、依然として租税構造における所得税の地位が高いことである。変動係数より、社会保障負担の各国のバラツキが最も大きいことが分かる。一九九〇〜二〇〇七年までの変化をみてみると、所得課税が最も低下しているのは、日本である。所得課税が最も拡大しているのは、ノルウェー、フランスである。

総税収の動向をみると、ほとんどの国は一定の水準を維持しているのが分かる。総税収を減少させている国は、スウェーデンのように既に高水準の税収を得ていた国である。しかし、総税収が平均値以下である日本の増減幅は負の値を示している。

個別の税収の動向のみでは、各国の租税構造全体の変化を把握することが出来ない。特に、社会保障財源・支出を拡大した国は、どのような租税構造の変化を経験したのか、分析する必要がある。そこで、ここではAshworth and Heyndels (2002) の租税構造変化指数 tax structure turbulence（以下、TST）を計算した。この指数は、元々は年々の租税構造の変化の程度を測定するために用いられてきた(4)。ここでは、ある国の租税構造が、例えば一九八〇〜二〇〇七年にかけて、どの程度変化したのかを測定するために、この指標を用いた。TSTは次のように定義される（Ash-

表10－2　OECD18カ国における主要租税収入の変遷

	所得課税					社会保障負担					消費課税					総税収（GDP 比）		
	1980	1990	2000	2007	1990→2007	1980	1990	2000	2007	1990→2007	1980	1990	2000	2007	1990→2007	1990	2007	1990→2007
オーストラリア	14.6	15.8	17.6	17.7	1.8	0.0	0.0	0.0	0.0	0.0	8.1	7.7	8.7	7.9	0.1	27.7	29.5	1.8
オーストリア	10.4	10.1	12.3	12.6	2.5	12.0	13.0	14.8	14.2	1.2	12.2	12.5	12.3	11.6	−0.9	39.7	42.1	2.4
ベルギー	17.0	15.5	17.2	16.5	1.0	11.9	13.9	13.9	13.6	−0.4	11.2	11.1	11.4	11.0	−0.1	42.0	43.8	1.8
カナダ	14.4	17.4	17.8	16.2	−1.2	3.3	4.4	4.9	4.8	0.4	10.1	9.3	8.6	7.9	−1.4	35.9	33.0	−2.9
デンマーク	23.8	28.0	29.8	29.4	1.4	0.6	0.9	1.8	1.0	0.1	16.1	15.4	15.9	16.3	0.9	46.5	49.0	2.4
フィンランド	14.0	17.2	20.4	16.9	−0.3	8.4	11.2	11.9	11.9	0.7	12.6	14.2	13.7	12.9	−1.3	43.7	43.0	−0.7
フランス	6.7	6.7	11.1	10.4	3.6	17.1	18.5	16.0	16.1	−2.4	12.2	11.9	11.4	10.7	−1.2	42.0	43.5	1.5
ドイツ	12.8	11.3	11.2	11.2	−0.1	12.5	13.0	14.5	13.2	0.1	9.9	9.3	10.4	10.5	1.2	34.8	36.0	1.2
アイルランド	11.3	12.2	13.2	12.1	−0.1	4.4	4.9	4.2	4.7	−0.2	13.6	14.0	11.7	11.2	−2.8	33.1	30.9	−2.2
イタリア	9.3	13.8	14.0	14.6	0.9	11.3	12.4	12.1	13.0	0.5	7.9	10.6	11.8	11.0	0.4	37.8	43.4	5.6
日　本	11.6	14.5	9.4	10.3	−4.2	7.3	7.7	9.5	10.3	2.7	4.1	4.0	5.2	5.1	1.1	29.0	28.3	−0.6
オランダ	14.1	13.8	10.0	10.9	−2.9	16.3	16.0	15.4	13.5	−2.6	10.8	11.3	11.5	12.0	0.7	42.9	38.7	−4.2
ニュージーランド	21.5	22.0	19.9	22.1	0.1	0.0	0.0	0.0	0.0	0.0	6.9	12.4	11.5	11.1	−1.3	36.9	35.1	−1.8
ノルウェー	17.7	14.4	19.2	21.1	6.7	9.0	10.8	8.9	9.1	−1.7	15.0	14.6	13.5	12.4	−2.1	41.0	43.8	2.8
スウェーデン	20.2	21.8	21.0	18.4	−3.4	13.4	14.2	13.6	12.3	−1.9	11.2	13.0	12.7	12.6	−0.4	52.2	47.4	−4.9
スイス	11.2	12.0	13.2	13.3	1.4	5.8	6.0	7.3	6.7	0.7	5.7	5.5	6.7	6.6	1.1	25.8	28.9	3.1
イギリス	13.1	14.0	14.2	14.3	0.3	5.8	6.0	6.2	6.7	0.6	10.2	11.0	11.6	10.5	−0.5	35.5	36.2	0.6
アメリカ	13.2	12.6	14.9	13.6	1.0	5.8	6.9	6.9	6.5	−0.4	4.7	4.8	4.7	4.7	−0.1	27.4	27.9	0.5
平　均	14.3	15.2	15.9	15.6	0.5	8.0	8.9	9.0	8.8	−0.1	10.1	10.7	10.8	10.3	−0.4	37.4	37.8	0.4
変動係数	0.31	0.32	0.32	0.31		0.66	0.63	0.59	0.59		0.33	0.32	0.27	0.28		0.19	0.18	

（注）1　総税収のなかに，社会保障負担を含んでいる。
　　　2　→は当該期間の増減値を示している。
（出所）OECD Stat Extracts にもとづいて，筆者計算。

worth and Heyndels 2002, 349)

$$TST_t^i=\sum_{j=1}^{n}|R_{j,t}^i-R_{j,t-1}^i| \qquad 2\geq TST_t^i\geq 0$$

$R_{j,t}^i$ は i 国の t 年のある税 j の総税収に占める割合

ここでは、ＯＥＣＤの Revenue Statistics による六分類（下三桁が０００で分類されている税種）を採用して、ＴＳＴを計算した。この指標が高いことは、t 年から t＋1 年の税収の構成割合がより変化したことを示す。

さらに、先行研究が指摘するように、租税構造がある特定の税に特化すればするほど、税負担が納税者に「可視化」され、多様な税による負担を課す租税構造は、納税者に「可視化」されなくなる可能性がある（Royed and Borrelli 1999）。グローバル化のもとで各国は、租税構造を「可視化」させないような改革を実行する可能性がある。この論点を検証するために、ある国の租税構造が特定の税に特化していないことを示す租税構造分散指数 Tax Fractionalization（以下、ＴＦ）を計算した。この指数は、次のように計算される（Royed and Borrelli 1999, 102）。

$$TF_t^i=1-(\sum_{j=1}^{n}T_{j,t}^{i\,2})$$

$T_{j,t}^i$ は i 国の t 年の j 番目の税収の総税収に占める割合。そのため $\sum_{j=1}^{n}T_{j,t}^i=1$ である。

この二つの指標によって、租税構造全体の「変化」と「可視化」の程度を測定したい。表10－3は、ＯＥＣＤ一八カ国の租税構造の変化を、ＴＳＴとＴＦによって、明らかにしたものである。ＴＳＴの変動係数を見ると、二〇〇〇～二〇〇七年の間は、租税構造の変化のバラツキが少ないことが分かる。一九九〇～二〇〇〇年までのＴＳＴの変動係数が高いが、これは、フランス、日本、ノルウェーの数値が極めて高いことが原因である。租税構造変化指数の動向から、ある一つの類型へと租税構造が収斂しているわけではないことが確認できる。

一九八〇～二〇〇七年のＴＦの変動係数が同一で、平均値が増加していることから、各国の租税構造が単一の租税に特化しているわけではないことが示された。ただし、オーストラリア、デンマーク、ニュージーランドはＴＦが極めて

表10-3　OECD18ヶ国の租税構造の変化

	租税構造変化指数（TST）					租税構造分散指数(TF)	
	1980→2007	1980→1990	1990→2000	1990→2007	2000→2007	1980	2007
オーストラリア	0.10	0.07	0.04	0.05	0.04	0.58	0.56
オーストリア	0.13	0.05	0.10	0.13	0.03	0.73	0.72
ベルギー	0.10	0.10	0.06	0.06	0.02	0.67	0.70
カナダ	0.19	0.13	0.06	0.07	0.03	0.66	0.67
デンマーク	0.12	0.12	0.04	0.01	0.04	0.55	0.53
フィンランド	0.11	0.06	0.08	0.05	0.08	0.67	0.68
フランス	0.23	0.06	0.21	0.28	0.05	0.69	0.74
ドイツ	0.09	0.06	0.06	0.05	0.05	0.68	0.68
アイルランド	0.15	0.04	0.13	0.13	0.09	0.65	0.68
イタリア	0.20	0.14	0.16	0.17	0.05	0.69	0.73
日　本	0.19	0.11	0.31	0.29	0.06	0.67	0.69
オランダ	0.15	0.03	0.13	0.13	0.10	0.68	0.70
ニュージーランド	0.19	0.23	0.03	0.07	0.06	0.46	0.50
ノルウェー	0.15	0.13	0.20	0.26	0.07	0.66	0.64
スウェーデン	0.15	0.07	0.04	0.10	0.07	0.67	0.71
スイス	0.02	0.04	0.05	0.03	0.05	0.68	0.68
イギリス	0.08	0.16	0.09	0.12	0.06	0.73	0.71
アメリカ	0.04	0.08	0.09	0.06	0.04	0.66	0.67
平　均	0.13	0.09	0.10	0.11	0.05	0.65	0.67
変動係数	0.43	0.56	0.72	0.74	0.38	0.10	0.10

（注）1　総税収のなかに，社会保障負担を含んでいる。
　　　2　→は当該期間の増減値を示している。
（出所）OECD Stat Extracts にもとづいて，筆者計算。

低く、他国よりもある税に特化していることが分かる。表10-2から、これらの国は所得課税に特化していることが分かる[5]。

表10-1・2・3において、一般政府拠出割合を高めた国のなか、租税構造を大胆に変えたのはフランスと日本であったことが看取できる。しかし、フランスは総税収を拡大させ、公的社会支出総額を増大させたが、日本は総税収を減少させるという対極の動向を示している（表10-1・2）。TSTを見る限り、ドラスティックな変化を観察できない国のなかには、一般政府拠出を高め、「社会保険」方式から「租税方式」へと接近したドイツとイギリスが存在する。

これまでの成果を用いて、日本の国際的位置を確認しよう。租税構造の分析から、日本は減税基調で租税構造を変化させたことが分かった。日本は、強力な増税を実施したフランスや租税構造を維持しているイギリス、ドイツといった他国の動向とは対極にある。さらに、日本は国際的に低い一般政府拠出を示しており、社会保険方式から租税方式へとゆるやかに移行をしているフランス、ドイツのトレンドから、乖離している。後述するように、公的社会支出を低位ながら拡大しているのに対して、租税構造を減税路線へと転換させたため、日本には財政赤字が形成させることとなったのである。

日本の財政赤字累増と「日本型」社会保障政策

通常、社会保障政策の推進のみで、国家が財政赤字を累増していくケースは考えにくい。なぜならば、あらたなサービスを提供するには、他の費目の削減、社会保険導入、増税によって、財源を調達する必要があるからである。ところが、社会サービスと機能的に「等価」なサービスを支出することで、増税を回避しながら福祉国家としての役割を果たしてきたのが日本であった。日本では、企業福祉、家族福祉、政府が供給する公共事業による雇用の提供によって、社会保障政策を補ってきた。そのため、日本は公的社会支出の規模を低く維持できたのである（Estévez-Abe 2008, 北山 二〇〇三、宮本、イト・ペング、埋橋 二〇〇三）。

日本型「福祉国家」財政の実態は、一九七〇年代から二〇〇〇年にかけて、社会保障関係費よりも公共事業関係費と財政投融資が拡大している事実にみて取ることができる。戦後、日本の公共事業費の財源は国民の貯蓄を原資とする財政投融資であった。しかし、相次ぐ経済対策による公共事業と減税の結果、一九九〇年代末にはＧＤＰ比で一六〇％という政府債務が発生してしまった[6]。歳出の増大トレンドは八〇年代と九〇年代に大きな変化はなく、二〇〇〇年代には縮小すらした。つまり、債務の累積は、主に税収の減少によるものであった。この財政赤字への対応もあり、時の小泉政権で公共事業と財政投融資の大幅な圧縮が敢行されたのであった（井手 二〇一〇）。

日本は、社会保障政策の「機能的等価物[7]」によって福祉を代替させることで、明示的な増税を避けながら国民の要望に応えることが可能だったのである。しかし、明示的な増税を避けてきただけで、その負担は財政赤字として顕在化することとなった。

これまでの社会保障財源と租税構造の国際比較と日本の財政赤字の要因の整理をもとに、本章の具体的な課題を設定したい。本章の課題は、ドイツのように社会保険中心国のゆるやかな租税方式への移行があるなか、日本において介護保険導入によって社会保険方式が強化された経緯を分析することである。特に、本章では、ミーンズ・テストを課す措置制度を廃止したという意味では福祉の普遍主義化が進展したが、普遍主義と相反するかに見える保険料拠出を前提とした制度改革が実現した経緯を分析する。以下、第**2**節において、社会保障関係費と消費税収使途の分析をとおして、介護保険導入後、公費がどのような社会保障関係費に充当されるようになったのか明らかにする。第**3**節では、日本における普遍主義的改革の一つとして、社会保険方式で財源を賄う介護保険が形成された経緯とその帰結を分析する。

2　社会保障関係費と消費税収使途の分析

本節では、予算データを用いて、予算全体の変動と、社会保障関係費の変動、税収の変動の関係を観察し、一九九〇年代の社会福祉費増大を予算論の視点から考察する。特に、税収が増大している時期と減少している時期における経費の変化を分析し、財政赤字を形成した税収減が社会保障関係費に与える影響を明らかにする。

以上の課題を果たすためには、単純に経費の変化率を調べるのではなく社会保障関係費の構成項目の変化を考慮に入れたうえで、経費の変化を分析する必要がある。なぜならば、社会保障関係費の構成比に着目すると、特定の経費の割合を固定または減少させることで、他の経費を増加させる傾向があることが報告されているからである（坂田 二〇〇三）。

本節では、Tsebelis and Chang（2004）によるBudget Distance（以下、ＢＤ）を用いて、中央政府の経費と社会保障費の構成項目の変化を考慮した経費の変化を分析したい。ＢＤは、複数の費目の構成比の変化を一つに集約することで、歳出の変化を測定する指標である。ＢＤは次のように定義される（Tsebelis and Chang 2004, 454-455）。

$$BD=\sqrt{(a_{1,t}-a_{1,t-1})^2+(a_{2,t}-a_{2,t-1})^2+\cdots+(a_{n,t}-a_{n,t-1})^2}$$

$a_{n,t}$ は t 年の経費 n の歳出に占める割合

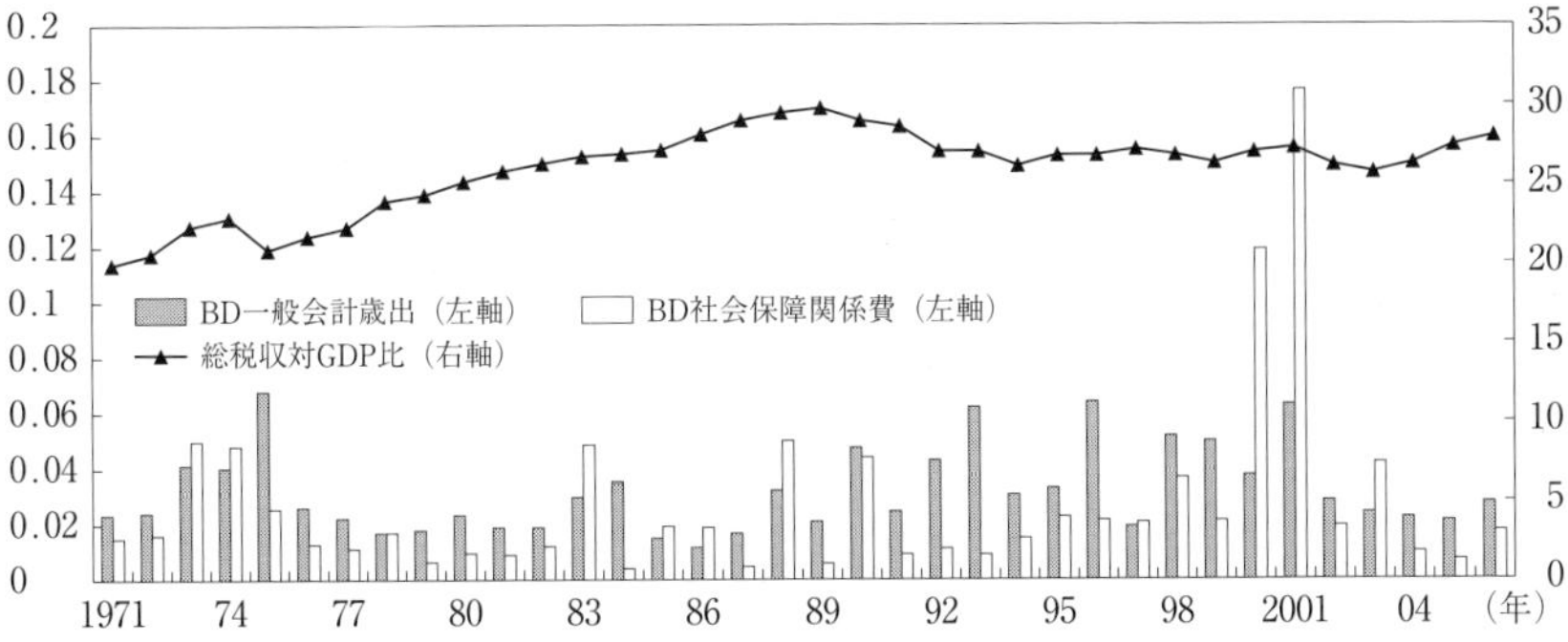

（出所）　OECD Stat Extracts, 財務省『財政統計』各年度版より筆者作成。

図10－1　一般会計歳出・社会保障関係費のBDと税収の推移

図10－1は、一般会計歳出のBDと社会保障関係費のBD、総税収の対GDP比の推移を示している。一般会計歳出は一三費目、社会保障関係費は五費目によって構成されている。興味深いことに、税収が伸びている一九九〇年までの時期に一般会計歳出はあまり変動していないのに対して、税収減少期の九〇年以降において、一般会計歳出のBDが大きな変動をみせている点である。社会保障関係費のBDを見ると、八三年、八八年、九〇年に大きな増加を見せてからは、ゆるやかに上昇し続けていき、二〇〇〇年、二〇〇一年に大きな変化を見せている[8]。以上の傾向は、一九九〇年代以降、税収減という財政制約の下、政府が予算の構成比を変化させていったことを示している。

一九九〇年代の社会保障関係費については、同経費の内訳の一つである社会福祉費の構成比を増大させた代わりに、他の経費の社会保障関係費に占める割合が減少されたとの評価がなされている（坂田 二〇〇三）。実際、一般会計歳出に占める社会保障関係費の割合の変遷をみると、一九七一年一六％、七五年二二％、八〇年二二％、八五年二一％、九〇年一八％、九五年二二％、二〇〇〇年二二％、二〇〇五年二六％であり、社会福祉費が、その構成比を増加させていることが分かる（財務省『財政統計』）。すなわち、財源制約の下、社会保障関係費の規模がゆるやかに上昇するなか、同経費の構成費目の組み替えによって優先的に社会福祉費が伸びていった末に、介護保険制度が導入されたのである（坂田 二〇〇三）。

以上のように、一九九〇年代では、租税によって現物給付への費用であ

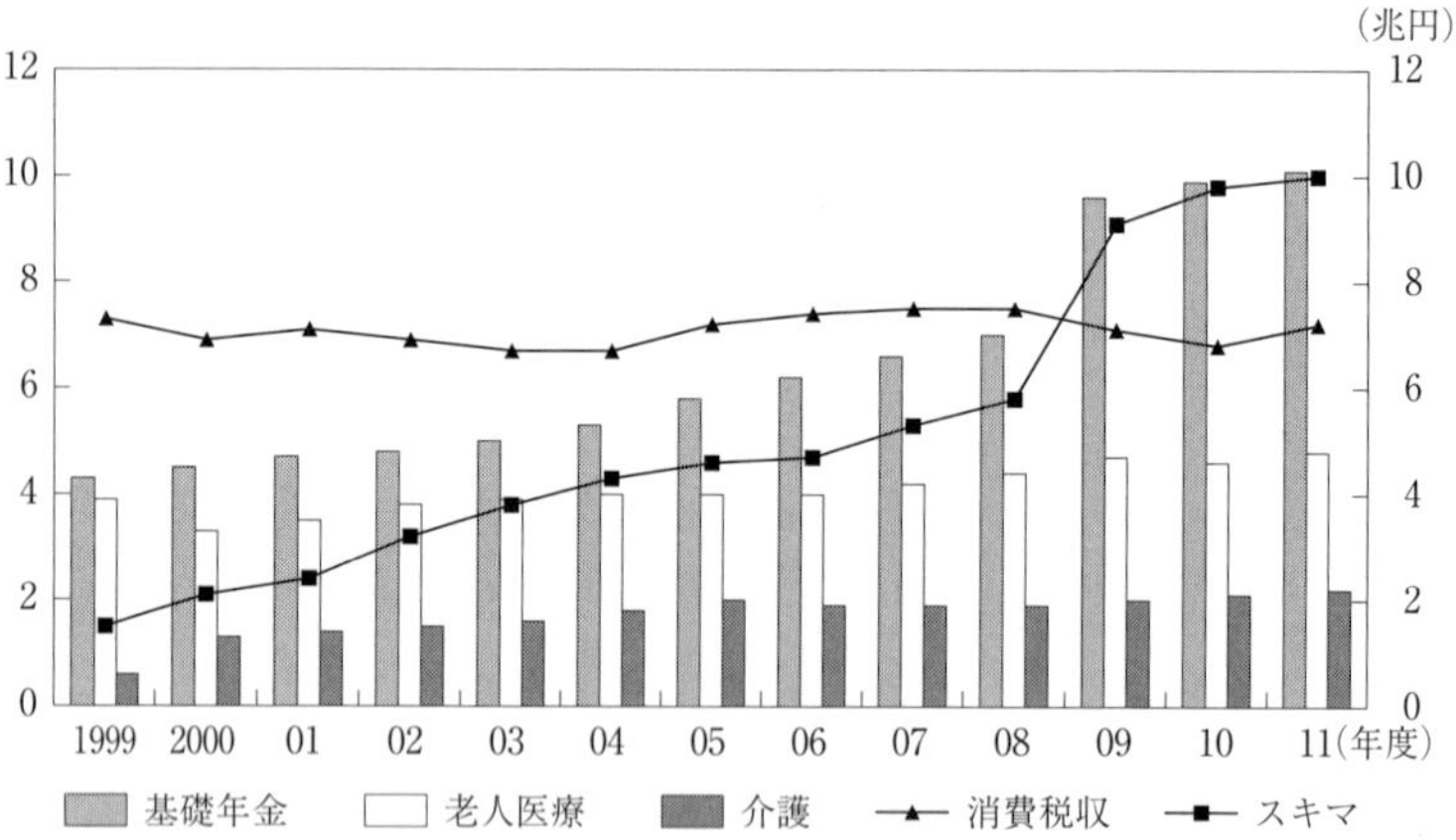

（出所）財務省ホームページより作成。

図10－2　消費税収使途の変遷

る社会福祉費を拡大させていった。しかし、二〇〇〇年以降は、介護費用の大部分は社会保険によって賄われることになった。すなわち、社会福祉の財源が租税方式から社会保険方式に変化したのである。この変化のもとでの公費負担の実態を知るために、一九九九年度からの消費税収の使途明確化に目を向ける必要がある。なぜならば、消費税収の使途に、租税が主に現金給付の財源となる日本の社会保障政策の特徴が如実に現れているためである。

図10－2は、一九九九年度から、「福祉目的化の推移」として公表されている、消費税収の使途の推移を示している。[9] 消費税収の「福祉目的化」は、正確には、一九九九年度の予算より「消費税に対する国民の理解を一層深める観点から、消費税収の使途（地方交付税交付金を除く。）を基礎年金、老人医療および介護に限る旨を予算総則に明記したところである」（『國の予算　平成一一年度』三〇頁）ということを指している。図に示されている「スキマ」とは、消費税収を充当する対象経費と充当する消費税収の差額を示している。すなわち、この「スキマ」が大きいことは、消費税収で対象経費を賄い切れていないことを示しているのである。

さて、図10－2の特徴として、次の二点を指摘できる。第一に、一九九九年度においては、消費税収によって対象経費の八三・一％を賄えていたのに対して、二〇一一年には対象経費の四一・九％しか消費税収で賄えていない点である。その原因は、消費税収が伸びずに安定的に推移しているのにも関わらず、対象経費が増大しているためだと考えられる。第二に、今後、消費税収が主に基礎年金の財源として機能する可能性がある点である。なぜならば、一九九九〜二〇一〇年にかけて、消費税収が増大しないという予算制約のもと、老人医療と介護の支出が一定に抑制されているのに対して、基礎年金経費が増大しており、結果として対象経費と消費税収の「スキマ」が拡大しているからである。

介護保険の仕組み上、介護費用の公費負担が一定水準で推移するのは当然である。ここで問題になるのが、消費税収の大半が、介護のような需要拡大が予想される経費の財源に十分に充てられなかった点である。次節では、日本における普遍主義的改革が、介護保障の財源を社会保険で賄う形式として結実した経緯を検討することで、以上の論点を議論する。

3　日本の福祉政策における普遍主義の展開過程

一九九〇年代からの日本の福祉制度の再編過程は財政制約のもと、給付水準の抑制と自己負担の拡大を推進する流れと、低所得者を対象としていた従来の選別主義的な福祉制度を普遍主義的な制度へ転換する流れの二つに整理できる(10)(宮本 二〇〇八、一四四頁)。ここでの「普遍主義」的改革とは、福祉サービス供給を行政処分とする措置制度から、すべての市民を対象とした制度へ転換することを意味している。まず、普遍主義的な改革の源流を整理し、その最大の成果の一つである介護保険制度に具現化された普遍主義について、検討したい。なぜならば、保険料拠出と利用者負担を前提とする「日本的」な普遍主義的改革が、介護保険制度において実現したからである。

臨調路線への反論としての「普遍主義」

「日本的」な普遍主義的改革の起点は、第二次臨時行政調査会(以下、第二臨調)の第一次答申への反論から生まれてきた。第二臨調は、福祉政策の対象を「真に救済を必要とする者」と規定した選別主義的福祉を提示した。この選別主義的福祉改革とは別の潮流が、一九七六年四月の社会福祉懇談会「これからの社会福祉」に端を発し、一九八六年社会福祉基本構想懇談会「社会福祉改革の基本構想」へと至る潮流である。ここで提示されたのが「貧富に関わりなく、ニードに応じて誰もが必要なサービスを享受することができるような体制」としての「普遍主義的福祉」であった。臨調路線のような選別主義的福祉から脱却する戦略として、社会保障を「貨幣的ニード」を満たす現金給付から、「非貨幣的ニード」に対する現物給付へと転換することが提示されてきた。さらに、この現物給付を地域社会に根ざして供給することが普遍主義的福祉だとし、社会福祉基本構想懇談会は、国と地方の社会福祉の役割分担に関する見直しを提言した（三浦 一九九五、二四七〜二五八頁、宮本 二〇〇八、一五二頁）。

このように議論されてきた普遍主義的な福祉改革に実現する機会を与えたのが、一九八八年の消費税導入であった。当時の自民党は選挙対策として、導入した消費税を正当化するために、同税を高齢者問題に用いる財源として位置づけた。そのために、一九八九年一二月、高齢者介護サービスの拡充をめざした「高齢者保健福祉推進十カ年戦略」（ゴールドプラン）を当時の厚生省（現、厚生労働省）は策定した。ゴールドプランを実現させるために、一九九〇年に政府は「老人福祉法の一部等を改正する法律」を制定した。同法によって、市町村は「老人福祉計画」策定が義務づけられ、福祉サービスに関する措置権限が市町村に委譲されることとなった（三浦 一九九五、三〇一頁、宮本 二〇〇八、一五三〜一五四頁、結城 二〇一一）。

市町村の老人保健福祉計画策定が契機となって、福祉の普遍主義化が進行したのであった。とりわけ、この計画によって、社会に潜在していた福祉需要が巨額であり、介護の「社会化」が重要であることを改めて露呈させた。そのため、当時の厚生省の官僚は、人口高齢化を前提とすると、低所得者を対象とする選別主義ではなく、中間層を対象とした普遍主義的福祉が必要と認識するようになった（衛藤 一九九八、七三頁）。さらに、厚生省の官僚は、当時存在していた社会的入院を解消することで、老人医療費の抑制が可能になると考えていた。そこで、この社会的入院解消に必要なのは、介護サービスを公的に保障することだと政策決定過程において認識されるようになった（衛藤 一九九八、七四〜七五頁）。すなわち、「中間層を対象」とし「老人医療費の抑制」を目的とすることが、介護保険制度が導入される前提として、厚生省の官僚の念頭に置かれていたのである。

「普遍的リスク」を保障する公的介護保険

当時、厚生省内部で議論されていた公的介護構想を先取りして公にしたのが、社会保障制度審議会が一九九五年に発表した勧告「社会保障体制の再構築」（以下、一九九五年勧告）であった（社会保障制度審議会事務局編 二〇〇〇、四五頁）。

一九九五年勧告は、家族介護を重視する「日本型福祉論」を求めた第二次臨調答申に反論する形で公にされた（社会保障制度審議会事務局編 二〇〇〇、三一～三三頁）。「社会保障は、個々人を基底とすると同時に、個々人の社会的連帯によって成立する」ことを指摘し、社会保障のための「安定的な財源の確保」のために、社会保障を社会保険制度のうえに構築すべきであるという方針を一九九五年勧告は掲げた（社会保障制度審議会事務局編 二〇〇〇、六〇～六一、二二一、二二八頁）。そのうえで、今後の課題として社会福祉の領域を挙げ、公的な介護保障の財源を社会保険制度でまかなうことを提言したのである（社会保障制度審議会事務局編 二〇〇〇、二三九頁）。

一九九五年勧告は、社会保障推進の原則として、普遍性、公平性、総合性、権利性、有効性を掲げた。ここでの普遍性とは、「全国民を対象とする」原則として把握されている。普遍性の原則を徹底させるために、「社会保障の給付を制限する場合の要件など」の合理性を「常に見直す」必要性があると、一九九五年勧告は指摘した（社会保障制度審議会事務局編 二〇〇〇、二二四頁）。そのうえで、一九九五年勧告は、介護サービスの給付は社会保険が「なじむ」と指摘している。すなわち、「長寿社会」において、すべての人々が高い確率で介護を必要とする状態になり、「そのような状態になった老親」をもつことを、社会保険方式によって介護サービス費用を賄う理由として掲げている（社会保障制度審議会事務局編 二〇〇〇、二三九～二四〇頁）。

一九九五年勧告が用いたのと同様の論理を「普遍的なリスク」として表現したのが、厚生省の高齢者介護・自立支援システム検討会が一九九五年に公表した報告書『新たな高齢者介護システムの構築を目指して』（以下、一九九五年報告書）である。この一九九五年報告書の骨子の大部分は、介護保険制度として、一九九七年一二月に具現化されたことは注目に値する（結城 二〇一一、七一頁）。

一九九五年報告書は、介護問題は、誰にでも起こりうる「普遍的なリスク」であると整理した。その「普遍的なリスク」である介護問題を社会的に解決するために、介護リスクを社会全体で支え合う「リスクの共同化」の必要性を挙げた。そのため、介護リスクに必要な制度は、「社会保険方式」に基礎を置いたものが望ましいと、研究会は指摘したのであった（厚生省高齢者介護対策本部事務局監修 一九九五、二七～二八頁）。以上のように、介護保険による「普遍性」とは、「普遍的なリスク」である「介護リスク」を社会的に支え合うには、社会保険方式が適しているという意味をもっていたことが窺える。

一九九五年報告書では、従来の公費方式による介護サービス（措置制度）を次のようにとらえていた。すなわち、措置制度は「利用者にとっては、自らの意思によってサービスを選択できないほか、所得審査や家族関係などの調査を伴う」問題をもっており、「被保険者がサービスを積極的に受ける権利を持つ社会保険に比べると、国民のサービス受給に関する権利性」に大きな差異があると整理した。公費方式の欠点そのものではなく、ミーンズ・テストを課す措置制度からの脱却に主眼を置いていたことが分かる。公費方式は「租税を財源とする一般会計に依存しているため、財政的なコントロールが強くなりがちで、結果として予算の伸びは抑制される傾向が強い」と指摘されていた（厚生省高齢者介護対策本部事務局監修 一九九五、一三～一四頁）。

また社会保険方式の利点は、財源面にも及ぶと政策決定過程において認識されていた。公的介護サービスが税方式である老人福祉制度から社会保険方式に移行することで、公費負担を約六〇〇〇億円軽減できると認識されていた（増田 二〇〇三、三七頁）。なぜならば、従来の老人福祉制度では、国：都道府県：市町村の負担割合は二：一：一であったが、財源の半分を保険料で賄う社会保険方式に移行することで、国庫負担をそれぞれ半減させることが出来るからである。この狙いは、図10－2の介護費用の動向からも確認できる。介護サービス量は急激に増大しているが、消費税収による介護費用の政府負担は一定になっていることが分かる。老人医療費の一部と老人保健費の大半を介護保険に移行したことによって、医療費やケアへの政府負担は一定になったのである。

以上の「普遍的なリスク」の「共同化」、所得審査を課す措置制度の問題点、保険財政の安定性という観点から、介護保障の財源として社会保険方式が志向されたのである。

利用者負担の応益負担化と公費負担の軽減による社会保険方式の選択

一九九五年報告書は、「普遍的なリスク」という観点以外にも、公費方式よりも社会保険方式を支持する理由を挙げている。まず、租税を財源とする公費方式に比べて、「社会保険方式では、保険料の使途が介護費用に限定されているため、保険料負担とサービス受益の権利の対応関係が明確」なため、サービス拡大による負担増への国民の理解が得られると、同報告書は指摘した（厚生省高齢者介護対策本部事務局監修 一九九五、四四頁）。さらに、公費方式（措置制度）が「所得に応じた負担」を課す応能負担型なのに対して、「社会保険方式では受益に見合った負担（応益負担）」になるとした（厚生省高齢者介護対策本部事務局監修 一九九五、四四頁）。そのうえで、高齢者が自分の意志で「多様なサービスを選択」するので「応益負担の観点から」、利用したサービスの一定率または一定額を負担するのが「適当」と指摘した。これが、利用者負担の応益負担化である[11]。同報告書によれば、「年金の成熟に伴い高齢者の所得水準が向上していく状況からみて、中間所得層にとって過重な負担になるおそれがある応能負担よりは、サービスの受益に応じた応益負担を基本とすることが適当」だと指摘されている（厚生省高齢者介護対策本部事務局監修 一九九五、四五頁）。サービス利用の拡大と中間所得層の負担軽減として、「利用者負担の応益負担化」が提言されたことが窺える。

減税政策と公的介護保険制度

介護保険における「利用者負担の応益負担化」は、「中間層負担軽減」という点で一九九〇年代の減税政策と一定の共通性をもっている。実際、九四〜九七年の増減税一体処理は、中間層負担、具体的には年収六〇〇万円以上の層の負担軽減をもたらした（石 二〇〇八、六二一頁）。このような中間層負担軽減を狙った減税政策は、日本の税収調達力を後退させ、介護保障を社会保険方式で賄う方向を形成したのであった。

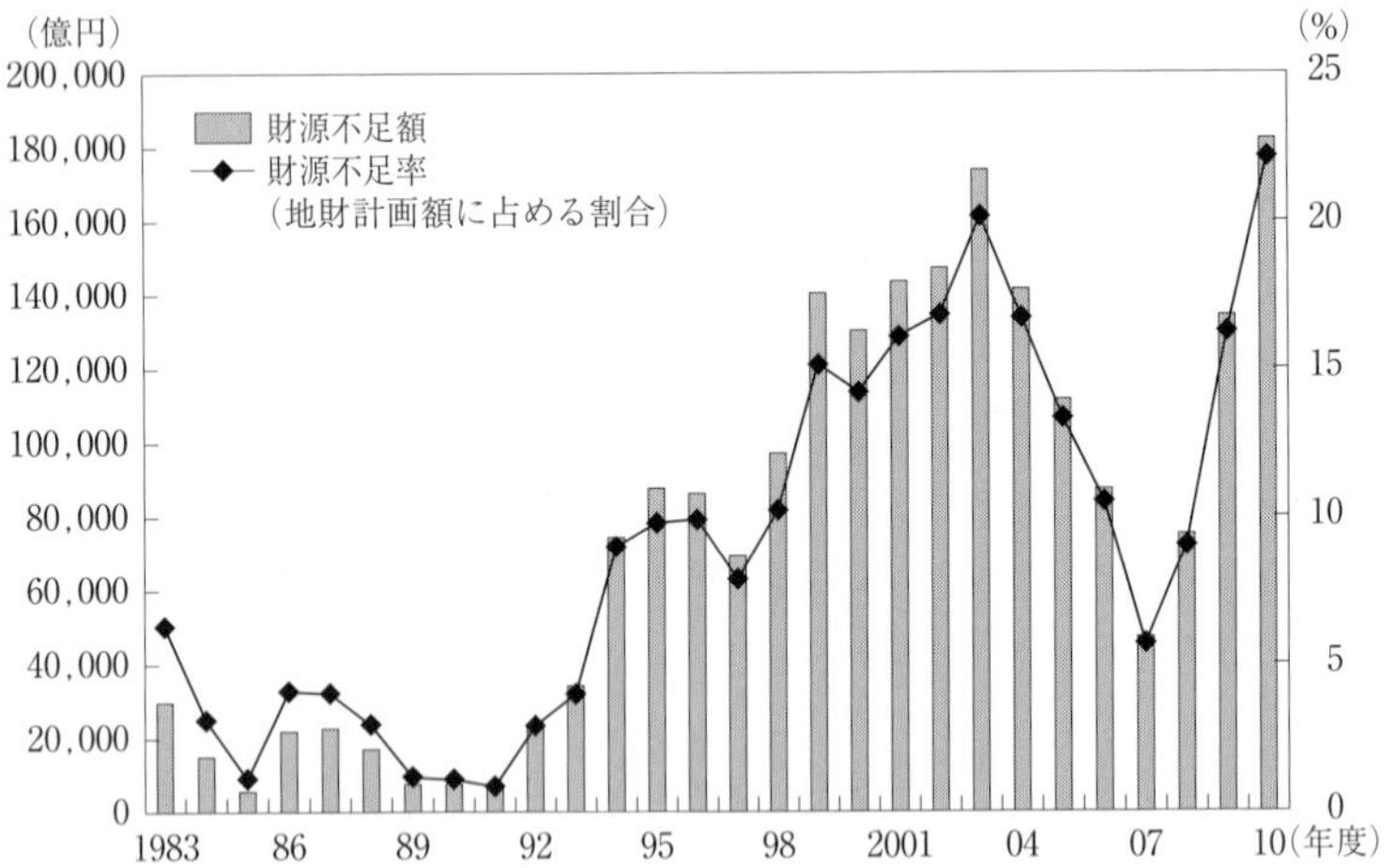

（出所）　地方財政制度研究会編『地方財政要覧（平成21年版）』より作成。

図10－3　1983年以降の地方財源不足額の推移

一九九〇年代に始まる一連の減税政策によって、基幹税の税収調達力が後退したため、財政赤字が累積する一因ともなった。財務省資料において、一九九七〜一九九七年度までに、六兆二〇〇〇億円の税収がバブル崩壊で失われ、一九九七〜二〇〇四年度決算までに失われた税収八兆三〇〇〇億円のうち「税制改正による減収分」が七兆六〇〇〇億円、デフレの継続等によるものが七〇〇〇億円であることが指摘されている。デフレ対策による減税分も「税制改正による減収分」に含まれていることを考慮しても、税制改正によって、日本の税収調達力が大きく後退してしまったことが分かる（小此木 二〇〇九、四二〜四三頁）。

この一九九〇年代の先行減税を伴った消費税増税によって、公的介護サービスの財源は、社会保険方式に移行せざるを得なくなった。九〇年代の介護保険創設と財源問題について、介護保険制度の立案・検討に携わった増田雅暢は、「介護保険制度の検討を本格的に始めることができるようになったのは、一九九四年七月に自民・社民・さきがけの連立政権である村山内閣が誕生し、九月に消費税引き上げ問題について、細川内閣のときから提案された七％という水準ではなく、所得・住民税減税額とほぼ同額の五％という税率を決定したことによる。これにより、新ゴールドプランの策定は可能となったが、減税以外にあてる税収増分がほとんどなくなったことから、当初の厚生省案よりも基盤整備の目標を引き下げざるを得なくなった。ここに消費税財源に期待することが困難となり、省内においてもようやく介護保険が有力な選択肢として浮上してきた」（増田 二〇〇三、三九頁）と指摘している。

さらに、当時の厚生省高齢者介護対策本部事務局長であった和田勝は、介護ニーズの急増が予測されるも、財政困難下でゼロシーリング対象である福祉・医療費の国庫負担予算確保の見通しが立たず、介護への財源確保のためにも介護保険制度創設の気運が高まっていたと指摘している（和田 二〇〇七、四六頁）。

一九九〇年代の減税政策は、財政赤字の拡大をもたらした。この所得税減税の補塡財源に消費税が充てられることで、厚生省は社会保険方式による公的介護サービスを志向せざるを得なくなった。さらに、九〇年代の減税政策は、介護保険の保険者である市町村の財源基盤を弱体化させることとなった。

図10－3は地方政府の財源不足額（＝基準財政需要額－基準財政収入額）とその地方財政計画額に占める割合の推移を示したものである。[12] 図10－3より、一九九二～二〇〇三年度まで財源不足率が上昇していき、二〇〇三～二〇〇七年度まで急落し、再度財源不足額が増大している傾向が看取できる。

この地方政府の財源不足額は、一九九五～二〇〇六年度までの減税措置と不況による税収減によるところが大きい。具体的には、一九九五年度（平成七年度）には消費税率の引き上げと所得税、住民税の減税が行われ、二兆八七四五億円の財源不足額が発生した。さらに、恒久的減税（住民税及び法人事業税）もあり、一九九五～二〇〇六年度までは減税措置による地方財源不足額が計上されていった（地方財政制度研究会編『地方財政要覧（平成二一年版）』）。相次ぐ減税政策は、現物給付を供給する地方政府の財源基盤を掘り崩していたといえる。[13]

保険料拠出を前提とした応益原則志向の普遍主義の帰結

導入された介護保険制度は、要介護認定によるニードテストを伴い、措置ではなく契約による供給方式を採用している制度である。[14] 介護保険は、「資力やニードに関わりなく特定のカテゴリーに該当する者全員が受給できる」という意味での普遍主義を体現している（平岡 二〇〇三、二三六～二三八頁）。しかし、里見賢治が指摘するように、この場合の

「普遍性」は、保険に加入している人に限定された「普遍性」であった（里見 二〇〇二、一〇九頁）。さらに、介護保険制度は、応益負担としての一割の利用者負担を導入したのであった。その結果、保険料や利用者負担の存在によって、「措置制度のもとで保障されていた給付を一部の階層からは剝奪する」ことが懸念されるようになったのである。[15] 結果として、すべての人を対象とする普遍主義に「空洞」[16] が生まれることとなった（宮本、イト・ペング、埋橋 二〇〇三、三三一頁）。さらに、発足後の介護保険において、保険者である市町村の財政状況の悪化が、要介護認定の抑制をつうじて、介護サービスに影響を与えていることさえ報告されるようになった（清水谷・稲倉 二〇〇六）。そのため、介護保険制度で実現されたとされる「普遍主義」で包摂し切れない層が発生してしまう可能性がある。日本において実現した普遍主義は、すべての市民が「無条件でサービスを利用できる」ことよりも、サービス供給量の増大とサービス利用者の中間層への拡大を目指して推進されたのである（宮本 二〇〇八、一六三頁）。

財源確保のため「社会保険方式」による介護保険制度が選択され、中央政府の国庫負担は軽減されることとなった。しかし、中央政府の減税政策に巻き込まれた市町村は、十分な財源保障のないまま現物給付を供給する責務を果たす必要に迫られることとなった。いわば、日本における「普遍主義」の展開の財政的意味は、財源の確保、国庫負担の軽減、市町村負担の増加として顕在化したのである。

4　日本における税制改正と社会保障財源調達政策の帰結

行論において指摘してきたのは、第一に、社会保障財源における社会保険中心国の租税主義への移行、第二に、社会保障制度を代替する公共事業の推進と減税政策の結果、国・地方に巨額の累積債務が発生したこと、第三に、消費税の増税が年金給付とリンクされる傾向があること、第四に消費税増税と所得税・住民税の減税一体処理によって、地方自治体に財源不足額が生まれたこと、第五に、以上の経緯のもと、保険加入メンバーを前提とした「普遍性」と「利用者負担の応益負担化」によって、介護保険で実現した普遍主義に「空洞」が生じたこと、の五点である。

日本において、財政赤字が累増してしまった背景の一つに、現金給付中心の社会保障制度と公共事業による雇用の提供という社会保障政策のあり方が存在していた。しかし、福祉サービスへの国民の需要は存在していたため、消費税導入後の一九八九年度の「ゴールド・プラン」を皮切りに、日本においても福祉支出を増大させることとなった。九〇年代前半において、ドイツやイギリスのように租税方式を拡大する方向性が存在していたといえる。しかし、所得税・住民税の先行減税と一体的に消費税増税を行ったことを契機に、介護費用の財源は「社会保険方式」である介護保険によって賄われることとなった。

衛藤幹子による厚生省の官僚へのインタビューによれば、一九八〇年代後半の厚生省内では、税方式による北欧型の普遍的なサービスは増税を伴うため、実現可能性が低いと判断されていた（衛藤 一九九八、七五、九一頁）。実際、消費税の増税幅が七％ではなく、五％であると判明したとき、厚生省は財源確保のため、社会保険方式を選択することとなった。消費税導入の経緯から分かるとおり、介護サービスといった現物給付費用を賄うための増税には、国民からの一定の合意が存在していた。しかし、結果として生まれたのが、現物給付の財源を主に社会保険方式で賄う介護保険であった。

一九九〇年代の「中間層の負担軽減」と「中間層を対象とする」という意味での普遍主義を掲げた福祉政策と減税政策が合流することで、実現した普遍主義的福祉に「空洞」が生じてしまった。税制改正によって税収調達力を後退させたがゆえに生じた中央・地方政府の財政赤字の累積過程と、普遍主義の「空洞」化は、密接に関係していた。租税構造を維持ないし強化している国際的なトレンドと逆行している日本の租税構造の変化は、「社会保険」方式の介護保険を生みだしたのである。

注

（1）もちろん、逆の因果関係も考えられる。後述するように、むしろ本章での主眼は、社会保障の維持・拡大と政府負担割合のリンクに着目する点にある。

（2）社会保障財源調達方式に関する「社会保険」主義と「租税方式」主義に関しては、片山（二〇〇八）を参照せよ。
（3）ボールドウィンの類型については、近藤（二〇一一）が福祉国家の研究潮流に、同類型を位置づける研究を行っている。
（4）例えば、租税構造の変化が景気動向や政治情勢にどの程度左右されるのか、という問題設定の計量分析でこの指標は用いられた。
（5）オーストラリアは、極端に所得課税に特化しているわけではない。
（6）この時期、地方政府にも債務が累積することとなった。その背景には、地方自治体に、住民に雇用を提供する公共事業実施主体という役割を担わせてきた経緯がある。この仕組みは「公共投資偏重型の地方財政誘導システム」と呼ばれている（金澤二〇一〇、九〇頁）。このような公共事業の「誘導」や九〇年代の減税政策によって、日本に巨額の債務が累積することになったのである。
（7）「機能的等価物」はEstévez-Abe（2008）による概念である。
（8）二〇〇〇年、二〇〇一年に社会保障関係費のＢＤが変動している主要因は、介護保険導入によるものである。
（9）各年度は当初予算の数値である。
（10）杉野（二〇〇四）が指摘するように、一九九〇年代以前にも福祉の普遍化としてとらえられる制度改革が存在していた。本章では、福祉の「普遍化」が社会保険方式を通して、実現されたことに注目しているため、分析対象をこの時期にした。
（11）介護保険福祉制度に応益負担が導入する過程について、本章は岡部（二〇〇六、二〇〇八）に大きく依拠している。
（12）一九八三、一九八四、一九八五、一九八八、一九八九、一九九〇、一九九一、二〇〇三、二〇〇四、二〇〇五、二〇〇六、二〇一〇年度は当初予算、他の年度は補正予算である。
（13）地方税増が財源補填額に占める割合は、最大値の二〇〇六年度でも一・三％であった（地方財政制度研究会編『地方財政要覧（平成二一年版）』）。
（14）代表的な普遍主義の三つの定義については、平岡（二〇〇三）を参照せよ。普遍主義の理解に関しては、本章は主に里見（二〇〇二）に依拠している。
（15）実際には、自己負担に対する複雑な減免処置が存在している。しかし、自己負担の応能負担化には至ってはいない（岡部二〇〇八、一九〇頁）。
（16）利用者負担によって、「普遍主義」が「空洞化」したとの指摘は、宮本、イト・ペング、埋橋（二〇〇三）と岡部（二〇〇八）に拠っている。

参考文献

井手英策（二〇一〇）「財政は信用を作り出せるか」宮本太郎編『社会保障――セキュリティの構造転換へ』岩波書店。

石弘光（二〇〇八）『現代税制改革史――終戦からバブル崩壊まで』東洋経済新報社。

衛藤幹子（一九九八）「連立政権における日本型福祉の転回――介護保険制度創設の政策過程」『レヴァイアサン』臨時増刊。

岡部耕典（二〇〇六）『障害者自立支援法とケアの自律――パーソナルアシスタンスとダイレクトペイメント』明石書店。

岡部耕典（二〇〇八）「障害者自立支援法における『応益負担』についての考察」『季刊社会保障研究』第四四巻二号、一八六～一九五頁。

片山信子（二〇〇八）「社会保障財政の国際比較――給付水準と財源構造」『レファレンス』一〇月号、七三～一〇三頁。

金澤史男（二〇一〇）『福祉国家と政府間関係』日本経済評論社。

北山俊哉（二〇〇三）「土建国家日本と資本主義の諸類型」『レヴァイアサン』（三二）、一二三～一四六頁。

厚生省高齢者介護対策本部事務局監修（一九九五）『新たな高齢者介護システムの構築を目指して――高齢者介護・自立支援システム研究会報告書』ぎょうせい。

近藤康史（二〇一一）「ヨーロッパ福祉国家の現在とゆくえ――連帯の多様性と再編」齋藤純一・宮本太郎・近藤康史編『社会保障と福祉国家のゆくえ』ナカニシヤ出版。

財政調査会『國の予算（各年度版）』大蔵財務協会。

坂田周一（二〇〇三）『社会福祉における資源配分の研究』立教大学出版会。

里見賢治（二〇〇二）「社会福祉再編期における社会福祉パラダイム――普遍主義・選別主義の概念を中心として」阿部志郎・右田紀久恵・宮田和明・松井二郎編『講座・戦後社会福祉の総括と二十一世紀への展望Ⅱ　思想と理論』ドメス出版。

社会保障制度審議会事務局編（二〇〇〇）『社会保障の展開と将来――社会保障制度審議会五〇年の歴史』法研。

清水谷諭・稲倉典子（二〇〇六）「介護保険制度の運用と保険者財政――市町村レベルデータによる検証」会計検査研究（三四）、八三～九五頁。

杉野昭博（二〇〇四）「福祉政策論の日本的展開――「普遍主義」の日英比較を手がかりに」『福祉社会学研究』（一）、五二～六二頁。

地方財政制度研究会編『地方財政要覧（各年版）』地方財務協会。

平岡公一（二〇〇三）「普遍主義――選別主義論の再検討――イギリス・日本の政策展開との関連で」『イギリスの社会福祉と政策研究』ミネルヴァ書房、二一七～二六九頁。

増田雅暢（二〇〇三）『介護保険見直しの争点』法律文化社。

三浦文夫（一九九五）『増補改訂　社会福祉政策研究――福祉政策と福祉改革』全国社会福祉協議会。

宮本太郎（二〇〇八）『福祉政治――日本の生活保障とデモクラシー』有斐閣。

宮本太郎、イト・ペング、埋橋孝文（二〇〇三）「日本型福祉国家の位置と動態」エスピン-アンデルセン編『転換期の福祉国家』早稲田大学出版部。

結城康博（二〇一一）『日本の介護システム――政策決定過程と現場ニーズの分析』岩波書店。

和田勝（二〇〇七）『介護保険制度の政策過程』東洋経済新報社。

Ashworth, J. and Heyndels, B.（2002）“Tax Structure Turbulence in OECD countries”, *Public Choice,* 111（3-4）, 347-376.
Estéves-Abe, M.（2008）*Welfare and Capitalism in Postwar Japan,* New York: Cambridge University press.
Baldwin, Peter（1990）The Politics of Social Solidarity, New York: Cambridge University Press.
Royed, T. J. and Borrelli, S.（1999）“The Politics and economics of revenue growth: A cross-national analysis,” *European Journal of Political Research,* 36:87-118.
Tsebelis, G. and Chang, E. C. C.（2004）, “Veto Players and the Structure of Budgets in Advanced Industrialized Countries,” *European Journal of Political Research,*（43）, 449-476.

第11章　ドイツにおける社会保障制度の変容と財政問題
――ハルツⅣ改革と社会保障財政再編――

福田直人

1　ドイツ社会保障制度への視点――問題意識と課題

ドイツは一九世紀後半に、疾病保険、労災保険、老齢・廃疾保険を世界に先駆けて成立させた国家である。その社会保障制度の構造は、ビスマルクモデル[1]（Bismarck-Modell）ともいわれ、社会保険制度を主軸としている。医療、年金、失業のいずれの分野においても社会保険制度が採用されている等、日本との共通点も多い。そして、日本と同様に少子高齢化やグローバリゼーションによる産業立地の問題、累積債務問題等に直面しており、その課題も共通したものが多いといえよう。社会保障制度の構造や、抱える課題の面において日本と多くの類似点をもつドイツが、社会保障財源の構成を九〇年代以降変化させつつある[2]。本章の目的は「社会保険」中心の代表国の一つとしてのドイツが、増大する社会保障の「需要」に対し、累積債務問題を抱えつつどう対応してきたのかを考察することである。近年の改革を俯瞰することによって、その財政問題を中心に歳入、歳出の両面から検討する。

本章の構成を以下に述べる。第**2**節において東西ドイツ統一以降の社会保障制度の特徴とその変化を確認する。第**3**節では、ドイツの社会保障制度において極めて抜本的な改革であったシュレーダー政権による失業時の所得保障（以下、失業保障）、公的扶助の二〇〇五年改革を取り上げ、その改革が単に失業保障の問題に留まらず、社会保険中心の社会保障制度が抱える構造的問題に起因していた実態を把握する。第**4**節では、改革後の連邦負担の増大への対応と、シュレーダー政権時から意図され、次期大連立政権において二〇〇七年に実行された社会保障財政の歳入面からの改革の経緯を明らかにする。第5節では改革の小括とその課題について検討する。ドイツの社会保障財政に大きく影響を与えた失業保障及び公的扶助改革を中心に、ドイツ社会国家[3]の変容を分析する。

2　ドイツにおける社会保障制度の変遷

ドイツにおける近年の社会保障制度改革は、伝統的な社会保険中心の構造からの乖離を進めているとの指摘がある（Osthiem, Schmidt 2007, 203, 208, Ziegelmayer 2001, 85-86, 加藤 二〇〇七、三四七頁）。しかし、これらの先行研究における問題意識は、近年実施された個々の改革を取り上げての主張に留まり、社会保障制度の構造全体を俯瞰したものではない。本節ではまず東西ドイツ統一後の社会保障支出を確認し、その特徴と変遷をとらえたい。ドイツでは社会予算（Sozialbudget）にて、社会保障財政全体を管理している。その支出面の構成が表11－1である。

表11－1は、ドイツにおける社会保障財政の支出面である社会支出（Sozialleistungen）の対GDP比を算出したものである。一九九一年から二〇〇九年までの社会支出は、GDPの三割前後で推移している。一方で公共支出に占める社会支出の割合は徐々に上昇し、二〇〇五年をピークに約七割に達している。その社会支出において際立って大きな役割を果たしているのは、社会保険支出である。社会保険支出は、リーマンショックの翌年である二〇〇九年に上昇しているが、少なくとも二〇〇八年までは抑制傾向にあった。なかでも年金保険は人口高齢化の進行にも関わらず、その対GDP比を上昇させていない。そして、支出を著しく減少させているのは失業保険である。失業保険支出は二〇〇〇年からリーマンショックのあった二〇〇八年にかけて、ほぼ半減している。この原因は、失業率の改善も寄与していると思われる。しかし、失業率が最も悪化した二〇〇五年時点で既に縮小傾向にあったことを考慮すれば、この著しい支出減が失業の減少のみに因るものではないことは明らかである。一方で、最低所得保障や普遍的な給付制度を担う社会扶助、社会手当の支出をみると、二〇〇五年時点でかなりの増加が認められる。これは、二〇〇五年に求職者基礎保障（Grundsicherung für Arbeitsuchende）が導入されたことによる寄与が大きい。求職者基礎保障については、次節にて詳述す

表11－1　社会支出の対GDP比（1991～2009年）

（単位：%）

		1991	1995	2000	2005	2006	2007	2008	2009
社会保険制度	年金保険	8.7	10.0	10.5	10.7	10.3	9.9	9.8	10.4
	疾病保険	6.0	6.6	6.4	6.3	6.3	6.3	6.4	7.0
	介護保険	—	0.3	0.8	0.8	0.8	0.8	0.8	0.8
	労災保険	0.5	0.6	0.5	0.5	0.5	0.5	0.5	0.5
	失業保険	2.3	2.6	2.4	2.0	1.6	1.3	1.2	1.6
	小　計	16.5	18.6	19.2	19.0	18.3	17.7	17.6	19.2
社会扶助・社会手当	社会扶助	1.2	1.5	1.2	1.0	1.0	0.9	0.9	1.0
	求職者基礎保障	—	—	—	2.0	2.1	1.9	1.8	1.9
	失業扶助他	0.6	0.9	0.7	0.1	0.0	0.0	0.0	0.0
	青少年支援	0.7	0.8	0.8	0.9	0.8	0.8	0.8	0.9
	児童手当他	0.7	0.6	1.6	1.6	1.6	1.5	1.5	1.6
	育児手当	0.2	0.2	0.2	0.1	0.1	0.2	0.2	0.2
	住宅手当	0.2	0.2	0.2	0.1	0.1	0.0	0.0	0.1
	訓練・職業教育	0.1	0.1	0.0	0.1	0.1	0.1	0.1	0.1
	小　計	3.6	4.3	4.8	5.8	5.7	5.4	5.3	5.8
その他	租税優遇措置他	1.8	2.0	1.8	1.6	1.5	1.5	1.4	1.4
	その他	5.9	5.8	5.6	5.4	5.1	4.9	4.9	5.3
社会支出合計		27.6	30.3	31.2	31.3	30.2	29.2	29.0	31.3
社会支出合計　対公共支出比		58.7	58.9	66.9	70.1	70.0	69.7	68.5	66.9
65歳以上の人口比率		15.0	15.6	16.6	19.3	19.8	20.1	20.4	—
失業率		—	9.4	9.6	11.7	10.8	9.0	7.8	8.2

（注）1　2009年は暫定値である。
2　社会保険制度の小計からは国庫負担分が差し引かれている。
（出所）Bundesministerium für Arbeit und Soziales（2010, 7-10）, Statistisches Bundesamt（2010, 42, 74）より作成。

る。

次に、社会保障制度の歳入面を確認する。ドイツの社会予算を支える財源の構成比が図11－1である。

一九九一年から二〇〇五年まで社会保険料の割合は次第に低下し、租税による国庫支出が増加傾向にある。二〇〇五年以降はほぼ横ばいで推移している。歳入面から見ても、社会保険料は徐々に減少し、租税の繰り入れによって補填されていることが分かる。この点は、本書の古市論文においてもその可能性が指摘されているとおり、ドイツは公共支出に占める社会支出の割合を高めつつ、社会保障財源における国庫負担を増加させている。社会保障財政の歳出入の両面からみて、ドイツの社会保障制度における社会保険の役割は、今もって枢要な地位を占めているものの、ゆるやかにではあるが抑制傾向にある。

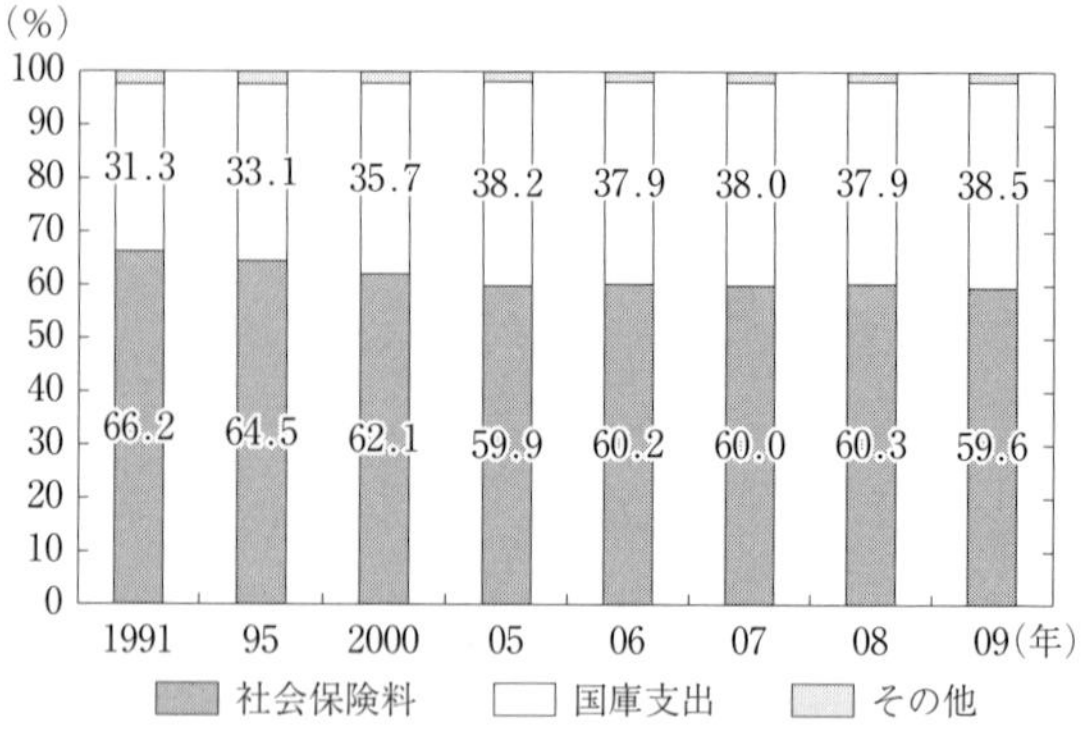

（出所） Bundesministerium für Arbeit und Soziales（2010, 11-12), Tabelle 2 より作成。

図11－1　「社会予算」財源の構成比（1991～2009年）

確かに近年のドイツにおいて、社会保険制度の肥大化抑制を意図した改革は繰り返されてきた。なかでも特に大きな改革は、年金保険、疾病保険、失業保険の分野にて行われた（Pilz 2009, 153）。年金保険に関する主要な改革としては「年金政策のパラダイム転換」と呼ばれた給付水準の引き下げと私的年金の奨励を組み合わせた二〇〇一年改革が挙げられる（Osthiem, Schmidt 2007, 202-203）。また、年金の社会保険料率増加を避けるために、環境税（Ökosteuer）が年金財政に投入された（Schmidt, M. 2005, 121）。疾病保険に関してもさまざまな改革が行われたが、最も抜本的な改革は保険料を全国一律にしたうえで、運営者である各疾病金庫間で競争原理が導入することを決定した二〇〇七年改革であろう[4]（Pilz 2009, 262-264）。

しかし、これらの改革はいずれも制度の根幹部分に関わるものであったが、老齢、疾病に対する生活保障を社会保険方式から抜本的に税方式に切り替えるという性質のものではなかった。社会保険方式を従来どおり維持できているかどうかについての議論はあるものの、あくまで既存の制度のコスト抑制を意図し、税財源を投入したとしても補助的なものであった。前掲の表11－1を確認すると、高齢化の進行に対し、年金保険、疾病保険における費用の肥大化をある程度遅らせたことは評価できる。だが、両分野では膨らみ続ける社会保険料率の大幅な切り下げには至っていない。

以上の意味において、社会保障財政の財源部分に最も深く関与したのは失業時の所得保障に関する改革である。失業保障の改革に関しては、連邦の税財源による求職者基礎保障を創設した二〇〇五年のハルツⅣ（Hartz IV）と呼ばれる改革や、付加価値税の三％の増税の内、一％を失業保険財政に繰り入れるという改革が二〇〇七年に行われた。表11－

表11-2　社会保険料率の変遷（2006～2009年）

（単位：%）

	2006	2007	2008	2009
年金保険	19.5	19.9	19.9	19.9
疾病保険	13.32	14.5	14.91	15.5
失業保険	6.5	4.2	3.3	2.8
介護保険	1.7	1.95	1.95	1.95
社会保険料率	41.02	40.55	40.06	40.15

（注）介護保険は2005年以降，子のいない雇用者において0.25%保険料率が上乗せされるようになった。
（出所）Pilz（2009, 105）より作成。

2は、近年におけるドイツの社会保険料率の変遷をまとめたものである。他の社会保険の拠出率が徐々に増加しているのに対し、失業保険料率のみは半分以下に縮小されている。年金・疾病保険改革は、その成否は別として、制度の持続可能性に主眼を置いたうえでのコスト抑制、あるいは補助的な国税の投入が行われた。それに対し、失業保険改革は明らかに保険方式を著しく縮小し、税財源による保障へと移行しつつある。

失業保障改革は社会保障財政に影響しただけでなく、ワークフェアへの転換（Schäfer 2008, 35, Pilz 2009, 196-197, 200, Koch, Stephan, Walwei 2005, 9-12、布川 二〇〇四、五一頁）や、社会的地位の保持を眼目とした保守主義福祉国家からの方向転換と評されている（Schmidt. J 2010, 131）。ドイツ社会国家の本質に深く関与した改革と言えよう。

では、ドイツの社会保障財政、ひいては社会保障制度のあり方に大きく影響を与えた失業保障改革は、どのような過程を経て成立したのであろうか。次節において、ドイツにおける社会保障財源の構成に深く関わった失業保障、公的扶助改革の概要と成立への経緯を考察していこう。

3　失業保障及び公的扶助改革と財政問題

二〇〇五年失業保障及び公的扶助改革のポイント

「ドイツ経済の癌」と揶揄される失業問題は、一九七〇年代後半から現在に至るまで常にドイツを悩ませ続けてきた。東西ドイツ統一やヨーロッパ統合の進展を経て、かつてない失業率の高まりに直面したゲアハルト・シュレーダー首相率いる赤緑連立政権（Rot-Grüne Koalition）は、失業者対策を政策上の最重要トピックとして掲げ、包括的な労働市場改革（ハルツ改革）を実行した。ハルツ改革は第一法から

表11－3　失業時における所得保障制度改革の概要

	旧制度	新制度
所定給付日数	失業手当： 6カ月～32カ月	失業手当Ⅰ： 6カ月～18カ月（50歳未満は最長12カ月）
	失業扶助： 無制限（ただし満65歳まで）	失業手当Ⅱ（求職者基礎保障）： 無制限（ただし満65歳まで）
給付金額	失業手当： 法律上の控除額を差し引いた離職前賃金の60%，子がいる場合は67%	失業手当Ⅰ： 法律上の控除額を差し引いた離職前賃金の60%，子がいる場合は67%
	失業扶助： 法律上の控除額を差し引いた離職前賃金の53%，子がいる場合は57%	失業手当Ⅱ（求職者基礎保障）： 要扶助者（単身世帯の場合）に364ユーロ／月を給付（失業手当Ⅱ以外にも住環境や一時需要に応じて，給付が加算）
		扶養家族有りの場合（例えば妻，子2人の4人世帯）は，失業手当Ⅱとして要扶助者及び妻に対してそれぞれ328ユーロ，子に対しても年齢に合わせて調整された金額を支給

（注）1　失業手当Ⅱの金額は2011年時点。2012年1月1日から367ユーロへ増額が決定している。
2　失業扶助及び失業手当Ⅱは受給に際し，資力調査を要する。
3　2005年1月1日に施行（失業手当の改革のみ2004年に施行され，2006年2月1日以降の失業者が対象）。
（出所）Bundesagentur für Arbeit（2006a），岡（2004）より作成。

第四法にわたって構成されており、二〇〇三年から二〇〇五年にかけて順次施行された。そのなかでも最大の改革がドイツの失業保障制度及び最低所得保障の構造を抜本的に改革した失業保険・扶助、公的扶助の整理統合改革（以下、ハルツⅣ：二〇〇三年一二月制定、二〇〇五年施行）である。

ハルツⅣ改革の重要な点を以下に述べる。ハルツⅣ及び、同法とほぼ同時に行われた失業保障制度に関する改革について概括したものが表11－3である。まず、失業保険給付の受給期間を終了した者や、そもそも失業保険に未加入であった者を対象とした税財源による所得比例給付である失業扶助制度が廃止された。代わって導入された制度が、公的扶助に近い給付水準の失業手当Ⅱを柱とした求職者基礎保障である。それまでは稼働能力のある失業者が、所得比例給付である失業扶助制度と定額の給付である社会扶助（Sozialhilfe）を同時併給するケースもあり得た。しかし、社会扶助は稼働能力のない者への給付に限定されることとなり、稼働能力の有る者は求職者基礎保障の中心的給付である失業手当Ⅱを受給することとなった。加えてこの改革とほぼ同時期に、

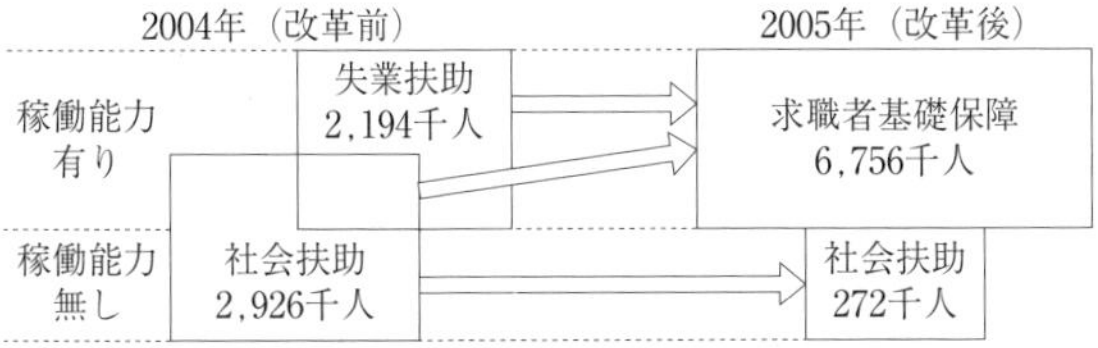

（注）失業扶助と求職者基礎保障（SGB Ⅱ受給者）に関しては年平均，社会扶助に関しては各年の年末時点の数値である。

（出　所）Bundesagentur für Arbeit（2006b, 19）, Zeitreihe zu Anzahl der Leistungsempfänger in SGB II, Statistisches Bundesamt Genesis-online. より作成。

図11－2　ハルツⅣ改革による失業扶助，社会扶助の整理統合

失業保険から給付される失業手当の所定給付日数が最長三二カ月から一八カ月（五〇歳未満は最長一二カ月）へ大幅に短縮された。

これらの改革によって、失業者は失業扶助という税財源の所得比例給付を受給する道を閉ざされることとなった。さらに、保険原理による所得比例給付である失業保険給付を長期間受給し続けることも困難になった。失業保険給付の受給期間を終えた失業者は、定額給付である失業手当Ⅱによって生活を維持しなければならない。このことは、失業者に対する生活保障の重心が社会保険制度から税財源による最低所得保障へと大きくシフトしたことを意味する。生活水準維持の原則（Lebensstandardsicherung）というドイツ社会国家の重要な要素からの乖離が、この改革によって始まったという指摘もなされた（Butterwegge 2006, 189–201）。失業保障はまず歳出面において、大きく改革されたと言える。

ハルツⅣ改革の背景

このハルツⅣは、社会民主党（以下、ＳＰＤ）が主導しただけにその影響は非常に大きく、ＳＰＤの支持層や労働組合から厳しい批判を浴びた（Schmidt. M 2005, 120）。ＳＰＤの支持基盤である労働組合にとって、失業扶助を廃止したうえでの求職者基礎保障の導入と失業保険給付期間の短縮は、給付水準の切り下げとしか映らなかったのである[5]。こうした抜本的改革が断行された背景には、高止まりした失業率に対するワークフェア的対策の必要性と並んで、弱体化した市町村財政に対する負担軽減も目的とされていた[6]。図11－2から確認できるように、市町村にとって重い負担であった社会扶助の受給対象はハルツⅣ改革によって稼働能力の無い要扶助者のみに絞られ、その給付人数は激減した。改革前に社会扶助を受給していた稼働能力の有る要扶助者は、求職者基礎保障に統合された。

求職者基礎保障は連邦政府の税財源から拠出される。つまり、この改革によって失業者に対する最低所得保障の負担が、一定程度市町村から連邦政府へ移管したことを意味している[7]。しかし、ハルツⅣ改革は連邦と市町村の政府間財政改革という側面のみではとらえきれない。この改革の重要な背景としてもう一つ挙げられるのは、ハルツⅣ改革を行ったシュレーダー政権から二〇〇六年以降の大連立政権まで、ほぼ一貫した意図の下で行われた社会保障財政改革であったという点である。膨張し続ける社会保険料率の問題は、SPDとキリスト教民主同盟という二大政党の党派を越えて賃金付随コスト（Lohnnebenkosten, Lohnzusatzkosten）として認識され、その縮小が求められていた。

ドイツの社会保障制度を支える社会保険料の合計拠出率（Gesamt sozialversicherungsbeitrag）は前コール政権末期には四二・一％に達していた。これが賃金付随コストとして問題視されるに至るには、産業立地問題も含めさまざまな要因があった。しかし、必ずしも計量的な把握が容易でない雇用への悪影響に対し、シュレーダー政権下の連邦議会にて賃金付随コストにより発生した問題としてより明確に指摘されたのは、ドイツにおける地下経済（Schattenwirtschaft）の拡大であった[8]。地下経済は国民経済計算等公式統計にあらわれない経済活動であり、より狭義には、闇労働（Schwarzarbeit）として税法や社会保障法の適用されない不法労働と認識されている。ドイツでは地下経済、ひいては闇労働が年々増加していることが指摘され、二〇〇二年にはGDPの約一六・五％に達していたとの見解が連邦議会の答弁にて報告された[9]。その答弁において、闇労働増加への対策として年を追って膨らみ続ける社会保険料の合計拠出率を、中間目標として四〇％以下に抑えるべきことが改めて言及された[10]。

シュレーダー政権は合計拠出率四〇％以下という目標に向け、年金財政への環境税投入や、これまで社会保険の非適用限度内にあった低賃金被用者を雇用する使用者に対して一定の社会保険料納付を義務づける等、社会保険財政の立て直しを図った[11]。しかし、この目標は最終的に達成されなかったため、シュレーダー政権における社会保険料率に対する取り組みは、印象が薄いとの評価がなされている（Schmidt, M. 2005, 121）。だが、次期大連立政権における失業保険料率の著しい削減（前掲の表11‐2参照）の基盤をハルツⅣ改革によって築いたという意味では、シュレーダー政権の役割は重要である。ハルツⅣの内容が審議されていた二〇〇三年時点において、失業保険料率を六・五％から五％に引き下げることが既に議会内で提案されていた[12]。ところが、この提案はシュレーダー政権期において実現されなかった。失業手当の大幅縮小によって期待されていた失業保険財政の改善が、シュレーダーの公約に反して戦後最悪を記録した失業者数によって阻まれたためである[13]。しかし、結果的には次期の大連立政権で行われた失業保険料率の削減は、シュレーダー政権下で既に意図されていた政策であった。失業保障における社会保険制度の縮小は、シュレーダー政権期では歳出面の改革に留まり、歳入面での抜本的な改革はメルケル首相率いる次期の大連立政権（Große Koalition）に持ち越されることとなった。

4　大連立政権における増税と失業保障

連邦政府負担の増加

ハルツⅣ改革は、前述のように連邦と社会保険、及び自治体財政の費用負担構造は変えたものの、所得比例部分が縮小した以上、全体としてはコスト抑制を意図した改革であった[14]。しかし、シュレーダー政権にとって予測し得なかったのは、給付人数の増加である。前掲の図11‐2にみられるように、新設した求職者基礎保障の受給者数が、ほぼ代替関係[15]にあった旧制度の失業扶助と社会扶助制度の受給者合計を予想以上に大きく超えてしまったのである。ハルツⅣ改革の目的の一つは、失業扶助と社会扶助の同一人物に対する併給を解消することであった。併給を解消した分、受給者数も減少すると予想されていたが、結果として受給者数は増加した。この原因は失業手当Ⅱが、旧制度の社会扶助よりも受給に際してのスティグマが少ないこと等が指摘されている（Eichhorst 2008, 41）。抑制が期待されていたドイツ政府による労働市場政策への支出は、計画を上回り所得比例給付である失業扶助が存在した二〇〇四年を超えることとなった（図11‐3参照）。

図11‐3にて確認できるように、その押上げ要因は連邦政府負担の失業手当Ⅱである。失業手当Ⅱを含む労働市場政策への支出は、二〇〇五年には計画を八三億ユーロ上回り、求職者基礎保障は対ＧＤＰ比の二％に達した。続いて失業

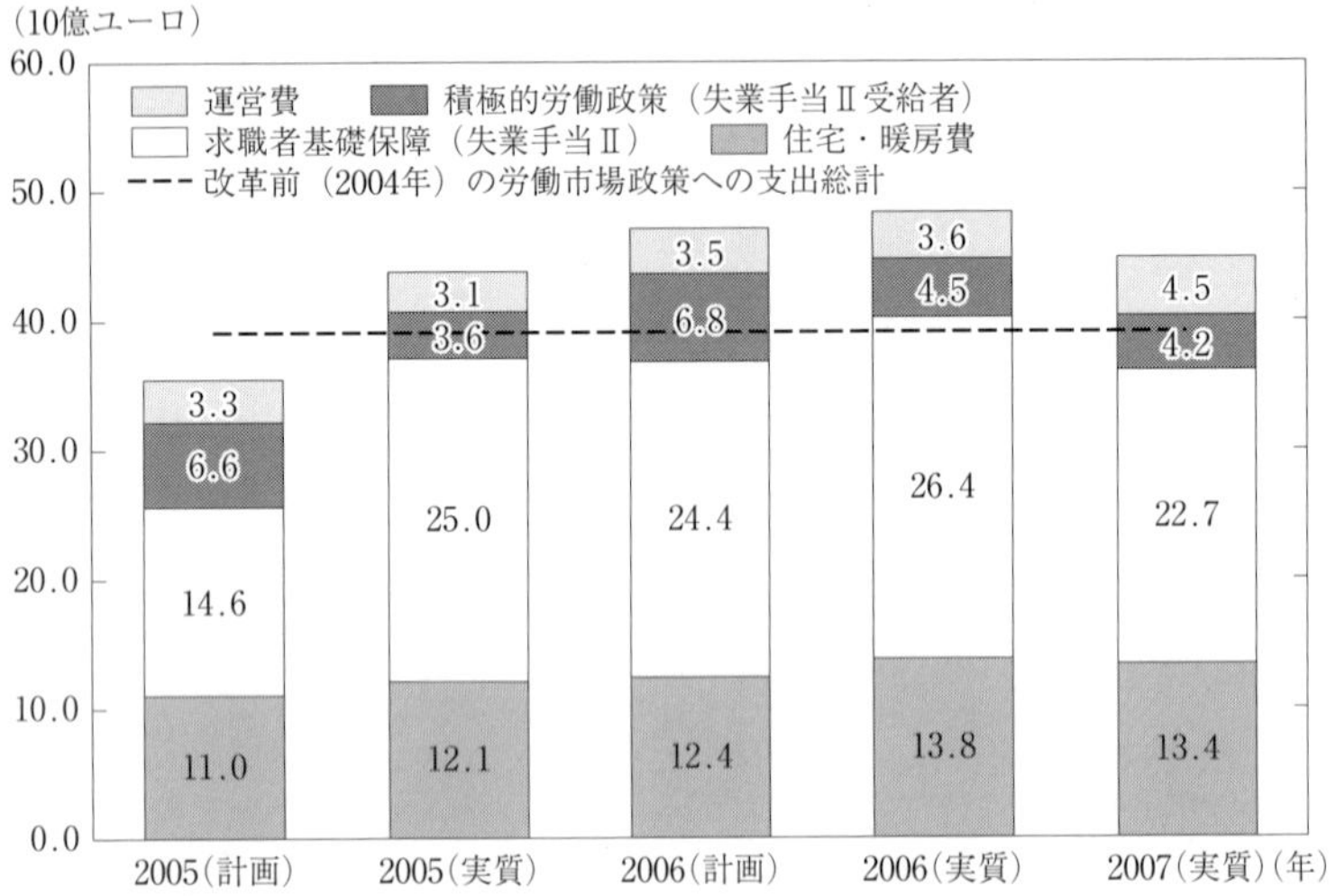

（出所）Eichhorst（2008, 42）より作成。

図11－3　ハルツⅣ法改革前後（2004～2007年）の労働市場政策への政府支出構造（計画及び実質）の推移

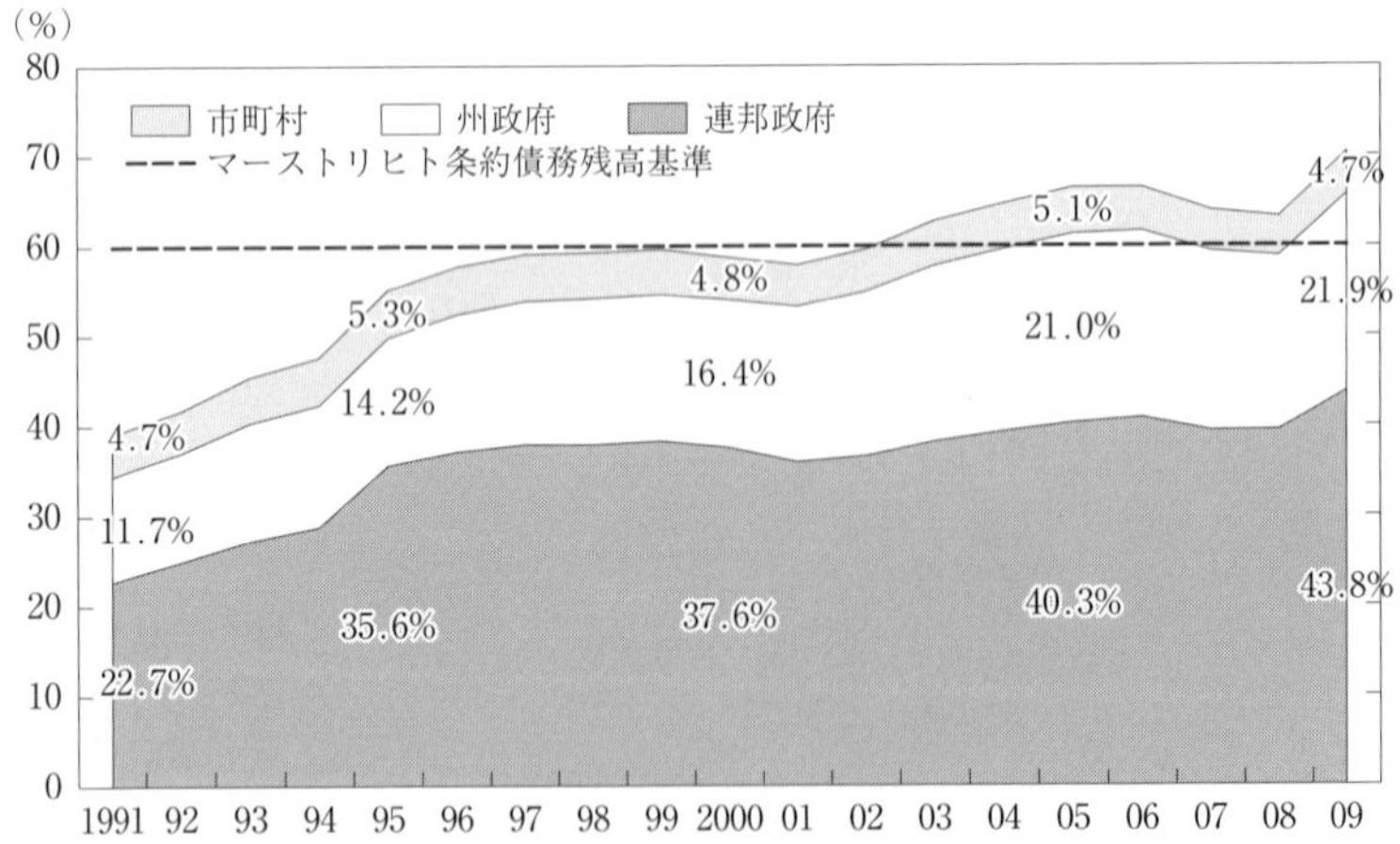

（出所）Statistisches Bundesamt（2010, 635）, Bundesministerium der Finanzen（2010）より作成。

図11－4　政府別累積債務の対GDP比（1991～2009年）

率に改善がみられた二〇〇六年においても、計画以上の支出を余儀なくされた。政府は改革前の失業扶助と社会扶助受給者数を元に失業手当Ⅱの要扶助者数を予測したが、失業率の増減に関係なく、受給者の数は予測を上回った。この原因について連邦雇用庁は次のように述べている。二〇〇四年末までの旧社会扶助においては、扶助基準を満たす低所得者のうち、三～四割の世帯が保護申請をしていなかった。だが、新たに導入された失業手当Ⅱにおいては、条件を満たしながらも未申請であった低所得世帯からの申請が増加したとの指摘がなされた。連邦雇用庁は求職者基礎保障によって「隠れた貧困（Verdeckte Armut）」が明らかにされたとの評価をしている（Bundesagentur für Arbeit 2007, 16）。

ハルツⅣが施行された二〇〇五年当時、ドイツ政府は二〇〇二年以来連続してマーストリヒト基準である対GDP比の三％以内の財政赤字枠を超過しており、財政的には大変厳しい状況下にあった。失業保障において社会保険財政及び市町村財政の負担を連邦政府に移した結果、マーストリヒト条約に規定されている債務残高の基準である六〇％を既に超過していながらも、連邦債を中心に累積債務の増加を抑制することは不可能となった（図11－4参照）。

連邦政府にとってはハルツⅣ改革による連邦負担が予測を上回った以上、財政赤字をどう克服するかが、喫緊の課題となったのである。赤緑連立政権は、二〇〇五年五月のノルトライン・ヴェストファーレン州議会選挙におけるSPDの敗北を受けて、二〇〇六年に予定されていた総選挙を一年前倒しして実施することを決定した。マーストリヒト基準を超える財政赤字の克服はシュレーダー政権期には達成されず、次期政権に引き継がれることとなった。

大連立政権による失業保険料率の引き下げと二〇〇七年税制改革

二〇〇五年九月に行われた連邦議会選挙では、財政の危機的状況下であったがために税制改革が大きな争点となった。五月の州議会選挙に勝利し、ほぼ確実な優位を伝えられていたキリスト教民主同盟（以下、CDU／CSU）は、そのマニフェスト「ドイツはチャンスを活用する――成長、雇用、安全」において、主な税制改革として付加価値税の増税を提案した。この提案において特徴的であるのは、増税が失業保険料率の軽減とのセットで論じられている点である。具体的には、「失業保険料の拠出率は、国際的にも記録的水準に達している」と述べたうえで、賃金付随コストを削るために、二〇〇六年一月一日に失業保険料率を二％（六・五％から四・五％）引き下げるとした。それに対して、付加価値税は二〇〇六年一月一日に二％（一六％から一八％：生活必需品に対する軽減税率は七％で据え置き）引き上げ、その増収分は賃金付随コスト縮小にも充てるという、社会保険料率の引き下げと付加価値税の引き上げを明確に組み合わせたものであった（CDU／CSU 2005, 13-14）。つまり、先のハルツⅣ改革によって所定給付日数を大幅に短縮した失業保険に対し、さらに付加価値税を投入することによって賃金付随コストを軽減することを企図したのである。無論、賃金付随コスト縮減分以外の付加価値税収は、求職者基礎保障によって増加した連邦政府負担を補塡することにもなる。付加価値税の失業保険財政への直接繰り入れは、失業保険の支出面を抑制して保険料率を抑えるというシュレーダー政権におけるプランが、戦後最悪の失業率を背景に挫折したことを受けての選択であった。財政赤字の原因を求職者基礎保障のみに帰すことはできないが、CDU／CSUは悪化した連邦財政と賃金付随コストへの対応策として付加価値税増税を主張した。

一方、総選挙での形勢不利が伝えられえたSPDも、そのマニフェスト「ドイツにおける信頼」において、「安定した財政」を訴えた。税制においては所得税の最高税率を三％上げること[16]や、租税優遇措置をさらに解体すること等を公約している（SPD 2005, 56-59）。しかし、財政赤字に対して抜本的な対策を提示するというよりは、CDU／CSUの付加価値税率引き上げ案への批判、もしくは累積債務を積み上げた前コール政権時代の財政政策を批判するという側面が強かった。

SPDは、所得税や法人税率の引き下げを推進したシュレーダー政権の時点においても、付加価値税の軽減税率対象品目を絞ることは提案したが、税率の引き上げ自体には反対していた[17]。そのため、CDU／CSUの付加価値税率引き上げの主張と明確に対立し、両党の税制改革案[18]は連邦議会選挙の最大の争点の一つとなった。当初、世論調査ではCDU／CSUの圧倒的な優位が伝えられていたが、蓋を開けるとCDU／CSUとSPDの二大政党の得票率がほぼ拮抗するという結果となった[19]。CDU／CSUはSPDとの大連立を組まざるを得ず、両党の折衷案としての税制改革が連立協定において合意された。

連立協定によって合意された二〇〇七年税制改革案は、ＣＤＵ／ＣＳＵとＳＰＤが選挙中に主張していた公約を組み合わせるという形で決着した。主な税制改革として具体的には、まず付加価値税を三％増税し、そのうち一％を失業保険に繰り入れ、失業保険料率を六・五％から四・五％へ引き下げることを決定した。次に、所得税の最高税率を三％引き上げるというＳＰＤの主張が取り入れられた（ＣＤＵ／ＣＳＵ、ＳＰＤ 2005, 80）。社会保険料率の抑制と財政赤字におけるマーストリヒト基準の達成を目指した改革を、両党は連立協定において合意したのである（CDU/CSU, SPD 2005, 77-78）。最終的には歳入において社会保険部分を縮小し、増税で補塡しつつ同時に財政赤字の克服も目指した改革が二〇〇七年一月から実施された。失業保険料率はその後も連立政権において継続的に引き下げが行われている（前掲の表11-2参照）。シュレーダー前政権にて既に企図されていた改革が、メルケル首相率いる大連立政権において、失業保障を軸とした社会保障財政における歳入面からの改革として実行されたのである。

5　ドイツ社会保障財政改革の帰結と課題

本章では失業保障改革を中心に、ドイツにおける社会保障財政の構造的変遷とその背景を辿った。社会保障改革は、常にその財源問題を伴うものである。とりわけ、「社会保険」中心の代表国であるドイツは、その根幹である社会保険制度の限界とともに、社会保障財政改革に向き合わざるを得なかった。高齢化が進展し、社会保険料率が徐々に上昇するなかで、ドイツでは雇用への悪影響に対する懸念、そして闇労働という形で問題が顕在化した。社会保障制度改革の必要性は、与野党ともに共通して認識していたといえる。しかし、社会保険料率の抑制に関しては一定の同意があったが、財政状況はマーストリヒト条約の財政赤字基準を四年連続で超えており、社会保障を支えるための新たな負担の余地は全くない状況にあった。これらのことから、社会保障財源と密接に絡んだ税制改革案が浮上することになる。主に失業保障において、社会保険制度から連邦政府の税負担による所得保障へと切り替えてきたものの、どの税目によって連邦財政を支えるかは、ＣＤＵ／ＣＳＵとＳＰＤの間で二〇〇五年連邦議会総選挙の時点では主張が異なっていた。

この総選挙の特色は、二大政党の税制改革案において程度の差はあれ、純増税が不可欠であることを共有していたという点である。マーストリヒト基準という制約と、社会国家を支える社会保険料以外の財源の必要性が、このような状況を生んだ。無論、総選挙の争点は税制改革のみではなかったが、九七年の通貨統合への収斂基準達成後に行われた九八年連邦議会総選挙以来、二大政党がともに減税基調であったこれまでの状況とは様相を異にしていた。

その要因は、シュレーダー政権の「新しい中道（Die neue Mitte）」路線が、主に直接税の減税によって家計及び企業を支援し景気の好転を期待したものの、少なくとも二〇〇五年の連邦議会総選挙までに芳しい結果は得られていなかったことによる。税収と社会保険料収入は落ち込み、マーストリヒト基準の未達成と社会保障の綻びによって、それまで減税の中身について論争していた両党が一転して増税の内容を争点とすることとなった。国民生活との関連が深い付加価値税、所得税の増税が掲げられた総選挙は異例であっただけに、その中身に厳しい目が向けられた。付加価値税増税と失業保険料率引き下げの組み合わせを提案していたCDU／CSUに対し、所得税の最高税率引き上げを提案したSPDが従前の予測に反して得票数を伸ばすこととなる。結果的に次期の大連立政権において、前政権から意図されていた失業保険料率の大幅引き下げが行われた。これはドイツ社会国家の中心である社会保険制度が、少子高齢化に伴う社会保険料率の際限のない膨張という構造的な問題に対し、二つの政権をつうじて実行した社会保障財政改革であった。ドイツにおける失業保障及び最低所得保障の負担は連邦政府の税財源にその比重を移したが、所得税、付加価値税の増税により二〇〇七年には財政均衡を達成している[20]。

賃金付随コストとしての社会保険料率の抑制と財政均衡を整合的に達成することとなったが、失業保障における社会保険制度を縮小させたハルツⅣ改革自体が、シュレーダーのいうように社会国家の再生につながったかは疑問が残る。ワークフェア改革と評されるハルツⅣにより、ドイツの失業者に対する低賃金セクターへの就労圧力が増したことも否めない（Pilz 2009, 200）。求職者基礎保障の要扶助者に対して、キャリア形成につながるような就労支援を行えるかどうかが今後の鍵になるであろう。

日本においても、新たな失業保障として求職者支援制度が二〇一一年一〇月に実施された。本制度が導入されたことにより、失業者に対する社会保障の構造はさらにドイツに近くなったといえる。ドイツ社会国家が社会保障制度の財政問題と就労支援も含めた失業保障制度の構築にどのように向き合うのか、今後の動向を注視していきたい。

注

(1) ビスマルクモデルはベヴァリッジモデル（租税による公的扶助を主軸とした福祉国家）との対比として使われる概念である。詳しくは（Schmidt, J. 2010, 108, 129-160）を参照願いたい。

(2) 本書の古市論文を参照願いたい。

(3) ドイツでは自国を指して福祉国家（Wohlfahrtsstaat）という表記はあまり使われず、社会国家（Sozialstaat）と表記する場合が多い。その概念は福祉国家とほぼ同義であるが、詳細については（Pilz 2009, 17-21）を参照願いたい。

(4) 二〇〇七年に制定されたGKV競争強化法（GKV-Wettbewerbs-stärkungsgesetz）は、二〇〇九年から施行されている。

(5) ハルツ委員会が失業扶助のカットと失業手当Ⅱの構想を発表した段階で、ドイツ労働組合総同盟（DGB）は反対を表明した。改革による失業時の所得保障額の低下は、低所得者層もしくは高齢の失業者を圧迫するとした（DGB 2002, 3-18）。

(6) ハルツⅣ改革を巡る連邦と自治体の負担配分に関しては（武田 二〇〇六、二〇〇七）を参照願いたい。

(7) 求職者基礎保障の導入によって、最低所得保障の負担の一定程度が市町村から連邦政府に移ったものの、住宅・暖房費（Leistungen für Unterkunft und Heizung）の一部が新たに市町村の負担となった。そのため、社会扶助受給者の減少が市町村の財政負担の純減にはつながらなかったが、後掲の図11‐4にて確認できるように市町村の財務状況はハルツⅣ改革のあった二〇〇五年以降、若干の改善が見られる。

(8) 闇労働研究の第一人者とされるリンツ大学のフリードリッヒ・シュナイダー教授の実証研究を元に連邦議会答弁がなされた（Deutscher Bundestag Drucksache 14/2857, 03. 03. 2000）。シュナイダーの当時の研究によれば、ドイツは同じドイツ語圏であるオーストリアやスイスと比較しても、闇労働の比率が際立って高いことが指摘されている（Schneider 2000, 10）。

(9) Deutscher Bundestag Drucksache 15/726, 28. 03. 2003.

(10) 社会保険料率を四〇％以下に抑えることは、赤緑連立政権の連立協定における当初の目標でもあった。連立協定が結ばれた一九九八年時点においては環境税の投入によりこの目標を達成する予定であった（SPD, Bündnis 90/Die GRÜNEN 1998, 11-12）。

(11) 低賃金労働者とは、週一五時間の労働時間を超えず、月額六三〇マルク以下の労働に従事する被用者である。公的医療保険は月額賃金の一〇％、公的年金保険は月額賃金の一二％収めることを、使用者のみに義務づけた。被用者に保険料拠出義務はないものの、納付しない限りは請求権が発生しないとされた。

(12) Deutscher Bundestag Drucksache 15/1509, 02. 09. 2003.

(13) シュレーダーは失業者数の減少を赤緑連立政権の最も重要な目標とし、一九九八年の政権発足当初、約四四〇万人いた失業者を三五〇万人まで減少させるとビルト誌のインタビューに答えていた（Spiegel 2001）。

(14) 連邦政府は、失業扶助に対する支出が二〇〇四年時点で二八八億ユーロであったのに対して、求職者基礎保障（失業手当Ⅱ）への支出は二〇〇五年時点で一四六億ユーロと見込んでいた（Eichhorst 2008, 42）。実際には二〇〇五年において二五〇億ユーロに達することになる。

(15) 旧失業扶助が個人単位の給付であるのに対し、失業手当Ⅱは世帯単位の給付である。政府は給付が世帯単位となる増分も見込んだうえで受給者数を予測していたが、後述のとおりその予測を超えて受給者数は増加した。

(16) シュレーダー政権下では、SPDは景気刺激策として所得税減税を公約し、実行してきた（SPD, Bündnis 90/Die GRÜNEN 1998, 9-11）。しかし、二〇〇五年の連邦議会総選挙時には、付加価値税増税を主張するCDU／CSUに対し「社会的公正」を守るとして、所得税の最高税率増税を主張した。

(17) 当時の財務大臣ハンス・アイヒェルは所得税の課税最低限以下の低所得者に対しても、支払い義務が生じる付加価値税を問題視する旨の発言をしている（Deutscher Bundestag Plenarprotokoll 15/12, 740-741, 03. 12. 2002.）。

(18) 二〇〇五年連邦議会総選挙時の各政党のマニフェスト及び連立協定における税制改革案の詳細については（Traub 2006）を参照。

(19) 二〇〇五年連邦議会総選挙の経過に関しては、（横井 2007）に詳しい。

(20) 財政均衡は二〇〇七年及び二〇〇八年にほぼ達成された。しかし、リーマンショック後の二〇〇九年には再び対GDP比マイナス三・三％の財政赤字に転じている（Statistisches Bundesamt 2010, 580, Bundesministerium der Finanzen 2011, 389）。

参考文献

岡伸一（二〇〇四）『失業保障制度の国際比較』学文社。

加藤榮一（二〇〇七）『福祉国家システム』ミネルヴァ書房。

武田公子（二〇〇六）「ハルツⅣ法によるドイツ社会扶助改革と政府間財政関係の進展」『金沢大学経済学部論集』二六巻二号、一二五～一五五頁。

武田公子（二〇〇七）「ハルツⅣ改革とドイツ型連邦財政主義の行方」『金沢大学経済学部論集』二七巻二号、一四九～一七三頁。

布川日佐史（二〇〇四）「ドイツにおけるワークフェアの展開」『海外社会保障研究』一四七号、国立社会保障・人口問題研究所、四一～五五頁。

横井正信（二〇〇七）「景気・雇用対策サミットから大連立へ（Ⅱ）」『福井大学教育地域科学部紀要Ⅲ』№.六三、一六九～二〇九頁。

Bundesagentur für Arbeit（2007）Jahresbericht 2006, Bundesagentur für Arbeit Geschäftsbereich SP II.
Bundesagentur für Arbeit（2006a）Merkblatt für Arbeitslose-Ihre Rechte-Ihre Pflichten, Bundesagentur für Arbeit Marketing.
Bundesagentur für Arbeit（2006b）Arbeitsmarkt 2005, Bundesagentur für Arbeit.
Bundesministerium für Arbeit und Soziales（2010）Sozialbudget 2009, Publikationsversand der Bundesregierung.
Bundesministerium der Finanzen（2011）Finanzbericht 2011, Bundesanzeiger Verlagsgesellschaft mbH.
Bundesministerium der Finanzen（2010）Schulden der öffentlichen Haushalte, Bundesministerium der Finanzen.
Butterwegge, Christoph（2006）Krise und Zukunft des Sozialstaates, VS-Verlag für Sozialwissen schaften.
CDU/CSU（2005）Deutschlands Chancen nutzen. Wachstum. Arbeit. Sicherheit, der Bundesvorstands der CDU und der Parteivorstands der CSU.
CDU/CSU, SPD（2005）Gemeinsam für Deutschland. Mit Mut und Menschlichkeit Koalitionsvertrag von CDU/CSU und SPD, Union Betriebs-GmbH.
Deutscher Bundestag（2003）Entwurf eines Gesetzes zu Reformen am Arbeitsmarkt. Drucksache 15/1509 : 1-12.
Deutscher Bundestag（2003）Antwort der Bundesregierung. Drucksache 15/726 : 1-15.
Deutscher Bundestag（2002）Plenarprotokoll 15/12 : 740-741.
Deutscher Bundestag（2000）Antwort der Bundesregierung. Drucksache 14/2857 : 1-8.
DGB（2002）Stellungnahme des DGB zu den Entwürfen eines Ersten und Zweiten Gesetzes für moderne Dienstleistungen am Arbeitsmarkt, Deutscher Gewerkschaftsbund.
Die Bundesregierung（2003）agenda 2010 Deutschland bewegt sich, Presse- und Informationsamt der Bundesregierung.

Eichhorst, Werner（2008）“Die Agenda 2010 und die Grundsicherung für Arbeitsuchende”, Vierteljahrshefte zur Wirtschaftsforschung Fünf Jahre Agenda 2010, Deutsches Institut für Wirtschaftsforschung：38–50.

Koch, Stephan, Walwei（2005）Workfare：Möglichkeiten und Grenzen, IAB DiscussionPaper No. 17/2005.

Ostheim, Tobias, Schmidt, Manfred G.（2007）“Sozialpolitik nach Wiedervereinigung”, Schmidt, Manfred G., Ostheim Tobias, Siegel Nico, Zohlnhöer Reimut（Hrsg.）, Der Wohlfahrtsstaat, VS Verlag für Sozialwissenschaften：193–209.

Pilz, Frank（2009）Der Sozialstaat –Ausbau–Kontroversen–Umbau–, Bundeszentrale für Politische Bildung.

Schäfer, Holger（2008）Die Soziale Grundsicherung in Deutschland, Deutscher Instituts Verlag.

Schmidt, Josef（2010）Wohlfahrtsstaaten im Vergleich, VS Verlag.

Schmidt, Manfred G.（2005）Sozialpolitik in Deutschland, Verlag für Sozialwissenschaften.

Schneider, Friedrich（2000）Zunehmende Schwarzarbeit in Deutschland：eine wirtschafts und staatspolitische Herausforderung？Studien/Pfusch/Vortrag München.

SPD（2005）VERTRAUEN IN DEUTSCHLAND. Das Wahlmanifest der SPD, SPD–Parteivorstand.

SPD, Bündnis 90/Die GRÜNEN（1998）Koalitionsvereinbarung Aufbruch und Erneuerung –Deutschlands Weg ins 21. Jahrhundert.

Spiegel（2001）Spiegel–online http://www.spiegel.de/politik/deuts chland/a–144033.html, 2011日8月22日アクセス。

Statistisches Bundesamt（2010）Statistisches Jahrbuch 2010 für Bundesrepublik Deutschland, Statistisches Bundesamt Wiesbaden.

Traub Stefan（2006）Steuerreformkonzepte im Überblick, Seidl, Jickel（Hrsg.）, Steuer und Soziale Sicherung in Deutschland, Physica Verlag.

Ziegelmayer, Veronika（2001）“Sozialstaat in Deutschland：Ein Systemwechsel？”, Kartin Kraus, Thomas Geisen（Hrsg.）, Sozialstaat in Europa, Westdeutscher Verlag：63–88.

第12章　ニューレイバーの「新しい」福祉国家路線とウィンドホール・タックス

――ベヴァリッジ型普遍主義から中流階層化型普遍主義へ――

佐藤　滋

1　「新しい」福祉国家の創設

本章の課題

周知のとおり、イギリスの戦後福祉国家の礎となったアイディアは、W・ベヴァリッジが提示した、均一拠出・均一給付の原則、行政責任統一の原則、適正給付の原則、包括性の原則、被保険者分類の原則、であった[1]。ベヴァリッジ報告を具体化するために提出された白書に 'right for all citizens' 'universality' の語がみられるように、すべての被用者を包摂する「普遍主義」的な制度が福祉国家の基調に据えられている[2]。その内容については後述するとして、ここではこれを便宜上、「ベヴァリッジ型普遍主義」と呼ぶことにしよう。イギリスの社会保障制度を、ミーンズ・テストを伴う困窮者への「施し」から権利としての社会保障制度へと改革しようとした点で画期的なものであったといえる。

ベヴァリッジの構想はしかし、早くも限界を迎えることになる。ベヴァリッジ報告にもとづく社会保障制度は一九四八年に始まるが、それから二〇年もたたずに福祉国家の「コスト」が問題とされ始めるのである。直後の政権交代で着手できなかったが、保守党のダグラス＝ヒューム首相が「ベヴァリッジ（報告）は極めて高くつくものであった」として、「新しいベヴァリッジ報告」New Beveridge report の作成を考えていたのは一九六四年のことである[3]。保守党政権に続く労働党政権でも「怠惰な」移民の福祉費用をまじめに計算していたし[4]、公的扶助の不正受給への嫌悪は深刻な政治問題に発展している（Deacon 1978）。福祉国家はもはや社会統合の手段などではなく、紛争の種へと転化しつつあったといえる。

実は、ベヴァリッジ型普遍主義の限界は、その諸原則のうちにすでに明らかになっていた。上記諸原則のうち、均一拠出・均一給付の原則と適正給付の原則が表しているのはいわゆる「最低生活費保障」のことに他ならないが、肝心な「最低生活費」の定義もままならないままその水準は極めて低く見積られ、結果、拠出にもとづく社会保険中心の社会保障制度は瓦解してしまう。福祉国家の再建は歴代の政権の主要課題であったが、ニューレイバーが自らに課したのは、ベヴァリッジ型の「普遍主義」ではなく新しい「普遍主義」にもとづく福祉国家を建設することであった。これこそが、彼らが、「福祉国家を人びとの手に取り戻す」(5)という言葉や「新しい福祉国家」New Welfare State という用語に込めた思いであったといえる。

本章の課題は、ニューレイバーの社会保障政策を、ベヴァリッジ型普遍主義から新しい「普遍主義」へ――中流階層化型普遍主義へ――の移行のなかに位置づけることである。よく指摘されるように、支出の対象のみに目を向ければ彼らの社会保障政策はたしかに選別主義的であるが、支出の「効果」が広く社会全体に波及することが考えられていたことを一方で踏まえる必要があるからである。また、両者の共通項として「政策体系に組み込まれる経済成長」を析出し、ニューレイバーが導入した「一回限り」の臨時増税＝ウィンドホール・タックスの意義をも論じる。これらの作業によって、ニューレイバーの政策体系の前提とその限界が明らかになるであろう。ウィンドホール・タックスについては、これまでほとんど論じられることがなかったので詳しくみたい。

国際比較の観点からは、拠出原則を崩さず歳出の選別性を強める日本と異なって、福祉国家再編の努力を惜しまなかったイギリスの事例からは学ぶべき点が多いであろう。また、わが国でしばしばみられる、本格的な財政改革を忌避する名目で主張されるトリクル・ダウン論を考える意味でも興味深いものとなると考えられる。以下の論述が、日本の財政赤字拡大についての理解を深めるものになれば幸いである。

ベヴァリッジ型普遍主義の体系とその瓦解

前述したように、ベヴァリッジ報告は戦後福祉国家の建設にあたっていくつかの原則を提示していた。これら諸原則は、すべての被用者を包摂するものであること（＝被保険者分類の原則）、また、老齢、死亡、傷病、障害、出産、失業、業務災害といったあらゆるリスクに備えたものであること（＝包括性の原則）を述べていることから分かるように、普遍性を強く意識したものであった。人びとの業種を不問に付し、あらゆる種類のリスクを考慮する仕組み自体興味深いが、他国との比較を意識した場合注目すべきなのは、均一拠出・均一給付の原則と適正給付の原則であろう。これは、全被用者による均一な拠出にもとづいて「最低生活費保障」を行うことを内容とするものであったが、拠出制へのこだわりはベヴァリッジ報告の次のパラグラフから明らかである[6]。

拠出とひきかえに給付を受けるほうが、国からただで手当を受けるよりはイギリス国民の希望とするところである。…この（ミーンズ・テストへの）反対は、すべてのものをただで得たいという要望からではなく、人びとが、万が一の場合に備えて倹約し貯えをすることを義務であると同時に喜びであると考えてきたのを、台無しにすると考えられる措置への憤りから生じているのである。自らの所得を管理することは、市民の自由の本質的な要素である。

ここに示されているように、拠出制は、一般財源からの無償給付（＝公的扶助による「施し」）への忌避と、イギリス国民の自助の精神とを反映したものと考えられている。その結果、公的扶助は完全にはなくならないものの、社会保険制度の発達によって次第にその役割を失うものと理解されたのであった。一言で「普遍主義」、「選別主義」といってもその意味するところはさまざまであるが、ベヴァリッジは、給付にミーンズ・テストが求められるのか否かを重要視していることがここから分かる。むろん、ミーンズ・テスト無しの拠出にもとづく給付が、ベ、ヴ、ァ、リ、ッ、ジ、が考える「普遍主義」的な給付である（＝ベヴァリッジ型普遍主義）[7]。実際に、図12-1にはこのことを裏づけるように、一九六〇年代後半までに、拠出による給付割合が七三％強と、大きな部分を構成するようになっている。

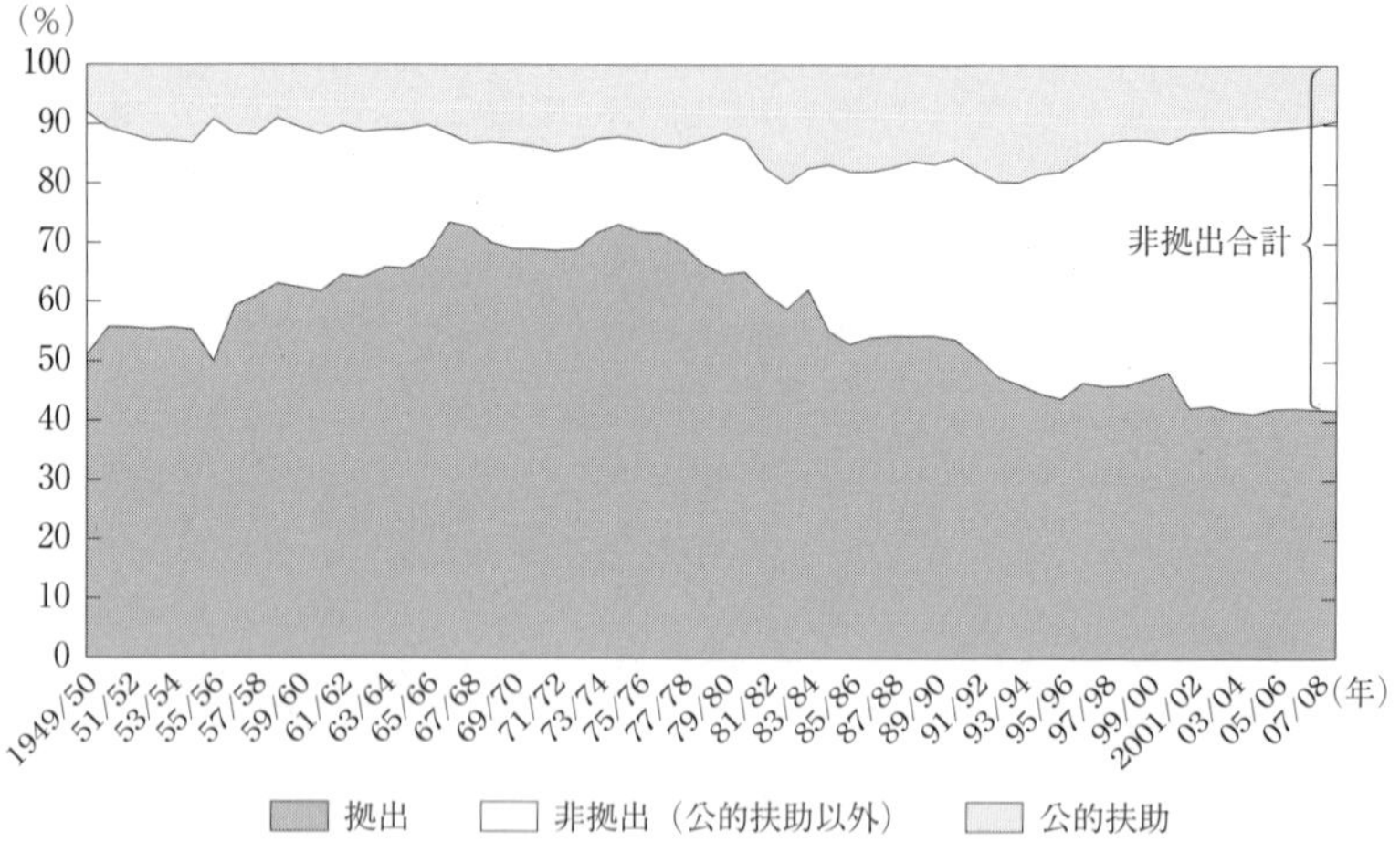

（注）原データは，統計の表示方法の変更や社会保障制度改革の結果，相互参照可能な形で統計が公表されているわけではない。原則としては，1973年の 'Public expenditure on social security benefits' の表示方法をベースとして，拠出・非拠出の区分を設けた。

（出所）Central Statistical Office, *Annual Abstract of Statistics,* HMSO, 1952, 1958, 1960, 1966, 1973, 1985, 1987, 1997, 2006, 2010, から作成。

図12－1　社会保障支出全体に占める拠出・非拠出支出の割合

一見するとこの過程は、ベヴァリッジ・プランが定着していったもののように思われる。しかし、事実は違う。同図には次第に公的扶助の割合が大きくなっていくこともまた示されているからである。初期には一〇%弱であった公的扶助の構成割合は一九六〇年代後半には一三%強となり、一九八〇年代前半にはついに二〇%を超えるに至っている。前述のように、公的扶助はもともと社会保険制度の発展に伴ってその役割を減少させていくものと考えられていたにも関わらず、むしろ公的扶助への依存が問題となるまでになってしまったのである。これが、前節でふれた「新しいベヴァリッジ報告」作成の動機である。

ここからさらに時代が下ってサッチャー政権下に入ると、保険・社会保障省のセントラル・レヴュー・グループは『ベヴァリッジ報告再訪』（一九八四年）という文書を作成しているが[8]、この文書は、働いていた当時の賃金水準とは無関係に「最低生活費」のみを保障することこそがイギリス福祉国家の特質である、と指摘している。結果として、社会保険からの給付を受けつつも公的扶助に依存せざるを得ない人びとが増加していき、国庫（＝非拠出、一般財源）から費用を捻出せざるを得ない状況が生じてしまうのであった。同文書は，社会保険からの給付が五割ほどになってしまっていることを指摘しているが，このことは図12－1からも確認できる。驚くべきことに，一九八二年には，約三分の一の社会保険受給者が公的扶助を受給している。(9)

この間に，基礎年金の定額部分を一階部分とし，二階部分に所得比例年金を導入することで拠出性を維持しようとしたが事態は改善できていない。改善できなかっただけではなく，これは，均一拠出・均一給付の原則を崩したものであった。また，低水準の「最低生活費」の存在は公的扶助への依存を意味し，適正給付の原則，被保険者分類の原則を裏切るものでもある。さらに，公的扶助は議会による統制が及ばない補足給付委員会のもとに運用されていたが，このことは行政責任統一の原則を掘り崩すものであり，彼らの恣意性，裁量性は，政府・官僚組織に対する批判を強めていくきっかけを提供した（Kincaid 1979=1987）。「ベヴァリッジ・プランはすでに根本的に変化してしまった(10)」といえる。

いまから考えれば問題含みのように思われる，拠出原則にもとづく低水準の「最低生活費保障」を制度化することをよしとしたのには明確な理由がある。ベヴァリッジ報告に，「満足のいく社会保険計画は，雇用の維持と大量失業の予防とを前提としている(11)」，とあるように，ベヴァリッジ型の普遍主義を貫徹するには，その体系の「前提」に経済成長による雇用維持が組み込まれていなければならない。なぜなら，それなりの賃金を保障する雇用がなければ，そもそも被用者は拠出を行うことができないからである。これがしばしば，「市民であることは何の権利ももたらさない」（Kincaid 1979=1987, 195）というような，ベヴァリッジ型普遍主義の「選別主義」的な性格に対して批判が向けられる理由である。

2　ベヴァリッジ型普遍主義から新しい「普遍主義」へ

「前提」への遡行

以上みてきたように，ベヴァリッジ型普遍主義の本質は，異なる職種につく「稼働年齢の人びとを社会保障階級So-

ある。

cial Security Classes へと分類[12]」し、包摂するところにある。しかし、拠出と最低生活費保障とを原則とする「普遍主義」は、経済停滞とともに公的扶助への依存を強めてしまう。そして、公的扶助への依存は「貧困の罠[13]」を生じさせる。これは無論、社会保険で保障される「最低生活費」が極めて低水準に設定されているために公的扶助を必須とし、労働へのインセンティブを失ってしまうからである[14]。要するに、失業時と雇用時との所得の逆転が問題となっていたわけである。

ここで、ブレア政権誕生までに提案されていた各種の「貧困の罠」対策を確認しておこう。この作業によって、政策の力点が推移している様がよく分かると考えられるからである。まず、ベヴァリッジの、拠出原則に対して、「直接税を通ずる所得維持支援」を対置する[15]、いわゆるタックス・クレジット政策がある。タックス・クレジット自体は、一九六〇年代後半にウィルソン労働党政権が当局としては最も早くに検討を始め[16]、その後にヒース保守党政権が白書にまとめていた[17]。社会サービス官僚の「ゆるぎない恣意的な権力[18]」に対する批判は根強かったために、タックス・クレジットのような、行政の裁量性を抑制し、これを「自動化」する仕組みが注目されていたからである[19]。そしてこれは、社会保険財政の構造が、社会保険からの給付が漸次減少し、ついには国庫からの持ち出しが五割を超えるようになったことを受けてのことである。そして、長い議論を経て、サッチャー政権下で家族クレジット制度が導入される（一九八六年）。

一方この間、労働党は保守党によるタックス・クレジット提案に対抗し、家族手当を児童給付へと改革している（一九七七年）。これは、第二子以降からの給付を第一子から受給できるように改めたものである。また、家族手当収入が課税対象となっており（＝クローバック）、これが貧困の罠を助長しているとの批判を受け、児童給付収入は非課税とされた。同時に、一人親に対しては割増金が給付されるようになった。

さらに、一九七〇年代前半から一九八〇年代にかけては、マンパワー・サービスコミッションの設置、特別臨時雇用事業、若年労働者制度といった、いくつかの職業訓練制度が始められている。そして、これに呼応するように、「ワークフェア」という用語もこの時期に定着することになる。用語そのものについては明らかにR・レーガン政権の影響であって[20]、実際に閣僚がワークフェア政策の学習のために渡米している[21]。もちろん、ワークフェアについての総合的な報告書をサッチャー政権は提出しなかったために、[22] メージャー政権に引き継がれた課題を[23]結局はニューレイバーが本格的に展開することになるが、彼らの経路依存的な性格を無視はできないであろう。一九八〇年代の下院で行われたワークフェアについての議論に、ニューレイバー政権で蔵相、のちに首相をつとめることになるＧ・ブラウンが積極的に加わっていたことは印象深い。

さて、図12－1から明らかであるが、ベヴァリッジ型普遍主義が瓦解したことで、現在では社会保障給付の内実は大きく変容している。拠出にもとづく給付は影を潜め、それに代わって国庫負担が増大し、ミーンズ・テスト付きの給付割合が増大しているのである。大事な点は、代わって増大した国庫負担が、労働インセンティブを高めるための支出であったことである。その意味で、ベヴァリッジ型普遍主義の「前提」へと遡行し、雇用維持、大量失業の予防を意図的に行うことが社会保障政策の目的となったものと考えられる。ニューレイバーは家族クレジットを勤労税額控除へと制度変更した他、児童給付の増額、ニューディールの実施等、これまでの路線を加速させた形で行っている。

ただし、社会保障政策の目的がベヴァリッジ型普遍主義の「前提」創出へと切り替わった結果、社会保障政策の所得再分配効果が掘り崩されていくのはある意味当然のことであった。[24] 実際に、サッチャー政権以降ジニ係数は拡大したが、これはニューレイバーのワークフェア政策の展開によっても縮まらないどころか、歴史的にみて最も高い値となってしまった（Joyce, Muriel, Philips and Sibieta 2010）。

新しい「普遍主義」へ——中流階層化型普遍主義

以上にみた、ベヴァリッジ型普遍主義からその「前提」創出（＝ワークフェア）への移行は、新しい「普遍主義」への移行として理解可能である。

実は、ニューレイバー政権は、社会の特殊利害を代表する階級・階層からではなく、遍在する「ミドルクラス」から支持を集める必要があることを強く訴えていた。これは何も彼らに限ったことではなく、一九六〇年代後半以降徐々に形成され、七〇年代中盤以降に定着した政治認識、社会認識である。実際に、野党時代のサッチャーが政治の場で定番化していた二階級把握をせずに、「われわれは、国家政党でも、専門家の一団でも、特定のあるグループ、一つの階級の利害に結び付けられた政党ではない[25]」と明言したことに対して、一方の労働党が「わずかな変更があれば、政府は保守党のアプローチの主要な特徴を受け入れることができる[26]」と述べていたことからも分かる。既に、「国家」、「官僚」、「組合」等、社会の特殊利害を反映する政策は採用できなくなっていたのである。サッチャーが市場を重視するのも、市場こそが「広く一般のための信条」だからであり、社会統合のための手段と考えられたからである（佐藤 二〇一一）。後知恵ではあるが、イギリスでは一九六〇年代後半以降にアルフォード指数が急落し、階級を前提とした社会把握の有効性が疑問視されるようになる（Nichols Clark, T. and Lipset, S. M. 1991）[27]。

一九九四年三月のエコノミスト誌は、G・ブラウンが提唱するワークフェアが、資本家、労働者、教育者、経済学者、市場至上主義者、国家介入主義者といった考え方の異なるあらゆる層から支持を得ていることを伝えている。ワークフェアはまさにそれが、「ノイジーな利益集団のためではなく、経済全体のためになる」ことで必要とされる、"Something for all"[28]な政策なのである。ギデンズの、「正当にラディカルだといいうる政策の多くは、左と右という区分を超越している」（Giddens, A. 2000=2003, 50-52）、という言葉は、こうした文脈で理解される必要があるだろう。ブレアもまた、自身がミドルクラスの政治を行い、「階級分裂のない国」を目指していることを率直に語っている（Blair 2010=2011, 84）。

急いで付け加えれば、この新しい「普遍主義」は、シティズンシップ論で通常言われるところの「普遍主義」を意味するのではない[29]。負の所得税を例にとれば、高齢者、失業者、低賃金労働者等の、福祉支出を最も必要としている人びとに財源が集中されるという意味では、これはカテゴリカルな支出だからである[30]。こうした批判については、政策の現場では選別主義と普遍主義との図式的な区分自体が意味をもたないこと、普遍主義がそもそも選別主義（＝公的扶助）によるスティグマのコストを最小化するために考案された仕組みであること（杉野 二〇〇四）、ワークフェアもまたこうした文脈を意識して制度化されたものであることを指摘することができる。要するに、ティトマスが、「『選別主義』か『普遍主義』か」は偽の問いであって、「選別主義」は「普遍主義」の「支柱構造」によって支えられなければならないと述べていたように（Titmuss 1968=1971, 169）、「普遍主義」の内実は対立する「選別主義」の内容によって規定される。両者の関係とそれぞれの意味合いが歴史的に推移する以上、何が「普遍主義」かを実体的に規定することにはあまり意味がないというわけである[31]。

これよりも重要な点は、この政策が「労働による救済[32]」が階級横断的な利益をもたらすと観念され、広く支持を集めていることにある。この事実は、ニューレイバーが支持層として念頭に置く「ミドルクラス」が、社会的にはリベラル、財政的には保守主義という「新しい政治文化」（Nichols Clark 1998=2001）の担い手とされていたことを念頭に置けば一層興味深いものとなろう。実際に、ニューレイバーの新しい「普遍主義」は、人びとの労働インセンティブや選択の自由の確保に配慮した設計となっている。価値観の多様化を背景とし、人びとの意思を強制することをよしとしないリバタリアン・パターナリズム的な制度設計は、これらの人びとに受け入れられやすい、とされる（＝リベラル）。さらに、後述する、経済成長のトリクル・ダウンを前提としたウィンドホール・タックスの採用・制度化は、重い財政負担を課す通常の「普遍主義」とは大きく異なるものである（＝保守）。

ニューレイバーはケインズ政策を批判する文脈で、「古い政策方針はすでに陳腐化し、多くの点で生産に対して反作用を及ぼすものである。われわれは、労働市場、社会、グローバル経済に起きた変化を反映する、新たなアプローチを必要としている[33]」と主張していた。以上を考慮すれば、結局この「新たなアプローチ」（＝新しい「普遍主義」）とは、「中流階層化型普遍主義」とでも言い換えることが可能なものであろう。「左と右という区分を超越」し、階層間・階級間の差異を無効化することを訴えるニューレイバーの政策とは要するに、人びとを「ミドルクラス化」し、包摂することで、社会全体に便益をもたらすものに他ならないからである。付言すれば、こうした"Employment for all"の思想は、青少年の教育・雇用政策における「漸進的普遍主義」Progressive Universalism との関係でも進展をみせることになる（HM Treasury 2009, 11）。

3　ニューレイバーの政策体系――ワークフェアの展開とウィンドホール・タックス

ワークフェアの財源――ウィンドホール・タックス

さて、以上みてきたように、ニューレイバーは幅広い支持層を獲得するために、ベヴァリッジ型普遍主義に対して新たな普遍主義――中流階層化型普遍主義――を対置した。それはベヴァリッジの構想から大きな飛躍を伴ったという点で、画期的なものであったといえる。しかし、その財源はどのように確保されるのであろうか。実は、増税をしないことを公約にしていたブレア政権では、ステルス・タックス等の非明示的な財源措置を除けば（越智 二〇〇四）、ワークフェアを進めるための財源として、ウィンドホール・タックスという、一風変わったものを提示している。

このことは表12－1をみることで確認できる。ワークフェアはさまざまな政策の組み合わせでできているが、新たに財源を要する計画はニューディール・プログラムであった。五カ年間で合計四八億五〇〇〇万ポンド（≒約九七〇〇億円）[34]の支出が計画されている。総計では「若年失業者のためのニューディール」が二六億二〇〇〇万ポンドと大きく、その次に「長期失業者のためのニューディール」が続いている。

さて、問題となるのはウィンドホール・タックスの性格である。ウィンドホール（windfall）とはもともとは「棚ぼた」を意味するが、ここから「一回限り（one-off）」の臨時増税のことをウィンドホール・タックスと呼ぶようになった。この税が、もともとは長期失業者支援のために、サッチャー政権下の一九八一年に銀行に課されていたことを申し添えておこう[35]。

ブラウン蔵相は次のように述べている[36]。

われわれの福祉国家の改革――失業者を福祉から労働へと促すプログラムによる――は、民営化企業 the utilities の

表12－1　ニューディール・プログラムの支出計画
（単位：百万ポンド）

プログラムの内訳／年	1997／98	1998／99	1999／00	2000／01	2001／02	1997／2002
若年失業者	100	580	650	640	640	2,620
長期失業者	0	120	160	90	80	450
一人親	0	50	50	50	50	190
病者・障害者	0	10	20	80	80	200
失業中の両親	0	0	300	20	20	60
学　校	100	300	0	300	300	1,300
チャイルド・ケア	0	40	0	0	0	40
産業大学	0	5	1,200	0	0	5
支出合計	200	1,090		1,170	1,170	5,200
ウィンドホール・タックス	2,600	2,600				5,200

（注）　支出合計には，未利用分も含む。
（出所）　HM Treasury（1997）'Chapter 4: Employment opportunity in a changing labour market', *Pre-Budget Report.*

> 超過利潤に課される、新たな、一回限りのウィンドホール・タックスによって賄われる。……この税の詳細を決めるに当たっては、現在の民営化企業の価値と、民営化された当時のそれら企業の価値が過小評価され、十分な規制が行われなかったこととの間に公平なバランスを保たなければならない、と私は信じている。……ウィンドホール・タックスは、電力部門から二一億ポンド、水道部門から一六億五〇〇〇万ポンド、そして残りの公益企業から一四億五〇〇〇万ポンドを徴収する予定である。

この発言に表れているように、ウィンドホール・タックス導入の根拠は、民営化企業が、株価が過小に見積られたということと、企業経営の規制が不十分であったことによって、過剰な利潤を得ているところにある。民営化企業が他企業と比べて好調な業績を収めていたことは表12－2から明らかであるし、プライス・キャップの仕組みが不十分であることはつとに指摘されているとおりである（Chennells 1997, 281）。事実、民営化企業の高利潤、高賃金への不満は高まっていた[37]。

公営企業の民営化はサッチャー政権とそれを継ぐメージャー政権で行われている以上、民営化が不公平な競争をもたらしたということでサッチャー政権を批判し、かつ、「新しい」福祉国家のための財源を得る、という考えは、「第三の道」を主張するニューレイバーの思想に整合的なものがあったといえよう。公平性に鑑み、「この税が、消費者への料

表12－2　民営化企業の株価伸長率

	民営化年月	ロンドン株価指数（FTSE）に対する各企業の株価伸長率(%)		
		100日後	1年後	4年後
ブリティッシュ・テレコム	1984. 11	51	52	18
ブリティッシュ・ガス	1986. 12	10	22	32
イギリス空港公社	1987. 7	43	39	69
上下水道株式会社	1989. 12	31	58	93
地域電力会社	1990. 12	26	23	124
イングリッシュ・ジェネレーター	1991. 3	28	27	109
スコティッシュ・ジェネレーター	1991. 6	2	4	4
北アイルランド電力会社	1993. 6	32	46	21
国　鉄	1996. 5	3	15	—
ブリティッシュ・エナジー	1996. 7	17	21	—

（注）FTSE 平均に対して，株価成長率が何パーセント上回っているかを示す表である。
（出所）Chennells（1997, 281）.

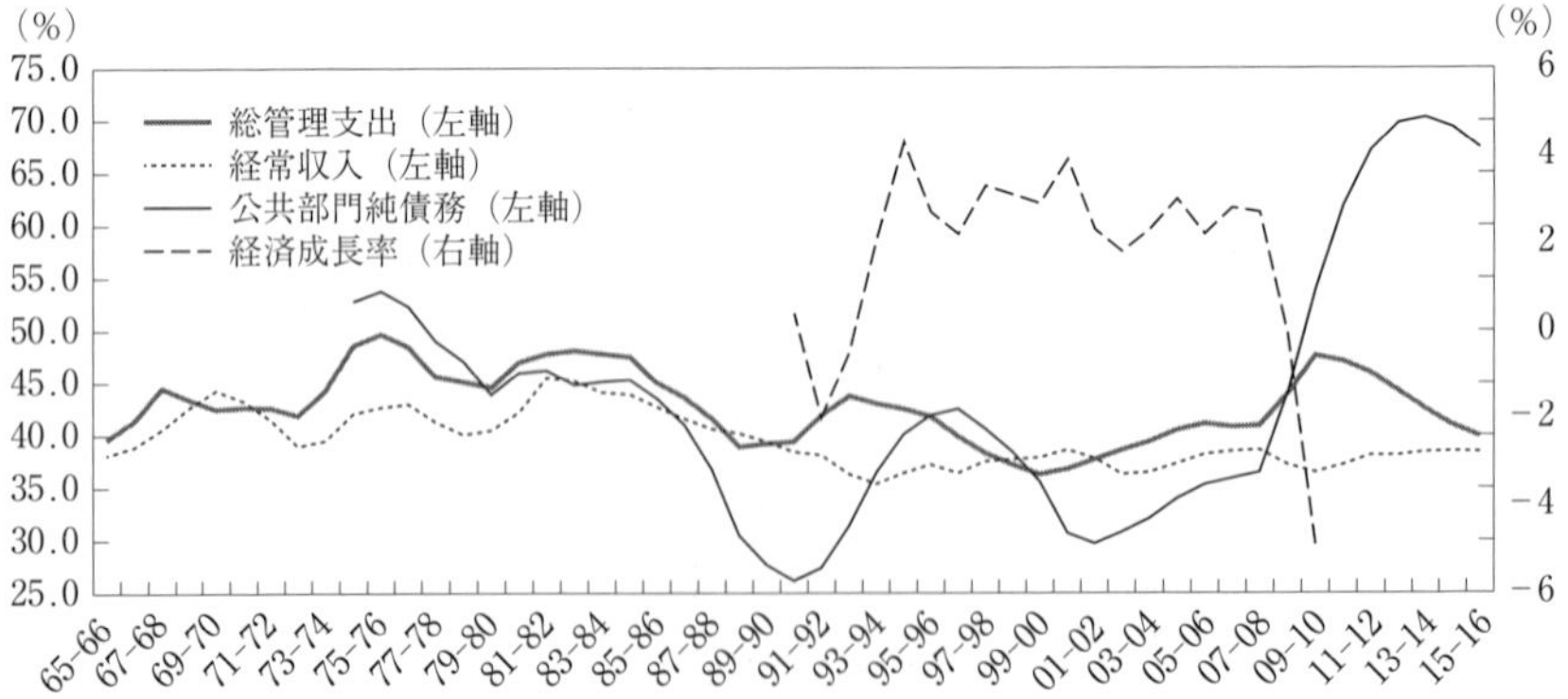

（注）1　総管理支出，経常収入，公共部門債務は対 GDP 比（%）を表示。
　　　2　2010-11以降は予想値。
（出所）HM Treasury, *Public Sector Finance Statistics*，及び，IMF, *World Economic Outlook*, 各年版。

図12－2　財政支出，税収，経済成長率，公共部門債務の推移

金、投資、サービスに影響なく支払われる」[38]ことが指摘されていることも忘れてはならない。

政策に組み込まれる「経済成長」の意味

ここで、ウィンドホール・タックスの、ニューレイバーの政策体系に占める位置づけをみていくことにしよう。前述したように、ウィンドホール・タックスの特徴は、民営化企業の「過剰」利潤が課税客体であること、また、「一回限り」の課税であること、にある。五カ年間のニューディール・プログラムをそうした課税によって賄うことは分かったが、その後の政策展開に必要となる財源はどうなるのであろうか。

実は、このプラグラムの財源は、六年目からは新たな財源措置を講ずるわけではないにも関わらず、一般財源から捻出されることになっていた。しかも、図12‐2を参照すれば明らかであるが、第一期の財政支出抑制路線から転じ、第二期以降（二〇〇一年以降）は財政支出の拡大を決めている。となれば、その他の条件を一定にすれば、これは財政赤字の拡大につながるはずである。ここですぐに頭をよぎるのは、ニューレイバー政権が、財政の持続可能性を確保するために、公的債務を対GDP比の一定割合以下に抑制するというサステナビリティ・ルールを導入していたことである。こうした施策が、福祉政策の拡充と債務コントロールとの間に矛盾を引き起こすことにならざるを得なくなるからである[39]。

ここで彼らが重視するのが、経済成長の追求である。というのも、当時ブラウン蔵相が指摘していたように、経済成長は完全雇用のための欠くことのできない条件であると同時に自然増収をもたらすことで、ワークフェアの拡充を可能にするからである。財源確保の観点からは、端的に増税を行う選択肢も考えられようが、オールドレイバーとの相違を強調するためにそれは封じられていた[40]。

それだけではない。彼らは、経済成長のために減税を行うという、極めて危険な道を歩んでいる。事実、表12‐3で示したように、所得税の標準税率は、二五%であったのが、労働党政権下で五%下がって二〇%となっているほか、最低税率も二〇%から一〇%になっている。加えて、二〇〇〇年にはキャピタル・ゲイン税が、二〇%、四〇%の二段階

表12－3　所得税率の推移

	1993/94		1994/95		1995/96		1996/97		1997/98		1998/99	
	課税所得(£)	税率(%)	課税所得(£)	税率(%)	課税所得(£)	税率(%)	課税所得(£)	税率(%)	課税所得(£)	税率(%)	課税所得(£)	税率(%)
最低税率(注1)	1-2,500	20	1-3,000	20	1-3,200	20	1-3,900	20	1-4,100	20	1-4,300	20
標準税率(注2)	2,501-23,700	25	3,001-23,700	25	3,201-24,300	25	3,901-25,500	24	4,101-26,100	23	4,301-27,100	23
最高税率(注3)	over 23,700	40	over 23,700	40	over 24,300	40	over 25,500	40	over 26,100	40	over 27,100	40
	1999/2000		2000/01		2001/02		2002/03		2003/04		2004/05	
	課税所得(£)	税率(%)	課税所得(£)	税率(%)	課税所得(£)	税率(%)	課税所得(£)	税率(%)	課税所得(£)	税率(%)	課税所得(£)	税率(%)
最低税率	1-1,500	10	1-1,520	10	1-1,880	10	1-1,920	10	1-1,960	10	1-2,020	10
標準税率	1,501-28,000	23	1,520-28,400	22	1,880-29,400	22	1,920-29,900	22	1,960-30,500	22	2,021-31,400	22
最高税率	over 28,000	40	over 28,400	40	over 29,400	40	over 29,900	40	over 30,500	40	over 31,400	40
	2005/06		2006/07		2007/08		2008/09		2009/10		2010/11	
	課税所得(£)	税率(%)	課税所得(£)	税率(%)	課税所得(£)	税率(%)	課税所得(£)	税率(%)	課税所得(£)	税率(%)	課税所得(£)	税率(%)
最低税率	1-2,090	10	1-2,150	10	1-2,230	10	1-2,230	10(注4)	—	—	—	—
標準税率	2,091-32,400	22	2,151-33,300	22	2,231-34,600	22	2,231-34,800	20	1-37,400	20	1-37,400	20
最高税率	over 31,400	40	over 33,300	40	over 34,600	40	over 34,800	40	over 37,400	40	37,401-150,000	40
											over 150,000	50

（注）1　最低税率は，貯蓄収入・配当収入にも適用される。
2　配当収入に課される標準税率は10%，貯蓄収入に課される税率は20%である。
3　配当収入に課される最高税率は32.5%である
4　2008/09会計年度からは，貯蓄収入のみに最低税率10%が課される。
（出所）Office for National Statistic, *Annual Abstract of Statistics*, 各年版。

だったものを、一〇％、二〇％、四〇％へと減税し、相続税の非課税枠の拡大も行われた（Toynbee and Walker 2009=2009）。さらに、キャピタル・ゲイン課税の減税も投資促進策として行われている。

財務省が作成した初期の予算関係資料には、「ウィンドホール・タックスを除いた」税収の推移が強調されているが、以上の減税路線にも関わらず税収の増大が予想されている。中央政府歳入は、一九九六〜九七会計年度から一九九八〜九九会計年度で、四二〇億ポンド（≒八兆四〇〇〇億円）増大すると考えられており、所得税だけでも一四一億ポンドの増収となっているのである（HM Treasury, 1999）。物価上昇分も考慮する必要があろうが、ニューディール・プログラムは最初に四八億五〇〇〇万ポンドを計画していたのであるから、その現状維持どころか、大幅な拡大をも可能にするに足る額といえるであろう。彼らが、「生産性と就労率の増大は、財政の長期的な持続可能性を高め、公共サービスの量と質、その両面における改善をもたらす」（*Ibid.*）、と主張していた論理は、以上を想定すれば理解することが可能であろう。実際に、彼らの主張にまるで根拠がなかったわけではなく、ブレア政権が誕生した際の経済成長率は三％程度と、九〇年代では比較的好調な時期であった。

さらに、公共部門純債務についてみれば、こうした良好な経済パフォーマンスを反映して、ニューレイバー政権が二期目に入る頃には、公共部門純債務の対GDP比は三〇％程度まで急落していた。オールドレイバーが決定的に瓦解した一九七六年のIMF危機下では、公共部門純債務が五三・八％という歴史的な値を記録したことを思えば、この値がいかに小さいものかは理解できるであろう。こうした状況を背景として、彼らは、二〇〇一年にChildren's Tax Credit を Child Tax Credit へ、Working Family Tax Credit を Working Tax Credit へと制度変更し、就労を前提とない給付を拡大させることができたのである。[41]

以上から、ニューレイバーの福祉拡充路線を成功させるために、彼らの政策体系に持続的な経済成長が欠くことのできない項として埋め込まれていたことが分かるであろう。要するに、ウィンドホール・タックスとは、「財源調達→ニューディールの実行→労働生産性の改善→経済成長→自然増収→ワークフェアの拡充→労働生産性の改善→経済成長…」という好循環を生み出す条件を「セットアップするための課税」であった、といえる。そして、経済成長がその政策体系に構造化されているのであれば、ＰＦＩの活用等市場原理を尊重した政策が採用されるのは理由のないことではない。

「与件としての経済成長」は、ベヴァリッジ型普遍主義から中流階層化型普遍主義への変化のなかにあって、共通してみられたものであった。ただし、後者が財政制約下での「労働による救済」を標榜する以上、前者と比べて経済成長の与件性はより切実なものとなる。このことを逆照射するのが、ニューレイバーの社会保障政策が、不況に決定的に脆弱であったという事実である。これが明らかになるのは、サブプライム・ローン危機が前景化した二〇〇七年以降のことである。経済は傾き、財政赤字が急速に拡大してしまうのである（図12‐2）。ニューレイバーは二〇一〇／一一会計年度から、財政赤字削減のために最高税率五〇％を導入したが、これは彼らの政策体系に明確に反するものである。結果として、ニューレイバーは支持を失い、「大きな社会（Big Society）」を唱えるD・キャメロンを党首に据えた保守＝自民連立政権が選挙戦を制し、福祉依存文化を克服するために大胆な財政支出の削減に取り組むことになる（HM Treasury 2010）。事実、人々は低所得者へのさらなる再分配を忌避し、自立を称揚するようになっている（Office for National Statistics 2010, 4）。ここに、社会全体に福祉支出の効果が及ぶとする新しい福祉国家路線は潰え、それが単なる選別主義と観念されるようになったことが読みとれるであろう。

4　ニューレイバーの歴史的位置とその限界

以上みてきたように、ニューレイバーの社会保障政策は、ベヴァリッジ型普遍主義から新しい「普遍主義」への移行のなかに位置づけることが可能である。拠出原則によってではなく、国庫負担を増大させることによって階級横断的な支出を行ったニューレイバーの意義は評価できるだろう。

この点で、日本はイギリスの事例から学ぶべき点が多い。周知のとおり、日本の社会保障支出は高齢者に偏っており、加えて拠出原則が主である。こうしたことを念頭に置いた場合、保険方式を一般財源からの給付へと切り替え、「普遍主義」の新たな形を模索したイギリスの事例は示唆的である。前章で明らかにされたように、介護までも拠出原則で運営し、しかも選別主義化を進めていくのでは、人びとの同意を得ることは難しいであろう。わが国で、社会保障の拡充を理由とした財源改革が進まない理由の一端が垣間みえる。

ただし、イギリスの新しい「普遍主義」は、中流階層化型普遍主義とでも言い換えることができるものであった。前章でみた、所得税の最高税率の引き上げに成功したドイツの事例と異なり、イギリスの事例は経済成長を必須とする脆弱な政策体系である。実際に、「一回限り」の臨時増税＝ウィンドホール・タックスを経済成長のセットアップのために利用しただけでなく、投資インセンティブを刺激することを理由に減税が行われることになった。財源改革を忌避する目的で唱えられるトリクル・ダウン論はわが国でもしばしばみられるが、この夢は経済停滞とともに潰えてしまう。

加えて、そもそも彼らが行ったワークフェアが効果的であったかどうかについては疑問である。事実、ジョセフ・ラウントリー基金が二〇一〇年二月に公表した報告書『再発する貧困』は、低所得者が一度雇用されたとしても、その後に何度も失業と就労との間を往復することを取りあげている（Tomlinson and Walker 2010）。貧困を動態的にとらえた場合（Byrne, 2005=2010）、新しい「普遍主義」はどこまで有効であったのだろうか。結果は、シティで活躍する「スーパーリッチ」たちを優遇したことによる所得格差の拡大となってあらわれている。

ニューレイバーの歴史的位置とその意義、及び限界についてはおよそ以上のように整理できる。労働党のE・ミリバンドはニューレイバーへの反省を強く意識し、新党首に選ばれている。彼らがいかにニューレイバーの成果と負債をとらえるのか、今後の展開を待ちたい。

注

未公刊資料、原資料、雑誌、新聞の史料番号や書誌情報については、本文に挿入せずすべて注に落としてある。

（1）Cmd. 6404, *Social Insurance and Allied Services*, HMSO, 1942.

（2）Cmd. 6550, *Social Insurance*, HMSO, 1944.

(3) PREM 11/4956, *New Beveridge report correspondence between Chief Whip and Prime Minister.*
(4) BN 72/1, *Immigration effects on Social Services benefits.*
(5) *Hansard*, 2 Jul 1997: Column 308.
(6) Cmd. 6404, para. 21.
(7) イギリスにおける普遍主義、選別主義の議論と日本における議論とを整理・比較したものについては（平岡 二〇〇三）がある。参照されたい。
(8) BN 133/68 Social Security Reviews: Beveridge Report revisited; comments and discussion papers.
(9) *Ibid.*
(10) *Ibid.*
(11) Cmd. 6404, para. 440.
(12) BN 133/68 Social Security Reviews: Beveridge Report revisited; comments and discussion papers.
(13) 「貧困の罠」は一九七〇年代に政治用語として定着している。PIN 47/181, *The poverty trap current research and policy considerations.*
(14) *Ibid.*
(15) *Ibid.*
(16) たとえば次の文書は一九六八年のものである。BN 72/45, *Working group on negative Income Tax.*
(17) Cmnd 5116, *Proposals for a Tax-Credit System*, HMSO, 1972.
(18) IR 83/275, *A New Weapon for Socialism-The Negative Income Tax ; booklet by Amalgamated Union of Engineering Workers.*
(19) *Ibid.*
(20) *The Economist*, March 1982, p. 20.
(21) *Hansard*, 9 April 1987: Column 380.
(22) *Hansard*, 9 May 1989: Column 377.
(23) 1995/96, HC 82, *Employment Committee. Second report, The right to work/workfare.*
(24) ベヴァリッジ型の「〈前提〉高雇用・低失業➡〈帰結〉拠出にもとづく最低生活保障としての社会保険給付」から、ワークフエア型の「〈前提〉ワークフェアによる環境整備→〈帰結〉高雇用・低失業」への転換である。

(25) PREM 16/1235, *Economic Policy, Analysis of Conservative Party economic starategy document 'The Right Approach to the Economy', October 1977.*

(26) *Ibid.*

(27) アルフォード指数でみた階級投票の衰退は先進各国でみられるものであるが、とりわけイギリスの低落は著しい。

(28) *The Economist*, March 12th, 1994.

(29) (Young 1989=1996) による「一般性としての普遍主義」、「平等処遇としての普遍主義」の区分を念頭においている。

(30) 事実、これを選別主義ととらえる研究もある（星野 一九九九）。

(31) 「選別主義」との論争という形式をとらないわが国の「普遍主義」論争を、杉野は、「『普遍主義』の『本家』論争」と形容する（杉野 二〇〇四、五四頁）。こうした論争については財政学の「一般報償性」の観点から何か論じることもできるが、前章の介護保険の議論に譲りたい。参考文献には挙げないが、拠出原則に変えて税財源にもとづく対人社会サービスの拡充を論じたものとして、神野直彦・井手英策（二〇〇六）『希望の構想』岩波書店、が参考になろう。

(32) この言葉は、アメリカの一九六四年経済機会法を批判する文脈で使用されたものである（Titmuss 1968=1971, 137）。

(33) 下線は佐藤による。HM Treasury 1997, *Pre-Budget Report*, Chapter 4: Employment opportunity in a changing labour market.

(34) 一九九七年頃のレートを想定し、一ポンド＝二〇〇円、として計算した。

(35) *The Economist*, December 7th 1996, 30. ただし、もともとのアイディアは労働組合会議が銀行の過剰利潤の不公正を正すために政府に要請していたものであり（*The Times*, Thursday, February 5, 1981）、銀行の反対にも関わらずサッチャー政権がしぶしぶ受け入れたものであった（*The Times*, Thursday, March 13, 1980）。

(36) 下線は佐藤による。*Hansard*, 2 Jul 1997: Column 313-314.

(37) *The Economist*, December 7th 1996, 30.

(38) *Ibid.*

(39) *The Economist*, June 9th, 2001, 41.

(40) *Ibid.*

(41) 税額控除については（田中 二〇〇七）を参照のこと。

参考文献

越智洋三（二〇〇四）「イギリスの年金改革――民営化に伴う問題」林健久・加藤榮一・金澤史男・持田信樹編『グローバル化と福祉国家財政の再編』東京大学出版会、一〇七～一二八頁。

近藤康史（二〇〇八）『個人の連帯――「第三の道」以後の社会民主主義』勁草書房。

阪野智一（二〇一一）「ニュー・レイバーとイギリス自由主義レジームの再編」新川敏光編著『福祉レジームの収斂と分岐――脱商品化と脱家族化の多様性』ミネルヴァ書房、一六六～一九七頁。

佐藤滋（二〇〇七）「一九七六年ＩＭＦ危機下におけるイギリス政策思想の変容」日本財政学会編『財政研究』第三巻、二二六～二四七頁。

佐藤滋（二〇一一）「ブリテン保守主義の転回と〈非‐政治〉の政治術――新自由主義的統治における社会統合問題」井手英策・菊地登志子・半田正樹編『交響する社会――「自律と調和」の政治経済学』ナカニシヤ出版、一一一～一四八頁。

杉野昭博（二〇〇四）「福祉政策論の日本的展開――「普遍主義」の日英比較を手がかりに」『福祉社会学研究』福祉社会学会、一、五〇～六二頁。

田中聡一郎（二〇〇七）「ワークフェアと所得保障――ブレア政権下の負の所得税型の税額控除の変遷」埋橋孝文編『ワークフェア――排除から包摂へ』法律文化社、六五～八七頁。

平岡公一（二〇〇三）「普遍主義―選別主義論の再検討――イギリス・日本の政策展開との関連で」『イギリスの社会福祉と政策研究』ミネルヴァ書房、二一七～二六九頁。

星野信也（一九九九）「福祉国家の中流階層化再論――普通主義対選別主義の新たなバランス」日本女子大学『社会福祉』第四〇号、一一三～一三六頁。

宮本太郎（二〇〇六）「福祉国家の再編と言説政治――新しい分析枠組み」宮本太郎編『比較福祉政治――制度転換のアクターと戦略』早稲田大学出版会、六八～八八頁。

Blair, T.（2010）*A Journey*, Hutchinson ＝石塚雅彦訳（二〇一一）『ブレア回顧録（上）』日本経済新聞出版社。

Byrne, D.（2005）*Social exclusion*, Second Edition, Berkshire: Open University Press. ＝深井英喜・梶村泰久（二〇一〇）『社会的排除とは何か』こぶし書房。

Chennells, L.（1997）"Windfall Tax", *Fiscal Studies*, vol. 18, no. 3, 279-291.

Deacon, A.（1978）“The scrounging controversy: public attitudes towards the unemployed in contemporary Britain,” *Social and Economic Administration,* Vol. 12, No. 2, Summer, 120-135.

Hall, P.（1993）“Policy Paradigms, Social Learning and The State: The case of economic policymaking in Britain,” *Comparative Politics*, 25, 275-296.

HM Treasury（1997）*Pre-Budget Report.*

HM Treasury（1999）*Budget 1999, Annex A-Long-term Fiscal Projections.*

HM Treasury（2009）*HM Treasury group departmentalstrategic objectives —2008-2011.*

HM Treasury（2010）*Spending Review 2010.*

Kincaid, J. C.（1979）*Poverty and Equality in Britain, A Study of Social Secutiry and Taxation,* Penguin Books.＝一圓光彌訳（一九八七）『イギリスにおける貧困と平等』光生館。

Giddens, A.（1998）*The Third Way : The Renewal of Social Democracy,* Cambridge: Polity Press.＝佐和隆光訳（一九九九）『第三の道――効率と公正の新たな同盟』日本経済新聞社。

Giddens, A.（2000）*The Third Way and its Critics,* Cambridge: Polity Press＝今枝法之・千川剛史訳（二〇〇三）『第三の道とその批判』晃洋書房。

Joyce, R., Muriel, A., Philips, D., Sibieta, L.（2010）*Poverty and Inequality in the UK : 2010,* Institute for Fiscal Studies.

National Equality Panel（2010）*An Anatomy of Economic Inequality in the UK, Report of the National Equality Panel,* Government Equalities Office.

Nichols Clark, T. and Lipset, S. M.（1991）“Are Social Classes dying ?,” *International Sociology,* Vol. 6, No. 4, 397-410.

Nichols Clark, T.（1998）*The New Political Culture,* Westview Press.＝三浦まり訳（二〇一一）『地方自治の国際比較――台頭する新しい政治文化』慶應義塾大学出版会。

Office for National Statistics（2001）*Social Trends 41 : Social Protection.*

Titmuss, R.（1968）Commitment to Welfare, London: Geroge Allen & Unwin.＝三浦文夫訳（一九七一）『社会福祉と社会保障』東京大学出版会。

Toynbee, P. and Walker, D.（2009）*Unjust rewards : ending the greed that is bankrupting Britain,* Granta books.＝青島淑子（二〇〇九）『中流社会を捨てた国』東洋経済新報社。

Tomlinson, M. and Walker R.（2010）*Recurrent poverty : the impact of family and labour market changes*, The Joseph Rowntree Foundation.

Young, I. M.（1989）"Polity and Group Difference : A Critique of the Ideal of Universal Citizenship," *Ethics*, Vol. 99, No. 2, 250-274. = 施光恒（一九九六）「政治体と集団の差異――普遍的シティズンシップの理念に対する批判」『思想』岩波書店、八六七、九七〜一一八頁。

関説　社会保障支出と財源調達との関係と日本の国際的位置

古市将人

第Ⅳ部の基本的な狙いは、日本における社会保障と財源をめぐる関係を、ドイツ・イギリスの事例と比較することで、考察することにある。まず、社会保障財源と租税構造の国際比較から得られた知見を整理し、次に、各国の実証分析結果を要約する。最後に、比較分析の視点から、日本の特異な位置づけを析出したい。

社会保障財源と租税構造の国際比較から、次の点が観察された。第一に、ドイツ、フランスのような社会保険中心国が税方式へとゆるやかに移行している点、第二に、ドイツ、フランスは、一九九一年から二〇〇七年にかけて社会保障収入を拡大させることに成功している点、第三に、イギリスは社会保障収入を減少させている一方で、一般政府拠出割合がスウェーデンを超えるほどの数値を示している点、第四に、イギリスやドイツといった多くの国が租税構造と総税収を維持しているなか、日本は減収基調で租税構造をドラスティックに変化させている点が明らかにされた。

第Ⅳ部では、以上の知見を念頭に置きつつ、日本の特異性をよりはっきりと示すために、ベヴァリッジ型、ビスマルク型の福祉国家としてしばしば言及されるイギリスとドイツの動向を取りあげている。両国は、社会保障支出の大胆な見直し、保険方式から税方式への方向転換、新たな財源の掘り起しなど、歳出・歳入を一体的にとらえ改革を行っている。この点で、社会保障支出の再編を伴わないまま、経路依存的に社会保険主義を強化していった日本とは対照的である。その実証結果を以下にまとめておこう。

減税政策に巻き込まれた日本の社会保障財源選択

日本は、その小さな公的社会支出を家族福祉、企業福祉、政府が供給する公共事業による雇用の提供によって補ってきた。しかし、公共事業による雇用促進策は、中央・地方政府に巨額の債務を残すことになった。

一方、福祉政策を補った家族福祉への依存も、一九八〇年代以降限界に達してきたため、「介護の社会化」が目指された。一九九四～一九九七年まで実施された所得税・住民税減税と消費税増税の一体処理によって、介護財源の不足を見越した当時の厚生省（現、厚生労働省）は、社会保険方式による介護保険を制度化させている。戦後構築された社会保険中心の財源構成を強化する道を日本は選択したのである。

市町村を実施主体とする介護保険を産んだ減税政策は同時に、中央政府と市町村の税収基盤を弱体化させてしまい、日本の財政赤字拡大に寄与することになった。さらに、介護保険制度には、「中間所得層の負担軽減」のために、一割の利用者負担が導入されることになった。利用者負担の導入が低所得者を介護保険から取りこぼす「普遍主義の空洞化」を生じさせるとともに、減税政策を一因とする市町村の財源制約は、要介護抑制をつうじた利用抑制といった問題を介護保険に生じさせてしまった。日本の財政赤字が拡大する過程と、社会保険方式が強化される経路は密接につながっていたのである。

ドイツにおける社会保障の「税方式化」の進行と増税

ドイツの事例では、税方式への移行と増税による財政赤字の克服とが整合的に実施された点が注目できる。

ドイツにおいては、ビスマルク型とも呼ばれる社会保険を主軸とした社会保障制度が、保険料率の過度の高まりから限界を迎えていた。高齢化に伴う社会保険料率の膨張は「賃金付随コスト」として認識され、雇用への悪影響や無申告の「闇労働」の増加が懸念されたためである。このような状況下において実施されたハルツⅣ改革は、失業者の所得保障に関する財政負担を、社会保険制度及び自治体から連邦へ集中させることを目的としていた。失業保障制度の負担は、二重の意味で連邦に重心を移したのである。

しかし、改革を実施したシュレーダー政権が予測し得なかったのは、給付人数の増加であった。連邦政府にとっては、マーストリヒト基準を超えた財政赤字をどう克服するかが喫緊の課題となり、次期の大連立政権によって二〇〇七年税制改革が実施された。具体的には、まず付加価値税を三％増税し、そのうち一％を失業保険に繰り入れ、失業保険料率を六・五％から四・五％引き下げた。次に、所得税の最高税率を三％引き上げるという社会民主党の主張が取り入れられた。最終的には社会保障財政において社会保険部分を縮小し、増税によって補塡するという改革が実施されたのである。ドイツはその後も失業保障を主軸に社会保険料率を大幅に引き下げ、それによって増加した連邦負担を増税によって賄い、社会保障財政改革と財政均衡を整合的に達成した。

イギリスにおける新たな社会連帯の模索とその限界

次に、新たな社会連帯のあり方も模索したイギリスの事例をみよう。

イギリスでは、拠出原則にもとづいて「最低生活費」を保証するという「ベヴァリッジ型の普遍主義」が行き詰まっていた。ベヴァリッジの予想とは異なり公的扶助への依存が強まり、「貧困の罠」が生じていたからである。こうした事態を打開すべく、一九七〇年代中盤以降、タックス・クレジット構想や児童給付の制度化等、ミーンズ・テストを必要としない一般財源からの支出を徐々に増大させようという機運が高まっていく。ワークフェアを含むニューレイバーの「新しい」福祉国家路線とは、ベヴァリッジ型「普遍主義」の欠点を乗り越え、新しい「普遍主義」――中流階層化型「普遍主義」――にもとづく社会保障政策を発展させようとしたものに他ならない。この新しい「普遍主義」は、特定の階級・階層を越えて幅広い人びとに便益をもたらすものとして考案され、支持を集めた。

彼らはその財源に、民営化企業に課される「一回限り」の臨時課税（ウィンドホール・タックス）を充当している。その特徴は、臨時増税によってワークフェア政策の初発を準備し、これを呼び水にして「持続的な経済成長」をもたらそうとするところにある。ワークフェアによる生産性向上が経済成長をもたらし、財源問題が解決されるというのである。加えて、ウィンドホール・タックスが「一回限り」のものであるということは、国民への負担も少なくて済み、福祉政策の拡充と経済成長との調和をもたらすだろうと考えられた。この点は、中流階層化型「普遍主義」の展開を意図したニューレイバーにとっては、最も適した課税であったといえよう。

比較の視点から浮かび上がる日本の社会保障財源調達政策の特徴

以上のイギリス、ドイツの分析結果を前提に、比較の視点から日本の特徴を二点挙げて考察してみたい。

第一に、イギリスとドイツが国際的なトレンドに沿う形で税財源の拡充、社会保障制度の維持・再編を実施しているのに対して、日本は、減税に舵を切ることを契機に介護保険を制度化させていった点である。イギリス・ドイツでは、社会保障支出の組み換えを行うなかで、それぞれ増税が可能となっているのに、一方の日本では、一九九〇年代以降の減税基調の税制改正によって、中央・地方の税収調達力を後退させていった。加えて、近年まで社会保障を代替する目的で公共事業が行われ、巨額の債務が累積した。

第二に、イギリスとドイツでは、財政調達方式を保険方式から租税方式へと意図的に切り替えている点である。むろん、一概に社会保険方式と租税方式のどちらかが優れているとは即断できないが、日本では、歳出と歳入の関係を突き詰めて考えることなく、なし崩し的に社会保険方式が強化されていってしまった。介護保険の保険者・実施主体として市町村を位置づけるのであれば、市町村の自主財源を強化する方向が望ましい。しかし、日本では、市町村の負担増に対応するだけの地方税強化を選択せず、住民税を減税する政策を実施してしまった。さらに、社会保険である介護保険の導入によって、国庫負担を半減させた。当時、約六〇〇〇億円の負担減が試算されていたのである。社会保障における市町村の負担を回避しつつ、それを補塡する目的で連邦レベルでの税収調達力を強化させたドイツと、市町村に権限を付与させながら、負担を強化させなかった日本とではあまりにも対照的であるといえよう。

また、イギリスが明確な理念をもって拠出にもとづく給付に代えて国庫負担を増大させていったことに対し、日本の問題は明らかである。イギリスでは、ベヴァリッジ型「普遍主義」が社会全体に便益をもたらすことなく結果として「選別主義」化しているとの批判から、ワークフェアを中心とする新たな「普遍主義」へと舵を切っていった。いわば、イギリスでは税方式への移行をもって、新たな連帯のあり方を構築しようとしたわけである。一方、日本の社会保障支出は高齢者に偏っていること、拠出原則が主であることは周知のとおりである。今後増税が予想される消費税も、主に年金に充当される可能性が高い。たとえ日本の介護保険制度が措置制度の見直しから出発するものであったとしても、拠出の網からもれた低所得層は給付の恩恵を受けることはできない。イギリスが「普遍主義」の新たな形を求めて税方式へと移行したのとは対照的である。加えて、利用者負担の一割負担を求め、介護保険を空洞化させていけば、人びとから制度への信頼を得ることは難しいであろう。

以上、各国が社会保障政策と財源との関係をめぐってさまざまな試行錯誤を行っている現状をみてきた。とりわけ、ベヴァリッジ型、ビスマルク型の福祉国家としてしばしば取り上げられるイギリス、ドイツでは、社会保障の内容を大きく刷新するなかで、財源改革に踏み込んでいるのであった。その論点は、保険方式から税方式への移行や、新たな財源の模索を含め興味深いものばかりである。そうしたなかにあって日本は、国際比較的にみて極めて特異な形で社会保障政策を展開してきたことはみてきたとおりである。その詳細については次節以降に譲るとしよう。

第Ⅴ部　増税を可能にする条件

第13章　なぜ日本は増税できなかったのか
——戦後租税政策の形成過程——

野村容康

1　九〇年代以降の税収低迷

日本ではこれまで巨額の財政赤字が積み重ねられ、現在、財政再建の緊要性が声高に叫ばれている。過去の国の一般会計歳出と税収の推移（図13-1）をみればわかるとおり、一九七〇年代半ばまで財政状態はほぼ均衡を維持していたが、それ以降、歳出と収入に無視できない乖離が生じるようになり、一九九〇年代以降は、歳入の増加基調に対して税収は緩やかな減少傾向を辿っている。

こうしてみれば、日本における巨額の累積債務の基本的要因の一つが、その財政支出に見合うだけの十分な税収を確保できなかったことにあるのは明白である。しかも、国際的に日本の租税負担率は長らく低位に止まっており、増税の余地とその実現可能性はこれまで十分にあったとみられる。

にもかかわらず、なぜ日本は一九九〇年代以降、安定的な税の増収を図ることができなかったのか。確かに一九九〇年代初頭のバブル崩壊以後に続く日本経済の長期低迷が、円滑な税収調達を妨げる一定の制約要因として働いたことは考慮すべきである。しかし、ここで問うべきは、とりわけ一九九〇年代以降、財政赤字の削減とともに、間近に迫る高齢社会に備えての社会保障財源の確保が極めて優先度の高い政策目標に掲げられるなかで、依然として税収の減少傾向に歯止めをかける税制改革が実施されなかったのはなぜかという点である。

そこで、本章では、こうした問題意識の下で、主として一九七〇年代以降における一般売上税の導入をめぐる租税政

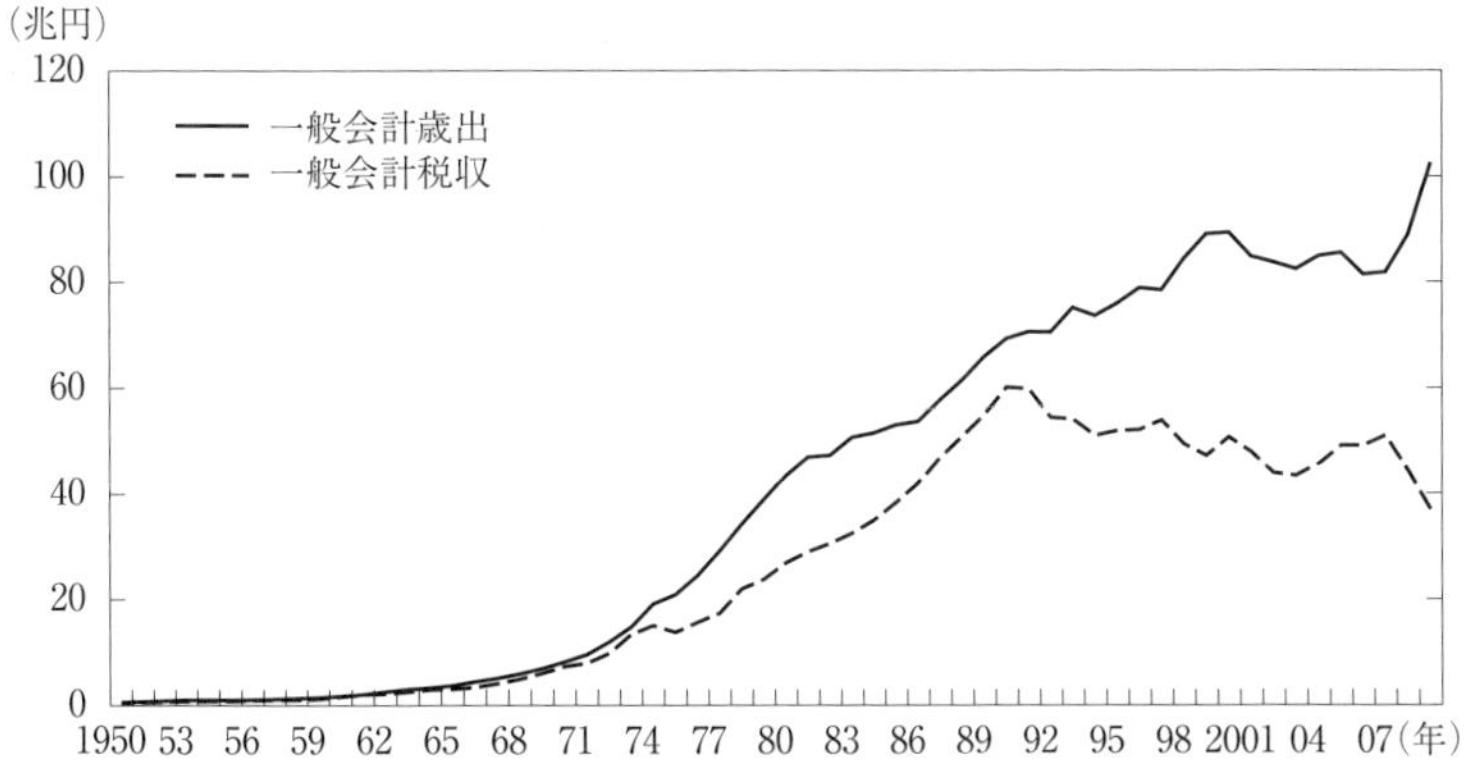

（出所）国税庁ウェブサイト長期統計より作成。

図13－1　一般会計歳出と税収の推移（1950～2009年）

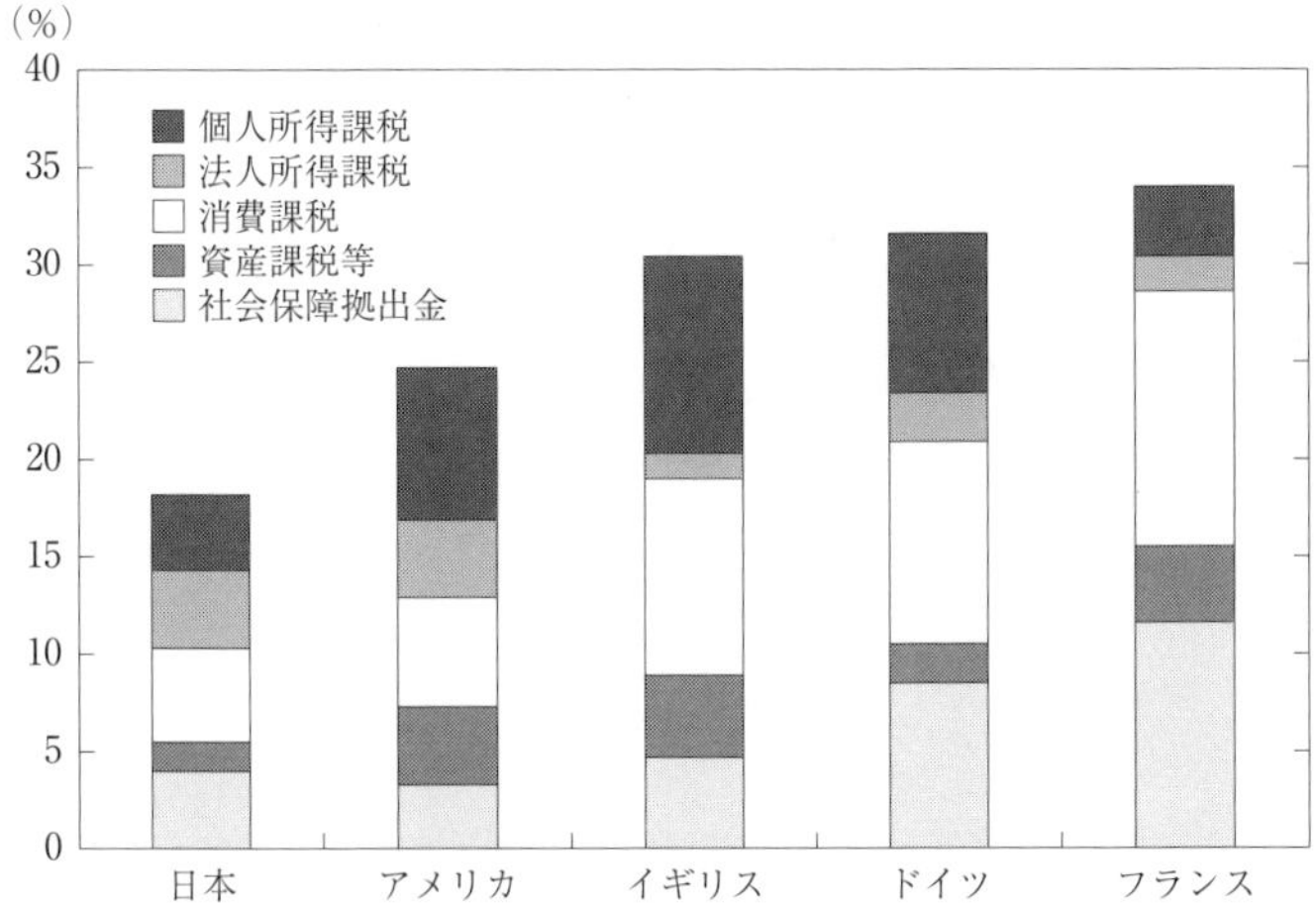

（出所）OECD（2010），*Revenue Statistics 1965-2009*より作成。

図13－2　租税構造の国際比較（対 GDP 比，1965年）

策の形成過程に焦点を当てながら、その後日本で政策的な増税が困難となるに至った歴史的要因について探る。とりわけ本章が一般売上税に関する議論とその動向に注目するのは、この税の導入や引き上げに対する政治的抵抗及びそれを抑えるために実施された所得減税が、現在までの増税を阻んできた重要な背景をなしているとみられるからである。

2　戦後日本の租税政策

直接税中心税制とその淵源

まず一九七〇年代以降の租税政策の方向性を基礎づけた、戦後の租税構造について概観しておきたい。図13－2は一九六五年時点での日本における租税と社会保障負担の対ＧＤＰ比を他の主要先進国と比較したものである。これにより当時の租税構造の基本的特徴としていくつかの点を指摘できる。

第一に、租税負担率が際立って低く、社会保障負担を含めた国民負担率についてもこれら先進国のなかでは最低である。国民負担率の低さは、少なくともこの時期までに日本の社会保障制度が欧州並みに確立されていなかったことを示唆している。第二に、直接税中心の税体系であり、消費課税の比重は相対的に低い。この主たる理由は、後にみるように日本ではこれら諸外国と異なり一九八〇年代末まで、国と地方のいずれの段階でも一般売上税が戦後の一時期を除き採用されなかったことにある。第三に、他国と比べて所得課税のなかではとりわけ法人課税の比重が圧倒的に高い。この時点で法人所得課税に個人所得課税よりも多くの税収を依存しているのは日本のみである。

以下では、まずこのような特徴をもつ戦後日本の租税構造がいかなる過程を経て、あるいはいかなる政策的意図の下に形成されたのか検討しよう。

はじめに日本に直接税中心型税体系が成立する大きなきっかけとなったのが、戦時体制の下で断行された一九四〇年の税制改革である。このときの改革の要点は、戦費調達の手段がもっぱら国税としての所得課税の増強に求められたことである。第一に、それまで所得税の枠内で課税されていた法人所得税が個人所得税から切り離され、独立の税と位置づけられた。これは、法人は個人とは別の担税主体であるという、旧大蔵省主税局に伝統的な法人実在説的観念が反映された結果といえる（平田・忠・泉美 一九七九a、八一〜八二頁）が、この改定により、戦後の法人税依存構造につながる制度的条件が整えられることになった。

第二に、個人所得税については、それまでの差別課税から、不動産所得、配当・利子所得、事業所得、勤労所得等の所得の種類に応じて異なる比例税率を適用する分類所得税と総合所得税の二本立てとなった。

分類所得税の税率は、おおよそ資産所得、事業所得、勤労所得という順に高く設定されていたことから応能的な差別課税が意図されていたといえる（神野 一九八一b、一二三頁）。その際、勤労所得控除が引き下げられるとともに、勤労所得に対して新たな源泉徴収制度が導入された。他方の総合所得税は、各種所得の合計が一定額を超える場合に一〇〜六五％の超過累進税率を適用するものであり、垂直的公平の観点から高所得者への重課を狙いとしたものであった。

これらの改正により、国税収入に占める所得税と法人税の比率は、改革前までの二〇〜三〇％から改革後はほぼ四〇％を超えるまで上昇し、これ以降、応能的な公平概念にもとづいた直接税中心の税体系は約半世紀にわたって維持されることになった。

戦中・戦後期の一般売上税

では、なぜこの時期日本では課税ベースの広い間接税を税制の中核に据えるという方向は採用されなかったのか。第一次世界大戦の戦中・戦後においてドイツ（一九一八年）、イタリア（一九一九年）、フランス（一九二〇年）といったヨーロッパ諸国が相次いで一般売上税を導入していったように、日本でも戦時下において国家財政を税収調達力に優れた大型間接税に部分的にでも依存するという選択肢はありえたはずである。

実は、一九四〇年の改革でも、一般売上税は非常時に無視できない財源として大蔵省でその創設が検討されている。しかし、当時の低物価政策に反するという理由からこのときの売上税導入案は見送られた。対外貿易への依存度の高い戦時経済にあって、輸出振興の観点から国内物価の抑制が重要な政策目標とされていたからである（神野 一九八一b、一〇八～一〇九頁)。

第二次世界大戦終結後の一九四八年には、終戦処理にかかる巨額の経費を賄う目的で、日本で初めての一般売上税となる「取引高税」が導入されている。だが、この新たな売上税には、小売店を中心とする中小事業者が激しく反対し、同税はわずか一年四カ月の実施後に廃止された。新税そのものによる負担増への懸念に加え、事業者の納税に際し領収書への印紙添付を義務づけたことが、取引高税に対する反発を一層強めることになった。印紙納付により事業所得の捕捉が容易になり、それが申告所得税の重課につながることが恐れられたのである(平田・忠・泉美 一九七九b、二三四～二三八頁)。

さらに、このとき取引高税に対して示されたこれら事業者の抵抗は、時をほぼ同じくしてシャウプ勧告が導入を目指した付加価値税に対しても向けられることになった。というのも、提案された付加価値税が、地方事業税の代替として企図されたにもかかわらず、課税対象となる付加価値の概念が一般によく理解されなかったこともあり、当時の世論では取引高税のような売上税の一種として受け止められたからである(Shoup 1988, 62、関口 二〇〇〇、一七九～一八〇頁)。結局、付加価値税法案は、一旦は国会で可決・成立するものの、産業界の反対に抗しきれず、二度の実施延期の後に一九五四年についに廃止されたのである。

所得課税ベースの浸食

このような経緯から、日本では戦後の占領期において一般売上税の採用は拒否され、しだいに直接税中心型の租税構造が定着していく。だが、ここで注目すべきは、その後の租税政策における「公平性」が、シャウプ勧告が理想としたような課税ベースの広い総合所得税ではなく、逆に課税ベースを狭めるような、所得の種類に応じた差別課税とそのなかでのさまざまな控除制度の活用によって追求されたことである。そのようなシャウプ税制からの転換を促した戦後の政策的要因として次の二点が重要である。

一つは、経済成長を優先する狙いから、総税負担を国民所得比で一定程度に抑制するという方針の下で、所得課税が貯蓄・投資促進型のシステムに編成されたことである。例えば、所得税においては、一九五〇年代初期に早くも利子所得の低率分離課税化及び株式譲渡所得の非課税化が実現する。続く一九六〇年代には、戦前から郵便貯金と並んで利子非課税制度として存在していた国民貯蓄組合制度が少額貯蓄非課税制度（マル優）に改組・拡充された。配当税制においても、一九六五年に源泉分離課税方式が導入され、総合課税原則から大幅に後退することになった。

法人課税の領域でも、一九五〇年代に入って以降、特別償却制度、各種準備金・引当金制度などシャウプ勧告が否定した特別措置が次々に創設・拡大されていく。これら各種特例措置も、経済成長促進の観点から特定の企業活動への誘因（設備投資、輸出拡大等）を意図した政策税制として組み込まれたものである。

もう一つの要因は、政権与党にあった自民党が自らへの政治基盤を維持するために自営業者、中小企業経営者、農家などの旧中間層の税負担を軽減しつつ、同時に給与所得者との公平を図るために所得税の控除制度を積極的に利用したことである。例えば、一九五〇年代前半には自営業者に対して青色専従者控除が創設・拡大されるが、これによる税負担の低下とバランスを保つために給与所得控除が拡大された。一九六〇年代前半にも、同様な負担均衡の観点から、同族法人・自営業者（青色申告者及び白色申告者）・給与所得者をそれぞれ対象として、既存控除の引上げや新たな控除の創設を通じた減税が行われた。

この時期の税制改正過程において特筆すべきは、上記二点の政策的意図の下で一旦創設された控除は、その重要性が低下した後も決して廃止されなかったことである（大蔵省主税局編 一九八八、九五頁）。その代表例としては、一九五〇年代初期に創設され、今日まで存続する生命保険料控除や社会保険料控除が挙げられる。この点は、政権与党がその政治基盤を強固にするうえで、税制変更においてはさまざまな利益集団の既得権を侵害しないという明確な政策意図をもっていたことを意味している。

だが、このような各種控除の不可逆的な拡充をつうじて異なる所得者間での負担の均衡を図ろうとする戦略は、あくまで高い経済成長率の下での豊富な税の自然増収を前提として成立しうるものであった。そのため、均衡予算主義の下で税収と同様に歳出の伸びが経済成長率の範囲内に抑えられるなかで、課税ベースの浸食による税収を補填する狙いからそのような歳出の伸びを上回る税収を確保するためには、所得税の超過累進税率を高く設定しておく必要があった。実際、所得税の最高限界税率はシャウプ税制時点の五五％から一九七四年の七五％まで引き上げられている。ただし、所得税率の引上げは、一方で低率分離課税ないし非課税の対象となる資産所得と、高率の累進税率にもとづき源泉徴収される給与所得との間での不公平を増幅させる。そこで、資産家優遇との批判を緩和して、可能な限り給与所得者の支持低下を防ぐという意味でも、給与所得控除等の課税最低限の引上げを通じた度重なる減税措置が求められたのである。

こうして一般売上税を欠いた直接税中心の税体系を前提に、個人所得税が重点的に減税の対象とされ続けたことは、日本の租税負担率を国際的にみて低位に抑えるとともに、結果的に法人税偏重という日本の租税構造の特徴を際立たせることになった。

3　消費税導入への道

財政再建と一般消費税構想

しかしながら、高度成長の終焉は、それまでの潤沢な自然増収を前提とした租税政策の弱点を露わにした。まず一九七三年の第一次石油危機後の深刻な景気後退は、図13‐3にみられるような法人税収の大幅な落ち込み（前年度比マイナス二九％）を主因として、一九七五年度の国の一般会計に、歳出予算の一七％に相当する三・六兆円もの税収不足を生じさせた。これを補塡するため、同年には一九六五年度以来となる赤字国債の発行を余議なくされる。また、一九八一年度と一九八二年度には、第二次石油危機の影響による景気失速を受けて、それぞれ三・三兆円、六・一兆円の歳入欠陥が生じる等、税収構成比が七割を下回る状態は、その後一九八〇年代半ばまで継続することになった。

このような構造的な財政赤字を背景に、大蔵省では、一九七〇年代半ば以降、旧来型租税政策からの転換を図り、安定的な歳入源を確保するための方途が模索されていく。そこで、有望な選択肢の一つとして追求されたのが、終戦直後

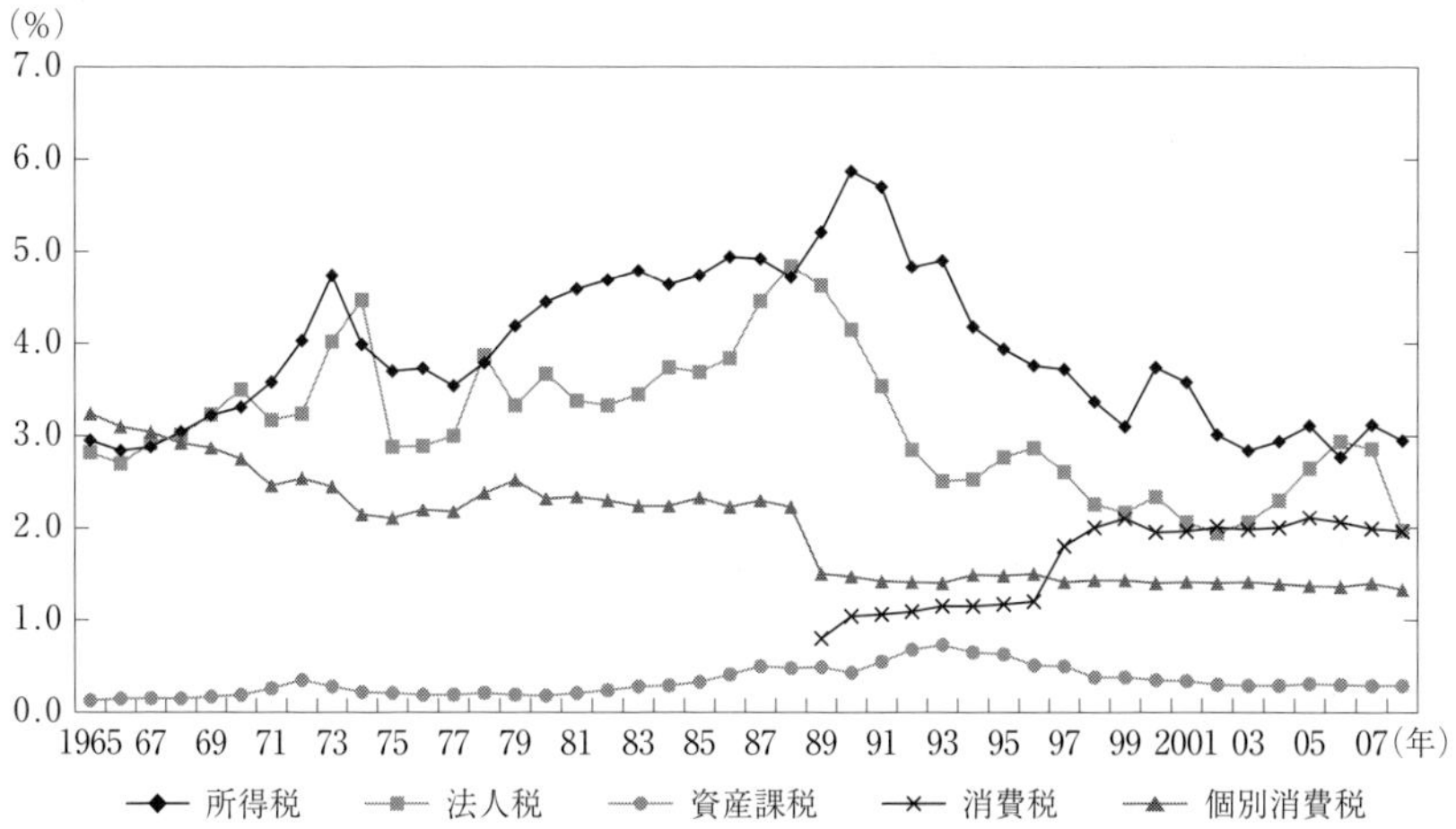

（出所）『国税庁統計年報書』及び内閣府『国民経済計算』より作成。

図13－3　国税収入の対 GDP 比の推移

の日本において一旦は拒否された、課税ベースの広い一般売上税導入への道である。

財政再建が至上命令とされるなかで、最初に一般売上税の導入を試みたのが大平内閣である。元大蔵官僚でもあった大平首相は、三木内閣の下で大蔵大臣を務めたが、そのときに赤字国債発行に踏み切ったという政治的責任から、新型間接税導入への積極的な意欲をもつようになったといわれる（加藤 一九九七、二二六～二二八頁）。

一九七七年一〇月の政府税制調査会中期答申は、はじめに財政収支を改善する必要性を強調したうえで、増税の手段として「広く一般的に消費支出に負担を求める新税（「一般消費税」）を導入すること」（括弧内は筆者）に依拠せざるをえないと結論づけた。導入の直接的な理由として挙げられたのが、①現行の高い所得税の最高税率や累進度の実態から、個人所得税の引上げは困難である、②間接税の負担水準は国際的に低く、長期的に低下傾向にあるが、既存の個別消費税の増税には限界がある、といった点である。

上記の提言を受けて、一九七八年一二月に一般消費税の仕組みの概要を示した「一般消費税大綱」が発表されるとともに、翌年一月に閣議決定された一九七九年度税制改正要綱には「一般消費税は一九八〇年度中に実現できるように諸般の準備を進める」と明記され、新税導入への動きが加速化する。

ところが、制度の具体的な内容が公表されるにつれて、商工団体、労働者団体、消費者団体等を中心に一般消費税導入への反対運動が激しさを増していった。さらには、野党だけでなく、自民党の国会議員のなかにも導入に反対する者が続出した。このときに提起された新税導入反対のおおよその理由は、たとえ財政再建のための増税が必要であるとしても、低所得者や中小零細業者に負担のかかる大衆課税に依存するよりも、歳出の徹底的な見直しと資産所得の優遇等の既存税制の是正を優先させるべきというものであった（石 二〇〇九、一〇一頁）。

こうして与党内部での強い逆風にも晒され、ついに大平首相は、一九七九年の衆議院解散後の選挙期間中に新税導入の撤回を発表する。それでも、なお一般消費税問題が尾を引き、自民党は総選挙で過半数の議席を失う結果となったのである。

このような一般消費税への強い抵抗は、大蔵省と政権与党に対して新型間接税の導入がいかに困難であるかを思い知らせる最初の試練となった。これを契機として、一九七九年一二月に国会では「財政再建に関する決議」が採択され、赤字国債依存からの脱却は、一般消費税によらず、①行政改革と歳出削減、②既存税制の見直し等、をつうじて推進することが決定される。こうした方針の下で、一九八〇年度の税制改正では、企業関係の租税特別措置が大幅に整理縮減されるとともに、マル優の公正な運営と利子配当所得の総合課税化を目的として三年後のグリーン・カード（少額貯蓄等利用者カード）制度の導入が決定された。

「増税なき財政再建」への転換

一九八〇年の衆参同時選挙中に急逝した大平首相の後を継いだ鈴木善幸は、同年七月に新内閣を発足させると、一九八四年度の赤字国債発行ゼロを公約に掲げて、徹底した歳出の抑制と歳入の見直しに取り組む姿勢を鮮明にした。しかし、一九八〇年一一月に出された「政府税制調査会中期答申（財政体質改善のための中期答申）」は、たとえ歳出の節減合理化に努めるとしても、公共サービスの水準を大きく引き下げることによって問題の解決を図ることには限界があるとの見方を示した。そこで、歳出については、その伸び率が経済成長率を超えない水準に止めるよう政府に要望する一方で、歳入面ではほとんどの既存税目について増収の余地がある可能性を指摘したのである。

こうした中期答申の方針に沿う形で、翌一九八一年度の税制改正では、法人税、酒税、物品税、印紙税及び有価証券取引税の五税目について増税が行われることになった。これらの増税規模は、所得税の減税分（一三〇億円）を差し引いて総額一兆五四一〇億円にも上る「史上空前のもの」であったといわれる（水野 二〇〇六、二七一頁）。

ところが、このような増税を主とした財政再建路線は、一九八一年三月に元経団連会長の土光敏夫を長とする「第二次臨時行政調査会（第二臨調）」が発足したことで大きな修正を迫られる。前述した法人税引上げを中心とした大規模増税を目の当たりにした経済界は、八四年度の赤字国債脱却を目標とした、大蔵省主導の財政再建路線を甘受するわけにはいかなかったのである（水野 二〇〇六、二七九頁）。そこで、財界の意向を代表する土光会長は、鈴木首相に第二臨調の目的が行政機構の効率化を通じて増税によらずに財政再建を果たすことである点を明確にさせ、政府の基本方針をいわゆる「増税なき財政再建」へと方向づけるのに成功した。第二臨調は、以後二年間にわたって行政改革に取り組み、一九八二年七月には国鉄の分割民営化の提言を含む第三次答申を提出し、その後の新自由主義に沿った行政改革の流れを基礎づけたといえる。

総合所得税の放棄

しかしながら、前述した一九八一年と一九八二年の両年度における大幅な歳入欠陥は、二年後の赤字国債脱却の目標を事実上不可能にし、その責任をとり鈴木首相は辞任することとなった。後を継いだ中曽根内閣の下でも依然として赤字財政が続いたため、経費削減による財政再建の実現可能性に疑念がもたれ始めるなかで、大蔵省では、一九八〇年代半ばから再び付加価値税導入へ向けた準備を着々と進めていた。ここで留意すべきは、大平内閣の下での一般消費税の創設があくまでも増税を狙いとしたものであったのに対して、今回の新たな導入案の目的は、直間比率の是正により間接税の比重を高めることで安定的な歳入源を確保することにあったという点である。この目的は、大蔵省をして、シャウプ勧告以降長年にわたって固執してきた税制改革における総合課税主義の目標を事実上放棄させることになった。

なぜ総合所得税への道が閉ざされ、この時期に所得課税の弱体化を伴う一般売上税の導入が志向されたのか。大きく三つの要因を指摘できる。第一は、金融所得の総合課税を狙いとしたグリーン・カード制度が、先述のとおり一九八〇年に一旦は制定されたにもかかわらず、その後、自民党議員、郵政省、金融業界等からの反対で廃止（一九八五年）に追い込まれた事実である。一九七九年一二月の政府税調答申では、「利子配当所得については、税負担の公平を図る見地から総合課税に移行すべき」と総合課税の必要性を明確に主張していたにもかかわらず、グリーン・カード制度の実施が延期され、その導入の見込みが大きく後退した一九八三年一一月に出された答申では、一転して資産所得の総合課税への一本化を断念する考えを示している。グリーン・カード制度は、総合所得課税の実現により税負担の不公平を是正する切り札として期待されたものの、強い政治的圧力を前に大蔵省も現行の金融所得への分離課税を追認せざるをえなかったのである。

二つ目の要因としては、勤労所得税において、課税ベースの拡大に向けたさまざまな控除の削減が、自民党の支持基盤である中小事業者や給与所得者等の中間層の既得権を侵すことから、与党政治家の同意を得るのが困難だったことである。例えば、一九七三年に自民党税制調査会の強い意向により、当初五年半の期限付きの租税特別措置法として創設された「事業主報酬制度」は、不公平税制の典型として後の税制改正論議においてたびたび問題とされたにもかかわらず、一九九二年まで存続した。

第三に、上記のような所得税増税が困難であるという政治的状況下で、当時の「増税なき財政再建」の方針によりすべての経費にシーリングが設定された結果、自民党議員や利益集団が公共事業のための財源不足を痛感するようになったことも、与党内で一般売上税を肯定的にとらえる見方を醸成した。公共事業費削減への懸念は、必ずしも大平内閣の下で一般消費税には賛成しなかった与党指導者をして、新たな間接税による増税を積極的に支持させるきっかけとなったのである（加藤 一九九七、一六四頁）。

そうしたなか、大蔵省が一般売上税の導入を理論的に根拠づけるために、この時期以降に強調し始めるのが、課税の水平的公平を重視する論理である。それは、申告納税を前提として自営業者や農家の所得の正確な捕捉が困難な現状で、税体系における直接税の比重が高まると、それら事業者に比べて給与所得者の相対的な負担感が重くなるので、税制全体の水平的公平を高める観点から、一般売上税の導入と所得課税の減税を同時に行う必要があるというものであった。

それまで大蔵省がクロヨンの存在やサラリーマンの重税感を少なくとも公的には認めてこなかったことを鑑みれば、ここにおいて、同省は、上述した総合所得税への政治的限界に直面して、「所得税で公平は達成できない」という敗北主義を受け入れることで、逆に課税ベースの広い付加価値税の導入に積極的な意義を与えようとしたものととらえることができる。

売上税提案の挫折

こうした大蔵省の意向に対して、中曽根首相は、シャウプ勧告以来といわれる抜本的な税制改革に着手するが、あくまで所得税減税を改革の最優先課題と位置づけ、課税ベースの広い間接税の導入には必ずしも積極的ではなかった（加藤一九九七、一七五頁）。

一九八六年四月の政府税制調査会中間報告は、夏の参議院議員選挙を前にして減税指向的改革を強調したい中曽根首相の意向から、一九八七年度税制改革で所得税・法人税の引下げを実施する方針を示したものの、当該減税分の補塡財源についての説明を欠いたものとなった。そのため、一九八六年六月の衆議院解散を受けて、翌七月の衆参同日選挙に向けた動きが活発になるなかで、自民党による減税案の財政的裏づけの曖昧さに対して野党は「増税隠し」として追及を強めていった。これら野党の攻撃に対して、中曽根首相は「国民や自民党が反対する大型間接税と称するものは考えない」と明言し、有権者の疑念の解消に努めた。

同日選挙の結果は自民党の大勝に終わるが、選挙後も、首相は、自らの選挙公約を守る立場から、間接税による増収の手段としては、政府税調専門小委員会が提示した三案（製造業者売上税、小売売上税、日本型付加価値税）のうち課税ベースの最も狭い製造業者売上税を支持したので、付加価値税の導入しか念頭にない大蔵省との隔たりが鮮明になっていった。しかし、当初頑なな姿勢を示していた中曽根首相も、大蔵省の強い説得により、最終的には付加価値税を容認する。首相の態度を変化させた背景には、中曽根政権による行財政改革の支持勢力であった経済界が製造業者売上税の導入に強く反対したということもあった。こうして自民党政権は、一九八六年一二月に、翌年度以降の所得税・法人税の引下げ、マル優の原則廃止などとともに、「売上税」と呼ばれる、五％の日本型付加価値税を一九八八年一月に導入することを盛り込んだ「税制改革大綱」を正式に決定した。

ところが、一九八七年二月にこの税制改正法案が国会に提出されると、改正法の目玉である売上税は再び激しい批判に晒される。前年の選挙期間中に大型間接税の導入を否定した中曽根首相の公約違反に対して世論の反発が強まった（水野 二〇〇六、三六四頁）他、価格への税額の転嫁ができない可能性や税額票方式の採用による事業所得の課税強化に対して中小流通企業が激しく反対したからである。これに伴って、自営業者の組織的支持に頼る自民党議員や自民党地方支部が売上税への反対の姿勢を強め、さらには野党各党も一致して売上税法案の廃止に向けて共闘した。

結局、提出された改正法案は一度も審議されぬまま廃案になったため、与党は七月からの臨時国会において所得税減税とマル優原則廃止等（法人税率の引下げを除く）の部分的な改正法案を成立させるにとどまったのである。

消費税の成立

中曽根内閣の下で大蔵大臣を四期務めた竹下登は、一九八七年一一月に首相に就任すると、前政権から引き継いだ抜本的税制改革を完成させるべく、付加価値税の導入に強い意欲を示した。政府が進める抜本改革の内容は、一九八八年四月に提出された政府税制調査会の「税制改革についての中間答申」で固まり、同年六月の「税制改革要綱」において正式に決定された。そのなかで、所得税・法人税の引下げ、相続税の見直し、有価証券譲渡益課税の見直しなどを行うとともに、既存物品税の廃止に代えて税率三％の新たな付加価値税である「消費税」を一九八九年四月から実施する旨が明記されたのである。

これらの改正案は、税制改革関連六法案として翌七月の臨時国会に提出されるものの、国会ではリクルート事件による混乱や改正法をめぐる政治的な駆引きから、なかなか審議が進まない状況が続いた。しかし、一一月には民社・公明両党の協力を取り付けたことで、税制改革関連六法案は衆議院を通過、続く一二月の参議院での可決をもって成立するに至る。ここにおいて大蔵省の宿願であった課税ベースの広い一般売上税の創設は、竹下政権による三度目の挑戦で漸く成し遂げられたのである。

竹下内閣の下で消費税の導入が成功した要因はどこにあったのか。それには以下の大きく三点において、過去の二度の失敗が教訓として生かされることになった。一つ目は、竹下首相が税制改革に臨んで当初から大蔵省と緊密な連携を図りながら、自民党内外での組織的な反対を弱めることに奏効したことである。まず自民党税制調査会の意向にも配慮して与党内の結束を固めるとともに（朝日新聞一九八八年一一月二五日付朝刊）、地方の自民党幹部の造反を未然に防ぐために、税制改革に関する全国説明会の開催等により説得を繰り返した（日本経済新聞一九八八年六月二六日付朝刊）。また外部の業界団体に対しては行政官庁を利用して、さまざまな許認可権を取引材料として消費税に反対しないように圧力をかけた他、全日本民間労働組合協議会など労組幹部にも着々と根回しを進めた（日本経済新聞一九八八年六月一五日付朝刊）。

さらに、竹下首相は、中曽根内閣の売上税案に際して結束して反対した社公民三党の分断にも成功した。首相は、自民党とともに幹部がリクルート事件に関与した公明党、民社党の衆議院の早期解散を回避したいという弱みを巧みに利用しつつ、両党からの法案修正要求に応じることで、しだいに社会党を除外した自公民路線を築きあげていった。

二つ目に、大蔵省が消費税の導入を最優先する立場から、中小事業者向けのさまざまな特例措置を認める等制度の設計について大幅な譲歩をしたことである。第一に、税額の算定方式について、売上税提案のときの税額票方式から、消費税では帳簿方式に変更された。これにより、中小事業者が所得を厳しく捕捉される恐れは弱まった。第二に、簡易課税制度の適用される売上上限が、売上税の際の一億円から五億円に引き上げられた。第三に、消費税の免税点については、売上税時の年間売上一億円から三〇〇〇万円に引き下げられたものの、その際、売上げが三〇〇〇万円から六〇〇〇万円までの中規模企業の負担を軽減する限界控除制度が新たに創設された。

三つ目に、財政再建のための増税の手段であった一般消費税はもとより、税収中立型改革のなかで提案された売上税でも中堅層以下の家計で増税になるとの批判を招いたことから、今回の消費税提案においては、それが全体として減税超過となる税制改革パッケージの一部に組み込まれたことである。消費税率が売上税のときの五%よりも低い三%に設定されたのも、そうした政策的意図にもとづくものであった。

改革パッケージの内訳としては、①個人所得税の累進税率構造の緩和と法人税の引下げ等で四・五兆円の減税、②有価証券譲渡益課税の見直し等の課税の適正化により〇・八兆円の増税、③消費税の創設を含む間接税の改革によりネットで二兆円の増税、というように合計で差引き一・七兆円の減税が試算された。減税のなかでとりわけ規模の大きかったのが所得税（二・三兆円）と法人税（一・五兆円）であり、総額三・八兆円に及ぶ。ただし、既に中曽根内閣の下で所得税の大幅な恒久減税が実施されたにもかかわらず、所得税の追加的な引下げが実現できたのも、バブル景気を追い風にした自然増収があったからという側面もある。事実、先の図13-3に示されるように、一九八七年から一九八九年にまでこの間の制度減税にもかかわらず、所得税収の対GDP比は必ずしも低下していない。

4　消費税導入後の租税政策

国民福祉税提案と消費税引上げ

こうして難産の末に誕生した消費税ではあったが、来るべき高齢社会の到来に伴う歳出需要に備えて、この税をいかにして定着させていくかがその後の政権の重要な政策課題とされた。バブル崩壊後の景気減速が鮮明になりつつあるなか、一九九三年八月に誕生した非自民連立の細川内閣は、翌年二月、景気対策としての所得税等の先行減税と、一九九七年四月からの「国民福祉税」の導入（消費税は廃止）を含む包括的な税制改革草案を発表した。

税率七%の国民福祉税は「高齢化社会においても活力のある豊かな生活を享受できる社会を構築するための経費に充てることを目的とする（森信 二〇〇〇、四〇四〜四〇五頁）」とされたが、その実態は、福祉目的税でなく、現行消費税の増税に他ならなかった。さらに税率水準の根拠や改正案の具体的内容が明確でなく、連立与党内の社会党が強硬に反対したこともあり、この提案は早々に白紙に戻されることになった。それは、大蔵省が誘導する政策決定の不透明な手続きに対して国民が強い拒否反応を示した結果であるとみることもできる（日本経済新聞一九九四年二月七日付朝刊）。

その後、一九九四年九月、短命の羽田内閣を継いで誕生した自民・社会・新党さきがけによる村山連立内閣の下で、以降三年間に及ぶ大規模な税制改革が決定された。それは、翌年以降における所得税の先行減税を、一九九七年における消費税率五％への引上げ（地方消費税の創設を含む）等の増税措置によって埋め合わせるという形で進められることになった。

国民福祉税の失敗にもかかわらず、その後間もなく新たな連立政権の下でなぜ消費税率の引上げを決定できたのか。最大の理由は、これまで一貫して消費税廃止を唱えてきた社会党の委員長が連立内閣の首班となったことで、同党が政権維持を最優先にして消費税率引上げを容認する方針に転じたことである。また、自民党内部においても、大蔵省と自民党幹部による周到な説得工作によって、増減税一体処理への異論が封じ込められたということもあった（朝日新聞一九九四年九月三〇日付朝刊）。

このような増減税一体処理は、政権交代後の流動的な政局の下で、減税だけの改革に終わらせる危険性を回避するために、細川内閣の税制改革案のときと同様に大蔵省が政権担当者に強く要求した改革の手法である。だが、その改正内容をみると、所得税の税率構造の見直しと人的控除の引上げ等を柱とする二・四兆円の減税を二・六兆円の消費税の増税で賄うというように、確かに一体処理の体裁をとってはいるが、一・四兆円の特別減税を考慮すると実質的には減税超過であった。さらに、一九九五年と九六年の二カ年にはそれぞれ二兆円の特別減税が追加されたので、減税規模はさらに増大することになった。

消費税引上げ以後

消費税率の引上げは、橋本内閣の下で、当初の予定通り一九九七年四月に実施に移された。ところが、これ以降、家計の消費支出は落ち込み、これにアジア通貨危機や国内の金融不安などが重なり、一九九七年秋から九八年にかけて実質経済成長率はマイナスを記録することになった。もっとも、この時期に消費が低迷した背景には、消費税率の引上げに加えて、特別減税の打ち切りと年金保険料の引上げ等による国民負担増もあったのだが、このときの急速な景気後退によって、一九九八年一二月には、前年に基礎的財政収支の黒字化を目標に制定された「財政構造改革法」までもが凍結される。こうした経緯は、その因果関係の妥当性はともかく、消費税の引上げが景気の悪化を招いたとの印象を国民に強く抱かせる結果となった。

デフレ終息の兆しが見えないなか、一九九八年七月に誕生した小渕内閣は、景気対策を最優先の政策に掲げ、一九九九年度税制改正において所得税・法人税の減税と時限的な定率減税を実施した。これにより個人所得税の最高税率は、国税・地方税を合わせて従来の六五％から五〇％に引き下げられるとともに、法人税率についても前年の改正（三七・五％から三四・五％に引下げ）に続いてさらに三〇％の水準まで低下した。これらの改正による減収額は六兆円を超え、しかも村山税制改革でとられたような増収措置を一切伴わないものであった。

二〇〇一年四月から三次にわたって内閣を組閣した小泉首相が歳出削減を優先させる立場から、任期中の消費税引上げを封印したのはよく知られている。小泉内閣ではあくまで構造改革に専念して、本格的な増税はそれ以降の政権に委ねるという「二段階戦略」をとったのである（小此木 二〇〇九、七八〜七九頁）。二〇〇三年には、そうした構造改革に沿う形で配当と株式譲渡所得に対する一〇％の軽減税率が導入されている。他方、同年から翌年にかけて、配偶者特別控除・公的年金等控除の縮小および老年者控除の廃止等所得課税ベースの拡大が試みられたものの、これ以降二〇〇〇年代をつうじて所得税収は低迷を続けた（図13－3を参照）。

しかし、小泉政権を引き継ぎ、消費税引上げに意欲をみせた安倍首相もなお増税について国民の理解を得るのは困難と判断し、二〇〇七年参議院選挙（与党は大敗）にあたっては消費税を争点にしない等、二〇〇〇年代後半の自民党政権においてついに抜本的な税制改革が行われることはなかったのである。

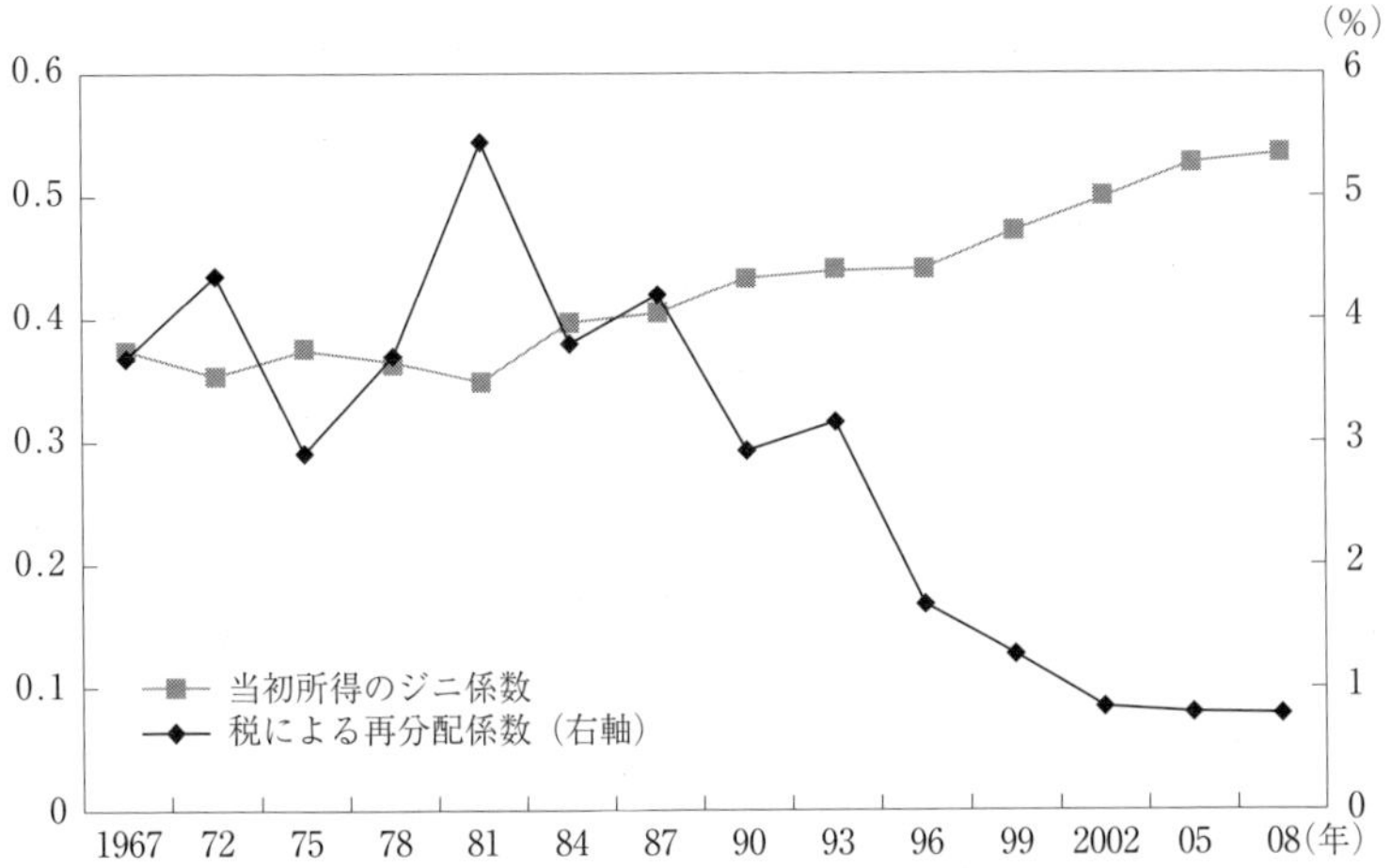

（注）当初所得とは，雇用者所得，事業所得，農耕・畜産所得，財産所得，家内労働所得及び雑収入並びに私的給付（仕送り，企業年金，生命保険金等の合計額）の合計額をいう。2005年と2008年の「社会保障による再分配係数」は等価所得に基づいているため，それ以前の数値との厳密な連続性はない。

（出所）厚生労働省『所得再分配調査報告書』各年版より作成。

図13－4　所得不平等と税による再分配効果

再分配機能の喪失と民主党政権

みてきたとおり、一九八〇年代後半から一九九〇年代にかけての租税政策が、おおよそ消費税の導入とその引上げを軸として、それに併せて所得税と法人税の引下げが行われる形で展開されてきたのに対して、一九九〇年代後半以降は、とりわけデフレ経済の下での景気対策としての所得減税という色彩が強まった。ところが、こうした形での所得課税の減税は、とりわけ最高税率の引下げを伴う累進構造のフラット化と課税最低限の引上げを中心として行われたため、高所得者の負担が重点的に軽減され、課税の垂直的公平は著しく損なわれることになった。

この点で、図13－4は一九六七年以降の当初所得のジニ係数と税による再分配係数（（当初所得のジニ係数－税引き所得のジニ係数）／当初所得のジニ係数）を示している。これによると一九八〇年代以降当初所得のジニ係数は徐々に上昇しており、所得の不平等が確実に高まっている。しかしながら、そうした傾向とは逆に、税による再分配係数は一九八七年の四・二%から二〇〇二年の〇・八%まで大幅に低下している。一九八〇年代以降の減税中心の税制改革は、この間、垂直的公平性を担保するための、税による所得再分配機能をほとんど喪失させてしまったのである。

支払い能力に応じた税負担配分を実現することは、国民の税制への信頼を維持するための大前提である。そうであれば、現行の不公平な税の仕組みは、所得格差が拡大傾向にあるなかで国民の税制への信頼を失わせ、消費税の引上げに関する国民の合意形成をきわめて困難にしているとみることができる。

このような状況の下で二〇〇九年の衆議院選挙で政権交代を果たした民主党を中心とする鳩山内閣は、税制改革の目標の一つに再分配機能の回復を掲げ、「控除から給付へ」のスローガンの下で所得税の年少扶養控除を廃止するとともに、新たな「子ども手当」を創設した。一方、消費税の引上げについては少なくとも四年間は行わず、その間、無駄遣いの削減やいわゆる「埋蔵金」の活用によって歳出の増加に対応する方針を示した。

ところが、民主党政権を引き継いだ菅内閣の下、二〇一一年六月に取りまとめられた「社会保障・税一体改革成案」のなかで、消費税に関しては、その税収を明確に社会保障財源としたうえで、二〇一〇年代半ばまでに税率を段階的に一〇％まで引き上げる方針が策定された。これを受けて、二〇一一年九月に発足した野田内閣は、同年三月に発生した東日本大震災の復興対策として所得税・法人税の臨時増税（所得税は二〇一三年以降二五年間、法人税は二〇一二年以降三年間）を決定するとともに、翌年八月には、自民・公明両党の合意を取りつけ、ついに懸案の消費増税法（二〇一四年四月に八％、二〇一五年一〇月に一〇％へそれぞれ引き上げ）を成立させるに至った。しかしながら、とりわけ今回の消費増税については民主党の公約違反との批判もあり、世論調査で回答者の過半が反対の意向を示す（朝日新聞二〇一二年六月二八日付朝刊、共同通信社二〇一二年八月一二日配信）等、依然として国民の負担増への合意は必ずしも形成されているといえないのが現状である。

5　増税の合意形成に向けて

日本では、戦後、応能的な公平概念にもとづいた直接税中心の税体系が長らく定着していた。それは、一九四〇年の税制改革を淵源として、終戦直後に示された国民の一般売上税に対する強い抵抗のなかで形成されていった。確かに、高度成長期の所得課税は、経済成長を促進する狙いから課税ベースが狭められていたが、それでもさまざまな控除制度と勤労所得に対する高い累進税率によって、異なる利益集団間の負担均衡と垂直的公平に配慮した租税政策がとられていた。このとき経済成長の果実である自然増収を減税に充て、異なる立場の納税者に等しく還元することで、成長と公平性の両立が図られていたのである。

仮に、当時において成長のための資本蓄積が優先されていたならば、むしろ貯蓄に課税しない間接消費税中心の税体系の方が合理的であったはずである。にもかかわらず、戦後長らく所得税と法人税を基幹とする税体系が採用され続けたのは、その背後に、累進課税を通じた垂直的公平性を志向する社会的価値観が存在していたとみるべきである。

しかしながら、自然増収を前提とした、このような減税政策の繰り返しは、「税制改革といえば減税」との固定観念を広く国民に浸透させることになった。大きな自然増収の期待できなくなった一九七〇年代以降において、増税のための税制改革が困難になった遠因は、まずこの点に求められる。

そのような背景の下、日本では一九七〇年代の財政危機を契機として新たな財源確保の手段が模索されるが、その過程で総合所得税への道は断念され、一般売上税の導入が強力に推進されていく。しかし、二度の付加価値税の挫折を乗り越えて、竹下内閣が一九八九年の消費税創設を成功させるにあたっては、伝統的な間接消費税に対する根強い抵抗を抑えるために、業界や与野党に対する周到な根回しと制度設計面での大幅な妥協に加え、所得税と法人税を中心とした減税というアメを十分に用意する必要があった。このような全体として減税超過となる税制改革パッケージのなかで消費税の増税を図るという手法は、一九九四年の村山税制改革においても踏襲された。

しかし、所得税の先行減税を経て一九九七年に消費税引上げが実施された直後に景気が急速に悪化したことから、流動的な政局の下で消費税の増税はますますタブー視され、その後ももっぱら景気対策としての所得税の減税が繰り返された。その結果、日本は国際的にも税負担水準が極めて低く、所得再分配機能をほとんど果たさない租税構造をもつに至ったのである。

このような一九九〇年代以降の租税構造の変容は、国際的にみて必ずしも高くない日本の消費税率の引上げを極めて困難にしてしまった。巨額の財政赤字の下で、税収調達力に欠ける現行の所得税では、もはや過去において消費税の導入と引上げを政治的に可能にした、十分な減税財源を用意できないからである。同時に、垂直的に不公平な税負担構造もまた、格差拡大への懸念が高まるなかで、納税者の税制への信頼を傷つけ、消費税の引上げを阻む大きな要因となっている。

本来、税の負担感は、税の支払いと政府支出からの受益とのバランスで決まるはずである。ところが、日本では、伝統的に税と公共サービスの受益との関係があまり考慮されず、「増税による負担」と「減税による利益」とのバランスにおいて租税政策そのものが評価される傾向にあった。税負担の公平性も公共財からの受益との関連で吟味されることは稀である。そのため、近年における過度な所得減税の結果、これまで「租税」という枠組みのなかで完結した利益配分や負担の公平性を図るという社会統合の形は実現困難となってしまった。こうした難局において、国民の増税への合意形成を導くには、現行の不公正な税負担構造を抜本的に改めることはもとより、いかにして国民が自らの税負担を政府支出からの受益と関連づけて評価する視点をもつことができるようになれるかが重要な鍵といえよう。

参考文献

石弘光（二〇〇八）『現代税制改革史　終戦からバブル崩壊まで』東洋経済新報社。

石弘光（二〇〇九）『消費税の政治経済学』日本経済新聞出版社。

井手英策（二〇一一）「調和のとれた社会と財政――ソーシャル・キャピタル理論の財政分析への応用」井手英策・菊地登志子・半田正樹編『交響する社会――「自律と調和」の政治経済学』ナカニシヤ出版。

井手英策編（二〇一一）『雇用連帯社会――脱土建国家の公共事業』岩波書店。

大蔵省主税局編（一九八八）『所得税百年史』大蔵省主税局。

大島通義（一九九九）「財政政策を形成する主役とその仕組み」大島通義・神野直彦・金子勝編『日本が直面する財政問題』八千代出版、二〇九～二四八頁。

小此木潔（二〇〇九）『消費税をどうするか――再分配と負担の視点から』、岩波新書。

加藤淳子（一九九七）『税制改革と官僚制』東京大学出版会。

木下和夫（一九九二）『政府税制調査会』税務経理協会。

栗林隆（二〇〇五）『カーター報告の研究――包括的所得税の原理と現実』五絃舎。

佐藤進（一九七三）『付加価値税論』税務経理協会。

佐藤進・宮島洋（一九八二）『戦後税制史　増補版』税務経理協会。

自治大学校研究部監修地方自治研究資料センター編（一九七七）『戦後自治史第7巻』文生書院。

神野直彦（一九八一a）「一九四〇年（昭和一五年）の税制改革（一）」『証券経済』一三五号、一三二～一五六頁。

神野直彦（一九八一b）「一九四〇年（昭和一五年）の税制改革（二）」『証券経済』一三六号、一〇七～一三七頁。

神野直彦（一九九八）『システム改革の政治経済学』岩波書店。

神野直彦・金子勝（二〇〇〇）『財政崩壊を食い止める――債務管理型国家の構想』岩波書店。

神野直彦・井手英策（二〇〇六）『希望の構想――分権・社会保障・財政改革のトータルプラン』岩波書店。

関口智（一九九八）「シャウプ勧告の附加価値税の源流――アメリカ財務省報告書の政策意図と現実」『地方税』四九巻一〇号、一〇七～一四五頁。

関口智（二〇〇〇）「現代企業税制改革の源流」『証券経済研究』二二号、一七五～一九七頁。

馬場義久（一九九八）『所得課税の理論と政策』税務経理協会。

平田敬一郎・忠佐市・泉美之松（一九七九a）『昭和税制の回顧と展望（上巻）』財団法人大蔵財務協会。

平田敬一郎・忠佐市・泉美之松（一九七九b）『昭和税制の回顧と展望（下巻）』財団法人大蔵財務協会。

福田幸弘監修（一九八五）『シャウプの税制勧告』霞出版社。

ブラウンリー、エリオット（井手英策訳）（二〇一〇）「現代の財政危機、そして理想的な税制の追求」『世界』二〇一〇年五月号、二四七～二五六頁。

細川護煕（二〇一〇）『内訟録――細川護煕総理大臣日記』日本経済新聞社。

真渕勝（一九九四）『大蔵省統制の政治経済学』中央公論社。

水野勝（二〇〇六）『税制改正五十年――回顧と展望』大蔵財務協会。

望月正光・野村容康・深江敬志（二〇一〇）『所得税の実証分析――基幹税の再生を目指して』日本経済評論社。

森信茂樹（二〇〇〇）『日本の消費税——導入・改正の経緯と重要資料』財団法人納税協会連合会。

Ide, E. and S. Steinmo (2009) “The End of Social State ?: On the Evolution of Japanese Tax Policy,” I. Martin, A. Mehrotra and M. Prasad ed., *The New Fiscal Sociology — Taxation in Comparative and Historical Perspective*, Cambridge University Press, 119-137.

Kato, J. (2003) *Regressive Taxation and the Welfare State*, Cambridge University Press.

Norr, M. and N. G. Hornhammar (1970) “The Value-Added Tax In Sweden,” *Columbia Law Review*, Vol. 70, No. 3, 379-422.

Pohmer, D. (1983) “Value-added tax after ten years: The European experience,” S. Cnossen ed., *Comparative Tax Studies*, North-Holland.

Shoup, C. S. (1988) “The Tax Mission to Japan, 1949-1950,” in M. Gills ed., Lessons from Fundamental Tax Reform in Developing Coutries, Duke University Press＝柴田弘文・柴田愛子訳『シャウプの証言——シャウプ税制使節団の教訓』税務経理協会、一九八八年。

第14章　付加価値税なき国、アメリカの増税政策
——租税の公平性を中心に——

吉弘憲介

1　付加価値税なき国の財政再建

本節では、アメリカが一九九〇年代に実施した財政再建のための増税議論を連邦政府の議会資料をつうじて明らかにしていく。その目的はどこにあるといえるのか。先進諸国と比較して、アメリカの中央政府は消費型付加価値税を備えないという特徴がある。加藤淳子（二〇〇二）は、一九八〇年代後の社会福祉費の膨張圧力への財政上の対応及び、財政再建に成功した国について、オイルショック以前に消費型付加価値税を導入してきたことが、その後の成否を分けたと指摘している。しかし、アメリカは先にも述べたように連邦政府レベルでの消費型付加価値税をもたない国であり、かつ、一九九〇年代には連邦政府による財政赤字解消に成功している。すなわち、財政赤字解消を消費型付加価値税の拡充以外の手段で達成した国といえるのである。加藤の研究でも、アメリカは先進諸国のなかでも得意事例として扱われ（加藤 二〇〇二、二〇頁）、いわば分析対象から除かれた国となっている。にもかかわらず、年次対GDP比三％前後の財政赤字を毎年垂れ流す状態から、一九九八年にはプライマリー黒字を計上するまでに回復したアメリカの財政再建はわが国の研究でも一定の評価を受けており重要な事例といえる。

中央政府の財源として、歳入上大きな役割を担ったとされる消費型付加価値税をもたず、アメリカはいかに財政赤字の削減に成功したのか。歳出削減策については、本書第8章により詳細にその過程が分析されているが、歳出入構造をみる限り決定的であったのは九〇年代半ば以降、急激に伸びる個人所得税の税収増加にあるといえる。加藤の研究が述

べるとおり、アメリカは消費課税でなく、所得課税により財政再建を達成した「特異」な国ということになる。実際、九〇年代のアメリカでは個人所得税の最高限界税率を中心に財再建を目的とした増税が二回にわたって実施された。

アメリカの財政再建における歳入調達構造の実態を明らかにすることは、加藤説への批判的論点としてだけでなく、消費税増税に傾斜した日本の財政再建論議への相対的視座を提供しうる点にこそあるといえる。後述するが、租税負担の「公平性」に関する強い留意の下、最高限界税率の引き上げを実施したアメリカの増税は、この論点の空白の下で絶えず増税への強い国民的反発にさらされる日本への批判的視座を有しているといえるのである。

ここで、本節の内容について簡単に述べておけば、最初にアメリカの連邦政府でなぜ消費型付加価値税の導入がなされなかったのかについて、先行研究の整理及び当時の政権におけるレポートなどを中心にその理由を明らかにする。アメリカでは、数度にわたって連邦政府の財源として消費型付加価値税を導入しようとする議論が生じた。また、財政赤字問題が生じた一九八〇年代中盤、一九九〇年代にもこれが検討されたが、結局は導入に至らなかった。その理由を整理するとともに、最終的に財政再建の具体策として所得課税が選択されたことをみていく。

続いて、一九九〇年代の所得税増税について、所得階層別の効果の帰着と、限界税率の引き上げが議会内のいかなる議論の下で達成されたのかを明らかにしていく。その際、特に租税負担の公平性が中心的課題であったことに注目し、これが実際の増税にいかに帰結したのかをみていくこととしよう。

2　アメリカ連邦税制の構成と消費型付加価値税

アメリカの連邦政府財政における税収構造をみると、その多くが個人所得税によって占められていることが分かる（図14-1）。これに法人税を加えると、連邦租税収入のほとんどが所得ベースの課税によって占められていることがより鮮明になるといえるだろう。

アメリカでも消費型付加価値税採用に関しては、戦後何度か議論されている。(1) 実際、地方政府レベルでは一九五六年

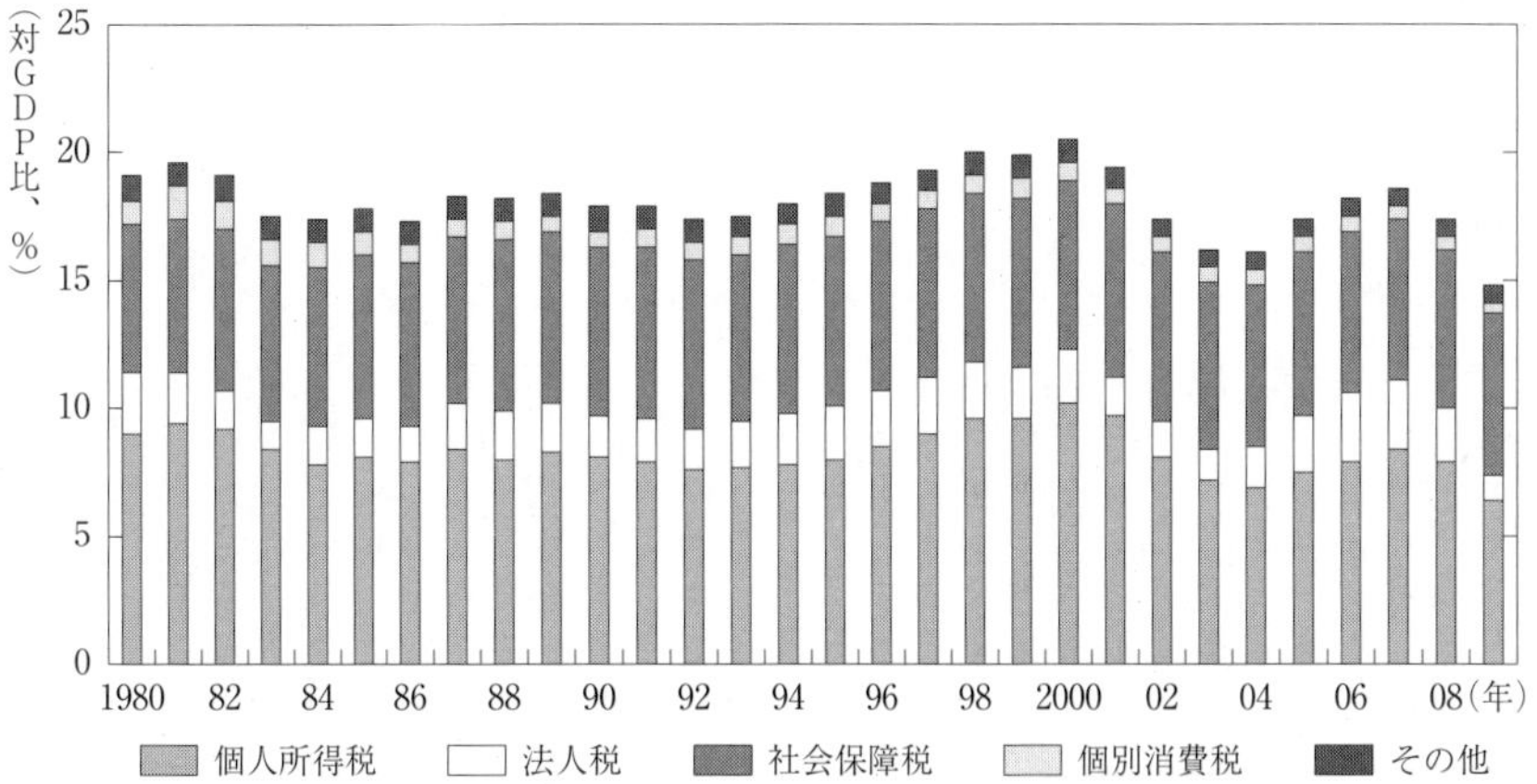

（出所）Government Printing Office, Budget of the United States Government: Historical Tables Fiscal Year 2011, より作成。

図14－1　アメリカ連邦政府税収の内訳推移（対 GDP 比）

にはミシガン州において法人課税の代替税として地方付加価値税が導入された。しかし、ミシガン州地方付加価値税は一九六五年には、相次ぐ改正と換骨奪胎の結果、事実上、付加価値税の姿をとらないものとなってしまった（ロック 一九六五）。連邦政府レベルでは、一九七〇年代、ニクソン政権により主に欧州との国際取引上の貿易不均衡から消費型付加価値税の導入が議論された（コーエン 一九七一）。また、一九八〇年代には八六年税制改革の下地となる八五年の財務省報告において消費型付加価値税が議論された。既存税制の見直しが税収中立という観点から議論された結果、新規財源の議論は生じえず本格的に議論されないままに終わった（前田 一九八九）。

一九九〇年代以降の議論では、付加価値税及び連邦政府による新たな消費課税の議論は、もっぱら既存税制の代替財源として主張されてきた。こうした主張は、現在、①ＵＳＡ Ｔａｘ、②連邦小売売上税、③フラット税、④付加価値税の四つに収斂しているとされている（Gillis 2002）。

アメリカの消費型付加価値税に関する議論に共通するのは、多くが所得税の代替税として議論されていることである。消費型付加価値税を入れることで、所得税ないし法人税あるいはその両方を全廃し、消費型付加価値税を連邦歳入の基幹税にしようとするのが概ね、代替論の意図である。

消費型付加価値税を含め、アメリカにおいて連邦政府の基幹税を消費ベース課税に切り替えようとする理由として、幾つかアメリカの経済状況に対して合理的な理由があるとされる。まず、アメリカの相対的に低い貯蓄率を改善することへの期待である。消費に直接課税する消費ベース課税ならば、消費の節約そのものが節税行動となるためである。

また、一九八〇年代には欧州との国際競争力を念頭に置き、租税負担が消費ベース中心の欧州では仕向地原則でアメリカへの輸出の際、租税負担が控除される一方、アメリカにおいては所得課税ベースが価格転嫁された場合は輸出の際に控除されないため、国際競争力が相対的に弱まるとの主張がなされた。所得課税の代替課税として行われることを考えた場合には、さらに複雑な所得税により生じる納税者の税務処理が発生させる機会費用の損失を防ぐことができる。

一方、こうした消費型付加価値税の新設や代替はアメリカの租税政策において実際に採用されることはなかった。アメリカで連邦レベルでの付加価値税（あるいは消費課税）が本格的な議論とならない理由は次の五つであるとされる。すなわち、①逆進性、②財政規模拡大への懸念、③インフレへの警戒、④州地方課税との協調問題、⑤税務行政上の問題、である（前田 一九八九）。

時代ごとでみれば、消費型付加価値税の導入が連邦政府において議論に上りながらも、実現しなかった理由はそれぞれに異なりをみせる。Bartlet（1993）は一九七〇年代に下院財政委員会（Ways and Means Committee）の議長であったウルマン（オレゴン州民主党議員）が付加価値税の導入を強く推し進めた結果、不興を買い一九八〇年に議長の任を解かれた点を強調し、消費型付加価値税が政治的に不人気であったと当時の議会公聴会での米国下院議員のラッタの発言を引きつつ主張している。また、一九七〇年代から八〇年代初頭にはそれまでのアメリカ経済を悩ませてきたインフレ懸念から消費ベース課税が、本格的な議論の俎上に上らなかった点、八四年の財務省報告における消費型付加価値税の新設についても、「小さな政府」を嗜好する政権の動向からも選択しづらかった点も看過できない。

一九九〇年代の財政再建政策に関してCBO（1997）の提出したレポートでは、消費型付加価値税について歳入確保策として有効であるとしながらも、実行時の税務行政費用の増大や対応人員の不足の問題から実施困難と結論づけられている。九〇年代の財政再建期においては、何よりも現実的な手段が求められた。そのなかで、行政費用の見通しがつか

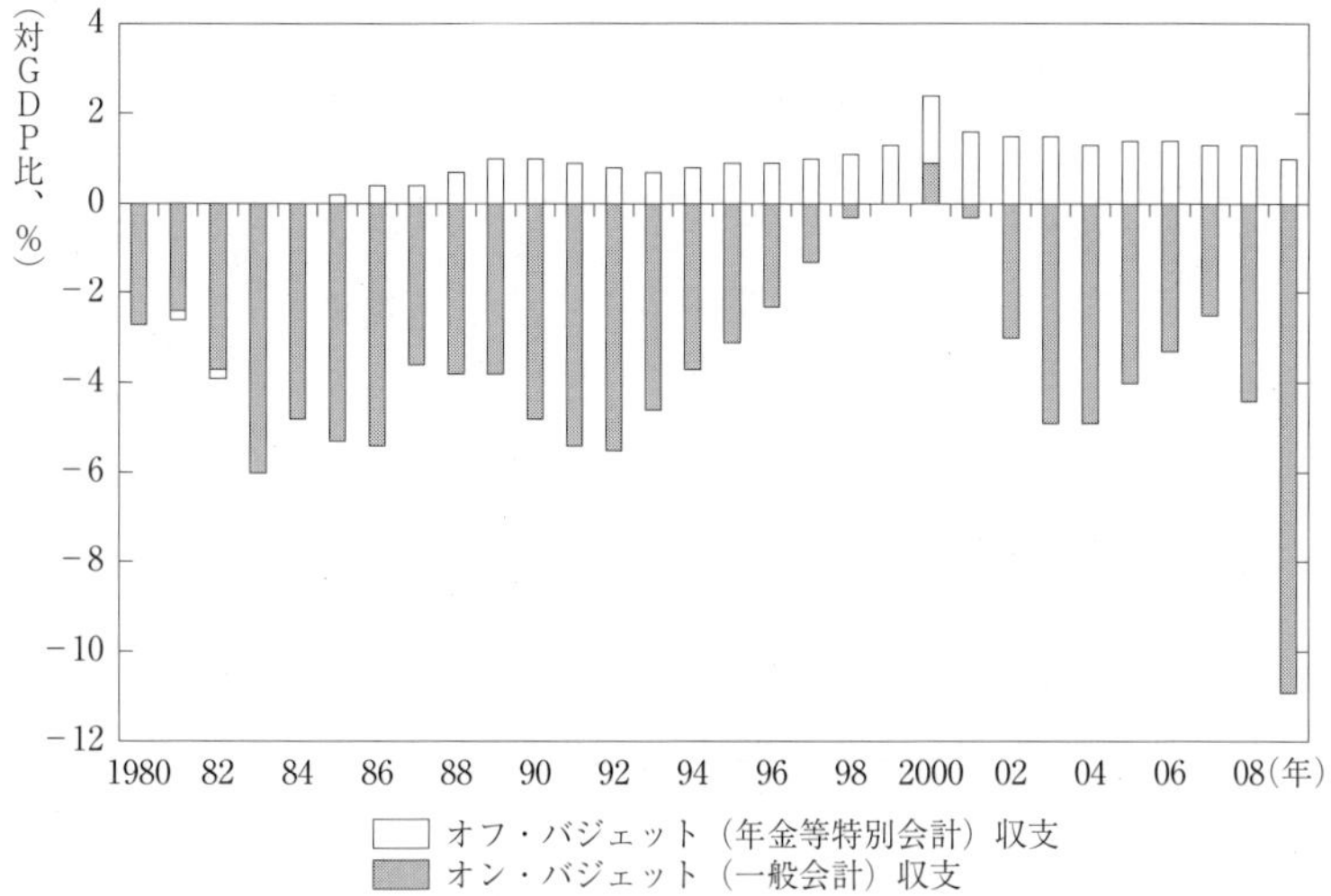

（出所）　図14－1に同じ。

図14－2　アメリカ連邦政府の財政収支推移（対GDP比）

ないような曖昧な制度であった連邦消費税は具体的な歳入確保の手段としては取り上げられなかったといえる。こうしたなかで、アメリカでの現実的な税制改革や増減税は所得税及び法人税を中心に展開せざるをえなかったのである。

本章の問題意識である「増税（ないしそれを可能とする社会状況）」という論点からいえば、近年のアメリカで本格的な増税を行ったのは一九九〇年代初頭の二つの政権にまたがっての時期である。すなわち、ブッシュ（父）共和党政権において行われた一九九〇年包括財政調整法（Omnibus Budget Reconciliation Act Of 1990）とクリントン民主党政権において実施された一九九三年包括財政調整法（Omnibus Budget Reconciliation Act Of 1993）での所得税増税政策を指す。

両政権下ではレーガン政権下で生じた巨額の財政赤字を解消する必要性に迫られ、歳出削減や予算改革、そして増税が試みられた。増税による増収効果は大きく、九〇年代中盤以降の景気回復も手伝って連邦財政収支は行政府の想定よりも早い一九九八年に黒字化を達成した（図14－2）。こうした増収及び財政再建の成功に関して、歳出削減及び強い財政制約や民主党政権の伝統的福祉政策からの転換、そして、所得税増税が経済成長の果実を弾力的に歳入にもたらした点が評価された（待鳥 二〇〇三、河音 二〇〇六）。

続いて、一九九〇年代初頭の増税政策について、その構造及び増収効果を確認するとともに、共和党ブッシュ政権下で財政再建法の大きな議論の的となった増税論争を一九九〇年包括財政調整法に関する下院での議論から見ていくこととしよう。

3　九〇年所得税増税の政治過程

財政再建の背景

一九八〇年代のレーガン政権下での財政赤字と経常収支赤字のいわゆる「双子の赤字」に苦しめられたアメリカ経済は九〇年代初頭に早急な財政健全化の必要性に駆られていた。これに対応して二つの包括財政調整法により歳出削減と増税という、八〇年代には同一パッケージに盛り込みにくいとされていた政策が実現していくこととなる。一九九〇年包括財政調整法の柱は主に三つあり、一つはGRH法以降続く財政規律の明確化と予算制度改革である[2]。ここでは、pay-as-you-go原則[3]とcap制[4]が採用され、それまでの連邦予算を形作っていた増分主義に一定の制限が加えられることとなった。二つ目は国防費用やメディケアを含むエンタイトルメント支出の削減である（本書第8章参照）。

三つ目が個人所得税を中心とした増税策であった。一九九三年の包括財政調整法では、さらなる個人所得税の増税と、法人税の限界税率の引き上げが行われた。このような財政再建期の増税政策に対して、アメリカの財政再建期の研究では増収効果を評価するもの（井堀 二〇〇〇）、景気拡大期の恩恵に注目するもの（小泉 一九九九、大島 一九九九）、その両者を指摘するものに分かれている（渡瀬 二〇〇〇）。一九九〇年代中盤以降、アメリカはIT分野での成長によるバブル経済に突入し、高い経済成長を経験した。同時に、個人所得は金融部門を中心に膨張し、一部の個人企業（S法人）所得も計上されたことから、個人所得税の課税ベースは急激に増加した（関口 二〇〇六）。こうした好景気と増益、個人所得の増加という波に対して、増税は大きな歳入増をもたらし財政再建の達成につながっていくこととなる。

図14－3は一九九〇年代の所得税の全税収のうち、上位一％～二五％までのそれぞれが累積で占める割合の推移をみ

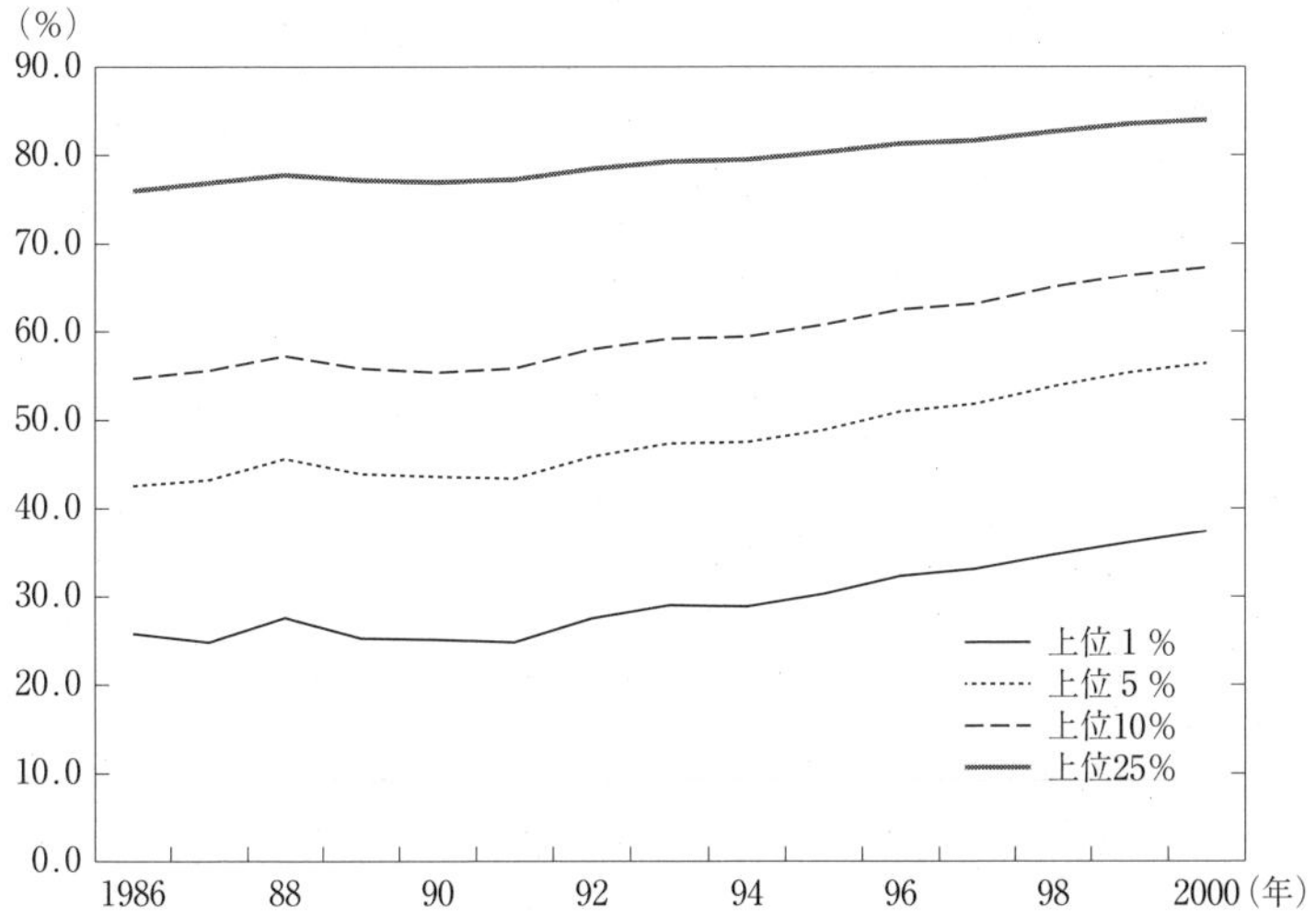

（出所） Internal Revenue Service Home Page, Statistics of Income, Individual Time Series Statistical Tableより作成。

図14-3　所得税に対して各所得分類が占める割合（累積）

たものである。ここから、九〇年代後半に従って上位一%の層が占める税収の割合が増加傾向にあることが読み取れる。九〇年から九九年の期間でみると上位一%が全税収で占める割合はおよそ一〇%ポイント上昇している。このように、数的な面からも所得の上位層あるいは富裕層の負担増が所得税の増収に結び付いていることが読み取れる。では、こうした個人所得税の増税はいかなる所得構造のもとに行われたのか、節を改めてみていこう。

増税政策の効果と構造

ここで、二つの財政調整法で行われた個人所得税の税率構造を表14-1、2で示す。一九九〇年包括財政調整法ではそれまでの最高限界税率であった二八%を三一%に引き上げた。この際、最高限界税率が適用される税率は九万七六二〇ドル以上（単身者）、一三万四九三〇ドル以上（世帯主）とする高額所得者を対象とした増税政策であった。参考までに述べれば、一九九〇年当時の家計の所得五分位における第三分位の平均所得が二万九七八一ドル、最も高い第五分位の平均所得も八万七一三七ドルであり最高限界税率の適用所得の範囲外である。同様に一九九三年包括財政調整法で行われた限界税率のブラケットの追加は表14-2のとおりである。これも、

表14－1　1990年包括財政調整法後の連邦所得税ブラケット

税　率	単身者	夫婦（連結）	世帯主	夫婦（単独）
15%	0～194,449	0～32,449	0～26,049	0～16,224
28%	19,450～47,049	32,450～78,399	26,050～67,199	16,225～39,199
33%	47,050～97,619	78,400～162,769	67,200～134,929	39,200～123,569
31%	97,620～	162,770～	134,930～	123,570～

（出所）Tax Policy Center Home Page, Tax Fact: Individual: Historical Individual Income Tax parameter, より作成。

表14－2　1993年包括財政調整法後の連邦所得税ブラケット

税　率	単身者	夫婦（連結）	世帯主	夫婦（単独）
15%	0～22,099	0～36,899	0～29,599	0～18,449
28%	22,100～53,499	36,900～89,149	29,600～76,399	18,450～44,574
31%	53,500～114,999	89,150～139,999	76,400～127,499	44,575～69,999
36%	115,000～249,999	140,000～249,999	127,500～249,999	70,000～124,999
39.60%	250,000～	250,000～	250,000～	125,000～

（出所）表14－1に同じ。

二五万ドル以上の所得に対して最高限界税率三九・六％の新たな税率を加えるものであった。一九九三年の上位五％の所得階層の平均所得が一七万三七八四ドルであり、最高限界税率の適用層が相当上位の所得階層であることがうかがえる。

このように、一九九〇年初頭に行われた所得税増税の構造は、中間層への薄く広い増税ではなく、むしろ高額所得者層を狙い撃ちにするものであった。確かに、メディケイドなどのエンタイトルメント支出の削減や福祉政策の市場化など、低所得者に対する間接的な負担は高まったものの、一方で租税を通じた直接還付（勤労所得税額控除）等により中間層から低所得者の租税負担は軽くなった。この点からいって、アメリカにおける所得税の累進性は九〇年代の増税によって一定程度強化されたと言えるだろう。この効果を量的に確認しておこう。表14－3は調整後総所得に対する納税額の割合をとったものである。一九八九年から一九九五年までの変化をみると、一九九〇年と九三年を境に、特に所得二〇万ドル以上の層から負担が重くなっていることがみて取れる。

先ほど、九〇年代の二つの増税が最高限界税率の引き上げ、及びその追加であったことを税率表を元に確認した。また、調整後課税所得別の負担割合を見ても、二〇万ドル以上で負担が増加していることが見て取れる。同時期の平均の家計所得は中

表14－3　所得階層別の連邦所得税の平均税率

（単位：%）

	1989	1990	1991	1992	1993	1994	1995（年）
1万ドル未満	3.8	3.7	3.5	3.2	3.0	3.0	3.0
1万ドル以上2万ドル未満	6.4	6.1	5.5	5.1	4.9	4.8	4.7
2万ドル以上3万ドル未満	9.3	9.1	8.7	8.4	8.2	8.1	7.9
3万ドル以上4万ドル未満	10.9	10.6	10.5	10.2	10.1	10.0	9.8
4万ドル以上5万ドル未満	11.5	11.4	11.0	10.8	10.7	10.8	10.8
5万ドル以上6万ドル未満	12.9	12.4	12.1	11.6	11.5	11.4	11.4
6万ドル以上7万ドル未満	14.2	13.8	13.2	12.9	12.7	12.6	12.5
7万ドル以上8万ドル未満	15.3	14.9	14.4	14.0	13.9	13.8	13.6
8万ドル以上9万ドル未満	16.2	15.8	15.4	15.0	15.1	14.9	14.6
9万ドル以上10万ドル未満	17.3	16.6	16.0	15.9	15.7	15.9	15.8
10万ドル以上12万5千ドル未満	18.4	17.5	17.3	16.9	17.0	17.0	16.9
12万5千ドル以上15万ドル未満	19.8	19.2	18.6	18.7	18.6	18.6	18.3
15万ドル以上17万5千ドル未満	21.1	20.4	19.8	19.6	19.7	19.9	19.9
17万5千ドル以上20万ドル未満	21.8	21.1	21.0	20.7	21.2	21.4	20.9
20万ドル以上30万ドル未満	22.8	22.3	22.7	22.9	23.8	23.9	23.8
30万ドル以上40万ドル未満	23.6	23.7	24.3	24.4	26.9	26.9	26.8
40万ドル以上50万ドル未満	23.9	23.6	24.9	25.3	28.4	28.6	28.7
50万ドル以上100万ドル未満	24.0	24.0	25.7	26.0	30.0	30.2	30.2
100万ドル以上	24.2	24.1	26.2	26.8	31.2	31.1	31.4

（出所）Department of the Treasury Internal Revenue Service (various years), Table B, より作成。

位である第三分位で三万ドル前後であることから、最高限界税率や実際の統計上負担の高まっている所得階層が高額所得者であることは疑いえない。

富裕層への増税に成功したことは、九〇年代のアメリカの財政再建に大きな意味をもった。それは、景気拡大期に対して、増税という「帆を張る」ことに成功しただけでなく（渡瀬 二〇〇〇）、課税ベースである個人所得の特質を利用できたという点である。図14－4は、その特質を端的に表すものである。これは、アメリカの納税者のうち所得上位一%の層が全課税所得のうち、何割を占めているかを表すものである。一九八〇年代にはほぼ横ばいであった割合が、一九九〇年代以降、急激に上昇していることが確認できる。また、九〇年代後半から二〇〇〇年代前半には一旦落ち込むものの、二〇〇二年以降には再び上位一%の層の占める所得の割合が増加し二〇〇七年には四分の一に迫る勢いを見せた。富裕層への増税は、彼らの課税所得への国民所得の集中に対しそこからの大幅な歳入増を政府にもたらし九〇年代財政再建の要諦となったのである。

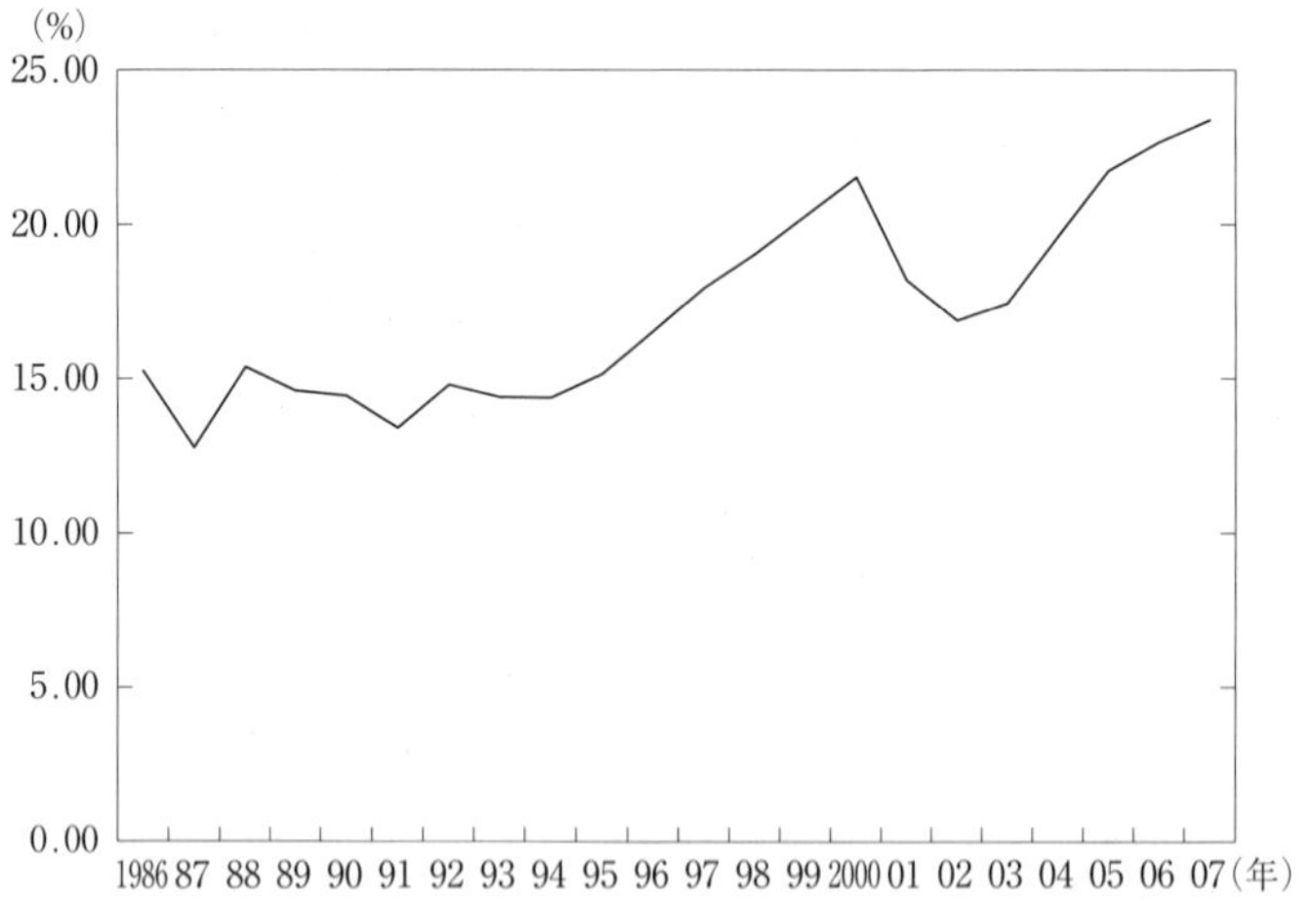

（出所） Department of the Treasury Internal Revenue Service Home Page, Statistics of Income, Table 7, より作成。

図14－4　トップ１％の富裕者層が全個人所得に占める所得の割合

九〇年包括財政調整法における増税論議

それでは、このような高額所得者を対象とした増税政策について、政治的にはいかなる議論が繰り広げられたのか。ここでは、一九九〇年包括財政調整法における下院五八三五号（下院における一九九〇年包括財政調整法の法案番号）において行われた増税修正議論をみることで、この点を明らかにしていこう。

そもそも一九九〇年は、議会多数派が民主党によって構成され、行政府が共和党のブッシュ大統領（親）が率いる、いわゆる「ねじれ」の状態にあった。このため、ブッシュ政権による財政政策運営は当初から波乱含みの様相を呈していた。当初、大統領提案の財政再建策は、大幅な福祉関係支出の削減等を含む、歳出のリストラクチャリングが中心とされていた。しかし、議会多数派である民主党は、大統領提案に盛り込まれたキャピタル・ゲイン課税の引き下げなどの明らかな富裕層優遇策へ批判を集中させた。結果として、一九九〇年の財政再建策は民主党、共和党の超党派で形成される主要議員八人による八者会議によって決定することが合意された（待鳥 二〇〇三、一八九～九九頁、河音 二〇〇六、九九～一〇六頁）。

ここで、民主党、共和党はお互い所得税の増税及びキャピタル・ゲイン課税の限界税率の引き上げ猶予、エンタイトルメント支出の削減への同意等、妥協的決着をもって財政赤字解消を目指すことに合意した。しかし、八者会議へ参加できなかった両党の議員はこの会議の結果を了承せず、結果として財政再建案は一から議会内で議論される結果となった。そもそも、共和党においてはブッシュ大統領の当選時における「増税を行わない」との発言の反故にあたるとの批判が、民主党側からは増税の負担が依然、高額所得者に有利なままエンタイトルメントなどの削減を容認できない、という意見が溢れた。

こうした経緯を受けて下院に提出された五八三五号は、議会内での議論によって増税案の内容を決めるものとなった[5]。下院において、一九九〇年一〇月一六日における下院五八三五号への修正八七一に対する議論は、当時の増税における両党の争点を表すものである。大統領提案での増税案に対して、共和党政権は増税を行わず歳出削減のみで財政赤字に対処すべきとして五年間で五一〇〇億ドルの削減策を提案していた。一方、民主党においてロステンコワスキー議員により提示された修正内容は高額所得者への増税を迫るものであった。

共和党側の主張では、財政赤字の増加はエンタイトルメントなどに伴う福祉支出の増加など歳出面での影響が大きいとし、財政再建にまず十分な「歳出の無駄」の削減を主張した[6]。こうした歳出削減提案に対して、民主党は代替提案となる修正法案に、既に州地方政府への開発関係予算の削減や農業保障の削減を中心に十分取り組んでいると反論した。政策予算のみならず、さらにメディケアの削減といった政策リスクとなるカードを切りつつも、民主党は増税による歳入増加を推し進めようとしたのである。この点を、端的に表しているのが民主党中道派ドルガンの次の発言である[7]。

> いずれの陣営もこのように述べる、そう、我々は歳出を削減すべきだ。もちろん、我々は歳出を削減すべきだし、事実、我々（民主党）はそれ（歳出削減）を政策パッケージに盛り込んだ。あなたたち（共和党陣営）はその点で正しい、しかし、我々にはもっと歳入が必要なのだ。（傍点、カッコ書き筆者挿入）。

このような新規歳入の必要性に対する強い決意と同時に主張されたのが、その主たる手段である増税の負担を巡っての議論である。民主党ウェイス下院議員の “the crux of budget debate is this: Who pays more ?”（財政に関する難題はつまり、誰がもっと支払うのか、だ)、という発言はこれを代表したものといえる。そして、民主党が、財政赤字解消の負担を負うべきと考えたのは、一九八〇年代に減税の恩恵にあずかった富裕層であった[8]。こうした主張は、実際の政策をみる限り、一九九〇年代初頭の財政再建期において行われた増税政策に直接的に反映される結果となった[9]。その意味で、一九九〇年包括財政調整法の増税は垂直的な公平性に重きを置いた改革といえる。

ただし、その後の財政再建は湾岸戦争の発生などから嵩む財政支出や景気の後退などの影響から思うように進まず、一九九二年の大統領選挙を前にして財政赤字は史上空前の規模にまで膨らむこととなった。このため、九二年大統領選挙とその後に成立したクリントン政権では新たな財政再建案の提示が急務となったのである。一九九三年包括財政調整法では、財政赤字の削減に向けて再び所得税を中心とした増税政策が行われることとなったのであるが、その際の議論は一九九〇年包括財政調整法の垂直的公平性の強化という文脈に加え、水平的公平性及び増税負担の中間層への拡大も同時に議論されることとなった。次に、その議論の過程を詳しくみていくこととしよう。

一九九三年包括財政調整法における増税論議

一九九三年包括財政調整法における財政再建のための予算確保策は、高額所得者に集中した一九九〇年包括財政調整法による負担構造から若干の変化が生じている。依然、最大の確保方法としては、増収予定額の全体四三・八%を占める所得税の最高限界税率の引き上げである。ただし、それ以外に一九九三年包括財政調整法では中間層に対する負担増につながる増税が行われている。

特に、ガソリン税に対する増税や社会保障給付に対する連邦所得税の課税ベース算入割合の増加等は中間層の負担を増加させる結果となっている。

また、所得税の増税も増税項目としては高額所得者を対象とするとされながら、実際の負担構造の増加を計算したCBO(1994)の報告によれば、連邦政府の増税による負担構造は表14-4に示すとおり、第三分位以上の層から微増している。また、世帯形式別で見た場合には高齢者において多くの世帯で連邦所得税の増税の影響が存在することがみて取れる。

そもそも、一九九三年包括財政調整法を審議した第一〇三議会では上下両院とも大統領と同様に民主党が多数派を形成しており、その点からも大統領提案である同法への反発は強いものとはなっていない。むしろ、課題は民主党内部での利害調整であった。ゴア副大統領の強い要望の下で提出された包括エネルギー法は、南部民主党議員の石油業者との利害関係から、最終的には単純なガソリン税の増税に帰着させられることとなった（河音 二〇〇六、一三二～一三五頁）。

表14-4　1993年包括財政調整法による連邦税増税の所得階層別負担増減割合

（単位：%）

	全家計	子育て世帯	65歳以上世帯主世帯	その他世帯
第1分位	−28.1	−68.0	4.6	−4.3
第2分位	−1.1	−2.8	3.8	0.8
第3分位	1.0	0.8	2.8	1.0
第4分位	1.0	0.9	2.3	0.9
第5分位	6.5	11.8	9.8	6.5
全　体	3.8	3.0	7.5	3.5

（出所）CBO（1994, 32f）より。

しかも、当時の世論は圧倒的に財政再建を望んでおり、この結果、景気対策として公共投資の拡大や各種の経済政策メニューを準備していたクリントン政権は、結果的に財政再建法を中心とした一九九三年包括財政調整法を構築せざるを得ない状態にあった。また、同様に財政再建を求める論調は議会民主党内部からも起こっており、この点からも、九三年包括財政調整法は歳入増加策と同時に社会保障支出を直接支出から租税支出に移行させることで低所得者向け負担軽減策や現金給付を行うという政策パッケージが実施されることとなった（河音 二〇〇六、一三二～一三五頁）。

このため、議会と大統領府がねじれ状態にあった一九九〇年包括財政調整法における民主党による財政再建パッケージの導入とその突き上げという先に示したような政策過程ではなく、終始、民主党に有利な形で議会運営が進められる結果となった。上院においては、民主党対共和党の議席数は下院よりは拮抗していたため、租税負担を巡って幾つかの議論が生じている。具体的にいえば、一九九三年包括財政調整法では、一層の最高限界税率の引き上げを通じて高額所得者への課税が強化された。この点で、さらなる垂直的公平性の確保が実現された改革であった。同時に、この改革では水平的公平性の確保にも注意が払われた改革であった。特に、一九九三年包括財政調整法では公的年金の受取りに対して、それまで五〇％であった課税ベース参入率を八五％

まで引き上げる案が可決された。この提案について、主に租税の水平的公平性を巡る議論がかわされた。

上院における一九九三年包括財政調整法は、法案S・一一三四号として提出され一九九三年六月下旬にかけて審議が行われた[10]。このなかで、中道寄りの共和党議員マケイン、また同じく共和党議員であるロッテから修正五一九号及び修正五一六号が提出されている。両修正法はいずれも社会保険料受取（年金受取）に対する租税負担の引き上げを撤回、ないし引き下げるべきであるとの主張であった。一九九三年包括財政調整法の上院における年金受け取りの課税ベース算入率の引き上げは、マケインら共和党議員の主張では社会保障基金への目的税として増税されることは合理的であるが、財政再建の原資として年金受給者の負担を引き上げることは中間層の租税負担をいたずらに増加させることとなるとの主張がなされた。

対して、民主党バッカス議員は仮に年金に対する負担を上昇させたとしても、負担が上昇するのは年金受給者のわずか一三％であると主張し、さらに、その一三％の負担増となる世帯は平均一〇〇万ドルの純資産を保有する富裕層であり、この増税が中間層負担の上昇に結びつかないと述べている。この点で、民主党内では同法による負担増は基本的に富裕者層への増税という認識も存在していたことがうかがえる。同時に、強調されているのが、仮に民主党の案が可決された場合に財政赤字の削減のために必要な二六〇億ドルが調達できないという、財政再建への強い執着である。結局、民主党優位のなかで進められた上院議会審議であるため、修正五一六号は五一対四六で修正五一九号は五七対四一でそれぞれ退けられている。

公的年金に対する課税補足率の強化という同政策は、財政赤字解消のための手段としてどのような議論を根底に含むのか。ここで、議会内議論に先立つ一九九三年五月四日に上院財政委員会で行われた公的年金課税の強化をめぐる議論を見ることでこの点をさらに掘り下げておこう（Committee on Finance 1993）。公的年金に対する所得税強化の主な目的は、当然、財政赤字解消のための財源確保である。ただし、同制度への賛同者により強調される論理は、さらに課税の公平性及び中立性を説くものが多い。アーバン研究所の上級研究員で米国租税政策の研究者であるユージン・スタールは公的年金への課税強化は二つの意味で水平的公平性にかなうものであるとしている（*ibid.*, 29）。

一つは現役世代の労働所得と引退世代の年金所得間での課税の公平性である。年金のみに課税ベース算定の特別免税が存在する場合、六五歳未満の非受給世代の稼得所得に対して年金が差別的に有利な扱いを受けることになる。課税強化は第一にこの水平的公平性を是正することが期待されるとしている。また、二つ目の水平的公平性が関係する論点として私的年金と公的年金の課税問題がある。公的年金と異なり、私的年金はすべて連邦所得税の課税ベースに算入されることから、同じ年金所得にもかかわらず制度間で取り扱いが異なるのは租税の水平的公平に反するというものである。

公的年金と私的年金間での取り扱いの違いに関して、これを問題視するのはスタールだけでなく、ロバート・メイヤー[(11)]からも同様の指摘がなされている（*Ibid.*, 26）。また、財政赤字対応のための新財源として公的年金への課税強化は「論理的かつ事由面から完璧な」政策であるとしている。そもそも、ロバート・ボール[(12)]によれば、公的年金への所得税における免税措置は、かつてより所得税のループホールとして認識されてきたとしている[(13)]（*Ibid.*, 20）。

また、財務省租税政策局副長官のランドルフ・ハードックは財政赤字に対する負担論について、次のような印象的な言葉を述べている。

財政赤字の削減のためには、我々はすべての階層から、解消に向けた貢献を募らなければならない。それも効率的な手段で。現在の提案（公的年金への課税強化）は以上の考えに適ったものといえる（傍点、カッコ書き筆者挿入）（*Ibid.*, 4）。

公的年金への増税論において、議会内の議論では、それほど強調されなかった「財政赤字の負担」を誰が負うべきか、という論点はこのように上院財政委員会においては水平的公平性を中心にその必要性が主張されたといえる。また、共和党グラッスリー上院議員の発言も一九九三年包括財政調整法における租税政策上の負担論を端的に表現している。すなわち、「政府は燃料税および公的年金課税の強化を行うことで税収を確保しようとし、低所得者に対しては還付付税額控除を中心とした減税により負担を相殺しようとしているようにみえる」（*Ibid.*, 12）。

高額所得者への増税は、一九九三年包括財政調整法でも行われたが、同時に一九九〇年包括財政調整法では財政赤字の負担は主に高額所得者を中心とすべき、という議論が民主党から声高に主張されたことと比較すると、九三年にはその負担を中間層及びアメリカ全体でいかに負担するかという議論が登場することが読み取れる。

先にも述べたとおり、当初、景気対策への強い要望を示していたクリントン政権であるが、世論の強い要求から財政再建政策を取り入れざるを得なかった。この論点は、議会与党である民主党においても、強く共有されていたことが先のバッカスの発言からも読み取れる。また、実際の経済負担を見ると高齢者層の多くは実質租税負担が上昇していることをみると、共和党ロッテらの批判は的外れのものともいえない。すなわち、一九九三年包括財政調整法の段階では民主党側から高額所得者への負担増に加え、中間層に対しても租税負担の拡充が求められたと評価できる。

4　九〇年代増税と二つの公平性の重要性

日本の現状を念頭に置いた場合のアメリカの租税構造及び、九〇年代初頭の増税議論からの示唆をまとめよう。まず、一九九〇年代の財政再建期においてアメリカが新たな歳入源として連邦消費税を選択しなかった理由としては CBO (1997) も述べるように、消費課税導入のための税務行政費の増大や事務の煩雑さを懸念したためである。こうしたなかで、増税の現実的な選択肢は所得税しか残されていなかった。

九〇年包括財政調整法では、大統領府と議会のねじれのなかで、民主党により主導された財政再建策をブッシュ政権は飲まざるを得ない状況下に追い詰められていった。この結果、公約を反故とする増税策として所得税の最高限界税率の引き上げが行われた。九三年包括財政調整法では同様に最高限界税率の引き上げが九〇年の段階よりも大きく引き上げられた。こうした増税政策の議論の背景には、八〇年代のレーガン政権下、特に第一期に行われた減税政策により、高額所得者の負担が大きく削減されたことへの反発が存在していた。増税支持派は、この時期に毀損した所得税の垂直的公平性の回復に強い関心をもっていた。同時に、九三年には一種の税制上の抜け穴とされる公的年金の部分的非課税措置を撤廃し、財政再建の負担に対する水平的公平性の確保に対しても関心が示された。

このようにしてみると、アメリカの財政再建を支えた九〇年代の所得税増税は、垂直的・水平的公平性の確保というキーワードの下に展開したことがうかがえる。すなわち、財政再建という「負担」を国民に対してどのように強いるかという場合、租税論がいみじくも語るように二つの公平性の観点からこれを考察すべき、という「規範論」への留意がみられるといえる。さらにいえば、付加価値税をもたない連邦政府においては、増税における租税負担の二つの公平性は所得税のなかで完結する必要があった。この点から、最高限界税率の引き上げと、税の抜け穴への対応という二つの軸を通じて増税が実施されたのである。

翻ってわが国の増税議論をみてみよう。社会保障費等の義務的経費の増加に対する増税策として、近年、わが国では消費税の増税をもってこれに対応しようとする議論が声高に叫ばれている。確かに、フランスやその他欧州諸国の税率を見る限り、わが国の消費税の税率は必ずしも高くない。また、基本的に比例税率で実施される消費税は水平的な公平性を満たした税制となっている。しかし、問題はIde=Steinmo（2009）でも語られるように、一九九〇年代にわが国における租税の「垂直的」公平性が著しく毀損したことである。仮に、アメリカの事例を念頭に置くのならば、消費税の増税による水平的公平性の確保と同時に、垂直的公平性を満たす所得税の累進性の回復もセットで行われるべきである。公平性の二つの側面に留意する租税論の「規範面」あるいは「良心」ともいえる部分に対してこそ、政府からの負担増に対する信頼も高まろう。このような歴史的教訓に学ぶことが、わが国の増税議論にも求められているといえるのではなかろうか。

注

（1）戦前にも、連邦政府による付加価値税の議論がなされている。戦前の議論は、主に法人税と付加価値税、いずれが法人の利潤を捉えるうえで適当かを巡る租税理論上での議論であった（根岸 一九七五）。

（2）グラム＝ラドマン＝ホドリング法。一九八五年に成立した財政緊縮法案であったが、目標値が厳格すぎたため実効性に問題が生じ、失敗に終わった。
(3) 歳出入の均衡法、新規の予算措置や増額に対して、同額の歳出カットが歳入増を計画上義務付ける財政規律法。
(4) 歳出の上限規制を指す。
(5) 以下、下院五八三五号に対する修正八七一を巡る議論は、議会資料（lexis-nexis 経由取得）のディリーレコードにもとづいている。
(6) 共和党ディレイ議員の発言等。
(7) 同様の主張は、民主党のバーネット、プライスら議員の発言にも共通したものがみられる。
(8) 八〇年代のレーガン政権下では第一期において最高限界税率の引き下げや資産性所得への優遇を含めた富裕層に恩恵の集中する減税政策が行われた。国際的に評価の高い一九八六年税制改革は、この減税政策の行き過ぎを是正するものではあったが、課税ベースの拡張により垂直的・水平的公平を図るものであり、最高限界税率はむしろ引き下げられた。さらに、税収中立の観点からネットでの増収は行われなかったため、垂直的公平性の回復は限定的であったと評価できよう。
(9) 修正四一七号に関する採択である投票番号四七五は次の形で結審した。賛成二二七、反対二〇三、棄権三。
(10) 以下、一九九三年包括財政調整法に関する議論については、同法上院審議六月二四日のディリーレコード（THOMAS Library of Congress 経由）に基づいている。
(11) 一九四七年から七〇年まで公的年金基金機関の保険計理人を務めた人物。
(12) 一九六二年から七三年に公的年金基金機関の局長を務めた人物。
(13) 具体的には、ケネディ政権時に租税政策副長官であったスタンリー・サリーと協力して、公的年金受け取りへの課税を検討し始めたとしている。

参考文献

井堀利宏（二〇〇〇）『財政赤字の正しい考え方』東洋経済新報社。

エドゥイン・コーエン（一九七一）「米国からみた欧州の付加価値税制度（講演・七月二四日）」『財経詳報』九一〇号。

大島通義（一九九九）「財政政策を形成する主役とその仕組み」大島通義・神野直彦・金子勝編『日本が直面する財政問題』八千代出版。

河音琢郎（二〇〇六）『アメリカの財政再建と予算過程』日本経済評論社。

加藤淳子（二〇〇三）「福祉国家の税収構造の比較研究」武智秀之編著『福祉国家のガヴァナンス』ミネルヴァ書房。

小泉和重（一九九九）「アメリカの財政政策」大島通義・神野直彦・金子勝編『日本が直面する財政問題』八千代出版。

小森瞭一（一九七五）「アメリカの付加価値税案(1)(2)」『経済学論叢』二三巻。

関口智（二〇〇六）「１９９０年代の財政再建期における法人所得税制――連結納税・パートナーシップ・エンロン」渋谷・渡瀬編『アメリカの連邦財政』日本経済評論社。

根岸欣司（一九七五）「アメリカにおける付加価値税論の展開（一）――1950年代まで」『富士論叢』二〇巻。

前田高志（一九八九）「アメリカの間接税改革をめぐる最近の議論について――連邦付加価値税の導入と州売上税におけるサービス課税の問題を中心として」『大分大学経済論集』四〇巻四・五号。

待鳥聡史（二〇〇三）『財政再建と民主主義　アメリカ連邦議会の予算編成改革分析』有斐閣。

C・ロック（一九六五）「ミシガン州の付加価値税」『租税研究』七三号。

渡瀬義男（二〇〇〇）「クリントン政権による財政再建と福祉改革」『財政法叢書16　財政再建と憲法理念』龍星出版。

B. Bartlett (1993) "Value-Added Taxes and Other Consumption-Based Taxes: An Annotated Bibliography," Tax Foundation Buckground Paper #4, Washington D. C.: Tax Foundation.
Congressional Budget Office (1994) *An Economic Analysis of The Revenue Provision of OBRA-93,* Washington D. C.: Congressional Budget Office.
Reducing The Deficit : Spending and Revenue Option, Congressional Budget Office, 1997.
Committee on Finance United States Senate (1993) *Taxation of Social Security Benefits Hearing.* Washington D. C.: U. S. Government Printing Office.
J. Fichtner and Jacob Feldman (2011) "Lessons from the 1986 Tax Reform Act: What Policy Makers Need to Learn to Avoid the Mistakes of the Past," *George Mason University Mercatus Center Working Paper,* No. 11-23.
M. Gillis (2002) "Historical and Contemporary Debate on Consumption Taxes," Edited by Zodrow & Miezkowski, *United State Tax Reform in the 21st Century,* Cambridge University Press.
E. Ide & S. Steinmo (2009) "The End of the Strong State, On the Evolution of Japanese Tax Policy," edit by I. Martin, K. Ajay and M. Prasad, *The New Fiscal Sociology : Comparative and Historical Perspective,* Cambridge University Press.

Department of the Treasury Internal Revenue Service. (http://www.irs.gov/)
Government Printing Office, Budget of the United States Government. (http://www.gpoaccess.gov/usbudget/)
Lexis-Nexis. (https://www.lexisnexis.com/)
Tax Policy Center. (http://taxpolicycenter.org/)
United States House of Representative. (http://www.house.gov/)

第15章　一般社会税（CSG）の導入過程の考察
――九〇年代のフランスにおける増税――

小西杏奈

1　課題設定

「一九一四年の所得税の導入、一九五四年の付加価値税の創設、一九八一年の富裕税の創設に続き、一般社会税（Contribution Sociale Généralisée、以下CSG）の創設は、フランスの租税及び社会保障負担制度改革の決定的な一歩となる」（Journal Officiel 1990, 5371）。一九九〇年一一月一五日の国民議会の首相演説で、ミシェル・ロカールはこのように語った。

ロカールの発言通り、一九九一年のCSGの導入で、フランスの国民負担の構成は大きく変化した。先進諸国のなかで極めて低かった直間比率が上昇し、これまで大きく保険料に依存してきた社会保障財源の「租税化 fiscalisation」が急速に進んだ。注目すべきは、創設以降CSGの税率が段階的に引き上げられ、それが、国民負担率全体を押し上げたことである。

世界的な減税基調にあった一九九〇年代初頭に、フランスではなぜこのような増税を伴う税制改革の実施が可能であったのだろうか。本章では、一九九一年財政法の成立とともに導入された社会保障目的税CSGの策定過程の考察をつうじて、政策当局の本税導入の意図を明らかにするとともに、CSGの創設及び増税を受容した、当時のフランスの政治的および社会的基盤とはいかのなるものであったのかということを考えたい。

2　九〇年代フランスの租税政策の概要――一般比例所得税の新設

一九七〇年代半ば以降、他の先進国と同様、フランス経済も構造的な不況に見舞われ、一九八〇年代の失業率は、一〇％前後で高止まりしていた。その一方で、急速に進む高齢化により、社会保障基金とりわけ老齢年金基金の財政状況は悪化の一途をたどっていた。一九八一年五月に政権に就いた社会党は、この急増する社会保障支出をどのように賄うかということに苦心していた。こうした経済的・財政的状況状下のフランスで、一九九一年に社会保障目的税として導入されたのが、ＣＳＧと呼ばれる一般比例所得税であった。

わが国のこれまでの研究では、ＣＳＧの社会保障目的税という性質上、どのような社会保障理念にもとづいて本税が導入されたのかという問題関心からその特徴が論じられてきた一方で、財政政策全体におけるＣＳＧの位置付けについては、十分に考察されてこなかった（柴田 二〇〇二、小澤 二〇〇七）。本章では一九九〇年代のフランスの増税がなぜ可能だったのかという問題関心から、社会保障財源としてのＣＳＧの側面に加え、ＣＳＧとフランスの財政制度全体との関係性に着目しながら本税の導入過程を追っていこう。

まずは、ＣＳＧ導入以前のフランスの国民負担の特徴から見てみよう。表15‐1は、ＧＤＰに占める個々の税及び社会保険料の割合とその変化を表したものである。この表から見て取れるように、ＣＳＧが導入される以前（一九九〇年）のフランスの国民負担の特徴は、①社会保険料に大きく依存していること、②租税のなかではとりわけ財およびサービス税の割合が大きいこと、③その一方で、個人所得税が税収に占める割合が極めて小さいことの三点に要約できる。

社会保険料負担がＧＤＰに占める割合は、欧州諸国のなかではフランスは突出して高かった。一九九〇年の値を見てみると、この割合はフランスで一八・五％であったのに対し、ドイツでは一四・五％、イタリアでは一二・六％、日本では七・七％、アメリカでは六・九％であった（OECD 2008）。

また、付加価値税が全国民負担に占める割合は一八・四％、租税負担に対しては三割も占めていた（*Ibid.*）。この付加価値税の大きさは、一九九〇年時点で、標準税率が一八・六%と他国に比して高めに設定されていたことに加え（ドイツ一四・〇%、イタリア一八・〇%、イギリス一五・〇%、ルクセンブルグ一二・〇%）、いくつかの財に対しては、二八・〇%と三三・三%の割増税率が設定されていたことで説明される（McLennan 1991）。

逆に、個人所得税がGDPに占める割合は低く、同時期の欧州諸国と比較すると、フランスのそれは半分程度でしかない（OECD 1992）。その背景には、フランスの個人所得税の課税標準が、低所得者への配慮や家族政策などの政策的理由によって大きく縮減していたことがあった[1]。

表15－1　国民負担の内訳の推移（対GDP比，%）

	1990	1995	2000	2005	2007(年)
所得課税	6.74	6.98	8.91	10.33	10.38
（個人所得税）	3.8	3.54	3.39	3.19	2.55
（CSG, CRDS）	—	1.31	4.51	4.7	4.84
（法人税）	2.24	2.09	3.04	2.41	2.96
社会保険料	18.51	18.41	15.86	16.24	16.13
賃金税	0.8	1.07	1.02	1.18	1.21
財産税	2.66	2.89	3.06	3.43	3.49
財及びサービス税	11.93	11.86	11.32	11.1	10.73
その他の税	1.36	1.68	1.66	1.52	1.48
合　計	42.0	42.4	44.4	43.9	43.5

（出所）OECD（2008）.

それでは、以上のようなフランスの国民負担に大きな変革をもたらしたCSGとは具体的にどのような税制であったのだろうか。CSGは、従来の社会保険料と異なって、就労所得、所得代替給付（年金、社会手当等）、資産性所得すべての所得形態に広く課される一般比例所得税であった。導入以降、現在に至るまで、CSGの税率は大幅に引き上げられただけでなく（一九九一年一・一%→二〇一一年七・五%）、社会保障債務償還拠出金（Contribution pour le remboursement de la Dette Sociale、以下CRDS）や社会負担金（prélèvement social）と呼ばれるCSGと同様あるいは類似の課税ベースをもった別の社会保障目的税も新たに導入された。その結果、導入直後の一九九五年にはGDPの一・三一%しか占めていなかったCSG及びそれに類似する租税の税収は、二〇〇七年には四・八四%にまで増大した。特筆すべきは、これらの税収の合計額が、二〇〇〇年に、既存の累進所得税（個人所得税）の税収を上回る規模に達したことである。

表15－1が示しているように、CSGの導入をきっかけに、これまで国民負担の大半を占めていた社会保険料と財及びサービス税の対GDP比率がそれぞ

れ減少したが、この減少を埋め合わせる以上に所得課税の対GDP比率が増加したため、国民負担率そのものも上昇した。この間の保険料負担の低下は、新しい社会保障目的税の導入及び引き上げの多くが、社会保険料率の引き下げと並行して実施されたことによってもたらされ、これによって社会保障財源の「租税化 fiscalisation」が進行した。さらに、増大した所得課税の内訳を見てみると、CSGやCRDSのような社会保障目的税の増大が大きな割合を占めている。(2)つまり、一九九〇年代のフランスの増税は、新しい社会保障目的税によってもたらされたのである。

そこで以下では、まずCSGの導入をあと押しした一九八〇年代の理論的潮流を考察し、そのうえで、CSG導入の政治過程を具体的に考察することで、本税導入及び九〇年代以降の増税の論理構造を解明していく。

3　八〇年代の理論的潮流——新社会党政権の方針

本節では、財務省出身の高級官僚フランソワ・ブロック‐レネがまとめた「一九八一年五月のフランス　長所と短所 *La France en mai 1981 forces et faiblesses*」というタイトルの報告書をもとに、一九八〇年代の国民負担および税収構造に関する理論的潮流を明らかにする。

本報告書は、一九八一年五月に行われた大統領選挙での社会党フランソワ・ミッテランの当選を受けて首相に就任したピエール・モロワ首相の要請で作成された。モロワは、政権交代後の社会党の政策方針を明示することを目的として、一九八〇年代初頭のフランスの経済及び社会状況に関する報告書の作成をブロック‐レネに命じた（Bloch-Lainé 1981, 5）。本報告書には、既存の国民負担及び税体系を、当時の社会党政権がどのように評価していたのかということが詳細に記述されている。

この報告書の中ではまず、一九八〇年代初頭のフランスの租税及び社会保険料の負担構造は、「間違いなく、社会に対しても経済に対しても悪影響を及ぼす（*Ibid.*, 64）」ということが指摘されている。なかでも問題視されたのは、フランスの税及び社会保険料の逆進的な負担構造であった。当時のフランスの国民負担は、「累進的な税（所得税や譲渡税）

の税収が非常に脆弱で、国民負担全体の一〇分の一を少し上回る程度でしかなく、逆に、どちらかというと逆進的な負担（社会保障負担と付加価値税）が、全体の三分の二近くを占めて」（*Ibid.*, 65）いたからである。

社会保険料と付加価値税は、以下の点で逆進的であると考えられていた。まず、社会保険料については、「一九八〇年の時点で、国民負担全体の四三・一％を単独で占め、大部分を納付限度額が設定されている賃金に依存しており、（中略）賃金が高ければ高いほど（適用される—筆者訳注）保険料率が低下する」ような構造になっていた。これに加え、「社会保険料は、（賃金のような—筆者訳注）職業所得にしか適用されていなかった」ため、高所得者がより多く得る傾向にある資産性所得は課税対象には含まれていなかった。一方、付加価値税については、「消費に対しては非常に弱い累進性しか持っていない」だけでなく、「家計の貯蓄性向を考慮に入れた場合、所得に対しては明らかに逆進的」と考えられていた（*Ibid.*, 65）。

続いて、報告書のなかで指摘されているのは、高い社会保険料と付加価値税が与える経済活動への弊害である。「社会保険料や間接税は、（中略）無痛性を備えているために多収性がある。しかしながら、これらの税や保険料の税率の引き上げは、物価と生産コストに直接的な影響を及ぼし、企業の借金を増大させ、企業に対して価格を永続的に引き上げるよう仕向けるため、インフレーションを引き起こす（*Ibid.*, 67）」ことが懸念された。このように、社会保険料と付加価値税が企業の負担になると認識されていたことはそれだけで注目に値するが、ここではそれを示すだけにとどめておこう。

さらに、税や社会保険料の負担が雇用に与える負の影響も懸念された。表15－2に示されているように、フランスの社会保障支出財源の雇用主負担は、イタリアについで高い水準にあった。賃金をベースにした高い社会保険料負担は労働コストを引き上げ、雇用を圧迫する。報告書によれば、「競争力が技術資本を利用することと結びついている産業も存在するが、中には、生産過程で安価な資本と高度な労働力を用いることで、生産性が高まる産業も存在する。したがって、特に失業率が高い時期においては、労働コストに負担をかける制度は正当性を持たない（*Ibid.*, 67）」。このように、既存の国民負担構造は、公平性の問題を抱えていただけでなく、インフレーションや雇用のような経済指標に悪影

表15－2　欧州諸国の社会保障支出財源の内訳（1980年）

（単位：%）

	フランス	イタリア	西ドイツ	オランダ	ベルギー	イギリス	デンマーク
保険料	79.7	72.4	70.2	68.2	61.1	47.9	11.4
（雇用主）	56.0	58.8	42.7	37.1	40.9	33.3	9.6
（被用者）	23.7	13.6	27.5	31.1	20.2	14.6	1.8
国庫補助	17.6	24.9	26.7	20.3	34.7	43.6	85.1
その他	2.7	2.7	3.1	11.5	4.2	8.5	3.5
合　計	100	100	100	100	100	100	100

（出所）　Lescure et Strauss-Kahn（1983, 245）.

響を与えていたのである。

報告書では、このような国民負担全体の公平性及び経済的効率性の問題に加え、社会保障財源固有の問題も提起された。現在のフランスの社会保障制度の原型が構築されたといわれる一九四五年以来、社会保障制度がカバーするリスクは年々拡大した。老齢年金や失業保険のような賃金喪失リスクと直接関係のある制度だけでなく、職業上のリスクとは直接関係のない家族手当や医療保険なども社会保障制度に含まれるようになっていった。それにもかかわらず、一九八〇年代初頭の社会保障の財源は、これまでどおり、その大半が現役就労者によって負担される社会保険料によって賄われており、租税や一般会計からの繰り入れの割合は限定的であった。こうした状況に関して、報告書では、「主な課税標準が職業所得である社会保険料によって、職業所得（を喪失した際にそれ：訳注）が補償されるということが論理的であるとするならば、社会保障給付の性質やその増減が職業所得と関係がなくなってしまっている場合、給付の財源が職業所得に依存しているということは重大な問題である（*ibid.*, 195）」と述べられている。

以上のように、一九八一年春に誕生した社会党政権にとっては、①十分な所得再分配機能を備えていない逆進的な国民負担構造を見直すこと、②物価変動や雇用に対して望ましい国民負担構造を構築すること、③論理矛盾に陥っている社会保障の負担と給付の関係を見直すこと、が国民負担構造改革における重要な課題であった。一九八〇年代は、新政権のこうした政策方針に従って、税及び社会保険料の改革が検討されることとなった。

4　社会保障財源としての一般比例所得税制の正当性——「第九次計画」委員会の改革案

一九八一年の社会党政権成立以降，前節で述べたような既存の社会保険料及び国民負担に顕在する問題を解決するために，省庁内の各種委員会で複数の報告書が作成された。こうした社会保障財源のあり方をめぐる活発な議論が，一九九一年のCSGの導入に大きな影響を与えたことは言うまでもない。実際のところ，当時の議論には，新たな社会保障財源として，一般比例所得税を創設することを主張するものが少なくなかった。

それでは，一九八〇年代になぜ新しい社会保障財源として，既存の保険料ではなく租税が，そのなかでも一般比例所得税の導入が主張されたのであろうか。本節では，一九八三年の「第九次計画」のなかで発表された「社会保障財源の課税標準改革のため研究（Étude pour une réforme de l'assiette du prélèvement social）」という社会保障財源改革案の考察をつうじて，この点を検討していきたい。

この「第九次計画」は，第二次世界大戦以降，フランスで五年ごとに作成されている経済中長期計画の一つで，新社会党政権が作成した初めての経済計画であった。社会保険料の一部を一般比例所得税に置き換えていくべきであるというCSGの基本的なアイディアは，一九八〇年代以前から存在したが，政策レベルで明確に提示されたのは，この「第九次計画」が最初であった。その意味で，「第九次計画」の社会保障改革案は，CSG導入議論の初期の段階で，社会保障財源として一般比例所得税を導入することの正当性がどのような政策理念にもとづいて論じられていたのかを理解するのに，適切な材料であると考える。

経済中長期計画を作成している計画庁（Commissariat général du Plan）によれば，既存の社会保障財源は，「公平性の観点からも経済効率性の観点からも深刻な問題」（Commissariat général du Plan 1983, 79）を抱えていた。具体的には，①水平的公平性の観点から見て不公平な社会保険料の負担構造，②逆進的な社会保険料の負担構造，③社会保障制度における負担と給付の論理整合性の欠如，④国内経済に悪影響を及ぼしている雇用主の高い保険料負担が列挙されている。

②、③、④の問題点については、前節ですでに解説済みなので、①の社会保険料の水平的公平性の問題について、ここで簡単に説明をしておこう。

社会保険料の水平的公平性に関して、計画庁が最も問題視した点は、社会保険料の不均一な課税標準であった。例えば、社会保険料を計算する際に、給与所得と非給与所得という二つの職業所得に対して、それぞれ異なる課税標準が採用されている。非給与所得者（職人、小売業者、自由業者）は、彼らの労働と資本から得られた収入から費用を差し引いた額、つまり利潤に課税されていたのに対し、給与所得者は、労働のみから得られた収入、つまり給与（賃金）にしか課税されていなかった（*Ibid.*, 79）。これでは、職種によって異なる保険料の課税標準が採用されることになってしまう。一方で、職業所得以外の所得、具体的には、利子や配当などの資産性所得や年金など所得代替給付は、基本的には、社会保険料の課税標準の対象外であった。このように、既存の社会保険料については、職業所得（給与所得者と非給与所得者）の間で、定義上曖昧な課税標準が用いられていただけなく、職業所得だけが課税の対象となりそれ以外の所得が対象外であったために、負担の水平的公平性が大きく損なわれていたのである。

さて、既存の社会保険料には、以上のような水平的公平性の問題に加えて、前節で述べた逆進的負担構造の問題や経済指標への悪影響、さらには、社会保障の負担と給付の関係の矛盾というような問題があった。これらの問題を解決するために、社会保障の財源を保険料以外の財源、具体的には一般比例所得税に求める必要があるというのが、計画庁の主張するところであった。

計画庁によると、一般比例所得税を創設することの利点は、以下の点にあった。一般比例所得税はまず、職業所得、所得代替給付、資産性所得に対する比例所得税であるため、保険料と比較して職業所得に負担が集中しない。その点で、「現行の（社会保険料の：筆者訳注）課税標準と比べて、公平性の観点から進歩して」いた。これに加え、一般比例所得税は「企業の生産費用と直接的な関係がないため、経済効率性の観点からも進歩」（*Ibid.*, 82）した税制であった。

ところで、負担の水平的公平性や経済的効率性という観点から、新しい社会保障財源が選ばれたのならば、なぜ一般比例所得税の創設が採用され、付加価値税の増税が採用されなかったのかということは考えておく必要があるだろう。[3]

残念ながら、経済計画の改革案中では、付加価値税を採用しなかった明確な理由については言及されていない。しかしながら、政府の租税委員会（Conseil des impôts）は、一九九五年のCSGに関するレポートのなかで、付加価値税が社会保障財源として検討されなかった要因として以下の三点を挙げている。第一に、フランスでは、社会保障財源の議論は、ずっと以前から、社会保険料と所得税にのみ特化されてきたということ、第二に、国際比較の観点から見た場合、フランスの国民負担の特徴は、付加価値税の負担が高いことよりも、社会保障負担の重さや所得税の脆弱さに見出されること、第三に、CSGの創設は、社会保障財源の改革であると同時に、間接的に所得税の近代化という動機が含まれていたため、改革の意図と直接関係のない付加価値税は、議論の遡上に乗らなかったことである（Conseil des impôts 1995, 11)。

もちろん、逆進的な負担構造を是正したいのならば、付加価値税でも比例所得税でもなく、累進所得税が選択されることが最も効果的であろう。しかしながら、累進所得税を社会保障基金へ振り込むことは、ある政治的な理由から困難であった。その政治的理由というのは、以下で述べるフランスの社会保障基金の運営形態と深く関連している。

フランスの社会保障基金は、職域別に設けられた伝統的な共済組合を基礎に構築され、主要労働組合と経営者団体（この両者を合わせて、以下では「社会職業団体（partenaires sociaux）」と呼ぶ）のそれぞれから選出されたメンバーから成る理事会によって運営されてきた。理事会は、社会保障基金運営への国家介入を可能な限り排除し、労使代表による自律的な基金運営を目指していた。そのため、租税や一般会計からの繰入金のように、国の予算に書き込まれ、国民議会で決定されるような財源ではなく、労使が共同で負担する保険料によって社会保障基金の財源を賄わなければならないというのが、社会職業団体の考え方の根幹にあった。

もし、社会保障財源として累進所得税を採用したならば、既存の社会保険料の徴収機関（URSSAF等）は、これを徴収することはできない。なぜなら、すべての所得を合算して納付額を算出しなければならない累進所得税は、国税庁が徴収しなくてはならないからである。もっと言えば、累進所得税であれば、既存の個人累進所得税の付加税という形で徴収されることになる。そうなれば、社会保障基金の国家からの自律性を主張する社会職業団体の大きな反発を招きかねない。こうした政治的理由から、累進所得税を新しい財源として選択することは困難であると考えられた。

一方、比例所得税ならば、既存の社会保険料のベースを用いて、「社会保障団体（社会職業団体）が徴収することが可能であり」、新税を創設した場合でも社会職業団体の「自律性を保つ」ことができる（Commissariat général du Plan 1983, 83）。このような考えから、計画庁は既存の累進所得税を増税するのではなく、一般比例所得税を新設するという方法を選択した。要するに、財源改革によって社会保障基金が「国有化（étatisation）」されるという社会職業団体の懸念を払拭するために、計画庁は、既存の社会保障財源に近い新しい財源の構築を目指したのである（*Ibid.*, 82）。

このように、社会保障財源の負担の公平性及び経済的効率性の向上という動機に加え、特殊フランス的な社会保障基金運営のあり方に対する政治的配慮も大きく作用して、計画庁は、一般比例所得税制を創設するという方法を提案した。この計画庁の発表後、新しい社会保障財源として一般比例所得税制を創設することを主張する報告書がいくつか発表されたことは冒頭で述べたとおりである。一九八七年に発表された「賢人委員会（Comité des Sages）[4]」の報告書もその一つであった。

当時のジャック・シラク首相（RPR、ド・ゴール派）の要請によって創設されたこの「賢人委員会」は、五人の社会保障制度の専門家によって構成され、社会保障制度の抜本的な見直しを提案することを任務としていた。委員の中には、現在のフランスの社会保障制度の創設の父と言われるピエール・ラロックも含まれていた。委員会では、社会保障制度の大枠から細部に至るまで幅広い議論が展開された（États-Généraux de la Sécurité Sociale 1987）。賢人委員会でも、一般比例所得税導入の理論的な正当性が主張されたが、同時に、課税ベースが極めて広く、「増税マシーン」になりかねない本税を導入するには、社会保障支出の増大を抑制する政策も検討される必要があると述べられたことは、後のCSG導入の具体的な議論との関連で注目に値する。

この「賢人委員会」の報告書は一九八七年末に首相府に提出されたが、この時点では、一般比例所得税を創設することに対する政治的コンセンサスを得られず、省庁及び政党レベルでは新税の創設に向けた具体的な議論は行われることはなかった（Rey 1999, 413）。次節で述べるように、本格的な社会保障財源改革の議論が政治レベルで展開されるようになるには、一九八八年春の新内閣の発足を待たなければならなかったのである。

5　CSG導入の政策意図と導入をめぐる政治的対抗——連帯省と財務省

一九八八年五月のミッテラン大統領の再選と、それに伴う第二次ミシェル・ロカール内閣（社会党）の発足を機に、社会保障財源改革は新たな局面を迎えた。新内閣で、連帯・健康・社会保護大臣に就任したクロード・エヴァンが、すべての所得に課税する新しい社会保障財源の導入のためのプロジェクトチームを省内に設置したのである。これ以降、この新大臣のイニシアティブの下、一般比例所得税制導入をめぐる具体的な議論が省庁レベルで展開されることになった。

プロジェクトチームは、一年以上の時間をかけてCSGの基本構想を作成した。このCSGの基本構想は、一九八九年一一月の閣議で審議され、翌春までに、社会保障財源としての一般比例所得税を創設する政府法案を国民議会に提出することが決定された。

この閣議決定にもかかわらず、社会職業団体、なかでも労働組合側からの強い反発があったことに加え、具体的な新税の導入の方法をめぐって省庁間・政党間で対立があったため、政府案の作成は困難を強いられた。その結果、新税創設に関する政府案の国民議会への提出は、当初の予定より半年近く遅い一九九〇年一〇月にまでずれこみ、議会での審議を経て、一九九〇年一二月末にようやく、CSGを導入するための法案が可決された。本節では、本法案の策定過程における、省庁間の対立を考察することで、各省庁のCSG導入の政策意図を解明していく。

先に述べたように連帯・健康・社会保護省（以下、連帯省）は、大臣のエヴァンを中心に、社会保障目的税としての一般比例所得税の導入を強く推進していた。連帯省にとって、「就労にのみ重く課税」するような既存の社会保険料は、「社会的な支持が得られない」ものであったからである。一般比例所得税を導入すれば、課税標準が職業所得以外の所得にまで拡張され、社会保障財源の安定性と負担の水平的公平性を確保することができる[5]。

ただし、この社会保障財源改革は、連帯省にとって、あくまでも財源の負担の公平性を高め、安定した社会保障財源を確保するための改革であった。連帯省は、賢人委員会が提案したような社会保障支出の増大の抑制や、社会保障財源の租税化に伴う社会保障基金の運営形態の見直しに対しては否定的であった。

省庁レベルでは、社会職業団体の意見を代弁する立場にある連帯省は、社会保障財源改革の基本構想を省内で作成する際には、社会職業団体と頻繁に意見交換を行い、彼らの意見を省案に取り込んだ(6)。連帯省はこうして、「第九次計画」で提唱されたような、可能な限り既存の保険料の性質に近い社会保障財源の構築を目指したのである。

その結果、新税の税収は、一般会計を介さずに社会保障制度の家族手当基金に直接振り込まれ、課税標準には、既存の保険料で既に用いられているものが提案された。具体的には、医療保険料の課税標準に含まれていた所得代替給付と老齢年金保険料の課税標準に含まれていた資産性所得が、職業所得以外の課税標準として提唱されたのである(7)。「このような公平な財源は、社会的な合意を得やすいために、将来的な増税も比較的容易であり、今後ますます増大する社会保障支出を賄うのに適している(8)」というのが連帯省の主張であった。連帯省はこのように将来的な新税の導入を念頭におきながらも、CSGの導入時には、一般比例所得税の税収を家族手当基金に直接振り込み、それと同額の老齢年金（régime vieillesse）に振り込まれる家族手当基金の雇用主負担の保険料を引き下げるという「歳入中立」の改革を提唱した（La Tribune de l'expansion、一九八九年一一月八日付）。

ところが、このような連帯省の改革案に対して、財務省は真っ先に反対の意を表明した。財務省は、まず個々の社会保障支出を「国民連帯 solidarité nationale」に結び付けられるものなのか、それとも被用者と雇用者によって支えられる「保険制度 régime d'assurance」に結び付けられるものなのかを、明確に分類したうえで、「国民連帯」にもとづく支出については国の予算で、「保険制度」にもとづく支出は保険料で賄うべきであると考えた。こうした論理に従えば、租税であるCSGの税収は、直接社会保障基金に振り込まれるのではなく、低所得者向けの連帯老齢基金（Fonds National de Solidarité：FNS）や参入最低限所得（Revenu Minimum d'Insertion：RMI）のような「国民連帯」に関連する国家管理の基金に振り込むことが妥当であった（La Croix、一九九〇年四月二八日付）。

これに加え、財務省は、連帯省が提案した一般比例所得税という新税の形態についても苦言を呈した。垂直的公平性の観点から見れば、既存の累進所得税制の付加税として新税を徴収し、それを社会保障支出に充てる方が望ましいというのが財務省の主張であった。

さらに、CSGの導入によって、他国に比して既に高い水準にあった国民負担率（フランス四四・四%、ドイツ三七・八%、欧州平均四〇・二%）が上昇してしまうことにも財務省は強い懸念を示した（La Libération、一九九〇年四月一八日付）。前述のように、連帯省の案では、社会保障基金の均衡のために、安定した社会保障財源を求めるという意図が明確である一方で、急増する社会保障支出の抑制に関する議論が十分に行われていなかった。財務省は、「CSS（CSGの初期の呼称─筆者訳注）の創設に関しては、持続的な老齢年金の支出計画が政府によって決定され、議会によって承認されてからでないと受け入れることはできない」として、国民負担の増大の抑制に努める姿勢を崩さなかった。[9]

以上のように、CSG導入を推進した連帯省は、既存の「職域連帯」を基礎にした「社会保険」を維持しながら、新たな社会保障財源としてCSGの導入を進めようとしたのに対し、財務省は、CSGを「社会保険」ではなく、低所得者に給付される「社会保護」のための財源として捉え、CSGの財源を一般会計に充てることを主張した。財務省はさらに、新しい財源の創設が、国民負担の増大につながることに強い懸念を示していた。このような両省の対立は、所得水準ではなくリスクに応じて給付される社会保障制度とその基金の安定を目指す連帯省と、給付を低所得者に集中させ、税の累進性を高めることで、国の財政の再分配機能を高めようとする財務省の意見の対立でもあった。

結局、法案作成の期限であった一九九〇年の春になっても、CSGの全体像をめぐる両省の見解の対立は平行線をたどり、連帯省は、両省が納得する案を作成することはできなかった。最終的に、振込先の問題や社会保障支出改革を含むCSG導入の具体的な方法に関する判断は首相府に委ねられることになった（La Croix、一九九〇年四月二八日付）。

6　抜本的改革のための説得――首相府の果たした役割

連帯省と財務省の対立の調整は、首相ミシェル・ロカールと首相府の側近ドミニク・ルフェーブルとフィリップ・ヴァールによって行われた。首相府は、①広く所得に課税される一般比例所得税制を創設すること、②新税の税収を直接社会保障基金に振り込むこと、③新税の創設と同時に社会保障支出の増大を抑制すること、④新税の創設を契機に社会保障基金の運営方法を見直すことを提案した。これらの首相府の案のうち、一点目と二点目が連帯省の提案と、三点目が財務省の提案と重なるが、四点目の社会保障基金の運営方法の見直しは首相府独自の提案であった(10)。

首相府は、連帯省と同様、CSGの導入は同額の社会保険料の引き下げとともに、あくまで「歳入中立」の改革として実施することを提唱した。しかしながら、CSGの導入が新税の創設であることには変わりがなく、将来的にはCSGが大幅に増税されるのではないかという不安を国民が抱えていることは確かであった。ルフェーブルは、こうした国民の懸念を払拭することに努め(11)、社会保障支出の増大を抑制するための改革案の作成にも取り掛かった(12)。この作業は、国民負担の増大を回避するべきであると考える財務省を説得するためにも重要な作業であった。

しかしながら、社会保障支出を抑制するためには、もう一つ成し遂げなければならない重要な改革があった。前述のとおり、社会保障基金の歳入や歳出は、社会職業団体の代表によって構成される理事会で決定され、国民議会や政府はこれを承認するだけで、実質的な決定権は持ち合わせていなかった。ところが、政府や議会が、社会保障支出の増減をコントロールするためには、社会保障基金の運営に対する発言力を強める必要がある。首相府は、社会職業団体を中心とした「職域連帯」にもとづいて決定されてきた社会保障基金の歳入や歳出は、今後は国民議会という「より民主的な」「国民連帯」にもとづいた場において決定されるべきである、と考えた。

「新しい税の創設は、社会保障支出に関する、国家と社会保障基金の役割分担を明確にする良い機会になりうる。

（社会保障基金における―筆者訳注）責任の明確化という観点から見れば、議会、政府、社会職業団体の権限配分は見直されるべきである。CSSの実施は、社会保障制度の運営方法の改革を可能にするだろう。議会を通じた税率の決定、さらには、社会保障支出の操作は、議会の権限強化につながるに違いない[13]。」

ルフェーブルは、一九九〇年四月初めの閣議を前に、首相に対してこのように進言した。CSG導入に伴う社会保障財源の租税化は、社会保障基金運営に対する政府の発言力の強化にとって重要である。CSGの導入と社会保障基金運営改革は、首相府にとって切っても切れない関係にあった（Le Journal du dimanche、一九九〇年一〇月七日付）。

首相府の提案は、労使代表（社会職業団体）が指揮を執ってきた従来の社会保障基金の運営から、国民全体を代表する議会が介入する運営へと政策決定の仕組みを移行させる大胆なものであった。当然のことながら、基金の「国有化」を懸念する社会職業団体の強い反発を招き、労働者の左派（FO）などの労働組合は、デモなどを通じてCSG導入に激しく反発した（L'Humanité、一九九〇年九月二一日付）。彼らの反発の矛先は、社会保障基金の「国有化」に対してだけでなく、就労所得と資産性所得が平等に課税されるというCSGの性質そのものに対しても向けられた。

首相府はこの労働組合を中心とした社会職業団体の反発に何も回答を用意していなかったわけではなかった。首相ロカールは、新聞などをつうじて、CSGの導入は社会保障基金の「国有化ではなく租税化」であることを強調した。「社会職業団体は、家計の社会保障負担が増大し、……それが国家によって運営される連帯基金に振り込まれることには断固として反対するだろう」と考え、CSGの振込先については連帯省と同様、社会保障基金に直接振り込むことを提案した[14]。課税標準についても、可能な限り既存の保険料に近づけるために、連帯省が提案したような比例税率が適用される既存の保険料に用いられているものを採用した。

さらに、就労所得と資産性所得に対する平等な課税は不平等であるという労働組合の批判に対しては、「所得が同じならば、負担が同じ revenu égal, contribution égale」というCSGの負担の水平的公平性を強調しただけでなく[15]、CSG導入後、社会保障財源の所得再分配機能が向上することを強調した。表15-3はヴァールが作成したCSG導入と

表15－3　CSG導入後の給与階層別所得額の変化

給与額（フラン）	増減額（フラン）	増減率（%）
5,286	504	0.97
7,500	504	0.68
10,000	504	0.51
12,500	312	0.25
15,000	－24	－0.02
20,000	－684	－0.34
30,000	－2004	－0.66
40,000	－3324	－0.81

（出所）　ANF 19940093，10月26日付ヴァール作成ノート。夫婦子供2人世帯（稼ぎ主1人）。

同時に実施される社会保険料の引き下げによる給与額別の所得額の変化を表したものである。これに拠れば，CSG導入によって，低所得者の課税後の所得が増加しているのに対し，高額所得者のそれは減少している。

さて，一方で基金の「国有化」を回避することを主張し，他方で政府や議会の社会保障基金への介入の必要性を主張する首相府の提案は，一見すると矛盾した二つのアイディアを含んでいる。しかしながら，まさにこの相反する二つのアイディアから，この時代のフランス政治・社会・経済の特徴を読み取ることができる。すなわち，前者は，当時の社会保障財源の改革が，社会職業団体に対する配慮なしには進めることができなかった社会的状況の表れであり，後者は，高齢化という社会的文脈や低成長という経済的文脈の帰結としての社会保障基金の赤字が抜本的な社会保障制度改革が必要なほど深刻化したことを表している。そしてその社会保障財源改革が，新税の創設と，同額の社会保険料の引き下げを伴う「歳入中立」の改革であり，その財源が一般比例所得税であったことは，不平等な国民負担の是正が社会党によって要求されたという政治的文脈，高失業時代における雇用コスト軽減の必要性という経済的要因，伝統的なフランスの社会保障基金の運営形態が根強く残っていたという制度的要因によって説明されるのである。CSGの導入は，このように，フランス社会の様々な側面と密接に結び付いた税制改革であり，その意味で，冒頭でロカールが述べたとおり，フランス税制及び社会保障財源改革の歴史のなかで，画期的な税制改革であったと評価されてしかるべきであろう。

首相府の案は政府案としてまとめられ、一九九〇年秋に国民議会に提出された。最後の最後まで、労働組合系左派からのCSG導入に対する合意は得られなかったものの、国民議会では、社会党やフランス民主労働同盟（CFDT）の支持を集め、一九九〇年一二月末、一九九一年財政法が可決されたことによって、CSGは創設された。

7　CSGのその後の展開と評価

さて、CSGの導入でゆるやかに始まった社会保障基金運営への議会権限の強化は、一九九五年のシラク大統領の就任以降一気に具体化された。一九九六年二月二二日の憲法改正によって、「社会保障財政法（lois de financement de la sécurité sociale）」が法律の一部として追加され、国民議会がこれを審議・採決することが決定された（憲法三四条、四七の一条）。この法律で、社会保障基金の均衡に関する一般的な条件が決定され、収入の見通しを考慮して支出目標が設定されることになった（伊奈川 二〇〇六）。しかしながら、このような社会保障基金に対する議会権限の強化にもかかわらず、フランスの社会保障支出はその後も増大し続け、対GDP比で、一九九〇年の二四・九％から二〇〇五年の二九・〇％まで一五年間で四ポイントも上昇した（OECD StatExtract）。

CSGの税率は、導入から二年半後の一九九三年七月に、一・一％から二・四％に引き上げられ、一九九五年には導入時には保留とされていた金融資産性所得にまで課税標準が拡大された。ただし、一九九五年のこの改革までは、CSGの税率の引き上げ及び課税ベースの拡大は、同額の保険料の引き下げと一緒に実施される「歳入中立」の改革であったことは、付け加えておかなくてはならない。

しかしながら、この「歳入中立」という掟は、一九九五年に社会保障基金の赤字が急速に拡大したことを受けて一九九六年に導入されたCRDSによって破られることになる。CRDSは社会保障基金の赤字を埋めるために創設された。これ以降、社会保障目的税の増税は「歳入中立」の改革としてではなく、トータルで増税となるような改革として行われるようになった。CRDSは、CSGとほぼ同様の課税ベースをもつ比例所得税である。二〇一一年現在、CSGの税率は、職業所得及び代替所得給付には七・五％、資産性所得には八・二％の税率が適用されている。これに加え、同様の課税標準をもつ税率〇・五％のＣＲＤＳ、税率二・五％の社会負担金（prélèvement social）、税率一・一％の就労連帯所得徴収（revenu de solidarité active、ＲＳＡ）のように、税種の多様化も進んでいる。こうした広い意味での「ＣＳＧの拡大」が、一九九〇年代のフランスの増税に貢献したことは先に述べたとおりである。

政策当局は、公平な社会保障財源のあり方、なぜ一般比例所得税なのかという改革の動機、社会保障財源の租税化がもつ「国民連帯」という理念を国民に対して説明しながら、一〇年という長い歳月をかけてＣＳＧの導入を慎重に進めた。改革を進める過程では、既得権益をもつ社会職業団体に対する譲歩や、低所得者に対する負担の軽減を改革のなかに盛り込むことで、国民の合意を取り付けた。その結果、公平な負担は国民に受け入れられやすく、増税の合意も取り付けやすい、というＣＳＧ導入時の連帯省の思惑どおり、その後の「ＣＳＧの拡大」は、国民に受け入られ、大きな政治的混乱を招くことなく進めることができた。このことに、一九九〇年代のフランスの増税の鍵が隠されているのである。

注

（1）フランスの個人所得税の課税ベースが小さい要因として、①課税最低限が高いこと、②家族政策に所得税制が動員されたため、家族構成員の数が増大すればするほど、著しく課税ベースが縮小する仕組みがあること（N分のN乗方式）、③所得課税に用いられている所得概念が狭いこと、④富裕層向け軽減措置が数多く設けられていることが挙げられる（Conseil des impôts 1995, 15-16）。

（2）これらの税には、保険料（Contribution）という名称はつけられているが、法制上は租税の一種と位置付けられており、国民議会において毎年その税率や課税ベースが決定される。

（3）租税理論の視点から、付加価値税が選択されなかった理由については、計画庁の改革案の発表後に、二人の経済学者（ルスキューとストロスカーン）によって作成された論文が参考になる。この論文は、計画庁の改革案を理論的に解説するために作成された。論文中で、所得税と付加価値税を単純に比較した場合、経済効率性および公平性の両方の観点から、所得税の方が望ましいということが述べられている。

「マクロ経済分析の雇用／経常赤字の関係に基づけば，付加価値税よりも所得税を増税する方が望ましい。これについては，公平性の観点から見ても，同様のことが言える。（付加価値税は：筆者訳注），消費に対しては非常に弱い累進性があったとしても，所得に対しては，結局は逆進的である。つまり，その多収性と管理の容易さという利点はあるが，公平性と経済的効率性という観点から見れば，所得税の方が望ましいのである」（Lescure et Strauss-Kahn 1983, 284）。

（4）　賢人委員会とは，特定の事柄について，多様な分野から専門家を集め議論を行い，政策提案を行うために臨時的に設置される機関である。一九八七年の賢人委員会は，社会保障部会（Les Etats généraux de la sécurité sociale）と呼ばれ，Jean Bernard, Gérard Calot, Jean Choussat, Pierre Laroque, Simon Nora と Jean Picot によって構成されていた。賢人委員会の委員の一人である Pierre Laroque は，フランスの「社会保障制度の父」と呼ばれる人物で，戦後フランスで普遍的な社会保障制度の確立を提唱した人物である。この「賢人委員会」の詳細については，平山（一九八八）を参照。

（5）　ANF, 19940093 一九八九年六月二日，連帯省 Jean-René Brunetière が Olivier Mallet に宛てたノート。

（6）　Idem.

（7）　Idem.

（8）　Idem.

（9）　Idem., 一九九〇年二月二八日，予算局から財務大臣に宛てたノート。

（10）　Idem., 既存の社会保障制度に固執し，社会保障支出の見直しを行わない連帯省の「古典主義的」な方法や，財務省のように社会保障支出の抑制をまず要求し，社会職業団体が受け入れられないようなCSGの一般会計への振り込みを主張する「保守主義的」な方法では，与野党からの合意をとりつけることができない，というのが首相府の意見であった（一九九〇年四月三日，ルフェーブルが首相に宛てたノート。）。

（11）　Idem., 一九九〇年一〇月一七日，ルフェーブルが首相に宛てたノート。

（12）　Idem., ルフェーブルのノート «La maîtrise des dépenses sociales» を参照。

（13）　Idem., 一九九〇年四月三日，ルフェーブルが首相に宛てたノート。

（14）　Idem., 一九九〇年二月五日，ルフェーブルが首相に宛てたノート。

（15）　このスローガンは，一九〇五年に時の大蔵大臣カイヨーが，当時のフランスの複雑な分類所得税制に代わって，総合所得税の導入を推進したときに採用されたスローガンである（La Tribune de l'expansion，一九八九年一一月八日付）。フランスには，就労所得には資産性所得よりも軽課することが望ましいとする租税思想が根強く残っていたために，租税負担の水平的公平という概念が受けいれられるのには、長い時間を要した。

参考文献

伊奈川秀和（二〇〇六）「フランスの社会保障財政改革（特集『諸外国における税・財政改革――社会保障制度改革を中心に』）『ファイナンシャル・レビュー』二〇〇六年九月号、八八～一一二頁。

小澤義信（二〇〇七）「一般社会税の導入と社会保障の財源構造の変化」『中央大学経済研究年報』三八号、二七～三二頁。

柴田洋二郎（二〇〇二）「フランス社会保障制度における財政政策――租税代替化とCSG」『東北大学法学』第六六巻五号、五八〇～六二一頁。

平山卓（一九八八）「フランスにおける社会保障の将来　一九八七年賢人委員会報告（資料）」『レファレンス』第三八巻一〇号、五四～七三頁。

J. Barbier et B. Théret (2004) *Le nouveau système français de protection sociale*. Paris: La Découvert.

F. Bloch-Lainé (1981) *La France en mai 1981 : Forces et faiblesses Rapport au Premier ministre*. Paris: La Documentation Française.

J. Chadelat (1999) "Les ordonnances de 1967 et les préoccupations financières et économiques de la sécurité sociale", *Contribution à l'histoire financière de la sécurité sociale*, 363-392, Paris: Comité d'histoire de la sécurité sociale.

Y. Chotard (1989) *Comment sauver la Sécurité Sociale*. Paris: Economica.

Commissariat général du Plan (1983) *Financement de l'économie : Choix et Méthodes*, Préparation du IXe Plan 1984-1988, Tome 3, Paris: la Documentation Française.

Conseil des impôts (1972) *Rapport sur l'imposition des revenus déclarés par les tiers*, Premier rapport au Président de la République.

Conseil des impôts (1995) *La contribution sociale généralisée*, Quatorzième rapport au Président de la République.

États-Généraux de la Sécurité Sociale (1987) *Rapport du Comité des Sages*. Paris.

Journal Officiel (1990) *Journal officiel de la République française. Débats parlementaires. Assemblée nationale. Compte rendu intégral. 2ème séance du jeudi 15 novembre 1990*, Paris.

G. Lescure et D. Strauss-Kahn（1983）"Pour une réforme du prélèvement social", *Droit Social* Juin: 245-250.

B. N. McLennan（1991）"The Process of Harmonization of the Value-Added Tax in the European Community," *Colombia Jounal of Translation law* 29(1): 69-102.

OECD（1992）*Revenue statistics*, Paris.

OECD（2007）*Revenue statistics*, Paris.

OECD（2008）*Revenue statistics*, Paris.

B. Palier（2005）*Gouverner la sécurité sociale: Les réformes du système français de protection sociale depuis 1945*, Paris: Press Universitaire de France.

J. Rey（1999）"La mutation financière et économique depuis 1981", *Contribution à l'histoire financière de la sécurité sociale*, 393-441, Paris: Comité d'histoire de la sécurité sociale.

R. Ruellan（1998）"L'organisation de la Sécurité sociale: la tension entre l'université et la persistance des particularismes," *Revue Française de Finances Publiques*（64）: 39-60.

新　聞

La Tribune de l'expansion（一九八九年一一月八日付）。

La Libération（一九九〇年四月一八日付）。

La Croix（一九九〇年四月二八日付）。

L'Humanité（一九九〇年九月二二日付）。

L'Humanité（一九九〇年一〇月五日付）。

Le Journal du dimanche（一九九〇年一〇月七日付）。

Le Monde（一九九〇年一〇月二七日付）。

一次資料

Archives Nationales Fontainebleau（ANF）

19940093 art. 4: Cotisation Sociale généralisée. Préparation de la loi du 29 décembre 1990.

関説　アメリカ・フランスの租税史から何を学ぶことができるか

野村容康

日本に何が足りなかったのか

　これまで日本、アメリカ、フランスの三カ国における近年の租税政策の展開について歴史的視角から分析を行ってきた。みてきたように、日本では、とりわけ一九九〇年代半ば以降、財政赤字の削減に加え、増大する社会保障支出を賄うための税収確保が絶えず求められ続けてきたにもかかわらず、二〇〇〇年代を通じて減収傾向に歯止めをかける本格的な増税は実施されなかった。これに対して、アメリカでは主として所得税の引き上げをつうじて、またフランスではCSG（一般社会税）と呼ばれる新税の創設という形で、どちらの国も一九九〇年代はじめにその後の税収増加の基礎となる税制改革に成功している。この点で、近年の税制をめぐる政策形成において、日本とアメリカ・フランス両国は際立った対照を示している。

　では、二〇〇〇年代に安定的な税の増収を図ることに失敗した日本は、増税を実現した近年のアメリカとフランスの経験から何を学ぶことができるのか。以下では、三カ国における租税政策の背景とその変遷を総括しながら、アメリカ・フランス両国において増税を可能とした要件として、日本に欠落していたものは何であったのかを考えてみたい。

アメリカ・フランスにおける増税政策の過程

　既に詳述されたとおり、アメリカでは、一九八〇年代に生じた巨額の財政赤字を解消するため、一九九〇年代初頭に二度にわたって所得税の最高税率引き上げを中心とした増税が実施された。こうした国民負担の引き上げを可能とした前提としてまず以下の二点が指摘されよう。第一に、アメリカの租税史において、これまで連邦付加価値税の導入が一貫して拒否されてきたため、連邦レベルでの税制改革の対象が、事実上所得税と法人税の領域に限定されざるを得なかったことである。第二に、そうした制約の下で、一九八〇年代のレーガン政権期で二度の比較的大規模な税制改革が実施されたことである。その際、前期の改革（一九八一年）では、最高限界税率の引き下げや資産所得の優遇などの富裕層の負担が重点的に軽減される一方、後期の改革（一九八六年）では、税収中立を条件に、最高税率の引き下げを含む累進構造のフラット化と課税ベースの大幅な拡大が図られた。

ところが、後期の改革は、税の抜け穴を塞ぐことで水平的公平を高めるとともに、それまでの垂直的な税負担配分の維持を目的としたものであったので、前期の改革によって後退した垂直的公平を顕著に回復させるには至らなかった。これに加えて、後期の改革が結果として減税超過となり、その後の財政赤字の増大を招いたこともあり、一九八〇年代後半以降、財政再建のための増税を実施するにあたっては、垂直的公平を強化する狙いから税負担の増加がもっぱら高所得者層に求められたのである。ただし、一九九〇年に続いて、再び最高税率の引き上げを実現した一九九三年歳入調整法では、公的年金の部分的非課税措置の撤廃等、水平的公平にも留意した改革が行われることになった。

一方、フランスでも一九九〇年代の増税を可能とした背景として、それまでの社会保険料を含めた歳入の体系において、累進税率を備えた個人所得税の比重が低く、再分配機能の弱い国民負担構造が問題視されていたという社会的状況がある。そうしたなかで、一九七〇年代以降、高齢化の進展に伴って社会保障財政の立て直しが重大な政策課題となっていったフランスは、一九九〇年に新たな社会保障目的税としてCSGの導入を成し遂げる。CSGは、一種の個人比例所得税であるが、勤労所得と資本所得の双方を課税対象とするために、非給与所得に対して給与所得への負担が重い従来の社会保険料に比べて、水平的にも垂直的にもより公平な負担配分が実現すると考えられたのである。

だが、CSGを導入するにあたっては、社会保障財源の租税化（予算化）による既得権益の喪失等を恐れる社会職業団体の同意をいかにして取り付けるかという政治的難題を解決する必要があった。この点についてフランス政府は、①社会職業団体の自律性を維持し、引き続き社会保障財源が徴収可能となるようにCSGの税率構造を比例としたこと、

②労働所得と資本所得が平等に課税され、かつ低所得者の負担がより軽減されるＣＳＧの水平的・垂直的公平両面からの正当性を強調するなどにより社会職業団体の譲歩を引き出した。

また、同政府はＣＳＧの導入がその後の国民負担の増大につながることを懸念する財務省や与党（社会党）議員らを説得するために、財源の拡充と併せて社会保障支出の抑制を可能とする仕組みを構築する必要があると考えた。その結果、社会保障団体の特権維持に配慮しつつも、社会保障基金の赤字を解消するために企図されたＣＳＧの導入案は、その給付のあり方にも影響を与える、社会保障制度の抜本的改革を伴うものとなったのである。

日本における「税の不公平化」

これら両国での増税政策の変遷に対して、日本はどうであったか。先にみたとおり、戦後の日本では、伝統的にさまざまな控除制度と勤労所得への高い累進税率にもとづく所得税を中心として、異なる利益集団間の負担均衡と垂直的公平に配慮した政策がとられていた。ところが、一九七〇年代の財政危機を契機として増税の必要性が叫ばれ始めると、所得税の総合課税化は断念され、代わって一般売上税の導入が強力に推進されていく。

その際、大蔵省が一般売上税の導入を根拠づけるために主張したのが「水平的公平優先論」である。つまり、職種によって所得捕捉率が不可避的に異なる所得税によって水平的公平を達成するのは困難なので、水平的公平に優れるとされる間接売上税の導入と所得税の減税を同時に行うことで税体系全体の公平性を改善できるという論理である。

このような水平的公平の目標を優先する反面、その身代りとして垂直的公平を達成しうる所得税を犠牲にした、一九八〇年代以降の租税政策の進め方は、消費税の導入とその後の税率引き上げに伴う強い政治的抵抗を抑えるとともに、景気対策としての減税財源をも用意できるといった目的とも適合するものであった。こうして日本では二〇〇〇年代までに、過度に所得税の減税が繰り返された結果、応能的な垂直的公平性や税による再分配機能はその形骸化を余儀なくされる。最近の日本において増税が極めて困難になった社会的背景の一つには、上記のような「税の不公平化」が、現代の格差社会の到来という文脈でとらえられ、そのことが国民の税制への信頼を著しく損ねているということが考えられるのである。

日本と両国との相違

以上のような各国での経緯を受けて、日本は、増税を実現したアメリカやフランスと、どのような点が異なっていたのか。もちろん各国においてその根底にある歴史的・社会的条件に大きな差異があったのはいうまでもないが、少なくとも増税の成否に直接的な影響を与えた要点として以下の三点を抽出できる。

第一に、税制改正論議における「公平性」に対する見方が決定的に異なっていたことである。両国とも改革に着手するにあたって課税の公平性が重視されたが、その際、垂直的公平と水平的公平が同時に追求されている。そこには、日本のように垂直的公平と水平的公平を別個の概念ととらえ、後者を改善するために前者を犠牲にしてもかまわないという発想は存在しない。

このような公平性に対する政策当局の考え方の違いは、一九八〇年代後半から一九九〇年代はじめにかけてのアメリカ・フランス両国における増税が所得課税を中心としたものであったのに対して、日本では最近の増税論議の焦点がほとんど消費税の導入とその引き上げに向けられてきたことに反映されている。

第二に、第一の問題に関連して、日本では、一九八〇年代半ば以降の所得税改革においてもっぱら税率の引き下げと累進構造の緩和が行われただけで、課税ベースの拡大等の利害関係者の既得権益に切り込む制度改編をほとんど実行できなかったことである。アメリカでは、一九八六年の税制改革によって課税ベースが大幅に拡大されたことが一九九〇年代はじめの増税を可能にする基礎的条件を形成した。そのとき、課税ベースの拡大により改善された水平的公平からさらに一歩先に進んで、一九八〇年代に後退した垂直的公平を回復させようとするバランスのとれた政治力学が働いたとみられるのである。

フランスでも、資本所得をも課税対象に含めた一般比例所得税であるＣＳＧの導入は、明らかに社会職業団体の既得権を侵害しうるものであったが、首相府の巧みな懐柔により最終的には同団体から譲歩を得ることに成功した。

これに対して、日本では、所得税に組み込まれたさまざまな控除の削減が、当時の自民党の支持基盤である中小事業者や給与所得者等の中間層の既得権を侵すことが忌避され、水平的公平を高めるために、課税ベース拡大への政治的な努力がほとんど払われなかったようにみえる。もしそれほどまでに所得税における捕捉率格差の問題が重大であったというのであれば、一九八〇年代はじめのグリーン・カード制度の失敗を乗り越え、事業者をもカバーする納税者番号の導入を図るなり、事業者の支払う年金保険料について定額方式から所得比例方式への転換を試みるなり、あるいは徴税体制そのものを抜本的に強化する等、所得税の枠内で水平的公平を改善する手段はいくらでもあったはずである。そのような直実かつ正当な形で課税の公平性を追求する努力を怠ったまま、税収の安定性を高める観点から間接消費税に依存する道を選択したことにこそ、今日の日本における租税政策運営の難しさの根源があるように思われる。

第三に、何のための増税なのかその目的が必ずしも明確でなかったことである。アメリカ、フランスはともに一九九〇年代はじめの税制改革においては、前者が「財政健全化」、後者が「社会保障財源」といったように、税率引き上げや新税導入の根拠が比較的明瞭であった。フランスでは、CSGによる負担増が社会保障制度の改正（すなわち、歳出構造の見直しによる受益）と関連づけられていたことが税制改革の成功要因の一つであったとみられるが、アメリカの事例は、たとえ税率引上げが財政赤字の解消を狙いとしたものであったとしても、その目的が明白であり、かつ世論の強い支持があれば、純粋な増税も実現可能であることを示唆している。

それに比して、日本では、例えば二〇〇〇年代に検討されてきた消費税の引き上げが、財政再建のためなのか、社会保障制度の維持（ないし拡充）のためなのか、あるいは依然として公共事業の財源確保のためなのか、その目的について曖昧な部分が決して少なくなかった。当然ながら、必ずしも納税者の受益に結びつかない、使途の不透明な税負担の増加に対して国民の同意を取り付けることはきわめて困難である。再び消費税を例にとれば、その税率引き上げの目的がこれまで国民に対して明快な形で示されなかったこと、またそのために納税者が増税による新たな負担を公共サービスからの受益と関連づけて評価する機会を十分にもてなかったことなど、このような歳出面とのつながりの希薄さという点にも日本が二〇〇〇年代に本格的な増税を実現できなかった大きな要因があると考えられるのである。

終章　なぜ赤字は生み出され、累積したのか
——財政赤字の日本的特質——

井手英策

日本型財政金融システムと財政赤字の非顕在化

五つの領域、一五の事例をつうじて多くの印象的な事実が明らかになった。これらの知見をもとに、「財政健全化」という理念型からの逸脱をもたらしうる要因について整理しておこう。

まずは巨額の財政赤字を可能とする制度的、経済的基礎の問題である。

日本の財政金融システムをみてみると、資金運用部資金と日本銀行が供給する資金の相互補完的な関係に特色があった。一九八〇年代をつうじて財政投融資計画の縮小とともに資金運用部資金が国債消化の資金源としての地位を高めていったが、これと反比例するように日銀の国債保有額が減少し、八九年には同行の既発債引受額はゼロになった。

以上の動きを政治経済学的な視点からつかまえれば、日銀の政府からの「独立」が示唆されているように思われる。だが奇妙なことに、法的な独立性が強化された一九九七年の日本銀行法改正以後、目立って同行の国債保有額は増大していく。こうした逆説は中央銀行の独立性論そのものに対する批判的視点をわれわれに提供してくれる。

ちょうどこの頃、空前の低金利政策、資金需要の停滞を反映して資金調達コストが低下し、高齢化社会の進展は年金資金等の運用先を問うこととなって、国内金融機関や機関投資家の国債投資が増大していた。したがってこの国債投資——あるいはマクロの貯蓄という意味では資金運用部資金の投資を加えてもよいだろう——を上限とする国債発行であったならば、財政赤字の増大にも何らかの歯止めがかかったかもしれない。

しかしながら、一九九〇年代末以降、国債発行残高は、国内金融機関や機関投資家の新規貯蓄増額分を上回るスピー

ドで増加を続けた。郵貯そのものの減少も加わり、資金運用部資金を原資とする国債買い支えは、増大する国債に対する備えとしては十分とはいえなくなった。

財政金融当局は、この局面に対し二つの対処法を取った。ひとつは財投改革後に発行された財融債の総額を圧縮することで旧原資機関の国債消化余力を確保する方法である。そして、もうひとつの方法が、国債のいっそう円滑な発行を支える手法、すなわち量的緩和政策による日銀の国債買入れであった。

かつてドイツも日本と同様の経験をしていた。オイルショック以降の財政赤字膨張期にあって、高い独立性で知られるブンデスバンクは国債買入れによる価格支持という異例ともいうべき政治決断を行った。しかしながら、保有国債の市場放出が国債価格の下落を招くという困難に直面し、また中央銀行による大量の国債購入が政策転換の機動性を損なうことを経験しかつ学習した。そこでブンデスバンクは速やかに国債価格支持政策を放棄すると同時に、以後、この種の介入を控えるようになった。

日本の量的緩和政策はこの危険な政策領域への第一歩を踏み出すものだったのである。その意味で極めて重要な決断がなされたことになる。

量的緩和政策には巨大なオペ玉が必要であり、そもそも市場に存在する多額の国債を前提としている。この累積を可能としたのは資金運用部資金や国内の金融機関等の投資であった。すなわち、日本的な財政金融環境がある水準までの財政赤字を可能にし、これが量的緩和政策を導き出した一方で、量的緩和政策が国債価格を安定させることによって、いっそうの国債消化を可能にするという関係が生みだされたのである。

日銀の国債購入に支えられた価格安定は、国内金融機関や機関投資家の大規模な国債保有の前提条件となった。日銀は、ドイツとは正反対に、それらの機関がキャピタル・ロスに苦しむことのないよう、いっそうの国債投資を行わざるを得なかった。こうして、国債価格の安定、デフレ経済下における日銀の資金供給、財政赤字、これらが混然一体となりながら、財政危機の顕在化を封じ込めつつ大量の国債発行を可能とする資金循環構造が形づくられていったのであった。

以上の資金循環が可能となった前提条件として，日銀資金も含めた国内資金が国債投資の原資だった点を見逃すことはできない。海外からの圧力に関して，外資系金融機関とＩＭＦという二重の意味で好対照をなしたのがブラジルである。

ブラジルでは，インフレと預金の増大を背景として一九八〇年代に政府部門から民間金融機関へと国債の保有主体が変化していった。さらに九〇年代には外資系金融機関の参入が進んだことで，国債の保有構造は大きく変わることとなった。そういう状況のもとで起きたのがアジア通貨危機であった。外資の流出が顕著となった一方，これに対処すべく金利の引き上げが行われたが，このことが利払い費負担の増大，財政収支の悪化をもたらし，ブラジル財政は危機的状況に陥ることとなったのである。

ブラジルでは危機が「顕在化」した。その危機に対して，ＩＭＦは融資条件を巡って強い政治圧力を加えた。この結果，財政責任法が二〇〇〇年に導入され，急速な財政収支の改善をみることとなる。さらに，政府が政策決定権を握るかたちで中央銀行の相対的な独立性が高められ，物価と国債価格の安定がもたらされたことから利払い費負担も軽減された。危機が顕在化し，それが財政再建のひとつの原因となったのがブラジルであった。財政危機を顕在化させない資金循環構造を生み出した日本において，ブラジルのような意味での財政再建が可能であるとは思われない。

政府間財政関係における協調の意味

危機感を欠くなかでの財政悪化は，増税や歳出削減への合意形成を困難にする。では，このような枠組みのもと，政府が人びとから「租税への合意（Tax Consent）」を勝ち取るにはどうすればよいのか。ここで重要になるのが歳出による受益，特に政治的多数であるところの中間層の財政ニーズの充足である。本書ではこの問題に三つの視点から取り組んだ。第一に政府間財政関係，第二に予算編成のあり方，第三に歳出の構造的な特質の問題である。

まずは政府間財政関係の問題からみてみよう。日本の地方財政の大枠を決定しているのは地方財政計画である。制度的にみれば，マクロの財源保障とマイクロの資源配分，双方が交付税をつうじて実現される点に地財計画の特色がある。

一方、地財計画を内側から支えているのは、地方財政制度の複雑な絡み合いである。

負担の地域間不均等の是正という国民の選好を反映するかたちで、戦後に租税統制が定着した。制限税率によって上限が画され、標準税率以上の課税が起債の要件とされたことで標準税率以下への税率引き下げも牽制された。こうして税率は標準税率近傍で推移することとなり、また許可制度をつうじて起債も制限されていた。すなわち地方自治体の財源確保手段は国から強い制約を受けていたのである。かかる文脈のもと、地方自治体は国からの財源移転に多くの期待をもつようになった。

しかしながら、交付税の総額は国の決定を待つしかなく、結果的に国庫支出金への依存を強めざるを得なかった。自治体は地域に固有の財政ニーズに応えるよりも、国の政策誘導に同調する道を歩まざるを得なかったわけである。さらに、一九九〇年代に公共投資基本計画によって公共事業の遂行が重要課題となると、交付税も事業費補正による政策誘導という性格が強められた。加えて国庫補助事業の裏負担について交付税がこれを支えたことから、国庫補助事業へのさらなる依存も強まることとなった。

地方財政計画は、地方自治体の代理人である自治省（現、総務省）と大蔵省（現、財務省）が地方財政の全体像を決定するために構築してきたシステムである。しかし、そのシステムは個々の財源統制システムと連動することで制度的な頑健性をもち、それが住民の財政ニーズと政策の乖離を生むひとつの要因として機能してしまった。地財計画は総額管理型の予算統制の一部をなすシステムであったが、このことは予算統制におけるもうひとつの側面、マイクロな資源配分への配慮を弱めることとなったのである。

ただし、ここで注意すべきなのは、国によって操作可能な政府間財政関係が地方の債務累積を引き起こすとは限らない点である。

連邦制国家でありながら日本と類似する政府間財政関係を構築した国としてオーストラリアが挙げられる。機能配分では融合型を採り、州の課税自主権も制限され、連邦が決定権を握る起債統制が存在し、さらには垂直的な財政不均衡を是正するために財政調整制度の精緻化も進められた。政府間財政関係の骨格が日本と極めて似ていることに気づかされる。

ではなぜオーストラリアでは健全な財政運営が可能であったのか。それは、以上の政府間財政関係を梃子として、国の緊縮政策を地方財政の緊縮と連動させ、一九七〇年代以降、連続的に財源移転の縮小を実施してきたからである。同様に地方財政に影響力を行使しつつも、自治体を国庫補助事業に動員した、あるいは諾としてそれを地方が受け入れた、日本の財政運営方法との違いは明確である。

とはいえ、財政が健全であったからといって、連邦による州政府への圧力をそのまま肯定し得るわけがない。そうした方向性への反省からオーストラリアで設置されたのが政府間評議会である。

従来、一方的な歳出削減要求を行ってきた連邦であったが、一九九〇年代に政府間評議会をつうじて協調的な意思決定が可能となった。目玉となったのは全国競争政策であるが、その一環として、鉄道、港湾、空港、公共交通、通信、郵便等の政府独占事業について、州が市場競争に必要な条件を整備するか、または事業を民営化するという合意がなされた。だが、それと同時に、人口比例で配分される全国競争政策補助金が制度化され、州財政の安定化も企てられたのである。

こうした協調関係が財政の健全性に与える影響についてはいっそうの検討が必要である。しかしながら、国の減税が地方税の減税と連動して赤字を拡大する一方、消費税の増税を巡っては国と地方が対立しあう日本の政治的な構図を望ましいものと言うこともできない。

こうした観点から注目されるのがスウェーデンの経験である。スウェーデンでも一九八〇年代には財源移転を圧縮することで国の財政再建が志向され、九〇年代の財政再建過程では地方の財政規律を強化するという動きがみられた。その意味では国の財政再建に地方財政が歩調を合わせるという点で日本、オーストラリアと共通していた。しかしながら、自主財源主義とこれを支える地方自治の強化が継続して実施されてきた点を看過するわけにはいかない。

スウェーデンでは一九六〇年代から七〇年代にかけて対人社会サービスの拡充が図られ、その財源のために地方税が毎年のように増徴された。これを受けて国は七〇年代に増税停止勧告を三度も行う羽目に陥った。また団体自治の強化も進んだ。国の財政収支が悪化した八〇年代後半に地方への移転財源の抑制が図られた際に行われたのが「フリー・コミューンの実験」である。国はフリー・コミューンを指定し、委員会組織の必置規制を撤廃したり、特定補助金の使途自由化を行ったりした。九三年には特定補助金の多くが一般財源化され、国の許認可権、義務づけ、基準づけが大幅に簡素化されている。さらには住民自治の面でも「地域発展グループ」が急増し、地方の意思決定への住民の参画が進んだ結果、コミュニティに固有の問題の解消が積極的に図られるようになっている。こうした自主財源主義と地方自治の強化に裏づけられながら、国と地方の一体的な財政再建が企図されたのである。

このように財政再建期には地方自治体への政策的圧力は強まらざるを得ない。しかしながら、国と地方の協調的な関係を構築する努力を重ねながら、人びとの財政需要を把握したり、財政の安定化を模索したりする動きのなかで財政再建は実現されてきたのである。

予算制度改革と財政ニーズの充足

財政ニーズの把握という観点からみて、スウェーデンに関して注目しておきたいことがもう一点ある。それは国レベルでの民主主義の改革も行われた点である。

一九九四年にスウェーデン政府は、歳出削減と増税を組み合わせた財政再建策を実施し、九八年には財政収支の黒字化に成功した。この財政再建過程において注目されるのが、九六年に予算法を制定し、三カ年の歳出総額と主要経費の上限額からなる新たな予算編成の枠組みを構築した事実である。この制度改革によって、毎年春に三カ年の歳出総額と二七歳出分野の上限額を閣議決定し、秋の議会において、二七歳出分野の上限額を審議・決定したうえで、各歳出分野の約五〇〇の議決科目の査定・議決が行われるようになった。

以上のなかで、従来の所管する省別の歳出区分が廃止され、省庁間の対立ではなく、協調を促す仕組みが整えられた。その狙いは、政府予算の基本方針を前提に、議会を歳出構成の決定という資源配分の問題に集中させることにあった。これを受けて、それまでにみられた議会審議時における歳出の増額回数は、激減することとなった。

一九九〇年代の経済危機は財政再建と予算制度改革を実施するきっかけを与えた。ただし、予算制度改革が実施されるときには歳出削減と増税による財政再建は既に決定されていた。財政再建額の五二・七％は歳出削減、四七・三％は歳入強化によるものであった。歳出面では、国民に対する現物給付を優先するために、移転給付を中心に社会保障分野の歳出削減が実施された。増税面においても所得の公平性を考慮し、国税所得税率引き上げ、資本所得課税の強化、純資産税の維持、不動産税と賃金税の税率引き上げを実施した。

このような歴史的文脈のもとで実施された予算制度改革は、歳出削減のための改革ではなく、人々のニーズを議会が効率的に考慮できるように議会統制を再編成するものであった。歳出総額を適用しながら財政規律を確保するとともに、議会による統制機能の向上に向けた取り組みは現在も続けられている。スウェーデンの予算制度改革は歳出を制約するための改革と評価するのではなく、むしろ先にみたフリー・コミューンの実験に代表される一九八〇年代の公的部門効率化の流れに位置づけることができる。公的部門の効率化とは、政治主導による基本方針の意思決定と議会審議の改善によって、人々の財政ニーズをより民主主義的につかまえることを意味していたのである。

こうした取り組みは何もスウェーデンが独創的に行ったものではない。日本が財政構造改革の凍結に追い込まれた一九九八年、スウェーデンと並んで財政収支を黒字化させた国がある。それはアメリカである。同国でも大胆な予算制度の改革が行われた事実は興味深いものがある。

アメリカでは一九八五年に制定されたGRH法での失敗が大きな経験となっていた。同法では赤字上限額を超えた場合の大統領の強制一律削減規定が強すぎ、議員のあからさまな赤字回避行動を生んだ。さらに削減対象から義務的経費が外されたことで、義務的経費の増大を裁量的経費の削減でカバーしなければならないという制度上の不備も生じていた。そこで、マクロの総額抑制と個別予算プログラムのコントロールを結びつけ、財政赤字を発生させる議員の政策決定を制御することが企てられた。

新たに制定されたOBRAでは、GRH法で定められた財政赤字の上限額に加え、裁量的経費を国防、国際、国内の三領域に分類し、領域ごとに支出上限額を設けた。また、以上の上限額に加え、大統領の設ける赤字上限額とPay as you go原則、これらが破られた場合、裁量的経費、義務的経費の双方に一律削減を適用する改革が行われた。その際、大統領が財政赤字上限額や支出上限額を柔軟に変更できるようにし、制度の形骸化を阻止しようとした。さらに、Pay as you go原則の適用対象から当然増経費を外し、議員の提案する新規プログラムに限定することとした。

要するに、アメリカでは大統領の強制規定を緩和しつつ、財政赤字が拡大した時にそれが議員の責任であることが明確となる仕組みを導入したのである。

以上の改革はまさに議員の予算獲得行動そのものを動かした。一九九二年と九八年を比較してみると、裁量的経費では国防費が一一%削減され、非国防費は二二%増大し、また、義務的経費については、三〇%増大、うち高齢者・障がい者向けの医療であるメディケアに至っては六四%もの増大をみることとなった。財政ニーズにより的確に対応しつつ、財政再建を試みたのである。

以上のような予算制度改革という観点からみると、日本の制度改革は極めて量的かつ部分的なものにとどまっていた。日本の財政再建において重視されるのはシーリングである。これが存在する限り省庁別、経費別の予算配分シェアは硬直的なものとならざるを得ない。こうした限界を意識して設置されたのが一般歳出のなかでシーリングの対象としない「特別枠」「重点化枠」であった。増税なき財政再建期から当然増経費を中心にシーリングの例外事項が設けられてきた。それが一九九〇年代になると「特別枠」、「重点化枠」を積極的に活用し、公共投資基本計画にもとづいた公共事業の円滑な執行が追求されたのである。

問題はその「枠」の大きさと中身である。一九九〇年代を眺めてみると、だいたい個別の枠は二〇〇〇億円から三〇〇〇億円程度であった。中途、生活・学術研究臨時特別措置等、公共事業以外の別枠も設定されたし、橋本行革によって経費ごとのシーリングが設定されたり、九九年度予算編成において四兆円の「景気対策臨時緊急特別枠」が設置されたりもした。その意味では改善の努力がなされなかったわけではない。しかし、特別枠のほとんどは公共事業を目的としたものであったし、一九九九年度予算を抜きにすると、一般会計予算の総額の一%にも届かないような水準であった。もちろん二〇〇〇年代における公共事業に象徴されるように、政治的な判断が加われば大規模な予算削減も可能であった。しかしながらそれは、その眼目が「どの予算が必要か」という細やかな議論に置かれていたとはいいにくい。むしろ、シーリングで総額抑制という「たが」をはめることで、何らかの予算をやり玉に挙げなければ予算が組めなくするという側面に力点があった。総額が圧縮されるなかで支出の無駄を競い合うということは、一番無駄と思われる予算をやり玉に挙げることで残りの予算が既得権益を維持するということを意味している。その意味では財政ニーズを的確に把握するということとはやはり距離があったものと考えざるを得ない。

アメリカやスウェーデンの双方とも歳出予算に対するシーリングを設けた点では日本と共通していた。しかし、その違いはより決定的な意味で大きかった。

まず、議会が主導で人びとのニーズをどのように把握するかという点への配慮がなされている点では、日本とその他の国とでは大きな対照をなしていた。二〇〇九年の民主党政権の成立を契機にシーリングを撤廃する動きがあったが頓挫した。同時に中期財政フレームというスウェーデンの歳出予算総額枠と同様の手法が採用されたが、それは地方交付税も含めた歳出の上限を三カ年にわたって設定したものであり、柔軟な資源配分への配慮とは程遠いものであった。従来型のシーリングの復活と合わせればマイクロ・マクロの二重のシーリングが設定されたわけである。

さらに、量的な歯止めではなく議員行動そのものをコントロールしようとしたアメリカ、マクロレベルやメゾレベルでの上限設定の一方で、議員による資源の再配分を可能としたスウェーデン、ともに議会統制の役割に力点が置かれていた。これに対して、日本の場合は、量的な上限を設定したにすぎず、その上限を財政当局の主計官、各省の会計課が独占的に運用しているにすぎない点も見逃せない。

このように財政ニーズの把握という観点からは硬直的な財政システムを日本は構築してきた。それは歴史的な経緯から予算の総額をコントロールすることに腐心してきた国の財政運営の特徴であったが、同時に、財政ニーズを満たすことで租税抵抗を緩和するという戦術を取りにくくしたものといえよう。事実、アメリカとスウェーデンでは以上の改革とほぼ同時期に大規模な増税を実施しているのである。

普遍主義的な社会保障への移行

人びとの財政ニーズをとらまえるという時、この人びととは誰を想定しているのか。政治的な視点からこれをとらえ返せば、それは多数である中間層を意味することは論を俟たないだろう。そうだとすれば、低所得層を受益者として選別するターゲッティズム（選別主義）ではなく、中間層、富裕層も含めた人間のニーズを普遍的に満たそうとするユニバーサリズム（普遍主義）が財政の編成原理として注目されることとなる。

北欧諸国ではいわゆる普遍主義の理念のもとに、中間層に対して手厚い現物給付の給付が行われていることが知られている。では、日本においてこの普遍主義的な現物給付の充足がなぜ難しいのであろうか。一九九〇年代におけるもっとも大きな社会保障改革として介護保険の導入を挙げることができるが、これを素材にその理由について考えてみよう。日本では、社会保障制度と機能的等価関係にある公共事業と減税政策が積極的に実施され、その結果、国・地方に巨額の債務が積み重なり始めた。そうした文脈のもとで一九九四年国民福祉税構想が提示された。厚生省（現、厚生労働省）はこの財源をにらみ、普遍主義的な介護保険の導入を試みた。ところが、九七年に行われることとなる消費税の増税が所得税の減税財源として位置づけられたことから、当初は租税方式を標榜した厚生省も社会保険方式での制度実現へと傾いていった。これに所得税・住民税の減税一体処理によって生じた地方自治体の財源不足という問題が重なった。これらの経緯のもと、租税方式による普遍主義は断念されざるをえなかったのである。一方、一九九五年を境に、日本的な文脈における普遍主義が主張されるようになった点は興味深い。人間のニーズを満たすという意味で普遍主義を用いるのではなく、「労働者」という既得権益者の「普遍的なリスク」を緩和するという意味でこの用語が用いられるようになったのである。

この相違を理解するためには年金について考えると分かりやすいだろう。日本では年金の財源として二分の一国庫負担が実現された。しかし、租税化がすべて普遍主義化を意味するわけではない。年金自体は「労働者」の賃金喪失リスクへの備えである。したがって保険料を租税で代替するだけでは「人間の普遍的なニーズ」を充足することにはならない。もしも、あらゆる人間が高齢によって所得を喪失するということを重視するのであれば、すべての人びとに年金受給権を保障する必要がある。これがいわゆる最低所得保障年金であり、この意味での租税化であればまさに普遍主義化となる。普遍的リスクへの対応として自己負担と保険料を求める方法は、人間の必要を重視する普遍主義化とは異なるものである。

これに対し、一九九〇年代になると、社会保険を中心とする国ぐにで社会保障財源の普遍主義化を伴う租税化が進んだ。ここで、ビスマルク型社会保険として知られるドイツとベヴァリッジ型社会保険として知られるイギリス、両国に着目しつつ、普遍主義化が財政再建に与えた影響について確認しておこう。

ドイツは社会保険を基礎とする社会保障制度を構築してきたが、高齢化に伴う社会保険料率の膨張が企業負担として問題視され、企業の雇用の圧縮、さらにはいわゆる闇労働の拡大を招いているとされた。そこでハルツⅣ改革では、企業負担軽減を視野に入れつつ、失業保険の抑制に乗り出していった。具体的には、失業手当の給付日数を大幅に削減し、受給期間を終えた者や失業保険に未加入であった者への失業扶助も廃止したうえで、新たに稼働能力のある者に対して求職者基礎保障を創設することとした。

この求職者基礎保障は失業保険に「未加入」の者に対する手当として再構成され、かつ、連邦政府の税財源から構成された点は重要である。さらには生活保護を意味する社会扶助の申請を躊躇した人びとも求職者基礎保障への申請を行うようになった。以上の意味において、まさに税を財源としつつ、選別主義的な領域に関してより普遍的な制度設計が進んだものと理解することができる。

ただし、求職者基礎保障の受給者が急増した結果、それに伴って財政支出も急増するという逆転現象が起きた。マーストリヒト基準を超えた財政赤字をどう克服するかが問われるなか、問題は先鋭化することとなる。当初、二〇〇五年選挙において圧勝が予想されたＣＤＵは、付加価値税の増税による財政赤字の解消を訴えた。しかしながら、所得税の最高税率の引上げを主張するＳＰＤがＣＤＵに猛追し、大連立によって政権が誕生することとなった。結果、二〇〇七年税制改革では、付加価値税を三％増税し、そのうち一％を失業保険に繰り入れ、失業保険料率を六・五％から四・五％へと引き下げつつ、所得税の最高税率を三％引き上げるという妥協が行われた。こうして社会保険の租税化が進んだわけである。

ドイツではその後も失業保障を主軸に社会保険料率を大幅に引き下げ，それよって増加した連邦負担を増税によって賄い，社会保障財政改革と財政均衡を整合的に達成することとなる。そもそもマーストリヒト基準の未達成と社会保障の持続可能性の危機という状況のもとで，財政再建への国民的合意が整いやすかったという点は重要な前提条件であろう。ただし重要なのは，二〇〇五年の総選挙において，増税の可否が争点となったのではなく，膨張する社会保障を支える財源としていかなる財源が望ましいか，増税を行うとするといかなる税のパッケージが望ましいかが争点となった点である。また，ハルツⅣ改革によって市町村が財政負担を行っていた社会扶助の受給者が激減し，連邦政府が財源を保障する求職者基礎保障の受給者が急増した。以上の改革の結果，財政赤字に苦しんでいた地方政府から財源負担が連邦政府へと移ることとなった。危機にあって連邦と地方州政府が協調的な制度改革を行った点は先の政府間財政関係の指摘と合わせ，見逃せない事実である。

一方，イギリスにおけるベヴァリッジ型普遍主義は，一般財源による無償給付ではなく，被用者による拠出を前提としながら最低所得保障を担保しようとするものであった。この理念では，所得審査を行わないという意味での普遍主義が追求されたが，基本には労働者によるリスクの共有という社会保険的な性格があり，公的扶助の受給者を抑制するために成長と雇用をその前提とせざるを得なかった。

しかしながら，経済の停滞が続き，次第に公的扶助の受給者が増大してくことによって，ベヴァリッジ型普遍主義は帰路に立たされた。既にサッチャー政権期にワークフェアという用語が定着しつつあったが，次第に社会保障の目的が就労促進に置かれるようになっていき，それと並行してタックス・クレジット構想や児童給付の制度化等，所得審査を必要としない一般財源からの支出が増大していった。

ニューレイバーの「新しい」福祉国家路線は，以上の文脈のもとで，ベヴァリッジ型普遍主義から「新しい普遍主義」への転換を意図したものでもあった。この新しい普遍主義は，端的にいえば就労促進をつうじたミドルクラスの量的拡大であったが，その核心には，連綿と続いてきた成長と雇用の実現の必要性を一般財源にもとづく階層横断的な社会保障政策で満たそうとする志向があった。

このように中間層の量的拡大にねらいを定めたブレア政権では、一般的な増税ではなく、民営化企業に対する「一回限り」の臨時課税（ウィンドフォール・タックス）を実施した。臨時増税によってワークフェア政策の財源を整え、これを原動力として持続的な経済成長を期待したのである。この政策によって確かに好調な経済成長が記録された。だがこの経済成長が持続しなければ政策体系は成り立たない。新しい普遍主義のもとで好況にもかかわらず減税が実施された事実はこの裏返しであった。

以上のイギリスの政策は日本と比較すれば、ベヴァリッジ型の社会保険から一般財源化にもとづいて雇用の枠外にある人びとも取り込みつつ給付の対象を拡大していったという意味で、普遍主義的な志向をもっていたとみることができるだろう。しかしながら、こうした政策体系はベヴァリッジ型社会保険と同様の成長と雇用という脆弱な基盤のうえに形成されていた。したがって、リーマンショック以降の経済停滞局面にあっては、ニューレイバーは急速に影響力を喪失していった。「大きな社会」を唱える保守＝自民連立政権が後継を襲うこととなったが、それはトリクル・ダウンを唱えつつ、所得格差の拡大をもたらした自民党政権が民主党へと権力の座を譲らなければならなかった事態と相似をなしている。

イギリスでは租税抵抗を和らげるための受益の拡大という方向性が模索されなかった。むしろ「新しい普遍主義」もベヴァリッジ型普遍主義に強く規定されつつ、大陸ヨーロッパとは異なるイギリス型の政策選択がなされたのであった。

どのように増税をやり遂げたのか

租税抵抗の緩和のためには受益の強化が必要とされる。そのためには予算制度改革、政府間財政関係の再構築、普遍主義的な財政構造など、包括的な政策秩序が必要とされる。しかし、租税抵抗の緩和という観点からは、租税の公平性の確保も欠くことのできない課題である。最後にこの問題について考えておきたい。

日本と同様に付加価値税への強い抵抗が存在し続けた国としてアメリカがある。アメリカは政府規模が小さく、歳出ではなく税をつうじて利益分配を行った点で日本と類似しているが、たびたび付加価値税の導入が論点として浮上したものの、逆進性や徴税コストの高さ、州の課税との整合性等が問題となり、その実現をみることなく現在に至っている。

レーガン政権期に形成された双子の赤字の解消が重要な争点となるなか、アメリカでは一九九〇年代に財政再建のための税制改革が実施された。九〇年に行われた所得税増税は高額所得者層を狙い撃ちにするものであった。実際には、メディケイド等のエンタイトルメント支出の削減や福祉政策の市場化等、低所得者に対する間接的な負担増も企てられたが、その一方で勤労所得税額控除等により中低所得者の租税負担は軽減された点で富裕層の負担増は際立っていた。

一九九三年にはさらなる増税が実施されている。所得税の最高限界税率が再度引き上げられ、法人税の限界税率も引き上げられた。こうした増税政策の議論の背景にはレーガン改革への二つの反応があった。ひとつは減税によって高額所得者の負担が大きく削減されたことへの反発であり、増税支持派がこの時期に弱体化した所得税の垂直的公平性の回復に強い関心をもった。もうひとつは、レーガン税制がループホールを塞ぐことに努力した結果、課税の水平的公平性が強化され、この改革の成果を維持すべきだとする論調が強まった。

こうして、一九九三年税制改革では、所得税の最高税率、法人税の限界税率と合わせて、税制上の抜け穴とされる公的年金の部分的非課税措置が撤廃され、財政再建の負担に対する公平性の確保が企図されたわけである。これらの改革は重要な示唆をわれわれに与えてくれる。

第一にアメリカでは垂直的な公平性と水平的な公平性が同時に追求された。垂直的公平性を批判する文脈で水平的公平性が唱道され、一九九〇年代に所得税の累進性を緩和した日本とは明確な対照をなしている。第二にOBRAによる予算制度改革が実施された。これは財政再建への合意形成を容易にすると同時に、財政ニーズをより的確に把握するための改革であり、そうした改革が大規模な増税の基礎にあった点は銘記されてよい。第三に二度にわたる所得税の最高税率の引き上げはアメリカの財政赤字の圧縮に大きく貢献した。というのも、アメリカでは所得階層の上位一％の経済的地位が目に見えて強まりつつあったから、最高税率の引き上げが所得税収の増大と直接結びついたからである。

一方、日本やアメリカとは反対に付加価値税のウエイトが極めて高い一方、これを大胆に変更しようと試みたのがフランスである。

フランスでは一九九一年にCSGの導入が実現され、間接税重視の租税構造は大きな転機を迎えることとなった。八〇年代を通じてフランスでは付加価値税や社会保険料の逆進性が問題視されるようになり、同時に企業の重すぎる社会保険料負担が賃金コストを高め、雇用の抑制を招くという弊害が指摘されていた。さらに、制度の創設当初は老齢年金や失業保険が社会保障の中核であり、賃金所得の補償が説得的であったのに対し、賃金所得とは関連性の薄い、普遍的ニーズである家族手当や医療保険等がこれに加わることによって社会保険的な制度運用が適合的ではなくなってきた。こうした文脈のもとで、社会保険料から税へという大きな変化が求められるようになったのである。

CSGはフランス財政史上に残る大きな改革であり、政策も極めて包括的なものであった。CSGは労働所得、社会保障給付、資本所得と幅広い課税ベースで構成される年金目的税で、税率は所得比例とされていた。注目すべきはその導入にともなって、負担の公平性が強く意識された点である。CSGの導入は企業の社会保険料負担の軽減とセットで構想された。その際、強い政治的影響力をもつ社会職業団体の反対を押し切ることが不可欠であり、課税の公平性が重要な論点となったのである。

社会保険料は賃金所得にのみにかかるものであり、さらには保険料率も頭打ちとなっていた。そこで、比例所得税化することで逆進性を改善しつつ、さらに資本所得を課税標準に盛り込むことによって、富裕層の所得を的確に把握することが模索された。この比例所得税化は、社会職業団体の既得権とも結びついていた。すなわち、徴税が難しい累進課税とはせずに比例所得税とすることで、徴収権をそのまま社会職業団体に留保することが可能だったのである。

しかしながら、これは社会職業団体への政治的な従属を意味するのではなかった。なぜならば、社会保険料から税へと財源がシフトしたことによって、歳出面における予算の統制権限も保険料の徴収機関であるURSAFから議会へと移ったからである。社会保障の膨張は将来のCSGの引き上げを不可避とすることが予想された。そこで、議会によって長期的な歳出抑制を可能とするという担保のもとに、人びとのCSGに対する租税抵抗を緩和したのである。

ただし、当初の意図とは異なり、その後の財政運営では議会統制が社会保障の抑制を可能にしたわけではなかった。

結果、CSGを中心とする課税の強化によって財源が確保されることとなった。しかしながら、保険料から税へ、間接税から直接税へという大きな改革を行うに際して、政治的利害の調整の過程を経ながら、課税の公平性が強く意識されたことは興味深い事実である。それは富裕層への課税を支持する政治的基盤が存在したという実態に拠るところが大きい。しかし、その支持基盤にも同様に負担を求める一方、企業の負担軽減を社会の各層の負担増で賄おうとしたことは重要な示唆である。

このように、アメリカもフランスもともに増税のパッケージが複数の租税から構成され、それぞれが一体となって総合的に負担の均衡を実現するように構成されていた。また、大規模な改革は社会保障の全体像の改革や予算制度の抜本的な改革と連動して実現されていた。じつは、すでにみてきたことからも分かるように、この点はスウェーデンやドイツにも共通する傾向である。

これに対し、戦後日本税制の政策のあゆみを見ていると気づかされることがある。それは第一に高度経済成長期以降、基幹税の純増税をほとんど実施してこなかったことであり、第二に増税が減税財源を捻出するための手段として活用されてきたことである。

高度経済成長期には自然増収を減税財源としてきた日本であったが、このことは財政支出の対価として税負担を引き上げるという経験をほとんど積むことのないままに、低成長時代の財政運営を模索せざるを得なかったことを意味していた。

当時の状況をみてみると、所得税に関しては、課税最低限の引き上げを通じた減税が一五年以上にわたって繰り返されており、法人税に関しても既に先進国最高水準の税率に達していた。これらの事情から増税に踏み切ることは容易ではなかったにもかかわらず、一九七五年以降の赤字公債の発行急増を受けて、税制改革の必要性はいよいよ緊要度を高めていたのである。

こうした脈絡のもとで注目されたのが消費税の導入であった。高度経済成長期に所得税の最高税率は引き上げられていったが、このことは低率分離課税の資産所得と高い累進税率で源泉徴収される給与所得との間の不公平を問題化した。

こうして垂直的公平から水平的公平へと論点を移しながら、主税局は消費税の導入を叫ぶようになっていく。

ところが日本では付加価値税の導入を回避し続けて来た過去をもち、さらに所得税の控除をつうじて中小零細企業や低所得者への配慮を重ねてきたという経験もあった。大平政権で消費税の導入が試みられたが、以上の経緯から中低所得層と中小零細企業の強い反発を招き、その導入に失敗した。そこで所得税減税の代替財源としてターゲットにされたのが法人税であった。一九八一年度の法人税増税は空前の大増税であったが、それゆえに財界の強い巻き返しを生むこととなり、増税なき財政再建、行革路線といった政治潮流を生み出していった。こうして、受益に対する対価としての増税という政策の選択肢はいったん潰えるのである。

バブル崩壊後、日本経済は長期停滞直面に突入した。そして公共投資と所得税・法人税減税が大々的に展開されるようになった。その代替財源として活用されたのが消費税である。そして一九九〇年代の後半になると財政事情が悪化し、同時に水平的公平性から世代間公平性へと再び公平性基準がシフトするようになる。じつは、日本の場合、新しい公平性基準によってある階層が標的とされ、従来の税によって利益のある人びとを批判する文脈のもとで異なる税を増税するという手法が採られてきた。

したがって、税制改革をつうじて負担を分かち合うという思想は根づきにくかったし、租税の組み合わせによって負担の公平を確保するという政策選択も難しくなってしまった。厳しい財政事情に制約されて、歳出は削減、税は増税という組み合わせが定着するようになったため、受益と負担の関係が不明確になった。減税によって受益感を強めてきた日本の場合、減税が出来なくなったときに、人びとのニーズをつかみ取ることは容易ではなく、それは租税抵抗を強める重要な一因となっていたのである。

さらなる比較財政史研究にむけて

私たちは日本における「財政健全化」という理念型からの距離について、各国の財政史比較をもとにその理由について考えてきた。以上をつうじて財政健全化を阻むいくつかの要因が明らかになった。最後にその概念整理を行うことによって、いっそうの財政分析のための視点を提示し、さらに現実の政策に対するインプリケーションを引き出すこととしたい。

まず財政運営を規定する重要な要因として、歴史的に形成されてきた財政と金融の政治経済的な関係の問題が挙げられる。政府と中央銀行の関係、予算を側面から支持する政策金融のあり方、外資による国債保有、これらが作り出す国内の資金循環形態、以上の諸要因はそれぞれの国の財政危機の「顕在化」の可能性を規定する。中央銀行の独立性は通貨価値の安定との関連で議論されてきたが、財政健全化を論じる際の決定的に重要な論点である。そして、財政と金融の関係は政策金融の特質、さらにはその歴史的な背景も含めて広範な視点から検討される必要がある。

一般論でいえば、日本のように財政危機が顕在化しないこと、それ自体は望ましいことであろう。しかしながら、それは財政緊縮や増税への人びとの合意を難しくすることと表裏一体の問題であり、危機意識があいまいななかで巨額の債務を累積させてしまう心理的基礎となり得る。また、債務の累積は財政の弾力性を乏しくし、社会的な財政ニーズと財政支出の整合性を取りにくくさせることも考慮される必要がある。

第二に、財政ニーズの充足という観点からは、議員の責任を明確にするための制度改革や政府間の協調的財政関係という論点が析出できる。

一般に予算統制は大蔵省統制と議会統制に区別することができる。この二つのうち、日本やイギリスのように憲法の規定上、内閣に予算編成権をもたせるときには、前者の力が相対的に強いものとなりがちである。ただ、そうではあっても、財政民主主義の観点からは議会統制の機能をどのように強化するかは絶えず問われ続けねばならない問題である。その際、財政ニーズを充足し、議員行動をコントロールするためには、マクロレベルでの予算上限の設定だけでは不十分である。議会主導でメゾレベルでの予算上限を設定し、弾力的な資源再配分を可能とするような努力が必要となる。

これは予算の拘束性と関連する問題でもある。ブキャナンらの立憲主義に象徴されるように、法的な拘束力によって財政規律を確保しようとする議論がしばしば見受けられる。しかし、GRH法におけるアメリカの実態をみても分かるように、法的な規制を形骸化する議員行動をどのようにコントロールするかが財政再建においては重要なカギとなる。

一方、政府間財政関係に関しては、中央政府の財源統制が政府債務をコントロールするうえで重要な要因をなす可能性が示唆された。しかしながら問題は一九九〇年代の日本のように反対にそれが政府債務の累積に貢献する可能性も否定できない点である。したがって、中央政府と地方政府の協調的な関係を構築し、大きなフレームワークによって地方の財政規律を確保する一方で、自主財源主義にもとづく地方政府の裁量的な財政運営が財政ニーズを充足するという観点が重要な論点となるだろう。

第三に、以上と関連して歳出と歳入の連鎖的なメカニズムの問題がある。財政の編成原理としては普遍主義と選別主義がある。一九九〇年代に入って各国では財政制約が厳しくなり、予算の資源配分に対する議論が活性化した。その際、政治的多数である中間層を受益者とすることの必要性から選別主義から普遍主義への改革が行われてきた点は重要な事実である。

普遍主義的なサービス給付のポイントは中間層を受益者として再構成する点にある。他方、選別主義は予算の節約に貢献するものの、受益者を細分化してしまう。また、前者においては低所得層の受益が中間層の受益と連動するのに対して、後者においては低所得層の受益は中間層の負担を意味することとなる。したがって、選別主義の場合は中間層の租税抵抗を強めることに加え、政治的言説の次元でも低所得層や個別利害に対する批判的論調が強まらざるを得ない。社会の連帯は納税の基礎に置かれるが、サービスのあり方がその社会的連帯に与える影響もより精緻な考察が求められる。

第四に税制改革を行う手法についてはいくつかの論点があった。まず、税制改革における増税のパッケージの問題である。複数の税を増税の対象としつつ、税の枠組みのなかで負担の公平を実現しようとするのか、ある階層を狙い撃ちにしながら、特別な税に増税のねらいを絞るのかという相違である。日本は後者のケースだが、減税の財源を捻出するためにある集団や階層が増税のターゲットとされる増税のあり方は、先にみた社会的連帯の観点からも問題が多い。

次に、増税を行う際の政策の包括性という視点も欠かせない。消費課税から所得課税へという大きな修正を、社会保険方式から税方式へ、ＵＲＳＡＦから議会へという大きなフレームワークとともに論じたフランス、民主主義の改革ともいうべき新たな予算統制方法の構築とともに増税を実施したアメリカ、スウェーデン、税方式への移行を失業保険の普遍化と政府間の財政調整、包括的な税制改革とパッケージにしたドイツ、いずれもが改革の包括性を特色としている。

日本でも民主党政権下で税と社会保障の一体改革が議論の俎上に載せられた。しかしながら、民・自・公の三党合意、再度の政権交代を経て、所得税や相続税との関連で消費税を議論するという視点は希薄化された。将来的な議論も視野に入れ、租税間の負担のバランスという視点は今後いっそう重要性を増してくるであろう。さらに、受益と負担の関係でいえば、五％の増税のうちサービスの拡充は一％であり、社会保障の包括的な改革と連動したものでもなかった。既に将来の増税までもが議論されていることからも分かるように、消費税の増税それ自身が実現したとしても、それが財政の健全化を直ちにもたらすものとはいえない。将来の租税抵抗を弱め、さらなる財政再建へと歩みを進めていくためにはその手法を再考する必要がある。

私たちは財政健全化からの距離を生み出すいくつかの要因について検討を加えてきた。以上を逆照射すれば、これらの要因が欠けているか、うまく機能しなかったことが日本の財政赤字の背景にあったと論ずることもできる。今後は、それぞれの要因がどのように相互作用し、いかなるメカニズムを生み出したのかを追跡していかなければならない。また、以上の分析上の概念をさらに洗練することが求められるし、対象とする国を拡大していけば、私たちの提示した視点の限界と有効性もより明確になるだろう。同時に、要因間の相互作用やメカニズムのいっそうの解明は、比較財政史によって提示された視点にもとづく一国財政の分析にも貢献しうる。比較財政史のあゆみは緒についたばかりであるが、それは豊かな財政学の地平を切り拓くための第一歩なのである。

索　引

（＊は人名）

さ　行

た　行

な　行

は　行

ま　行

や　行

ら・わ行

欧　文

佐藤　滋（さとう・しげる）　**第12章**

1981年　生まれ。
2009年　横浜国立大学大学院国際社会科学研究科博士課程修了。
　　　　博士（経済学）。
現　在　東北学院大学経済学部准教授。
主　著　「ブリテン保守主義の転回と〈非－政治〉の政治術――新自由主義的統治における社会統合問題」『交響する社会――「自律と調和」の政治経済学』ナカニシヤ出版，2011年。
　　　　「スコットランド，ウェールズへの財政権限委譲論議の歴史的源流：1968～77年――領域政治の台頭と中央＝地域＝地方財政関係」『自治総研』378号，地方自治総合研究所，2010年。
　　　　「第二次世界大戦下のイギリス帝国財政――植民地における所得税構想の展開と動員体制の機制」『三田学会雑誌』102号，慶應義塾経済学会，2009年。

野村容康（のむら・ひろやす）　**第13章・第Ⅴ部関説**

1970年　生まれ。
1999年　早稲田大学大学院経済学研究科博士後期課程単位取得退学。
現　在　獨協大学経済学部教授。
主　著　『証券税制改革の論点』（共著）日本証券経済研究所，2012年。
　　　　『新財政学』（共著）文眞堂，2011年。
　　　　『所得税の実証分析――基幹税の再生を目指して』（共著）日本経済評論社，2010年。

吉弘憲介（よしひろ・けんすけ）　**第14章**

1980年　生まれ。
2007年　東京大学大学院経済学研究科博士課程単位取得退学。
現　在　下関市立大学経済学部准教授。
主　著　「公共事業と民主主義の改革」『雇用連帯社会』岩波書店，2011年。

小西杏奈（こにし・あんな）　**第15章**

1984年　生まれ。
2009年　東京大学大学院経済学研究科修士課程修了。
現　在　パリ第一大学歴史学研究科博士課程。
主　著　「公益事業の民営化のあり方――フランスとスウェーデンにおける水道事業の比較から」（伊集守直との共著）『交響する社会――「自律と調和」の政治経済学』ナカニシヤ出版，2011年。
　　　　「フランスにおける単一総合累進所得税の形成」『財政研究』第６巻，有斐閣，2010年。

伊 集 守 直（いじゅう・もりなお） 第9章

1975年　生まれ。
2007年　東京大学大学院経済学研究科博士課程単位取得退学。
現　在　横浜国立大学経済学部准教授。
主　著　「水道事業の公私分担――スウェーデンの事例を手がかりに」『水と森の財政学』日本経済評論社，2012年。
「財政政策」『現代の経済政策（第4版）』有斐閣ブックス，2011年。
「公益事業の民営化のあり方――フランスとスウェーデンにおける水道事業の比較から」（小西杏奈との共著）『交響する社会――「自律と調和」の政治経済学』ナカニシヤ出版，2011年。

古 市 将 人（ふるいち・まさと） 第9章・第10章・第Ⅳ部関説

1983年　生まれ。
2011年　横浜国立大学大学院国際社会科学研究科博士課程修了。
博士（経済学）。
現　在　帝京大学経済学部助教。
主　著　「スウェーデンにおける財政調整制度形成過程の分析――税平衡交付金制度の交付方式に着目して」『地方財政』第51巻第12号，地方財務協会，2012年。
「地方累進税の国税への統廃合にみる戦間期スウェーデンの税平衡化問題」『地方制度の改革と財政問題』勁草書房，2010年。
「現物給付供給に地方政府の課税能力と租税構造が与える影響について―― OECD18カ国のパネルデータを用いた実証分析」『季刊社会保障研究』第46巻第3号，国立社会保障・人口問題研究所，2010年。

福 田 直 人（ふくだ・なおと） 第11章

1979年　生まれ。
2009年　東京大学大学院経済学研究科修士課程修了。
現　在　生活経済政策研究所研究員。
主　著　「失業時所得保障の比較研究――日独比較を中心に」『社会政策学会誌　社会政策』第4巻第1号，ミネルヴァ書房，2012年。
『登録型派遣労働者のキャリアパス，働き方，意識――88人の派遣労働者のヒアリング調査から(1)（分析編・資料編）』（共著）JILPT労働政策研究報告書 No. 139-1，独立行政法人労働政策研究研修機構，2011年。
『登録型派遣労働者のキャリアパス，働き方，意識――88人の派遣労働者のヒアリング調査から(2)（事例編）』（共著）JILPT労働政策研究報告書 No. 139-2，独立行政法人労働政策研究研修機構，2011年。

橋都由加子（はしづめ・ゆかこ）　第5章

1977年　生まれ。
2007年　東京大学大学院経済学研究科博士課程単位取得退学。
主　著　「ニューヨーク州の州・地方財政関係」『アメリカの州・地方財政』日本経済評論社，2006年。
「オーストラリアの連邦・州間財政調整制度――効果と課題」『PRI Discussion Paper Series』No. 05A-21，財務省財務総合政策研究所研究部，2005年。
「付加価値税導入と政府間財政関係――オーストラリアにおける2000年税制改革（上）（下）」『自治研究』第79巻第4・6号，第一法規，2003年。

高端正幸（たかはし・まさゆき）　第6章・第Ⅱ部関説

1974年　生まれ。
2002年　東京大学大学院経済学研究科博士課程単位取得退学。
現　在　新潟県立大学国際地域学部准教授。
主　著　『復興と日本財政の針路』岩波書店，2012年。
「反『小さな政府論』のその先へ――合意的課税が支える強靭な財政システム」『自壊社会からの脱却――もう一つの日本への構想』岩波書店，2011年。
『地域切り捨て――生きていけない現実』（共編著）岩波書店，2008年。

天羽正継（あもう・まさつぐ）　第7章・第Ⅲ部関説

1978年　生まれ。
2010年　東京大学大学院経済学研究科博士課程単位取得退学。
現　在　高崎経済大学経済学部講師。
主　著　「『日本型福祉社会』論と企業中心社会の形成」『交響する社会――「自律と調和」の政治経済学』ナカニシヤ出版，2011年。
「戦前期日本の地方債市場――流通市場を中心に」『地方制度の改革と財政問題（日本地方財政学会研究叢書第17号）』勁草書房，2010年。
「戦後地方債計画の形成」『格差社会と財政――財政研究　第3巻』有斐閣，2007年。

谷　達彦（たに・たつひこ）　第8章

1981年　生まれ。
2012年　立教大学大学院経済学研究科博士課程後期課程単位取得退学。
現　在　立教大学経済学部助教。
主　著　「ニューヨーク市の通勤者税――導入と廃止」『地方財政の理論的進展と地方消費税』（日本地方財政学会研究叢書第18号），勁草書房，2011年。
「フィラデルフィア市の地方所得税――1990年代後半以降の減税を中心に」『地方財政』第48巻第10号，2009年。
「アメリカにおける地方所得税の評価――地方所得税制度と地方税研究」『立教経済学研究』第60巻第4号，2007年。

《執筆者紹介》（執筆順）

井手英策（いで・えいさく）　はしがき・序章・終章

奥付編著者紹介参照。

木村佳弘（きむら・よしひろ）　第1章・第Ⅰ部関説

1973年　生まれ。
2004年　東京大学大学院経済学研究科博士課程単位取得退学。
現　在　後藤・安田記念東京都市研究所主任研究員。
主　著　「戦後財政投資概念の生成過程——戦後財政投融資の源流」『熊本学園大学経済論集』第7巻第1・2・3・4号，2001年。

嶋田崇治（しまだ・たかはる）　第2章

1983年　生まれ。
2013年　慶應義塾大学大学院経済学研究科後期博士課程単位取得退学。
現　在　立教大学経済学部助教。
主　著　「ドイツ地方債改革——福祉国家における健全財政主義のあり方を考える」『地方財務』No. 694，ぎょうせい，2012年。
“Policy Coordination in Fighting Inflation in West Germany, 1973-1975: Reconsideration over the Role of Fiscal Policy,” *Keio Economic Studies*, Vol. 47, Keio Economic Society, 2011.

水上啓吾（みずかみ・けいご）　第3章

1980年　生まれ。
2010年　東京大学大学院経済学研究科博士課程単位取得退学。
博士（学術）。
現　在　大阪市立大学大学院創造都市研究科准教授。
主　著　「ブラジルにおける参加型予算制度」『交響する社会——「自律と調和」の政治経済学』ナカニシヤ出版，2011年。
「ブラジルの2000年財政責任法——IMFコンディショナリティとポプリスモの相克」『アメリカ・モデルとグローバル化　Ⅲ』昭和堂，2010年。
「ブラジルの国債政策——為替と物価安定のための債務管理について」『格差社会と財政——財政研究　第3巻』有斐閣，2007年。

宮﨑雅人（みやざき・まさと）　第4章

1978年　生まれ。
2009年　慶應義塾大学大学院経済学研究科後期博士課程単位取得退学。
現　在　埼玉大学経済学部講師。
主　著　「2000年代における投資的経費に関する研究」『地方分権の10年と沖縄，震災復興』勁草書房，2012年。
「固定資産税・都市計画税と地方交付税——基準財政収入額算定における裁量性の検証」『三位一体改革のネクスト・ステージ』勁草書房，2007年。

《編著者紹介》

井手英策（いで・えいさく）

1972年　福岡県久留米市生まれ。
1995年　東京大学経済学部卒業。
2000年　東京大学大学院経済学研究科博士課程単位取得退学。
博士（経済学）。
現　在　慶應義塾大学経済学部教授。
主　著　*The Political Economy of Transnational Tax Reform : The Shoup Mission to Japan in Historical Context,*（共編著）, Cambridge University Press, 2013.
『日本財政　転換の指針』岩波書店，2013年。
『財政赤字の淵源——寛容な社会の条件を考える』有斐閣，2012年。

危機と再建の比較財政史

2013年６月20日　初版第１刷発行　〈検印省略〉

定価はカバーに
表示しています

編著者　井　手　英　策
発行者　杉　田　啓　三
印刷者　江　戸　宏　介

発行所　株式会社　ミネルヴァ書房

607-8494 京都市山科区日ノ岡堤谷町１
電話代表 (075) 581-5191
振替口座 01020-0-8076

共同印刷工業・新生製本

ISBN978-4-623-06579-0
Printed in Japan